통·합·학·급·운·영·을·위·한·비·판·적·실·제

장애학과 통합교육

DISABILITY STUDIES AND THE INCLUSIVE CLASSROOM (2nd ed.)

Susan Baglieri 저 | 강종구 · 엄수정 · 홍애령 공역

학지사

Disability Studies and the Inclusive Classroom, Second Edition
by Susan Baglieri

역자 서문

장애학은 1970년대 후반에 북미와 서유럽에서 태동하였다. 장애학은 장애를 개인이 가진 비극이 아닌, 역사적 · 사회적 · 문화적 · 경제적 · 정치적 맥락 안에서 생성된 것으로 재개념화한다. 장애학의 발전은 장애와 관련한 여러 분야에 새로운 담론을 유입시키고 있다. 교육 영역에도 영향을 미치면서 교육적 사고와 실제에 있어 장애학이 가지는 가치를 인식하는 학자 및 실천가들이 증가하고 있다. 이에 따라 최근 한국에서도 장애학에 대한 관심이 높아지고 있다. 2012년에 있었던 '장애학 한일 교류' 심포지엄을 시작으로, 2015년에는 한국장애학회가 출범하였다. 그러나 여전히 한국 사회에서 장애학은 생소한 학문 영역이며, 특히 한국의 교육 분야에서의 장애학은 거의 논의가 이루어지지 않고 있다.

이 책의 저자인 수잔 발리에리Susan Baglieri는 장애학의 관점에서 통합교육이라는 주제를 다룬다. 발리에리는 장애학 관점에서 통합교육에 대한 기존의 개념 및 실제를 비판적으로 분석한다. 또한 통합과 배제의 문제를 특정한 요구를 지니는 개별 학생에 대한 것이 아닌 학생 간의 차이를 특정 방식으로 의미화하고 이를 통해 차별적 경험을 생성하는 맥락에 대한 것이라고 제시한다. 학생들은 학교에서 장애를 포함하여 인종, 국적, 언어, 사회계층, 성별, 성적지향, 종교 등 다양한 이유로 배제를 경험하며, 이는 교육 및 사회 불평등으로 이어진다. 발리에리는 통합교육을 사회정의의 문제로 본다. 즉, 통합교육을 모든 학생이 어떤 종류의 차별 없이 질 높은 교육에 접근할 수 있도록 하는 교육 개혁 운동으로 보고 있다. 발리에리는 이 책에서 보다 정의롭고 포용적이며 민주적인 교육 환경을 만들기 위한 방안을 모색한다.

통합교육이라는 개념이 한국 교육계에 유입된 지 오랜 시간이 지났다. 통합교육에 대한 사회적 관심 속에 1994년에 제정된 「특수교육진흥법」은 통합교육 관련 조항을 포함하였다. 2007년에 제정된 「장애인 등에 대한 특수교육법」은 물리적 통합을 넘어선 사회적 의미의 통합을 지향하며 기존의 통합교육에 대한 법적 정의를 확대하였다. 한국 정부는 통합교육과 관련하여 다양한 정책을 수립 · 시행하는 중이다. 통합교육과 관련하여 정부의 법적 · 정책적 지원이 증대되고 있을 뿐 아니라, 학계에서도 통합교육의 중요성 및 당위성에 대한 논의를 넘어 통합교육 실천 방안에 대한 논의가 활발히 이루어지고 있다. 한국 사회에서 통합교육이라는 개념은 빠른 속도로 받아들여지고 있으며 정착되고 있다. 그러나 여전히 많은 학생은 학교에서 소외와 차별을 경험하고 있다.

이러한 시점에서 『장애학과 통합교육: 통합학급 운영을 위한 비판적 실제』가 가지는 의미는 크다. 이 책은 통합교육 개념에 대한 인식 및 노력이 증대되고 있음에도 왜 학교는 여전히 배제적인 공간으로 남아 있는지에 대하여 이해할 수 있는 인식론적 기틀을 제공한다. 통합교육에 대한 발리에리 교수의 장애학적 분석은 우리에게 당연한 일상이 되어 인식하기 어려운 교육적 사고와 실천 양식이 어떻게 특정 학생의 배제로 연결되는지를 보여 준다.

이 책은 학교, 학생, 학습에 대한 통념과 관습이 통합교육에 대한 우리의 사고를 어떻게 형성하고 제한하는지를 가시화한다. 이러한 비판적 성찰 없이는 학교교육의 근본적 변화를 유도하기 어렵다는 점에서 중요한 의미를 갖는다. 이 책은 통합교육 관련 문제를 탈관습적으로 이해할 수 있는 인식론적 기틀을 제공할 뿐 아니라 문제 해결을 위한 대안적 방안 또한 제시한다. 통합교육 실천을 위해 학생 다양성에 대한 다양한 접근법, 학생과 가정, 관련 전문가와의 협력적 실천 방안, 모든 학생을 위한 보편적 학습 설계 방안, 장애 인식 교육 방향을 제시한다.

『장애학과 통합교육: 통합학급 운영을 위한 비판적 실제』는 한국의 교육 분야에서 이미 정착된 개념으로 간주되는 통합교육을 장애학 관점에서 새롭게 바라볼 수 있는 기회를 제공한다. 역자들은 이 책을 계기로 학교라는 공간은 무엇이며 무엇일 수 있는지, 무엇이어야 하는지에 대한 생산적인 논의가 이루어지기를 바란다. 또한 이러한 논의가 새로운 차원의 학교교육을 상상할 수 있는, 맥신 그린Maxine Greene이 말하는 '사회적 상상력'을 도모하고 이것이 한국 교육의 발전에 보탬이 되기를 희망한다.

2020년 1월

역자 일동

서문

『Disability Studies and the Inclusive Classroom (2nd ed.)』은 1999년 아서 샤피로Arthur Shapiro의 책『모두가 속해 있다Everybody Belongs』에서 시작된 작업의 3번째 반복이다. 가장 최신판은 통합교육, 다문화교육, 사회정의교육 간에 성장하는 것의 교차점과 협력을 반영하고 있다. 새롭게 개정된 장들Chapters에서는 상호 포용을 통해 강화된 이론과 실천을 설명하기 위하여 장애학과 비판적 다문화 연구 사이의 교차점을 강조하고 있다. 이 책은 직접적으로는 장애에 중심을 두고 있지만, 모든 학습자, 특히 학교에서 소수자로서의 역사를 가진 학습자들을 설명하고, 설명할 수 있는 것으로서 통합교육을 특징짓고 있다.

이 책은 장애, 학교교육, 통합교육의 이슈를 이해하기 위하여 문화에서의 장애에 대한 의미를 비판적으로 검토해야 한다는 점을 강조한다. 문화에서 생산된 것으로 장애 및 장애 존재를 이해함으로써 세계의 역사, 사회적 메시지, 개인적 경험의 융합으로서의 장애에 대한 믿음과 태도를 더 잘 고려할 수 있다. 장애와 차이에 있어 일반적이고 자주 부정적인 고정관념들을 받아들이기보다는 세상에 활력을 제공하는 다양성을 존중하고 인정하며 포용하도록 아동을 가르칠 수 있다.

장애학 분야는 장애와 교육의 전통적 개념에 도전하는 것에 있어 유익하다. 장애학은 장애의 의료모델에 대한 대안을 제공한다. 사회모델을 활용하면, 장애는 문화적 · 사회적 · 심리적 · 역사적 차원에서 인식된다. 장애학은 독자로 하여금 장애 및 교육적 실천에 있어 깊고 넓으며 통찰력 있는 이해를 향해 나아갈 수 있도록 이론적 기초와 활동가 정신을 제공한다. 제2판은 다음과 같은 것들을 포함하고 있다.

- 다문화 및 사회정의 교육의 목표와 관련하여 통합교육의 목표를 정의하는 새로운 내용이 담긴 장을 포함한다.
- 과거와 현재에 걸쳐 장애에 대한 방향에 있어서의 순환적인 본질을 보여 주는 장애의 문화적 개관을 제공하기 위하여 제3장과 제4장의 재구성을 포함한다.
- 제7장은 학교에서 계획한 틀에 맞지 않는 학생을 교육하기 위한 여러 접근에 대한 공통점을 보여 주기 위하여 새롭게 추가한 것이다. 장애학생에 대한 교육과정과 교육에 대한 관점을 더 넓은 맥락에서 고려하는 것은, 통합교육은 특수교육의 개선을 포함하고 있지만 또한 그 이상으로 확장하는 학교 개혁을 목표로 하는 것임을 명확하게 한다.
- 다른 장들 또한 교수적 고안, 특수 서비스의 전달, 장애-통합적인 교육과정 고안 간의 더 명확한 차이들을 반영하기 위하여 제목 및 구성을 다시 하였다.

제2판이 완성된 것은 좋지만, 한편으로는 슬프기도 하다. 제1판의 원고가 거의 완성될 무렵인 2010년에 아서 샤피로가 세상을 떠났다. 통합교육을 위한 정의justice, 연구, 지혜, 희망에 대한 사랑과 헌신의 노력은 제1판의 페이지들에 새겨져 있다. 나는 그의 유산이 제2판의 출판을 통해 계속 이어질 수 있게 되어 영광으로 생각한다. 이 프로젝트에 있어서 엘리 샤피로Elly Shapiro의 지원에 깊이 감사드린다.

차례

제1부

장애와 사회

제1장

통합교육이란 무엇인가

통합[1]은 장애 유무와 상관없이 학생들이 일반교육환경에서 함께 배우는 학교 중심의 배치를 기술하는 용어이다. 통합은 교육 평등, 시민권 확장, 장애청소년의 사회적 통합을 향한 필수적인 단계가 되어 왔다. 학교와 사회에서 통합을 발전시키기 위한 노력은 수십 년 동안 진행되어 왔다. 예를 들어, 미국에서는 1975년 「전장애아교육법Education for All Handicapped Children Act: EHA」(P.L. 94-142)에서 최초로 장애학생이 최소제한환경Least Restrictive Environment: LRE에서 무상의 적절한 교육을 받을 권리를 명시하였다. 많은 국가가 인정하듯이, 유네스코United Nations Educational, Scientific and Cultural Organization: UNESCO(유엔 교육 · 과학 · 문화기구)의 1994년 「특별요구교육에 대한 행동을 위한 살라망카 선언 및 틀Salamanca Statement and Framework for Action on Special Needs Education」의 채택은 모든 아동의 교육 기회에 대한 기본 권리를 선포하고 있다. 통합학교와 공동체를 만드는 것은 청소년, 가족, 교육자, 이웃, 고용주, 활동가, 정책입안자, 즉 우리 모두의 일이다.

대부분의 사람들은 통합에 대한 가치를 인식하고, 각 구성원을 포용하고 모든 구성원이 만족할 만한 삶을 영위할 수 있도록 하는 공동체를 갈망한다. 하지만 통합된 학교와 사회를 만들기 위해서는 오랜 기간 배제를 양산해 온 능력과 무능력 또는 비장애와 장애에 대

1) 역자 주: 이 역서에서는 inclusion(포용)과 integration(통합)을 모두 '통합'이라는 용어로 통일하여 사용한다.

한 역사와 신념에 맞서 싸워야 한다. 건물 및 개발된 공공 지역과 같이, 많은 물리적 구조물은 모든 사람에게 동등한 접근을 허용하지 않는 세계를 구축한다. 교육, 작업환경, 다른 서비스 및 여가프로그램과 같은 공동체 체계는 변화에 대하여 느릴 수 있다. 편견과 차별을 불러일으키는 차이, 다양성, 장애에 대한 믿음과 태도는 문화 안에서 유지된다. 제한적인 접근성을 갖는 구조물, 전통에 대한 관성, 장애에 대한 편견의 지속성 간의 상호 영향은 장애차별주의로 이해될 수 있다(Campbell, 2009; Goodley, 2014). 복잡하게 얽혀 있는 다양한 요소로 인해 장애인이 학교와 사회에서 계속 배제되어 왔다는 사실을 고려하면, 통합교육을 추구하는 것은 다면적일 뿐 아니라 복잡한 일이다. 통합교육을 추구하는 것은 장애차별주의에 대한 이해를 도모하고, 학교 운영 방식 저변에 내재된 사고 및 행동 양식에 저항하며, 이를 변화시키기 위해 노력하는 것을 의미한다. 우리는 통합교육의 의미와 다양한 교육 연구 분야에 걸쳐 있는 통합교육에 대한 노력을 기술하며 이 장을 시작하고자 한다.

통합과 통합교육

미국에서 통합이라는 용어는 일반적으로 장애 유무에 상관없이 학생들을 일반교육에서 함께 교육시키는 것을 지칭한다. 최소제한환경LRE은 「장애인교육개선법Individuals with Disabilities Education Improvement Act: IDEIA」에 나와 있는 개념으로서, 장애학생을 위한 학교 실천을 규정하는 미국 정책이다. IDEIA의 최초의 버전은 1975년의 공법 94-142, 「전장애아교육법EHA」이라는 명칭으로 사회에 들어왔다. 가장 최근에 승인된 법은 2004년의 IDEIA이다. LRE는 다음과 같이 명시한다.

> 최대한 적절한 범위 내에서, 공립 또는 사립 기관, 다른 보호 시설에 있는 아동을 포함하여 장애 아동은 비장애 아동과 함께 교육받는다. 특수학급, 특수학교 또는 일반교육 환경으로부터 장애 아동을 분리하는 것은 장애의 특성과 정도로 인하여 보충적인 지원과 서비스를 사용할지라도 일반학급에서 그와 같은 교육을 제공하는 것이 어려울 경우에만 발생한다.
>
> (20 U.S.C. 1412(a)(5)(B))

LRE 조항은 통합에 대한 지지를 나타내는 것으로 널리 이해되고 있다. 이와 같은 조항은 장애학생이 적절한 범위 내에서 가능한 한 최대한으로 비장애학생과 함께 '일반적인' 교육환경 안에서 교육받아야 한다는 기본가정을 생성했다.

통합은 거의 언제나 학교에서 장애학생과 비장애학생을 함께 교육하는 것을 일컫지만, 통합교육에 대한 보다 넓고 포괄적인 관점을 드러내는 교육 연구도 존재한다. 예를 들어, 발라드Ballard(1999)는 통합교육이란 모든 아동을 위하여 학습에서의 장벽을 제거하고 장애학생뿐만 아니라 "빈곤, 성, 소수 인종 지위, 사회의 지배문화에 의하여 중요성이 부각된 다른 특성들"(p. 2)과 관련하여 학교에서 불이익을 경험하는 모든 학생의 교육 접근성과 참여를 증진시키는 것이라고 주장한다. 통합교육은 모든 학생이 학교뿐 아니라 다른 학생들과 동질감을 느끼고 연결고리를 찾을 수 있는 학습 상황을 생성하는 다원적인 교수적 실제를 추구한다. 통합교육과 LRE라는 용어에 대한 의미와 해석은 논쟁을 유발하는 주제가 되어 왔다. 이 책에서 우리는 통합교육이란 학교 안에서 공동체를 구축하고 소속감을 증진시키는 복잡하고 다면적인 작업이라는 사실을 강조하기 위해서 통합교육에 대한 포괄적인 관점이 지지하는 언어와 개념을 우선적으로 사용한다. 통합교육은 일반교육에서의 특수교육 배치와 서비스 제공에 대한 강조를 포함하는 개념이기도 하지만, 이를 초월하는 개념이기도 하다. 말하자면, 통합교육은 장애학생의 경험을 아우르는 개념이지만, 이것만을 뜻하는 것은 아니다. 장애학 분야는 통합교육의 이론과 실천을 이해하는 데 있어 유용한 토대를 제공한다.

통합교육의 이론: 장애학의 소개

장애학은 사회가 장애의 의미를 정의하고 개념화하고 이해하는 방식을 확장시키고자 하는 다학제적 학문 분야이다. 장애학은 "흥분, 조직적 힘, 정체성 탐구의 시간"이었던 1960년대에 나타난 장애인권운동Disability Rights Movement을 기반으로 발전하였으며, 장애인들은 "페미니스트, 아프리카계 미국인, 게이와 레즈비언 활동가들과 같이 … 자신들의 신체가 결함된 것이 아니며, [그리고] 정치적 · 성적 · 예술적 힘의 원천이 될 수 있다."(Nielsen, 2012, p. 160)라고 주장하였다. 장애인권 활동가들의 초기와 이후의 노력들은 손상impairment의 영향만큼, 어쩌면 그 이상으로 장애인의 삶에 영향을 미치는 정치, 경제, 사회 여건에 관심을 가졌다. 장애인권을 근간으로 하는 장애학의 목적은 정치적이다. 롱모어Longmore와 움만스키Umansky(2001)는 "장애학이란 '장애'와 관련된 문화적 가치, 사회적 합의, 공공정책, 전문적 실천 간의 복잡한 상호작용이 이루어지는 영역이다."(p. 12)라고 설명하고 있다. 장애학은 장애의 과거와 현재에 대한 명확한 이해를 도모하고 장애인권운동의 목적을 반영하기 위해서 장애인의 기여, 경험, 역사에 초점을 둔다. 공동의 미션을 갖는 장애학 관련 학자 및 활동가는 장애와 장애인의 경험이 현 문화의 비평을 가능하게 하며 문제 제기 및 가능성 탐색에 있어서 독특하고 생산적인 관점을 제공한다고 강조한다.

교육적 사고와 실천에 있어 장애학의 중요한 기여는 장애의 의료모델과 사회모델을 분명하게 나타낸 것이다. 의료모델은 비정상적으로 손상된 신체, 정신 또는 정서를 갖는 개인의 경험과 정체성으로서 장애를 개념화한다. 이와는 대조적으로, 장애의 사회모델은 장애 경험과 정체성이 사회에서의 상호작용을 통해 사람들을 장애인 또는 비장애인으로 생성하는 것이라고 본다. 따라서 장애란 개인에게 영향을 미치는 요인이지만, 무엇보다도 사회가 어떻게 다양한 유형의 신체, 정신, 정서를 갖는 사람을 인식하고, 사람 간의 상호작용을 촉진 또는 방해하는지를 반영하는 것이다. 장애학은 의료모델 내의 생리적 측면에 초점을 맞추기보다는 장애의 사회적 · 문화적 요인들을 강조하고 연구하기 위하여 사회정책 및 실천양식을 면밀히 살펴본다(Linton, 1998). 웨어Ware(2001)는 더 나아가서 "새로운 장애학new disability studies이란 장애를 신체와 관련된 잘못된 무언가로 보기보다는 신체에 대하여 생각하는 방식으로서 장애를 이해한다."(p. 110)라고 주장한다.

의료모델은 사회에서 장애에 대한 지배적 관점이며 교육에 미치는 영향이 크다. 시어Shea와 바우어Bauer(1997)는 의료모델이란 "장애는 진단되어야 하고, 처방적 프로그램이 고안되어야 하며, 장애를 교정하기 위한 노력이 이루어져야 한다는 것을 주장한다."(p. 423)라고 설명한다. 의료모델에서 장애를 고치거나 치료하는 것은 아동의 삶과 교육에 있어 우선적인 초점이다. 이와 같은 관점은 아동의 장애가 치료되거나 교정될 때까지 미래의 계획을 포함한 다른 모든 활동을 연기시킬 수 있다. 통합교육적인 사고의 있어서의 선구자인 비클렌Biklen, 퍼거슨Ferguson과 포드Ford는 1989년에 다음과 같이 지적하였다.

> 고장난 것과 같이 문제를 가지고 있는 것으로 인식된 학생들은 수리되고 나중에 돌아올 수 있는 것처럼 학습도움반, 특수학급, 심지어 특수학교 또는 기관에 보내진다. 하지만 수리점과는 달리, 특수교육의 많은 학생 가운데 다수는 (치료될 수 있거나 단지 학생이 중등학교 수

준에 도달할 때 사라지는 언어 손상을 제외하고) 특수한 명칭과 배치에서 결코 벗어날 수 없다. 이들은 수리점에 머물러 있다.

(p. 8)

교육에서 의료모델이 만연함으로써 발생되는 중요한 결과는 개인을 문제의 장으로 간주하고 장애의 교정을 우선시하는 교육실천을 발전시키는 것이다. 이는 좋은 의도를 바탕으로 할 뿐 아니라 잠재적으로 도움이 될 수 있다. 하지만 이러한 사고는 특수교육 지원 및 서비스를 장애 아동이 포함된 학급에만 제공하도록 하며, 따라서 장애학생이 학교에서의 다양한 활동에 참여하지 못하도록 한다(Taylor, 1988). 장애학은 "장애인에게 할당된 역할이 그들 상태가 갖는 필연적인 결과"(Linton; Fleischer & Zames, 2001, p. 206에서 인용)라는 의료모델의 기본 가정에 도전하는 분석 도구를 제공한다.

교육에서 장애의 사회모델의 발전은 장애를 교정하는 방식에 집중되어 있던 관심을 학교 환경이 어떻게 다양한 종류의 신체, 정신, 정서를 가진 아동 간의 상호작용을 촉진하거나 방해하는지에 대한 면밀한 분석으로 이동시켰다. 장애 아동이 학교에서 동등한 접근성과 기회를 가질 권리를 주장하는 것은 장애 권리 운동이 통합을 강조하는 교육에 미친 영향을 단적으로 보여 준다. 장애학 실천가들은 더 나아가서 단순히 장애 아동에 대한 손상의 진단과 교정에만 초점을 맞춘 교수는 그들의 학교 경험을 불공평하게 제한한다고 지적한다. 사회적 차원으로 장애를 이해할 때, 주요 관심은 장애학생이 학습 경험에 접근할 수 있고 또래와 함께 참여할 수 있도록 학교와 교육과정을 어떻게 구조화하고 개혁할 수 있는지에 있다.

교육에 특정 관심을 둔 장애학 영역이 급성장하고 있다(Gabel & Danforth, 2008). 바튼Barton과 암스트롱Armstrong(2001)은 교육에의 접근에 있어서 장벽 제거를 강조하는 통합교육 관점을 제공한다. 이를 통해 관심을 의료모델이 상징하는 '결함이 있는' 학생으로부터 학교의 책임과 장애물이 없는 사회적 · 조직적 구조의 창출로 이동시킨다. 이들은 다음과 같이 설명한다.

우리가 채택한 관점에서 통합이란 불변하는 공급 및 실천의 체계로의 배치를 일컫는 것이 아니다. 또한 단순히 범주화된 개인의 집합체의 참여를 일컫는 것도 아니다. …… 통합은 접근성과 관련하여 존재하는 모든 유형의 장벽을 제거하고, 차별을 경험하는 모든 학생을 위한 교육을 의미한다. 이러한 접근은 민주주의, 시민권, '좋은' 사회라는 개념에 뿌리를 둔다. … 따라서 통합교육이란 그 자체가 목적이 아니라 통합사회의 실현을 위한 수단이다. 이러한 관점에서 중요한 것은 학교가 모든 유형의 정의와 차별에 대해 내적 · 외적으로 비판적인 태도를 갖는 것이다.

(p. 708)

바튼과 암스트롱(2001)은 교육에의 접근에 대한 장애학생의 권리를 넘어서는 통합교육 개혁을 주장한다. 통합교육이란 장애 아동이 경험하는 불의injustice가 체계의 문제 때문이라는 학교교육의 비판에서 비롯되는 하나의 절차 또는 프로젝트이다.

비판적인 자세로 특수교육뿐만 아니라 교육 전반의 문제를 면밀히 살펴보는 것이 교육에서의 장애학의 특징이다. 톰 스커틱Tom Skrtic(1991)의 혁신적인 책, 『특수교육을 넘어서 Behind Special Education』는 학교가 변화하지 않고 기존의 방식대로 아동 및 가족의 요구, 목표, 기대에 부응할 수 있도록 특수교육 체계가 생성되었다고 지적한다. 어려움을 보이는 학생들을 낙인하고 이들을 특수교육이라는 병렬 체계로 옮기는 것은 학교 관료체제 보존을 위한 근거를 제공하였다. 특수교육의 발전은 역기능적인 교육 체계의 증상이며, 스커틱은 이를 조직적인 병리학으로 간주한다. 간단히 말하자면, 통합교육에 대한 장애학 관점의 토대는 학교와 교육 체계가 평등, 정의, 민주주의를 추구하는 생산적 역할을 수행하기 위해 학생들의 다양성에 부합하도록 변화해야만 한다는 것에 대한 우리의 인식이다.

장애학은 평등, 정의, 민주주의를 도모할 수 있는 학교를 꿈꾼다는 점에서 다문화교육 및 사회정의교육과 강한 연결고리를 갖는다. 장애학 이전, 그리고 「전장애아교육법EHA」이 1975년에 통과하기 이전에도 아프리카계 미국 아동들을 위해 교육에서의 시민권, 동등한 기회, 인종분리교육에 대한 반대와 투쟁이 있어 왔다. 교육에서 인종적 평등을 추구하기 위해 지속적으로 이루어지고 있는 연구들은 분리를 야기하는 조건과 그 영향에 대한 심층적인 이해를 도울 뿐 아니라 교육평등을 어떻게 추구해야 하는지에 대한 다양한 관점을 제시한다. 다문화 및 사회정의 교육을 위한 운동은 다른 강조점을 가지고 등장하고 발전되었지만 학교와 교육에 대한 관점을 공유하며, 이는 장애학의 틀에서 통합교육을 이해하는 데에 영향을 미친다. 다문화교육과 사회정의교육은 각각, 그리고 상호 교차적으로 통합교육 개혁에 많은 기여를 하여 왔다.

다문화교육

다문화교육은 학교에 만연한 백인과 유럽 중심의 교육과정 및 교수에 도전하는 광범위하고 다양한 학문 및 실천 영역이다(Banks, 1993; 2005). 1950년대 미국에서 발생한 인종분리제도의 철폐는 보통 유색 학생을 '백인' 학교로 통합시키는 것으로 생각된다. 학교는 유색 아동의 존재를 고려하지 않고 만들어진, 또한 백인 문화가 우월하다는 가정 하에 생성된 맥락에 동화시키고자 하였다. 다문화교육의 핵심은 학교가 유색 학생을 이해하고 책임지는 방식에서의 개혁의 필요이다. 뱅크스Banks(1993)는 다문화교육 내의 다섯 가지 계획에 대해 설명한다. ① 학교교육과정에 유색인 및 그들의 공헌에 대한 내용을 포함함으로써 교육과정의 다양화를 꾀한다. ② 교사들로 하여금 관점, 가치, 시간 및 공간이 지식 구성에 어떠한 영향을 미치는지 비판적으로 이해할 수 있도록 한다. ③ 인종에 대한 편견과 가정을 감소시킬 수 있도록 노력한다. 유색 학생의 역량강화empowerment를 위해 ④ 평등교육학equity pedagogy과 ⑤ 학교 문화를 발전시킴으로써 교수의 질 향상과 학교의 전반적인 체제 개선을 유도한다. 이는 교육 기회를 증가시키고 성취에의 접근성을 높이므로 교육 평등의 가치와 결부된다. 수십 년 동안 다문화교육은 유색 아동의 경험 하나에 대한 관심 이상으로 성장하였다. 여학생, 젊은 여성, 전통적인 젠더 개념을 따르지 않는 청소년, 레즈비언과 게이 학생, 소수 종교 · 인종 · 언어를 가진 가정에서 온 아동, 빈곤 가정 학생을 포함하여 학교에서 소외의 위기에 있는 다른 집단들을 위해 교육 평등을 도모하기 위한 다양한 작업은 다문화교육 틀 안에서 이루어지고 있다(Steinberg, 2009). 장애 또한 이러한 범위 안에 포함되어 이해되고 있다(Connor, 2012). 다문화교육 영역의 사람들은 사회 계층화, 집단적 경험, 공유된 역사가 학교에서의 생활과 교육과정과의 상호작용에 영향을 미치는 집단 정체성과 관련된 세계관 및 앎의 방식에 기여한다고 주장한다.

사회 계층화, 빈곤층, 부유층, 도시, 시골 또는 교외 학교에 재학하는 학생들 간의 기회 격차의 영향은 잘 문서화되어 있다. 교육 기회에서의 불평등이 인종, 장애, 언어와 관련이 있다는 사실 역시 교육 연구를 통해 지속적으로 드러나고 있다(Blanchett, 2006). 다문화교육은 학생을 인종, 장애, 성별에 따른 분리 · 차별 교육을 철폐하고, 보다 높은 수준의 교육과정과 높은 질의 교사 및 시설로의 접근을 동등하게 하고자 한다. 다문화교육의 또 다른 측면은 사회적 집단 정체성과 학교에서의 생활 사이의 관계를 명확하게 하는 것을 목표로 하고 있다. 1903년에 발표된 초기 작품인 『흑인 민족의 영혼: 에세이와 스케치The Souls of Black Folk: Essays and Sketches』에서 W. E. B. 두 보이스Du Bois는 '이중의식'이라는 개념을 기술하였다. 두 보이스는 미국에서 흑인으로 산다는 것은 흑인과 미국인 정체성 사이에서 '2개의 첨예하게 갈등하는 이상들ideals'을 협상하는 것임을 나타내기 위해 이중의식이라는 개념을 제안하였다. 이는 백인 우월주의에 입각하여 그 가치를 인정받는 미국인으로서의 자신과 노예화와 식민주의에 근거하여 문화 및 문화유산과는 거리가 먼 존재로 인식되는 아프리카 후손으로서의 자신 사이에서의 갈등을 나타낸다. 이와 같은 관점에서 아프리카계 미국인의 경험이란 '미국인'이라는 사실과 흑인정체성 및 경험이 쉽게 양립할 수 없는 사회적 맥락 안에서 갈등적인 것으로 이해할 수 있다. 다문화교육 지지자들은 학교가 학생들에게 동등한 기회를 제공하지 않는다면 이러한 '미국인'의 이상과 유색 학생의 경험 간의 간극이 넓혀질 수밖에 없다고 주장한다. 더 많은 비율의 유색 학생은 타 지역의 높은 성적을 보이는 학교보다 도시 빈곤 지역에 위치한 더 낮은 성적의 학교에 재학한다. 교육이 기회의 관문이라는 미국식 메시지는 가장 혜택받지 못하는 지역과 이웃에 있는 많은 이에게는 공허할 뿐이다.

범-아프리카주의와 아프리카중심주의 운동은 인류 경험에 있어서 흑인 경험과 역사가 인식되고 설명되어야 한다고 주장한다. 다문화교육의 한 측면은 세계의 역사와 다양성을 반영하는 학교교육과정을 제공하는 것이며, 이는 학문 분야의 지식에 영향을 미치는 다양한 관점에 대한 인식을 토대로 한다. 학교교육과정에 있어 유색인 및 다른 정체성 집단들에 대한 내용을 다양화함으로써, 흑인과 여성, 장애인 등의 경험은 미국인 경험의 본질과 떼려야 뗄 수 없는 불가분의 관계에 있다는 통합적인 세계관에 근거하여 미국 교육을 창출하는 것이 그 목적이다. 이러한 작업은 학교교육과정에서 오랫동안 특권을 받아 온 유럽 중심과 가부장적 패러다임으로부터의 이동을 요구한다. 이러한 작업은 또한 서구/유럽의 지배를 '사회 진보' 및 백인 우월주의와 동일시해 온 식민주의 담론에 대한 재고를 요구한다. 유색인의 역사와 기여도가 미국 교육과정에 포함되어야 한다는 것은 사실 너무나도 당연한 요구이며, 일을 편안하게 하자는 것을 제안하는 것이 아니라 단지 사명을 명확하게 하자는 것이다.

이중의식개념은 다중 정체성과 입장을 갖는 사람들의 심리적 경험을 잘 드러낼 뿐 아니라 집단적 · 관계적 정체성의 발달에 대해서도 나타낸다. 집단적 · 관계적 정체성은 다문화교육에서 보다 복잡한 개념을 이해하는 데 있어 중요하다. 흑인 미학의 개념과 흑인 상상력에 대한 사고는 문화적 역사와 집단적 경험을 조직하며, 이는 흑인의 인종 정체성에 대한 이해를 형성한다. 두 보이스(1903)의 이중의식개념의 본질은 인종과 인종화된 racialized 정체성을 상대적인 것으로 이해하는 것이다. 과연 우리는 백인성Whiteness에 대한 언급 없이 흑인성Blackness에 대해 이야기할 수 있는가? 두 보이스에게 있어 미국 흑인이 되는 것은 백인성의 시각, 즉 권력 위치에 있는 관점을 통해 자기 자신을 보는 것을 의미한다. 현대적인 의미로서, 두 보이스의 개념은 다문화교육과 관련된다. 미국 학교에서 학생이 된다는 것은 백인성과 관련된 권력문화를 근간으로 형성된 교육과정 관점과 규준에 반하여 자신을 평가해야 한다는 의미이다. 다문화교육 분야에서 제기되는 질문은 다음과 같다. 모든 학생이 권력문화에 접근할 수 있도록 우리는 어떻게 학교에서의 평등을 이룰 수 있는가? 우리는 과연 억압된 아동·청소년의 역량강화를 위해 권력의 중심을 바꿀 수 있는가? 이러한 질문에 대해 다양한 생각이 존재한다. 어떤 이는 평등교육학의 개발과 역량강화를 할 수 있는 학교 문화를 구성하는 것이 학생의 학업성취도를 높이고 따라서 사회이동을 가능하게 한다고 본다. 그러나 학교에서 인종차별주의, 성차별주의, 장애차별주의 등에 대해 직접적인 대응을 하는 것이 평등과 역량강화를 가져온다고 보는 사람도 있다.

비판적 인종이론Critical Race Theory: CRT과 백인성 연구는 권력과 특권의 분배가 어떻게 유색color과 관련되는지에 대해 탐구하는 분야이다. CRT와 백인성 연구는 인종주의를 저물어가는 역사적 유물이 아닌, 여전히 존재하며 영향력이 지대한 현재의 과정으로 본다. 레오나르도Leonardo(2009)는 백인성이란 유색과 관련된 지위이지만 권력과 특권으로 경험되고 표현된다고 지적한다. 예를 들면, 미국에서 이탈리아, 독일, 아일랜드의 이민자들은 초기에 '백인'으로 간주되지 않았다. 이러한 집단들을 '백인'으로 인식하게 된 것은 이들의 피부색 때문이 아니라 상대적인 지위에서의 변화 때문이었다. 백인성을 변화 가능한 것으로 인식할 때, 인종차별주의를 단순히 '나쁜 사람들'의 행위로 보는 시각에서 백인 의식White consciousness과 백인 특권White privilege의 집단적 경험과 표현으로 보는 시각으로 옮겨갈 수 있다. 이는 두 보이스가 제시한 이중의식개념의 또 다른 측면이다. 다문화교육에 관심을 갖는 CRT와 백인성 연구 분야의 사람들은 학교에 존재하는 인종 불평등이 인종차별주의의 영향으로 구축되고 자연화된 사회적 위계를 반영하는 것으로 본다.

이중의식개념은 다문화교육에서 다른 집단 구성원의 정체성과 지위를 이해하는 방식과 유사하다. 백인성의 상징으로서의 미국 이미지와 비교하여 흑인이 경험하는 자신의 사회적 지위가 상대적인 것과 같이, 다른 집단 정체성 역시 규범normate에 근거하여 형성된다. 다른 집단은 많은 타인Others의 가치를 결정하는 규범의 구성 자체에 대해 의문을 제기한다. 교육 내에서 표준이라는 것은 통계적 평균의 추상적 · 상징적인 표상이며 권력 문화가 갈망하는 경험 및 기대이다.

교육에 있어 권력 문화는 개신교 문화, 자본주의 발달, 대의민주주의의 희망을 반영하고 발전시켜 나가기 위한 공립학교의 이상에서 찾아볼 수 있다(Kaestle, 1976). 역사적 맥락에서 보면, 학생들은 20세기로 들어오면서 성별, 인종, 장애에 의해 분리되었다. 학교교육과정은 백인, 중산층, 개신교 남성들의 관심에 따른 가치와 이상을 발전시키도록 고안되었다. 여성이나 흑인은 투표조차 할 수 없었다. 이때 교육의 규범은 백인 남아의 이미지를 바탕으로, 그들을 위한 서비스 제공을 위해 수립되었다. 시간이 흐르면서 교육에서의 규범은 점점 시험 데이터를 근거로 하는 통계 측정으로서의 성취로 이해되기 시작했다. 예를 들어, 일반적인 학생은 평균 나이에 읽는 것을 배우고, 평균 범위 내의 시험 성적을 나타내며, 평균적인 신체 발달을 보인다. 전형적인 학생의 이미지와 성취 또는 지적능력의 통계적 측정의 결합으로 상상 속에만 존재하는 신화적인 '일반 학생'이라는 개념이 만들어졌다.

다문화교육을 보다 발전시킨 다양한 집단의 노력이 갖는 공통점은 그들의 존재가 부재할 뿐 아니라 그들을 백인 중심적 · 가부장적 문화로 동화시키려는 교육과정의 거부이다. 이는 실제로는 결코 성취할 수 없는 유색, 능력, 종교, 성별 등의 규준에 근거하여 평가되는 것에 대한 반대를 의미한다. 다문화교육과 통합교육은 다양성을 당연하고 중요한 가치를 갖는 조건으로 포용하는 학교를 만들고 교육과정을 개발하기 위해 노력한다. 다문화교육과 통합교육은 미국과 세계에 존재하는 다양성에 대한 이해를 증진시키기 위해 학교교육과정 안에서 타자화된Othered 집단의 독특한 경험, 관점, 기여도를 나타내고자 한다. 이 두 운동의 목적은 인종차별주의, 장애차별주의, 성차별주의, 동성애차별주의, 식민주의를 지속시키는 교육에 대한 사고와 교육 실천 방식을 변화시키는 것이다. 이와 같은 운동의 핵심은 유색 아동과 장애 아동의 경험과 대비되는 일반 아동에 대한 신화와 특권을 드러내는 것이다. 즉, 통합교육은 사회정의교육인 것이다.

통합교육과 사회정의

사회정의교육은 학교를 인종차별주의, 장애차별주의, 다른 불의injustice의 넓은 네트워크 안에서 얽혀 있는 것으로 인식하는 다양한 이론과 실천을 일컫는다. 사회정의 교육가는 다문화와 통합교육에 대한 목표와 부합되는 학교 개혁을 위해 노력한다. 이들은 사회적 개선의 도구로서 교육을 인식한다. 사회정의 교육가들은 교육 실천에 내재되어 있는 불평등에 대항하며 교수-학습을 통해 학생들이 그들의 삶과 공동체에서 긍정적인 변화를 이끌 수 있도록 장려한다. 사회정의교육이 근간으로 하는 이론 중 하나는 비판교육학critical pedagogy이다. 비판교육학은 파울로 프레이리Paulo Freire(1970)로부터 시작되었으며, 동시대의 학자인 진 애니언Jean Anyon, 마이클 애플Micahel Apple, 안토니아 다더Antonia Darder, 헨리 지로스Henri Giroux, 피터 맥라렌Peter McLaren 등에 의하여 발전되었다(Darder, Baltodano, & Torres, 2009). 다문화교육과 장애학에 있어 비판교육학 실천가들은 인종차별주의와 장애차별주의에 대항한다. 이들은 빈곤, 인종, 장애, 학교의 질 간에 당연시되어 온 연관성에 영향을 미치는 편견과 차별의 체계를 인식한다(Kozleski & Thorius, 2013). 이들은 능력별 반편성과 특수교육 등이 어떻게 사실상 인종 분리의 목적을 수행하였는지 분석한다(Blanchett, 2006; Ferri & Connor, 2005; Losen & Orfield 2002). 하지만 무엇보다도 사회정의 교육가들은 교육 안의 신랄한 문제에 맞서며 과거와 현재의 교육 체계로 인해 소외된 개인 및 공동체와 협력하여 학교 개혁을 이루고자 노력한다. 비판교육학은 학교에서 소외된 사람들의 이야기, 관점, 갈망에 관심을 가지는 것으로 특징지어진다.

우리는 장애학 및 통합교육 안에서 비판교육학을 실천하기 위하여 장애인의 과거와 현재의 경험에 대한 관심을 기울이며 장애차별주의에 맞선다. 우리는 장애 판별 및 낙인의 실제와 아동과 가족에게 미치는 영향에 대해 탐구한다(Harry & Klingner, 2005; Rogers, 2002). 우리는 장애 및 특수교육의 경험과 이러한 경험이 정체성과 기회에 미치는 영향에 주의를 기울인다(Clandinin & Raymond, 2006; Connor, 2008; Mooney, 2007; Valente, 2011; Wright, 1999). 교사는 아동 및 지역사회의 요구와 희망을 충족시키기 위해 아동, 가족, 지역사회와 협력한다. 학교개혁에 있어 이와 같은 변혁적인transformative 노력은 점점 더 문서화되고 있다. 웨이트톨러Waitoller와 코즐레스키Kozleski(2013) 그리고 코즐레스키와 토리우스Thorius(2014)는 통합학교 개혁을 위해 미국 전역에서 이루어지는 노력을 기술하고 있다.

하트Hart, 딕슨Dixon, 드루몬드Drummond, 맥킨타이어McIntyre(2004)는 영국 포터스 바Potters Bar에 위치한 록섬Wroxham 학교의 통합교육의 정신을 바탕으로 하는 협력과 실천에 대한 사례를 보여 준다. 카마로타Cammarota와 파인Fine(2008)은 청소년들이 참여한 실행연구action research에서 협력에 대한 이야기를 통해 사회정의교육을 위해 성인과 청소년이 어떻게 함께 일할 수 있는지 보여 준다. 그린스타인Greenstein(2015)은 더 나아가 '급진적 통합교육학radical inclusive pedagogy'이라는 개념을 제안한다. 이러한 연구자들이 보여 주듯이, 사회정의 중심 연구와 비판적 교수를 통한 통합교육을 향한 노력은 필연적으로 복잡하고 종종 불편할 수밖에 없다. 전문 영역, 공동체, 사회 정체성의 경계를 넘어 협력하는 것, 그리고 학교 구조, 교육 실천, 자아에 내재되어 있는 편견 및 차별에 맞서는 것은 실로 엄청난 일이다. 하지만 이들 연구자들은 변화 역시 가능하다는 것을 보여 주고 있다. 개인 및 지역사회와의 협력을 고려하든 혹은 교실에서의 변화나 사회 체계의 변화를 고려하든 관계없이 사회정의와 통합교육의 합병을 안내하기 위한 로드맵road map이 점점 더 많이 제공되고 있다.

통합교육의 목표

통합교육을 사회정의 및 비판교육학과 연관 지어 이해하는 것은 장애학생의 교육의 인식에 대한 의미 있는 변화이다. 보다 구체적으로, 장애학에서의 통합교육은 '특수'교육의 개선에 중점을 두는 것이 아니라 모두를 위해 교육을 개선하는 것에 중점을 둔다. 다시 말하면, 장애 및 다름을 긍정적으로 받아들이고 포용하며 이를 고려한 교육을 제공할 수 있는 '일반'교육 환경을 구성하는 것이 핵심이다. 통합교육의 목적은 아동들이 의미 있는 교육 활동에 참여할 수 있고 사회적 관계를 형성할 수 있도록 그들의 지식, 경험, 기회를 다양화하는 것이다. 통합교육은 아동들이 각각의 앎의 방식과 삶의 방식 자체로 존중받을 수 있도록 하고, 다른 사람 역시 존중할 수 있도록 한다. 통합적인 교수는 다름에 대한 포용이다. 즉, 정체성, 요구, 역량에 있어서 개별적인 특징을 가지는 동시에 다양한 사회적 집단의 구성원으로서 아동들을 인식하며, 이들이 보이는 다름을 존중하는 것이 통합적인 교수이다. 통합적인 학습은 폭넓고 다양한 아이디어를 경험하고, 돌Doll(2004)의 엄격rigor[2)]

2) 역자 주: 돌(2004)은 포스트모던 관점에서 교육과정에 대한 새로운 이해와 접근을 시도하였다. 돌은 포스트모던 교육과정의 네 가지 속성을 풍부(richness), 회귀(recursion), 관계(relation), 엄격(rigor)이라고 설명한

이라는 개념을 통해 강조한 것과 같이 비판적으로 사고하며, 지적 추구를 위해 타인과 협력할 때 발생한다. 통합교육은 모든 교사와 학습자가 자신뿐 아니라 타인을 인식할 때 의미 있는 학습 경험을 추구할 수 있는 유능한 존재로 바라볼 수 있도록 지원하는 교수적 실제를 향해 노력한다. 다음은 통합적인 학교교육을 특징짓는 다섯 가지 원리이다.

(1) 다양한 경험을 통한 의미 있는 학습참여의 기회

통합학교는 학생들이 다양한 정체성과 경험을 가진 또래와 함께 생활하고 학습하는 기회를 창출하는 것의 중요성을 인식한다. 다양성이 존재하는 환경에서 학생들은 자신들과 타인과 관계를 형성하고, 고정관념 및 편견을 덜 갖게 된다. 학교 및 지역사회는 교실이 지역사회 안에 존재하는 다양성을 반영할 수 있도록 하는 정책 및 실천 전략을 도입할 수 있다. 과밀 지역에 있는 학교나 학교 선택권이 가정에게 있는 경우, 지역 학교가 해당 지역에 존재하는 인종, 사회경제, 언어, 장애 등의 다양성을 잘 반영하는지, 어떠한 정책이 이에 영향을 미치는지를 면밀히 살펴보는 것이 중요하다. 학교 선택 프로그램, 차터 스쿨charter school의 확산, 특수학교, 독립학교는 정책이 학교의 다양성에 미치는 영향과 관련하여 많은 논란이 일고 있는 주제이다. 일부 사람은 학교 선택 프로그램 덕분에 과거에 사립학교를 보낼 수 있는 여유가 있는 가족에게만 한정되었던 특권이 모든 부모로 확장될 수 있었으며, 따라서 모든 부모는 자녀 교육을 위해 더 나은 학교를 선택할 수 있다고 주장한다(Pedroni, 2006). 또 다른 사람들은 차터 스쿨 및 소규모 학교와 관련된 정책이 다름을 보이는 일부 학생의 입학을 거부하는 배타적인 교육적 실제를 낳았다고 주장한다(Miron, Urschel, Mathis, & Tornquist, 2010; Welner, 2013). 사실 학교를 보다 다양화하는 것은 간단한 문제가 아니다. 사회적 · 인종적 계층화의 역사, 그리고 여러 지역에서 존재했던 장애인 분리의 역사를 고려한다면, 이는 쉽게 해결할 수 있는 문제가 아닌 것이다. 그러나 통합적인 학교와 지역사회는 이러한 문제의 복잡성을 이해하고자 하며, 끊임없이 변화를 만들기 위해 노력한다.

학교와 학급 수준에서 할 수 있는 노력은 학업성취도에 따른 수준별 학급 구성이 학생들로 하여금 다양한 환경에서 배울 수 있는 기회를 박탈하는 것인지 살펴보는 것이다. 학

다. 엄격이라는 속성은 의도적으로 다른 대안, 관계, 연결점을 찾는 것을 의미한다. 이는 학생들이 개념을 비판적으로 분석하고 그 개념 저변에 있는 가정들을 탐색하는 것의 중요성을 강조한다.

교는 학업성취도를 기반으로 하는 다양한 교육적 실제가 학생들을 인종, 성별, 장애 등에 따라 분리하는지에 대해 탐색할 수 있다. 장애학생을 분리된 특수학급에서 수업받도록 하는 정책은 가능한 줄어들어야 한다. 교사는 학급 내에서 활용하는 그룹 짓기 방식에 대해 자세히 살펴볼 필요가 있다. 예를 들어, 학생들이 비슷한 능력의 또래와 읽기 수업을 받는다면, 그들은 기본기를 탄탄하게 하거나 또는 보다 정교한 문해 능력을 기를 수 있는 기회를 갖지 못하게 된다. 학생들이 단순히 공간을 공유하는 차원을 넘어서 다른 사람과 관계를 맺고 공동의 책임을 갖는 것은 중요하다. 통합교육은 학생들이 상호 이해와 서로에 대한 존중을 바탕으로 또래와 관계를 형성하고 의미 있는 협력 학습에 참여할 수 있도록 한다.

(2) 다양한 앎의 방식의 가치 및 존중

통합교육을 위해서는 다양한 관점을 존중하고 구축하며 다양한 방식의 앎에 가치 부여를 할 수 있는 교육과정 및 교수의 개발이 중요하다. 이때, 다문화 및 다양성 교육의 목표가 시사하는 바가 크다. 통합적인 교육과정은 학습자로 하여금 다양한 사람의 사회적 기여를 인식할 뿐 아니라 서로 합치 또는 대치되는 다양한 관점이 갖는 가치를 이해할 수 있도록 폭 넓고 깊이 있는 내용을 제시한다. 우리는 과거와 현재에 존재하는 다양성을 드러낼 수 있는 교재와 자료를 선택할 수 있다. 예를 들어, 다양한 저자가 쓴 문학작품을 선택하거나 다양한 사람이 과학 영역에서 기여하고 있다는 것을 보여 주는 과학 교재를 선택할 수 있다. 교육과정에 대한 비판적 다문화주의critical multiculturalism와 다양성 접근법은 이러한 재현representation 방식을 넘어선다. 이러한 접근법은 교사와 학습자로 하여금 서구 사회의 업적을 당연한 운명의 결과로 보는 서구 및 유럽 중심의 세계관과, 식민지 역사관을 우선시하는 전통에 대해 재고할 것을 요구한다. 이러한 세계관과 역사관에 따르면, 대부분 유색인인 피지배자는 부수적이고 보조적인 위치로 묘사되며, 또한 지배당함으로써 이들이 무엇을 얻었는지에 초점이 맞춰진다. 따라서 다양한 관점이 존중받지 못하며 평가절하된다. 다양한 앎의 방식에 대한 인식을 고취시키고 이에 가치부여를 하기 위해서 교사들은 다양한 관점을 제시해야 한다. 학생들은 권력과 백인 특권이 사회에서 어떠한 역할을 해 왔는지, 예를 들면 사회적 진보에 대한 묘사, 높이 평가받는 문학과 예술 작품, 정치 및 경제와 관련된 세계관 등에 어떠한 영향을 미쳤는지 분석할 수 있어야 한다.

이처럼 자료 및 주제 선택에 있어서 비판적인 접근을 취하는 것과 더불어, 교사는 학교에서 학생들에게 강조하는 방식의 앎과 행동이 무엇인지 살펴볼 필요가 있다. 예를 들면, 비영어non-English, 다중 문해력과 매체 문해력은 어느 범위까지 학습 및 발전을 위한 중요한 기술로서 가치를 인정받고 활용될 수 있는가? 우리는 활동중심의 수업, 시각적 표상의 이용, 테크놀로지의 활용 등을 통해 점차 다중적인 교수-학습 접근을 취하고자 한다. 이와 더불어 우리는 문어와 구어만 강조하는 현 맥락에서 다양한 앎과 행동의 방식을 인식하고 기를 수 있도록 지원하는 것이 필요하다. 그러기 위해서는 다양한 앎과 행동의 방식을 평가할 수 있는 차별화된, 그러나 동등하게 정교한 방법이 필요하다. 이러한 평가는 모든 학생이 다양한 기술을 개발하고 성장할 수 있도록 한다. 이는 장애학생만을 대상으로 대안적인 방법을 모색하거나 일부 문화권 학생을 위해 문화감응교수를 실시하는 것과는 구분된다. 즉, 교수법에서의 다문화 및 다양성 접근은 모든 학생이 자신의 정체성과 경험에 상관없이 다양한 가치와 관점, 예를 들면 아프리카 중심 교육과정Africentric curriculum(Asante, 1991), 페미니스트feminist 접근(Fleming, 2000; Luke & Gore, 1992), 퀴어queer 또는 비판적 불구인식론critical cripistemologie(Mitchell, Snyder, & Ware, 2014; Sumara & Davis, 1999) 등과 관련된 가치와 관점에 대해 생각해 보는 것이다.

(3) 자신과 타인에 있어서의 차이를 포용하기

모든 학생이 다양한 관점과 앎의 방식의 가치를 인식하고 학습하도록 하는 것이 다문화 및 다양성 교육과정에 대한 비판적 접근이라면, 통합적인 교수는 학교와 교실 공동체에서 학생들의 다양성을 존중하는 것이다. 학생 다양성을 포용하는 학습 공동체는 다름에 대해 진솔한 방식으로 접근하며, 다양한 요구와 기대 사이에서 발생하는 갈등을 공동의 문제 해결을 위한 값진 기회로 바라본다. 모든 학습자는 나름의 강점과 요구가 있으며, 자랑스러운 정체성을 가진다. 학생들은 그들만의 독특함을 표현하고 공유할 것이 장려되어야 한다. 학생들의 소속감을 강화시킬 수 있도록 사회적 또는 정체성 집단에 대한 내용을 포함하며, 자신과 타인을 대신해서 옹호advocacy 기술을 발전시킬 수 있는 교육과정을 개발하고 운영할 수 있다. 장애학생을 '특별한 요구'를 지닌 학생, 또는 다른 완곡어법으로 지칭하는 것은 수치심을 유발할 뿐 아니라 장애학생이 자신의 장애에 대해 긍정적으로 인식하거나 혹은 자기 옹호를 할 수 있는 기회를 차단한다. 아동은 장애를 경시하거나 숨기기

보다는 자신의 강점과 한계에 대해 이해하고 자기애를 가질 수 있도록 지원받아야 한다. 차이를 포용하는 것은 다문화 및 다양성 교육과정을 통해 다뤄질 수 있지만, 개별 학생들이 갖는 지식의 자원funds of knowledge(González, Moll, & Amanti, 2006)과 문화적 자원cultural resources(Lee, 2007)에 대한 관심 또한 중요하다. 학생들이 긍정적인 자아 개념을 형성하고 타인을 존중하기를 희망한다면, 교실 공동체는 학생들이 자신의 정체성과 가치를 인식할 수 있도록 지원해야 한다. 이러한 지원은 장애 자부심, 신체 긍정적 메시지, LGBTQ[3] 자부심, 페미니즘, 문화유산과 언어에 대한 자부심, 긍정적인 인족 정체성을 통하여 이루어질 수 있다. 통합교육가들은 인종, 성, 장애와 같은 불편하고 논쟁적인 정치적 개념을 회피하기 위해 동질성sameness을 강조하지 않는다. 대신에, 통합교육가들은 사람들의 다양한 사회적 정체성에 영향을 미친 과거와 현재의 경험에 대해 가르친다. 이를 통해 차이를 없애는 것이 아닌, 인류의 조건을 특징지을 뿐 아니라 이 사회를 더욱 풍요롭게 만드는 다양성을 존중하고 포용하는 교육을 추구한다. 우리가 차이를 인정해야만 타인을 존중할 수 있다.

(4) 지적 추구

통합교육은 학문 영역에 기반을 둔 지식과 경험의 지적 추구를 동반한다. 이는 자신과 세상에 대한 깊은 이해를 도모하기 위함이다. 이것은 시간과 장소에 따라 변화할 수밖에 없는 교육규준educational standards[4]에 따른 진척 정도로 평가될 수 없다. 지적 추구는 돌Doll(2004)의 엄격rigor이라는 개념과 연관성을 가진다. 엄격이라는 개념은 학문 영역에서 새로운 의미를 생성하고 보다 정교화된 이해를 도모하기 위해 다양한 관점과 아이디어를 추구하는 것을 의미한다. 모든 아동은 학습할 수 있으며, 엄격과 관련한 학습에 참여할 수 있다. 학습에 대하여 보다 통합적으로 사고한다는 것은 모든 아동이 학문적인 경험을 통해 성장할 수 있는 능력을 가졌음을 가정한다는 의미이다(Biklen & Burke, 2006).

3) 역자 주: "성소수자 중 레즈비언(Lesbian), 게이(Gay), 양성애자(Bisexual), 트랜스젠더(Transgender)를 합쳐서 부르는 단어이다. 퀴어(Queer)나 레즈비게이(lesbigay)에 비해선 논쟁이 덜한 용어로 알려져 있다." (출처: 위키백과)

4) 역자 주: 현재 미국을 포함한 많은 국가에서 규준중심의 교육개혁(standards-based educational reform) 움직임이 활발하게 일어나고 있다. 특히 미국에서는 2002년 「아동낙오방지법(No Child Left Behind: NCLB)」이 통과되면서 교육규준을 개발하고 철저하게 이에 따라 가르치고 평가하는 것이 강조된다. 이러한 규준중심의 교육개혁에 대한 논쟁이 치열하게 전개되고 있다.

교사는 아동의 능력에 대한 믿음을 토대로 보편적 교수 설계universal design of instruction를 사용한 교수 접근 방법을 활용할 수 있다. 이러한 접근방법이 추구하는 바는 모두가 교육 목표를 달성할 수 있도록 교수-학습에 대한 접근성을 제공하고 모든 학생이 소속감을 갖는 교실 공동체를 구축하는 것이다. 통합적인 학습은 모든 학생이 전문적인 학습자expert learners가 될 수 있도록 노력하는 것, 그리고 그러한 전문성은 개인에 따라 다르게 발전할 수 있다는 것을 받아들이는 것을 뜻한다(Meyer, Rose, & Gordon, 2014).

(5) 행위 주체로서의 교육

통합교육은 학교 공동체의 모든 구성원을 교사이자 학생으로 자리매김하는 교육적 실천으로 구성된다. 이러한 교육적 실천은 학생들로 하여금 그들 주변 세상에 목적을 가지고 참여하고 행동할 수 있도록 지원한다. 이러한 관점에서 학생의 성취 및 역량은 자신의 삶의 지향점에 따라 목표를 수립하고 목표 달성을 위해 행동하는 능력에 따라 평가된다. 이는 평생 교육, 전문성 개발, 직업의 추구 등과 연결된다.

우리는 어떻게 통합교육을 실천할 수 있는가

통합교육은 종착점 또는 목적지로 이해되어서는 안 된다. 통합교육은 지역 상황에서의 불평등 문제를 이해하고 이에 대항하기 위해 노력하는 교육 공동체 구성원들의 교수학습 활동이다. 비판교육학critical pedagogy에 있어, 의식화conscientization란 우리가 불의를 인식하고 이에 대항하는 방식을 면밀히 살펴보는 비판적 성찰의 지속적인 순환을 의미한다. 비판교육학의 핵심적인 측면은 자기 스스로에 대한 성찰이며, 이는 타인으로부터 그리고 타인과 함께 학습함으로써 가속화될 수 있다. 이는 우리 주변 사람들에게 가장 중요하고 영향력 있는 것은 무엇인지에 대한 학습이자, 긍정적인 변화를 위한 협력 방법의 모색이다. 장애학, 다문화교육, 사회정의교육이 제안한 것과 같이, 통합교육은 학교라는 곳이 인종차별주의 및 장애차별주의의 긴 역사 안에 존재한다는 가정에서 시작한다. 역사학자인 칼 캐슬Carl Kaestle(1976)은 미국의 공립학교를 "우리 대부분이 학습해 온 거대한 표준화된 타협"(p. 396)이라고 기술한다. 통합교육은 이러한 미국의 공립학교의 현 상황을 바꾸고자 하는 희망에서 시작한다. 통합교육적 실제에 참여하기 위한 첫 단계는 우리가 지금까지 타협했던 것을 넘어서서 사고하는 것이다. 어떻게 학생들이 학교에서 무능화disabled되며, 해방적인 교육 경험을 추구하기 위해 우리가 어떻게 협력할 수 있는지에 대한 비판적 의식을 갖는 것이 중요하다.

통합교육은 다문화 및 사회정의 교육과 밀접한 관련성을 갖는다. 이 책의 목적은 장애학 분야를 소개함으로써 장애와 장애차별주의에 대한 이해를 도모하고 통합교육을 위한 우리의 실천 방향을 제시하는 것이다. 교육에 대한 접근방식을 다양화하기 위해 존재해 온 많은 노력의 일환으로, 우리는 이 책에서 장애와 장애 경험을 강조한다. '제1부: 장애와 사회'는 장애의 의미를 개념화하는 여러 관점과 역사를 소개한다. '제2부: 학교에서의 장애'는 미국 학교에서 이루어지는 장애학생의 교육과 관련한 정책, 정의, 관행에 대한 설명을 제공한다. '제3부: 교육과정과 통합교육'은 반장애차별주의적인anti-ableist 교실공동체를 형성할 수 있는 교수방법에 대한 아이디어를 제시한다. 우리의 목표는 다양성과 차이에 대한 논의를 보다 진솔하고 명확하게 하는 것이다. 우리는 다름 또는 차이를 경시하거나 이국화exoticize하지 않고, 이에 대해 직면하고자 한다. 우리는 또한 장애와 통합교육에 대한 다른 많은 관점을 인식하는 동시에 우리의 입장과 신념을 명확히 하고자 한다. 우리는 현재 교육계의 '현실'이라고 보이는 것과 앞으로 변화할 수 있는 교육의 모습 사이의 그 간극에 위치한다.

제2장

장애에 대한 다양한 관점

패러다임이란 이데올로기 또는 준거틀frame of reference이다. 패러다임은 개인이 어떤 주제나 사안에 대해 인식하고 이해하며 해석하는 방법을 의미한다. 사람들은 패러다임을 통해 각자 경험한 모든 것을 해석할 뿐 아니라(물론 많은 경우에 사람들은 이를 인식하지 못하지만), 대부분의 경우에 그러한 해석의 정확성을 의심하지 않는다. 사람들은 그들이 사물을 인식하는 방식과 사물이 실제로 존재하는 방식이 같다고 생각한다. 패러다임은 문화 안에 깊게 스며들어 있기 때문에 사람들은 패러다임을 너무나 당연하고 자연스럽게 받아들인다. 따라서 패러다임은 우리가 '사실'이라고 인식하는 지식이나 신념을 생산하며, 우리의 태도나 행동을 결정하는 근원적인 뿌리의 역할을 한다. 사람들이 지배적인 패러다임에 반대하는 방식으로 본인의 경험을 이해하고 해석할 때, 이들은 기존의 전통과 권력 구조에 반한다고 여겨진다. 장애에 대한 인식과 경험을 형성하는 패러다임 자체에 대해 인식할 때, 우리는 비로소 갈등의 지점을 알아볼 수 있다. 지배적인 패러다임과 그에 반하는 패러다임 간의 갈등을 인식할 때, 우리는 우리의 신념 및 지식체계, 권력관계에서의 위치 등에 대해 보다 반성적으로 사고할 수 있다. 장애학은 장애차별주의에 반하여 행동하기 위해서는 패러다임 자체를 변화시켜야 한다는 것을 강조한다. 이 장에서는 문화와 언어가 장애의 두 가지 패러다임인 의료모델과 사회모델을 어떻게 반영하고 형성하는지 살펴보도록 한다.

문화와 담론

사람들은 문화라는 매개체를 통해 세상에 대한 공동의 이해를 형성하고 표현한다. 이때 문화란 인간행동의 패턴, 이러한 행동의 의미를 구축하는 체계와 상징을 뜻한다. 문화는 일반적으로 특정한 집단에 있는 사람들 사이의 응집력과 그들이 공유하는 신념과 가치를 의미한다. 그러나 맥더마트McDermott와 바렌느Varenne(1995)와 같은 인류학자들은 문화를 역동적인 사회화 과정 속에서 형성된 것이라고 개념화한다.

> 문화의 일관성은 동질성을 갖는 구성원들에 의해 만들어진 것이 아니다. 대신에, 문화의 일관성은 구성원 각자가 가진 불완전하고 상호 의존적인 지식으로부터 형성된다. … 문화는 사람들의 다양한 목소리를 통해 만들어지며, 각각의 목소리는 유사하거나 다른 목소리, 심지어 완전히 상충되는 목소리에 의해 구성되고 의미화된다.
>
> (p. 326)

우리는 주변의 다양한 목소리와 관점을 선택함으로써 어떠한 견해가 사회적으로 용인될 수 있는지 여부를 결정한다. 또한 우리는 바람직한 인간의 특성이 무엇이고 그렇지 않은 것은 무엇인지를 평가한다. 우리는 바람직한 특성을 가진 사람들에게 보상을 제공하고 그렇지 않은 사람들을 억압하는 체계를 사회 조직 안에서 수립한다. 주변 담론discourse에 대한 분석과 이해를 통해 우리는 장애와 혐오가 어떠한 과정을 거쳐 형성되었는지 이해할 수 있다. 담론은 언어뿐만 아니라 무엇이 이야기되거나 금지되는지를 결정하는 규칙으로 구성된다. 우리 각자가 가지고 있는 신념이나 의견 중에 대부분의 상황에서 부적절하거나 무례한 것으로 인식될 수 있기 때문에 밖으로 표현하지 않는 것이 있다. 이러한 신념이나 의견은 우리가 이 세상에서 가지는 다양한 상호작용에 깊이 침투해 있다. 그러나 맥더마트과 바렌느(1995)가 주장하는 것처럼, 문화는 고정된 것이 아니라 지속적으로 변화하는 과정 안에서 존재한다. 문화가 규정하는 규칙 또는 규범을 따름으로써 우리는 지배적인 사고방식을 강화하게 된다. 뿐만 아니라 합당한 생각과 행동이라고 여겨지는 범위 안에서 우리가 말하고 행동함으로써 새로운 상황 안에서 규칙이나 규범을 만들어 내기도 한다. 그러나 반대로 말하면, 그러한 규칙이나 규범에 저항할 때 우리는 지배 담론이 영향력을 행사하는 것을 방해할 수 있고, 따라서 각 문화 안에서 너무나 자연스러워 보이는 믿음이나 가정을 바꾸는 데에 공헌할 수 있다. 즉, 우리는 지배담론과 반-지배담론 간의 갈등을 드러내고 가시화할 수 있는 방식으로 사고할 수 있고 행동할 수 있다. 장애에 대한 상충되는 담론을 생성해 내는 두 가지 패러다임이 존재한다. 장애를 설명하는 의료모델과 사회모델에 대해 설명하고자 한다.

장애의 의료모델

> 의료모델의 두 가지 특징은 정상적normal인 것과 병리학적pathological인 것에 있다. 정상적이라는 것은 생물학적 문제가 없는 것을 의미한다. 병리학적이라는 것은 질병에 의해 야기된 유기체의 변화로서, 유기체를 방해하거나 파괴하는 건강 상태를 의미한다. 의료모델은 보통 질병모델로 불리기도 하며, 이는 생물학적 문제, 질병의 원초적 특성과 개인에게 미치는 병리학적 영향을 정의하는 데 중점을 둔다. 이러한 모델은 보편화되었고, 문화에 따라 상대적일 수 있다는 가치를 가지지 않는다. 이러한 모델은 개인이 삶을 영위하는 문화와 관계없이 건강한 것이 아픈 것보다 나은 것이라는 기본 가정에 근거한다.
>
> (Hardman, Drew, & Egan, 1996, p. 18)

장애의 의료모델은 장애인의 경험에 대한 의미를 지역사회에서의 참여와 일반학급에서의 학습을 제한하는 객관적 · 내재적인 상태와 관련지어 설명한다. 하드만Hardman, 드류Drew와 이건Egan(1996)이 묘사한 것과 같이, 의료모델은 '정상적인' 상태와 '병리학적인' 상태의 명확한 구분을 근간으로 한다. 이러한 관점에서 학교와 사회는 과학적인 객관성 담론을 적용하여 장애를 사실 또는 실제의 문제로 간주한다(Stiker, 1997). 의료모델은 장애에 대해 과학적인 접근을 강조한다. 이상deviance의 원인을 개인 안에서 찾아 진단하는 것이 첫 단계이며, 전문가의 조언과 안내에 따라 그러한 원인을 중재하고 치료하고 수정하는 것이 다음 단계이다. 따라서 장애의 정확한 진단과 적절한 치유가 의료모델의 주요 관심사이다.

비록 약물, 치료, 처치가 증거기반의 과학으로 간주되지만, 증거기반의 과학이 생리학과 정신의학의 불변의, 절대적인 진리를 근간으로 하는 것은 아니다. 병리학이라고 여겨지는 것은 시대에 따라 달라지는 문화적 규준, 그리고 생명과학 및 사회 운동에 영향을 받아 변화한다. 문화와 정신의학의 상호작용을 이해하기 위해서 1918년에 처음으로 출판되었고 현재 5번째 개정판을 낸 『정신장애 진단 및 통계 편람Diagnostic and Statistical Manual of Mental Disorder: DSM』이 제시한 심리 및 정서, 행동 문제의 진단과 치료에 대한 지침이 어떻게 변화했는지 살펴볼 필요가 있다. 주목할 만한 변화는 1973년에 개정된 DSM-II는 동성애를 정신질환 범주에서 제외시켰다는 것이다. 이는 의료전문가들뿐만 아니라 사회 전반의 게이와 레즈비언에 대한 인식에 변화를 가져왔다. 1980년에 알코올남용과 알코올의존성을 인성장애personality disorder 범주에서 제외하고 약물사용장애substance use disorder 영역에 포함시켰다. 2013년에 개정된 DSM-5에서는 소유한 물건을 버리지 못하는 강박증을 지칭하는 저장장애hoarding disorder라는 새로운 범주가 생겨났으며, 자폐증, 아스퍼거 증후군, 아동기 붕괴성 장애, 전반적 발달장애pervasive developmental disorder not otherwise specified라는 진단명을 포괄하는 자폐범주성장애라는 용어가 등장하였다. 진단명이 DSM과 같은 메뉴얼에서 추가되거나 제외됨에 따라, 소위 임상적으로 장애가 진단된 사람들의 정체성, 경험, 특성에 대한 의미가 달라진다.

한 사람의 경험, 정체성 또는 특성이 병리학적 상태에 따라 정의되고 의미화되는 과정을 의료화medicalization라고 한다. 많은 문화에서 의료모델이 보편화됨에 따라 지금까지 도덕적인 문제로만 간주되었던 사람들의 고통, 불안감, 중독 등이 의료화 과정을 통해 병리학적인 생태로 받아들여지고 있다. 의료화는 '나쁜 것'을 '아픈 것'으로 변화시키며, 따라서 그에 대한 해결 방안 역시 처벌에서 치료로 옮겨 가고 있다. 의료모델에서 치료는 처벌과 비교하여 더욱 인간적이며 희망적인 방법으로 인식된다. 의료화는 일부 질병에 대한 치료방법을 찾는 것에 있어서의 도덕적인 비난 또는 부정적 시각을 줄여 준다. 의료화는 지역사회 안에서 다름이 받아들여질 수 있도록 이에 대한 사회적 · 임상적 이해를 증진시킨다.

의료모델이 특정 질병에 대한 부정적인 시각을 줄여 주기 때문에 그러한 질병을 가진 개인이나 가족을 향한 비난과 그들이 짊어지고 있는 수치스러움 또한 줄어든다. 그러나 동시에 의료화는 장애와 관련한 비판적인 여론을 생성하기도 한다. 장애는 정신적 · 신체적 손상을 동반한 장기적이고 전생애적인 경험이라는 특징을 가지며, 이는 단기간의 질병이나 부상과는 차이가 크다. '회복'에 초점을 맞춘 의료모델은 완치 가능성이 있는 사람들을 **가능하게 함**enable과 동시에 전 생애적으로 손상과 장애를 가지고 생활해야 하는 사람들을 **불가능하게**disable 한다. 원래의 상태로 회복하는 것을 최우선으로 삼는 것은 일시적인 전략일 뿐이다. 그러나 장애에 있어서 진단과 회복을 최우선으로 삼는다는 것은 의료화라는 관점에서 장애인 삶의 전반을 의료화를 통해 정의하고 결정짓는다는 의미이다. 장애인권 운동가이며 자선가이자 사업가인 에드워드 테시에Edward Tessier(1995)는 손상, 치료, 회복에 초점을 둔 의료모델이 장애인의 삶에 대한 협소한 이해를 야기한다고 주장한다.

> 의료모델은 하나의 덫이다. 의료모델은 우리를 단순히 신체적인 제한, 그리고 의료적 상태로 정의한다. 의료모델은 당신이 다시 회복될 때까지 치료 및 처치를 받고 감금당하는 것을 정당화시킨다. 그리고 의료모델은 우리로 하여금 온전하고 완전한 사람으로 인식하지 못하도록 한다. 그것이 우리가 경험하는 억압의 핵심이다.
>
> (『People in Motion』, p. 2에서 인용)

테시에의 인식에도 나타나듯이, 장애의 의료화는 개인에 대한 다면적 이해를 제한한다. 의료모델은 신체 기능의 결함을 강조하기 때문에 장애인이 유능하고 성취 가능한 사람으로 인식되지 못하도록 한다. 이 패러다임 안에서 의료화 담론은 무엇보다도 건강한 상태로 되돌리고자 하는 목표를 최우선으로 삼는다. 따라서 장애인 역시 치유와 회복을 향한 의지를 가지며, 따라서 가능한 '정상적'으로 행동하고 보이고 기능하는 것을 목표로 삶을 영위하는 것이 기대된다.

의료화의 한 가지 특징은 의사 또는 진단과 처치를 할 수 있는 전문가의 역할을 격상시키는 것이다. 의료모델에서 진단과 회복은 특정 시험, 학위, 임상 경험을 통해 주어지는 면허 또는 자격증을 가진 전문가가 담당한다. 전문가의 전문성은 공식적인 면허나 자격의 취득 과정을 통해 갖추어진다고 여겨지며, 이러한 과정은 전문가를 권위자의 위치로 격상시킨다. 장애인은 영구적인 환자나 보호를 받는 수혜자, 즉 권력과 존엄성이 제한되는 사람으로 인식된다. 이러한 권력 구조에 있어서 장애를 진단받은 개인이 전문가의 의견에 반대할 때, 이는 부적응, 우울, 거부의 증상으로 여겨진다. 장애 아동의 부모가 전문가의 조언에 따르지 않을 때, 그러한 결정에 있어서 특별한 이유나 목적이 있을지라도 그 부모는 아동의 장애를 부인하는 상태에 있거나 태만하다고 여겨진다(Lalvani, 2012). 비록 전문가의 조언이 도움이 될 때가 있지만, 장애를 진단받은 개인은 삶의 결정을 내리는 매 순간 전문가의 조언을 필요로 하는 것은 아니다. 그러나 장애의 의료화는 장애인이 삶의 질, 가족의 책무성, 직업의 목표 등과 관련된 결정을 내릴 때 전문가의 조언이 그 어떤 요소보다도 중요한 것이라는 관점을 생성한다.

의료모델은 다양한 함의를 가지는 패러다임이다. 의료화는 특정 상태에 대한 부정적인 시각을 감소시키는 것에 기여하였다. 특정 상태를 보이는 개인을 도덕적 비난에서 해방시키고 처벌보다는 치료의 개발을 가능하도록 했으며, 그러한 상태에 대한 사회적 비난 보다는 이해와 공감을 불러일으켰다. 그러나 장애는 장기적·영구적인 상태이기 때문에 장애인은 의료화를 통해 영원한 환자로 자리매김되며, 회복이라는 목표를 갖도록 강요된다. 미셸 올리버Michael Oliver(1990)는 장애에 대한 의료적인 설명이 불완전하며, 제한적이고, 장애에 대한 보다 폭넓은 측면을 설명하지 못한다고 주장한다. 장애를 단순히 의료적인 것으로 바라보는 것은 젠더를 부인과 의학으로, 또는 인종을 피부과 의학으로 이해하는 것과 다를 게 없다. 예를 들면, 많은 장애인은 삶을 영위하는 데 있어 시력, 청력, 학습 또는 이동능력 등의 손상이 장애에 대한 타인의 인식 때문에 겪는 권력과 존엄성의 상실, 편견, 차별 및 편협보다 더 적은 장벽을 야기한다고 이야기 한다(Linton, 1998; Gliedman, 1979; Bell & Burgdorf, 1983; Hahn, 1987; Oliver, 1996; Mackelprang & Salsgiver, 1996; Rioux, 1996). 장애에 대한 보다 폭 넓은 이해를 위해서는 생리학적이고 인지적인 상태에 국한된 관심을 보다 확장할 필요가 있다.

장애의 사회모델

장애의 사회모델은 손상과 장애를 개인적인 경험으로 하는 담론의 한계를 넘어 장애에 대한 사회적 통념을 변화시키고자 한다. 사회모델의 주요 관심은 우리가 장애를 어떻게 정의하고 장애인을 어떻게 대하는지에 있어서 경제적·사회적 구조와 가치체계가 미치는 영향이다(Oliver, 1990). 사회모델은 장애가 정체성과 경험으로서 의미화되는 사회적·문화적 맥락에 중점을 둔다. 사회모델은 장애를 신체와 물리적·사회적·문화적 환경 간의 복잡한 상호작용의 총체적 경험으로 이해한다. 이는 개인의 결함을 진단하고 처치하는 데에 중점을 두지 않으며, 대신 사회적·문화적·정치적 환경이 장애의 의미, 삶의 기회, 삶의 질에 어떠한 영향을 미치는지 관심을 갖는다.

장애에 대한 사회정치적 접근

장애의 사회모델 안에는 다양한 접근이 존재한다. 사회정치적 접근은 교육 및 통합과 관련된 가장 일반적인 사회모델 관점이다. 장애인들은 1960년대의 시민권 운동civil rights movements에 영감을 받아 의료모델의 영향력에 대해 비판의식을 형성하였고, 장애인권 운동Disability Rights Movement을 통해 사회에의 완전한 접근과 통제를 요구하기 시작하였다(Mackelprang & Salsgiver, 1996; Fleischer & Zames, 2001). 폴 헌트Paul Hunt는 1970년대 초반 영국에서 장애인권기관인 반분리신체장애협회Union of Physically Impaired Against Segregation: UPIAS를 설립하였다. 이 조직의 구성원들은 미카엘 올리버(1983)가 주장한 사회모델의 발전을 이끌었다. 역사가이자 장애인 운동가인 폴 롱모어Paul Longmore(2005)는 미국 운동가들의 초기 활동을 다음과 같이 묘사하였다.

> 미국 장애운동가들은 장애인들의 사회적·경제적 소외의 원인을 그들의 병리학적 결함으로 보지 않고, 소수집단관점minority-group perspective을 채택하였다. 이들은 개인을 수정하기 위한 치료 및 중재보다 더 중요한 것이 사회에의 동등한 접근access, 합당한 편의시설, 반-차별적인 제도의 채택이라고 보았다. 이들은 장애인들의 요구에 관심을 갖도록 호소하는 자선적인 접근을 거부하고, 사회에 접근할 수 있는 장애인들의 권리를 보장해 주는 것을 요구하였다.
>
> (p. 507)

사회적·정치적 관심에 근거한 이러한 요구는 장애인의 향상된 삶의 질을 보장하기 위한 노력으로 발전되었다. 이러한 노력과 요구는 장애를 재개념화하고자 하는 새로운 패러다임의 발전을 가져왔다. '소수자 집단' '인권운동' '장애차별주의' '독립' 모델은 이와 같은 초기 사회모델을 지칭하는 명칭이다. 사회모델 지지자들은 사회적 공간, 장소, 기회에 대한 동등한 접근, 자기결정권과 존엄권 등을 포함한 시민권이 장애인을 위한 핵심 이슈라고 주장한다. 우리는 장애 인권을 강조하는 다양한 모델을 통칭하기 위해 '장애의 사회정치적 모델'이라는 이름을 사용하기로 한다.

장애의 사회정치적 모델을 지지하는 사람들은 일반적으로 신체적·심리적 차이, 물리적 또는 인지적 기능의 변화를 인간이라면 누구나 경험하는 자연스러운 것으로 인식한다.

다양성과 손상은 당연할 뿐만 아니라 바람직한 인간의 속성이다. 이러한 관점에서 볼 때, 인간의 **다름**을 기반으로 차별하는 것은 용인될 수 없다. 다름은 장애가 된다. 어떠한 특징을 갖는 개인이 접근이 제한된 환경의 영향 또는 인식된 차이에 근거한 장벽 때문에 평등한 삶의 기회와 경험을 갖지 못한다면 다름은 '장애'가 된다. 즉, 장애는 단순히 몸 안에 존재하는 무언가가 아니라 복합적인 상호작용에 의해 정의되는 하나의 상태인 것이다.

수잔 웬델Susan Wendell(1997)과 같은 일부 이론가들은 '손상'과 '장애'라는 개념을 구분한다. 이들은 인간의 특성에 근거한 물리적 · 감각적 경험과 사회정치적 억압 간의 차이를 강조한다. '**손상**'이라는 개념은 개인의 기능과 관련한 몸의 상태를 일컫는다. 반면, '**장애**'는 손상을 가졌거나 손상이 있다고 간주되는 사람들이 경험하는 사회적 장벽 때문에 발생하는 정치적 · 경제적인 권한박탈disempowerment을 지칭한다. 손상이라는 것은 개인이 경험하는 기능에 있어서의 제한을 의미하는 반면, 장애는 이러한 개인이 위치한 맥락에 근거한 개념이다.

저명한 장애학자인 시미 린턴Simi Linton(1998)은 "장애인은 공통적인 의학적 증상 때문이 아니라, 우리를 하나의 집단으로 만드는 사회적 · 정치적 환경 때문에 결집됐다."(p. 4)라고 주장한다. '장애인'이란 신체적 · 인지적 또는 감각적 손상을 가진 사람들로 하여금 물리적 장소, 정보, 기회에 접근하지 못하도록 하는 사회적 장벽에 기인한 공통의 억압적 경험에 의해 정의되는 집단이다. 손상의 진단과 처치를 중요시하는 의료모델과 반대로, 사회정치적 모델은 장애시민이 맞닥뜨리는 편견과 차별을 주요 이슈로 삼는다(Hahn, 1987). 장애에 대한 사회정치적 접근은 집단 소속, 특성, 정체성에 근거하여 억압을 경험하는 다른 정체성 집단(예: 젠더, 인종, 종교 등)과 유사하게 비전형적인 몸을 가진 사람들의 사회적 · 정치적 이슈에 관심을 둔다.

그 밖의 사회모델 접근법

토머스Thomas와 코커Corker(2002)는 손상과 장애를 구분한 사회정치적 접근법을 비판한다. 토머스와 코커(2002)는 몸과 마음이 손상되었거나 혹은 그렇지 않다고 인식하는 것 자체가 우리가 맺는 사회적 상호작용 안에서 형성되는 것이며, 그러한 인식은 언어가 인간의 몸에 대한 생각을 상징화하는 방식에 기인한다고 주장한다. 이러한 포스트모더니즘에 근거한 접근법에 따르면, '장애'라는 단어의 사전적 의미meaning와 함축적 의미connotation는 우리가 특정 몸을 인식하고 이해하며 의미화하는 과정에 지대한 영향을 미친다. 우리가 특정 몸을 '장애'와 관련지어 이해하고 해석한다는 것은 누군가를 장애인, 즉 비장애인과는 다른 사람으로 구분 지을 수 있다는 기본적인 가정을 가지고 있기 때문이다. 누군가에게 장애라는 명칭을 부여하는 그 행동 자체가 권력행위인 것이다. 구들리Goodley(2011)는 사회모델 안에서 소수자 모델, 문화 모델, 상대적 모델을 구분하였다.

장애를 '문화'로 개념화하는 맥더마트와 바렌느(1995)의 관점과 유사하게, 우리가 '정상'과 '비정상'을 구분하기 위해 사용하는 언어는 비장애와 장애 간의 서열 관계를 나타낸다. 예를 들면, 특수성exceptionality과 장애disability라는 단어는 인간은 특정한 방식으로 존재해야 한다는 관점을 드러낸다. 우리는 어떠한 사람들, 그리고 이들이 가진 특성을 특수하다라고 표현함으로써 어떠한 것이 '일반적'이며 '정상적'인 것인지에 대한 담론을 생성한다. 능력결함이라는 뜻을 지닌 장애disability라는 단어는 능력이라는 뜻을 가진 비장애ability라는 단어와의 서열 관계를 통해서 만들어진다. 비장애는 기준, 그리고 선호되는 상태를 의미한다. 장애는 이와는 상반되는 의미이다. 그 결과, 장애인은 이분법적인 체계에서 바람직하지 않은 범주로 분류된다. 이러한 이유로 장애인은 주변화되며 소외된다. 우리는 심리적 · 신체적 특징을 근거로 장애와 비장애를 구분할 때, 일상적이고 보편적인 기준을 사용한다. 그러나 우리는 어떠한 특징이 다른 특징보다 더 선호되는 가치 체계를 바탕으로 이러한 규준 자체가 만들어졌다는 것을 생각해볼 필요가 있다. 왜 어떤 특징은 다른 것에 비해 더 의미있다고 여겨지는가? 예를 들면, 기존의 질병이 DSM에서 제외되거나 새로운 질병이 포함되는 과정에 있어서 어떠한 가치 체계가 작용하는 것인가? 장애와 비장애에 대한 의미가 문화와 맥락 안에서 만들어지고 시간에 따라 변화한다는 사실을 고려한다면, 인간이 가지는 다양한 특징을 정의하고 해석하는 것이 객관적이고 자연스럽다는 생각은 잘못된 것이다.

장애학과 장애인권운동의 영향력은 점차 확대되고 있다. 게이블Gabel(2005)이 지적한 것과 같이 다양한 장애학 접근이 존재하지만, 장애의 사회모델을 지지하고 장애인의 삶, 경험, 정치적 이슈에 대해 사회모델에 근거하여 이해한다는 공통점을 가지고 있다. 이는 장애인을 무능하고 결함을 가진 사람으로 간주하였던 것에 반대하는 입장이다. 또한 장애학은 의료 및 복지 영역의 전문가의 권위에 대항하고, 장애인 당사자가 사회에서 갖는 장애 경험을 정의하고 총괄하는 것을 지지한다. 국제적으로 학제간 학문, 문화학, 인문학, 건강학, 교육학 영역에서 장애학적 관점을 지지하는 학문적 프로그램이 증가하고 있다. 사회에서 장애인의 삶과 경험에 영향을 주는 사회문화적 맥락에 대한 관심이 증가하면서 사회모델에 대한 인식 역시 커지고 있다. 많은 나라에서 발표되는 장애와 관련된 성명서는 사회모델이 점차 강조되고 있음을 보여 준다.

장애, 손상, 사회적 불리

'장애disability' '손상impairment' '사회적 불리handicap'는 일반적인 사람들과 비교하여 신체 또는 기능에서의 영구적 결함을 가진 사람들을 지칭하는 용어로 혼용되어 사용된다. 현재 미국의 전문가 및 관련 옹호자 집단은 '장애disability'라는 용어를 선호한다. 장애, 손상, 사회적 불리라는 용어는 정책 내에서 보다 명확히 구분된다. 미국의 연방정부 법인 「미국장애인법개정법The Americans with Disabilities Act Amendments Act: ADAAA」(2008)은 장애인을 다음과 같이 정의한다.

(a) 한 가지 이상의 주요 생활 활동을 실질적으로 제한하는 신체적 · 정신적인 손상을 가진 사람
(b) 그러한 손상에 대한 기록을 가지고 있는 사람, 또는
(c) 그러한 손상을 가진 것으로 간주되는 사람

(42 U.S.C.§12102(2))

ADAAA에 따르면, 손상은 반드시 한 가지 이상의 주요 생활 활동, 즉 일반적인 사람이 어려움 없이 수행할 수 있는 활동에 있어서 실질적인 제한을 가져와야 한다. 주요 생활 활동의 예는 걷기, 보기, 듣기, 말하기, 숨쉬기, 학습하기, 일상적인 과제 수행, 자기 스스로를 돌보기, 직업생활하기 등이다. 이때, 장애와 손상 간의 관계는 장애의 사회정치적 모델에서 정의한 것과 유사하다. **손상**은 신체의 특징을 가리키는 것이며, **장애**는 손상이 없는 사람들과 비교하였을 때 제약을 경험하는 결과로 발생하는 것이다.

국제 사회에서 장애, 손상, 사회적 불리라는 세 가지 용어는 구분되어서 사용된다 (Wright, 1983; Johnson, 1994; Ingstad & Whyte, 1995). 1983년에 UN은 세 가지 용어를 다음과 같이 정의했다.

- **손상***impairment*: 심리적 또는 신체적 구조나 기능에 있어서의 손실이나 이상abnormality
- **장애***disability*: (손상의 결과로) 정상이라고 간주되는 방식 또는 범주 내에서 활동을 수행할 수 있는 능력의 제한이나 결함
- **사회적 불리***handicap*: 손상 또는 장애의 결과로 나이, 성별, 사회문화적 요소 등을 고려하였을 때 정상이라고 간주되는 역할을 수행하는 것을 제한하는 개인에게 주어지는 불이익

사회적 불리는 장애를 지닌 사람이 문화적인 환경과의 상호작용 결과로 특정한 불이익을 가리키는 용어이다. 따라서 한 사람은 손상의 결과로 개인적인 제약, 즉 장애를 경험할 수 있지만 그러한 제약이 사회적 · 정치적 · 경제적 불이익으로 연결될 때 사회적 불리가 된다. 장애에 대한 사회정치적 관점을 지지하는 사람들은 사회문화적인 환경과 개인적인 제약 또는 제한 및 장애를 통합적으로 이해한다. 즉, 경험에 있어서의 제약이 구조적 · 사회적 · 문화적 환경의 결과로 발생된다는 관점에서 사회적 불리를 장애와 구분 짓지 않는다. 장애를 경험한다는 것은 끊임없이 사회적 불리를 맞닥뜨린다는 것이다.

2008년 UN의 「장애인권리협약Convention on the Rights of Persons with Disabilities」은 장애를 다음과 같이 정의한다.

> 점진적으로 변화하는 개념이며, 손상을 지닌 사람과 그가 다른 사람과 동등하게 사회에 완전하고 효과적으로 참여하는 것을 저해하는 태도 및 환경적인 장벽 간의 상호작용으로부터 기인하는 것이다.

UN의 「장애인권리협약」은 장애인을 다음과 같이 정의한다.

> 다양한 장벽과의 상호작용으로 인하여 다른 사람과 동등한 완전하고 효과적인 사회 참여를 저해하는 장기간의 신체적 · 정신적 · 지적 또는 감각적 손상을 가진 사람으로 정의한다.
>
> (United Nations, 2007)

UN의 정의는 장애를 개인의 건강, 개별적 요인, 일상의 환경 간의 상호작용으로 설명함으로써 사회적 · 문화적 · 경제적 환경이 개인이 장애를 경험하는 방식에 영향을 미친다는 사실을 강조하고 있다. 이렇게 장애를 개인과 개인이 위치한 맥락 간의 상호작용으

로 바라보는 관점은 환경적 접근성과 사회 체계 안에서의 평등을 보다 강조한다.

국제 사회는 장애 차별을 하나의 문제로 간주하며 물리적 장벽뿐만 아니라 사고방식에서의 장벽을 제거하는 것이 장애인의 평등권을 추구하는 것이라고 인식한다. 세계의 다양한 정책과 성명서의 일부를 보면, 많은 나라에서 장애와 관련된 다양한 문제를 체계 자체의 구조적 변화와 연결 짓고 있음을 알 수 있다. 인종차별, 성차별과 마찬가지로 장애차별주의ableism는 특정한 신체 형태의 기능을 이상화하고 이에 긍정적인 가치, 존엄성, 권리를 연결 짓는 패러다임을 통해 재생산된다. 장애 평등을 달성하기 위해 문화적·사회구조적 변화는 매우 중요하다. 우리는 변화를 위해 사회구성원으로서, 지역사회의 일원으로서, 개인으로서 소통하고 협력해야 한다. 장애와 관련하여 사용하는 언어들을 면밀히 살펴보는 것이 그 첫 단계이다.

장애와 언어

장애와 관련한 많은 용어가 있다. 전문가 집단이 사용하는 진단 용어도 있고, 공공정책과 대중매체에서 사용하는 일반적인 용어도 있으며, 개별적·사회적 집단에서 사용하는 것도 있다. 학교에서는 '학습장애 아동'이라는 진단 용어부터 '특수 아동'이라는 포괄적인 단어까지 사용된다. 일부 단어는 정확한 진단 용어이지만 그 단어에 대한 역사적·사회적 맥락의 변화로 인해 시대에 뒤떨어지거나 심지어 모욕적인 것으로 간주되기도 한다. '지체아'라는 용어가 그 예이다. 너무나 완곡 어구이거나 무시하는 어조를 풍기기 때문에 장애인 당사자들이 거부하는 용어도 있다. 그러한 예로 특별한 요구를 지닌 사람special needs, 신체적으로 힘든 사람physically challenged, 다른 정도의 능력을 지닌 사람differently abled 등이 있다. 장애 관련 용어에 대한 장애인 당사자들의 관점을 인식한다면 우리는 일상적으로 사용되는 언어에 대해 다시 생각해 볼 수 있다.

장애 관련 언어를 선택하고 사용할 때 사람들이 일반적으로 느끼는 불편한 감정은 장애의 의료모델과 관련이 있다. 장애는 부정적인 경험으로 간주되어 왔기 때문에, 우리의 언어 선택 및 변화는 장애가 '신체와 관련되어 무언가 잘못된 것'이 아닌 '단순히 몸에 대한 무언가'로 인식하고자 하는 노력을 드러낸다(Ware, 2001). 장애에 대해 말하는 것이 불편하거나 장애에 대해 이야기하는 것이 타인에게 결례가 될까 두려워하는 이유는 문화적으로 장애에 대한 혐오가 존재하기 때문이다. 누군가를 낙인하거나 결함을 강조할 것이라는 걱정 때문에 많은 사람은 장애에 대해 솔직히 이야기하기를 두려워한다. 따라서 우리는 금기시되거나 조심스러운 주제들에 대해 이야기할 때, 장애를 아예 언급하지 않거나 완곡어법 또는 미사어구를 사용해 왔다. 장애 명칭 및 낙인에 대한 문제의식을 갖고 더 나아가 장애 정체성을 표현하기 위한 언어 사용을 갈망하는 것은 장애에 대한 새로운 의사소통 방식을 찾기 위한 첫 걸음이다.

장애 명칭

누군가를 명명label한다는 것은 그 사람에 대한 전반적인 느낌을 포괄하기 위한 하나의 어구를 사용하는 것이다. 명칭은 사람의 일부 특징을 강조하거나 과잉 일반화하는 경향이 있다. 그 사람의 다른 특징을 드러내지 못하고, 따라서 그 사람에 대한 왜곡된 인식을 야기한다. 즉, 명명한다는 것은 누군가에게 이름을 붙임으로써 그를 분류한다는 뜻이다. 많은 사람은 장애 명칭을 손상에 대한 중립적인 표현 어구라고 생각하지만, 많은 경우에 이러한 명칭은 장애를 진단받은 아동 및 성인에게 악영향을 미치고 있다. 장애 명칭은 개인에 대한 기대치를 낮추고 고정관념을 생성해 낸다. 더그 비클렌Doug Biklen(1989)은 다음과 같이 설명한다.

> 학습에 어려움을 가진 학생은 정신지체[지적장애]학생, 학습장애학생, 정서장애학생, 시각장애학생이 된다. 장애라는 것이 처음에는 의심되는 특징, 그다음에는 확인된 특성, 결국에는 해당 학생을 정의하는 요인이 된다. 명칭과 그에 상응하는 교육적 배치로 인해 장애는 사회학자들이 말하는 '주된 지위master status'가 된다. 장애 명칭을 가진 학생을 관찰하고 그와 상호작용한 사람은 그 학생 자체를 바라보는 것에 어려움을 겪는다. 학생보다 그 학생의 장애가 먼저 보이며, 그 장애 명칭과 연관되는 고정적 이미지가 보인다.
>
> (p. 13)

명칭은 한 사람의 고유한 개별성이 되어 버리며, 뿐만 아니라 다른 사람들로 하여금 그 사람의 본질을 정의하도록 한다.

어빙 고프먼Erving Goffman(1963)이 주장한 **사회적 낙인**social stigma이라는 개념은 명칭과 관련이 있다. 낙인은 일부 특징이 사회적으로 용인되지 못하면서 일어나는 현상이다. 사회적으로 낙인된 인간의 특징은 정신병, 신체적 장애, 또는 특정 인종, 종교 및 정체성 또는 문화와 관련된 요소 등을 포함한다. 환영받지 못하는 특징을 보이거나 또는 그런 특징을 가졌다고 간주되는 사람은 사회에서 혐오의 대상이 되거나 소외당한다. 장애를 진단받은 사람을 명명하는 것은 그의 무능함과 사회적으로 열등하다고 여겨지는 특징을 범주화하고 특정한 명칭을 부여하는 과정이다. 이때, 장애인들이 사회에서 경험하는 소외 및 배제는 정당화된다(Barton, 1996).

명칭만으로는 그 사람이 누구인지, 어떠한 삶을 영위하고 있는지 제대로 묘사하지 못한다. 예를 들면, 한 아이를 '학습장애학생'이라고 묘사하는 것은 그 아이가 어떠한 학습적 요구를 가지는지 알려 주지 않을 뿐만 아니라 그 학생의 성취 정도, 능력, 성격, 흥미 등에 대한 그 어떤 정보를 제공하지 못한다. 학습장애라는 용어는 다른 또래 학생과 비교하여 그 학생의 '지위'만을 드러낼 뿐이다. 예를 들어, 쓰기를 위한 아이디어를 조직하는 데에 있어서 도움을 필요로 한다거나 컴퓨터로 글을 쓰는 것을 선호한다고 묘사하는 것이 그의 학습장애 여부를 언급하는 것보다 유용하다. 명칭은 개별화교육계획을 작성하는 것에 있어서 유용한 구체적인 정보를 제공하지 못할 뿐만 아니라 장기간의 삶에 부정적 영향을 미칠 수 있다. 명명하는 행위 자체가 갖는 힘은 너무나도 강력해서 초기 판별이 이루어지고, 이러한 판별이 수정되고 번복되며, 심지어 무효가 된 이후에도 개인의 사회적 지위와 자의식에 지속적으로 영향을 미친다(Corbett, 1996, p. 47).

'장애인'이라는 단어는 장애인들은 서로 비슷하며 다른 사회 구성원들과는 구별되는 독특한 집단이라는 것을 암시한다(Burgdorf, 1980). 사실 '전형적인 맹인'이라는 것은 존재하지 않는다. 이는 시각장애의 유형과 정도뿐만 아니라 발생 시기에 따라 차이가 발생하기 때문이다. 똑같은 정도의 시력을 가진 두 사람이 있다고 가정해 보자. 한 사람은 선천적인 맹, 다른 한 사람은 후천적인 맹이라고 할 때, 이 두 사람은 빨강, 석양, 엠파이어 스테이트 빌딩의 높이, 한 시간에 150마일을 이동한다는 것 등의 개념을 매우 다르게 이해할 것이다. 시력을 가져본 경험이 없는 선천적 맹인의 경우 자신의 상태를 정상적인 몸의 상태로 받아들일 것이다. 다시 말하면, 맹을 진단받은 사람들을 단순히 한 가지 집단으로 묶어서 생각할 수 없다. 그 집단 내의 차이가 너무나 크기 때문에 '전형적인 사례'라는 것이 존재하지 않는다. 이것은 장애의 모든 범주에 해당되는 이야기이다.

부정적인 언어의 사용, 특히 장애 명칭에 대한 교사들의 인식이 커지고 있다. 대부분의 교사들은 한 아이의 장애명이 그 아이가 누구인지에 대해 잘 나타내지 않을 뿐만 아니라 명칭 자체가 그 학생에게 부정적인 영향을 미친다는 것에 동의한다. 많은 사람이 장애 범주 안에 분류된 개인의 다양성을 인식함에 따라 '장애인' '맹' '학습장애아'와 같은 용어들의 사용이 조금씩 줄어들고 있다. 바쉬Vash(1981)는 불구자 또는 장애자 등의 의미를 가진 '장애가 있는 사람the handicapped' '불능인 사람the disabled'과 같은 단어의 사용에 반대한다. 바쉬(1981)는 이러한 단어로 누군가를 묘사할 때 그 사람이 보이는 다양한 특성 중 극히 일부분에만 초점을 맞출 뿐만 아니라 그 사람에 대한 부정적인 이미지를 생성한다고 설명한다. 실질적으로 장애 명칭이 유용하게 사용되는 경우는 거의 없다. 사람들은 각자 너무나 다양한 특징을 가지고 있기 때문에 하나의 장애명으로는 이와 같은 개별성을 설명할 수 없다. 보다 거시적인 관점에서 보면, 사람은 다면적이고 하나의 측면으로 정의될 수 없다는 사회적 인식의 증대는 자연스레 장애 명칭 사용의 감소로 이어질 수 있다.

장애 관련 완곡 어구

장애를 지칭하는 완곡 어구euphemism는 일상적으로 사용되지만, 장애인 당사자들은 이러한 완곡 어구에 대해 거부감을 드러내는 경우가 많다. 서더랜드Sutherland(1984)는 장애인 당사자들이 자기 자신을 지칭하는 용어를 선택해야 한다고 주장하며, 일부 장애인 당사자들은 비장애인들의 편견을 반영하는 용어를 선택하기도 한다고 덧붙인다. 많은 장애인은 '신체적으로 힘든 사람physically challenged' '다른 능력을 지닌 사람differently abled' '능력 있는 장애인able disabled' '손은 쓸 수 있는 사람handi-capable'과 같은 용어를 오만한 느낌의 완곡 어구로 받아들인다. 무능과 관련된 일반적인 고정관념을 깨기 위해 이러한 용어들이 사용되기 시작했지만, 의도와는 다르게 받아들여지는 경우가 많다(Linton, 1998).

장애인 당사자들이 완곡 어구를 반대하는 몇 가지 이유가 있다. 첫째, 완곡 어구는 손상이나 장애에 대해 직접 이야기하는 것이 수치스럽거나 무례한 것이라는 메시지를 간접적으로 전달한다. 둘째, 보다 '듣기 좋은' 언어를 사용하는 것은 손상과 장애가 한 개인의 경험에 얼마나 지대한 영향을 미치는지 드러내지 못한다. 스마트Smart(2001)는 다음과 같이 설명한다.

> 완곡 어구는 장애인의 현실이 부정적이고 불쌍하다는 것을 암묵적으로 드러내며, 이러한

> 이유로 완곡 어구는 모욕적이다. 장애 경험에 대해 말할 때 사용되는 많은 언어는 장애를 업신여기거나 하찮은 것으로 치부하거나 또는 장애에 대해 너무 돌려 말한다. '신체적으로 힘든 사람physically challenged' 또는 '정신적으로 다른 사람mentally different' 등의 단어는 마치 장애라는 것이 개방적이고 솔직하게 이야기하기 어려운 주제인 것처럼 느껴지게 한다. 따라서 이러한 단어는 장애에 대해 완곡하게 표현할 뿐만 아니라 장애를 업신여기는 것 같은 느낌을 자아낸다. 장애란 작은 불편함일 뿐이라는 것을 암시하는 이런 표현들은 장애 경험을 대수롭지 않은 것으로 나타낸다.
>
> (p. 59)

신체 손상을 가진 대부분의 사람은 주변의 장애물이 본인들을 더 강하게 만들 뿐 아니라, 극복의지를 부추기며, 더 나은 시민으로 만든다고 인식하지 않는다. 톰슨Thompson(1985)은 "장애를 가졌다는 것이 재미있는 것이 아니다. 장애를 가진다는 것은 우리가 자발적으로 도전하고 극복해야 하는 것이 아니다. 우리는 단순히 '다른 능력을 지닌 사람'이 아니다. 우리는 '장애인'이다. 다른 사람들이라면 빨리, 손쉽게 할 수 있는 일임에도 불구하고 우리는 스스로 할 수 없는 것이 분명히 존재한다."(p. 79)라고 주장한다.

'신체적으로 힘든 사람' '다른 능력을 지닌 사람'과 같은 완곡 어구를 비판하는 사람들은 이러한 용어가 장애 관련 경험을 제대로 묘사하지 못하거나 장애에 대한 부정적인 인식을 강화한다고 주장한다. 장애의 사회정치적 관점에서 손상이 장애로 의미화되도록 만드는 것은 접근성을 제한하는 환경이라는 사실을 생각해 볼 필요가 있다. 린턴Linton(1998)은 '신체적으로 힘든 사람'이라는 용어에 대해 다음과 같이 비판한다.

> 비장애인들은 '신체적으로 힘든 사람'이라는 용어를 일상 대화에서 아무 생각 없이 사용한다. 비장애인들은 그것이 마치 긍정적인 용어라고 생각하는 듯하다. 그러나 나에게 '신체적으로 힘든 사람'이라는 것은 앞뒤가 맞지 않는 말이다. 내가 신체적으로 힘들다고 말하는 것은 내가 이 사회에 참여할 때 경험하는 장애물이 단순히 물리적인 것이고, 사회적인 장애물은 존재하지 않으며, 내가 극복해야할 장애물은 내 장애라고 말하는 것이다.
>
> (p. 14)

마지막으로 웬델Wendell(1997)은 '다른 능력을 지닌 사람'에 대해 다음과 같이 말한다.

> 나는 이러한 용어를 사용하는 것은 장애인인 우리에게 그 어떤 문제도 없으며 단순히 다르다는 것을 강조하기 위함이라고 생각한다. 그러나 누군가를 '다른 정도의 능력을 가진 사람'이라고 부르는 것은 그를 '다른 피부색을 지닌' 또는 '다른 성별을 지닌' 것으로 부르는 것과 같다. … 이러한 용어는 어리고, 강하며, 건강한 신체를 완벽한 것으로 여기는 패러다임을 강화하기 때문에 장애인의 사회적 타자화를 심화시킬 뿐이다.
>
> (pp. 271-272)

이 외에 널리 사용되고 동시에 많은 비판을 받는 완곡 어구는 '예외적인exceptional' 그리고 '특별한special'이라는 단어이다. 장애를 지칭하기 위해 '예외적인' 그리고 '특별한'이라는 단어를 사용할 때 이는 열등한 것이며 따라서 분리 및 격리되어야 한다는 뜻을 내포하고 있다(Smart, 2001). 이 두 단어는 다름을 강조하기 때문에 중립적인 언어라고 간주하기 어렵다. '예외적'이고 '특별한' 교육 프로그램에 포함된 학생들은 "일반적인 교육 요구를 충족시키기 위해 만들어진 보통의 프로그램을 따라가기 어려운 부류로 간주되기 쉽다"(p. 59). 슈왈츠Schwarz(2006)는 **특별하다**는 것이 어떻게 이중 잣대를 만들어 냈는지를 설명한다.

> 특별한 케어, 특별한 안전, 특별한 보호라는 이름으로 우리는 장애인에게 독립, 선택, 자유와 관련된 존엄성을 빼앗았다. 우리는 이중 잣대를 사용하여, 장애인에게 비장애인이라면 당연히 수행하는 일, 그리고 성인이 되기 위한 통과의례라고 여겨지는 것들을 못하게 하였다.
>
> (p. 45)

손상 및 장애와 관련된 단어를 포장하려는 시도, 즉 완곡 어구의 사용은 다양한 이유 때문에 비판받아 왔다. 완곡 어구의 사용은 장애인의 신체적 · 심리적 특징이 너무나 불행하거나 수치스러워서 솔직하게 말하는 것이 껄끄럽다는 메시지를 전달하며, 더 나아가 부정적인 용어를 또 다른 문제점을 가진 단어로 바꾸는 것이다. 한 개인의 특성을 보다 정확하고 가감 없이 설명하기 위해 '장애의disabled' '장애disability' '손상impairment'이라는 용어를 사용하는 것이 더 낫다. 사람의 신체적 · 심리적 특징, 강점과 약점을 직접적인 언어로 기술하는 것은 수치스럽거나 상처가 되는 것이 아니다.

사람 우선 언어

사람 우선 언어 또는 people-first language는 장애 명칭과 이에 대한 부정적 인식에 대항하기 위해 손상이 아닌 사람을 강조하고자 하는 운동이다. 사람 먼저인 언어의 예는 다음과 같다. '장애 아동disabled child'으로 부르는 것 대신 '장애를 가진 아동child with a disability', '시각장애된 아동visually impaired child' 대신 '시각장애를 가진 아동a child with visual impairment', '학습장애 아동learning disabled child' 대신 '학습장애를 가진 아동a child with a learning disability'이라고 칭하는 것이다. 사람 우선 언어는 대중매체에서 선호하며, 전문가들의 글에 사용되도록 권장된다. 대부분의 미국 학교뿐만 아니라 대중 담론에서 장애인을 지칭하기 위해 사람 우선 언어를 사용한다.

사람 우선 언어는 장애인의 어느 한 면만 강조하는 것이 아니라 그 사람의 전반에 대해 표현하기 위해 만들어졌다. 라이트Wright(1983)는 '존재한다be'라는 단어보다 '가진다have'라는 단어를 사용해야 한다고 주장한다. 간질 또는 말더듬이라고 부르기보다는 간질 또는 말더듬는 증상을 가지는 사람이라고 표현할 때 그 사람을 보다 잘 나타낼 수 있다(Shapiro & Barton, 1991). 스마트(2001)는 모든 사람이 다중의 정체성을 가지고 있으며, 장애인에게도 장애는 그들이 가진 다양한 정체성의 일부일 뿐이라고 주장한다. 따라서 스마트(2001)는 그 누구도 그가 가진 특성 가운데 한 가지로만 정의되는 것을 선호하지 않는다고 주장하며, 이는 그 어떤 명칭도 한 사람의 성격과 특성을 온전히 나타내지 못하기 때문이라고 설명한다. 데이비스Davis(1995)는 '장애를 가진 사람'이라는 용어가 한 사람의 개인적 특성에 장애라는 특징을 추가한 느낌을 주기 때문에 많은 장애인은 이 용어를 선호한다고 주장한다.

정체성 우선 언어

사람 우선 언어와 다르게 정체성 우선 언어identity-first language는 선호의 문제이다. 정체성 우선의 언어를 지지하는 사람들은 장애 정체성과 장애 경험을 강조하는 것이 중요하다고 본다. 예를 들어, 이들은 본인이 누구인지 설명하기 위해 '자폐증을 가진 사람' 보다는 '자폐인'이라는 용어를 사용한다. 어떤 사람들은 장애인을 'a person with a disability 장애를 가진 사람'라는 사람 우선인 언어보다는 대문자 D를 사용한 정체성 우선인 언어, 즉 'a

Disabled person장애인'이라는 단어를 사용하여 집단 정체성을 드러내고자 한다. 알브레히트Albrecht, 실만Seelman과 버리Bury(2001)는 다음과 같이 설명한다.

> 한 발달장애인 옹호집단은 최근에 비장애인들이 만들어 사용하는 사람 먼저인 언어가 모욕적이라고 주장한다. 이 집단은 소수 집단으로서의 정체성 정치학을 강조한 용어인 '*disabled person*장애인'이라는 용어를 선호한다 …… 이러한 논쟁은 개별적인 차이, 그리고 인권에 근거한 사회에서의 통합에 대한 가치 표현과 관련된다.
>
> (p. 3)

정체성 우선 언어의 사용과 관련하여 두 가지 이슈가 있다. 첫째, 장애 정체성을 가진 사람과 그렇지 않은 사람 중 누가 한 집단의 성격과 지위를 나타내기 위한 단어를 만들고 사용해야 하는가 하는 것이다(Vash, 1981). 어떤 사람들은 사람 우선인 언어가 아니라 장애를 입은 사람이라는 의미를 가진 'disabled people장애인'이라는 표현을 선호한다. 이는 사람 우선 언어가 장애인이 원해서 만들어진 것이 아니기 때문이다. 이러한 표현을 선호하는 또 다른 이유는 'disabled people장애인'이라는 단어의 문법적인 구성이 장애에 대한 사회정치적 관점을 강조하기 때문이다. 장애를 가진 사람이라는 뜻의 'a person with a disability'는 장애를 개인에게 속하는 하나의 속성임을 나타낸다. 그러나 이와는 반대로 'a disabled person장애인'은 '장애를 입은disabled'이라는 단어를 '사람person' 앞에 위치시킴으로써 '무언가에 의해 장애를 입은' 혹은 '무능하게 만들어진' 장애인의 상황을 드러낸다. 이는 장애가 사회적 맥락 안에서 구성되고 해석되는 것이라는 관점을 강조한다. 즉, 이러한 정체성 우선인 언어는 장애인의 사회적 지위와 그들이 겪는 일련의 경험이 사회 안에서 구성된 것임을 표현한다.

둘째, 사람 우선인 언어는 손상이나 장애가 장애인의 삶과 정체성에 미치는 영향을 축소할 뿐 아니라 이러한 영향을 단순히 부정적인 것으로만 나타내기 때문에 일부 장애인은 사람 우선 언어를 거부한다. "사람 우선 언어는 장애를 일부 사람에게만 국한된 문제적 상태, 특히 성별과 인종과는 다르게 개선 및 관리가 가능한 상태라고 가정한다"(Titchkosky, 2001, p. 126). 어떤 장애인에게 장애 경험이란, 장애 문화를 영위하는 한 집단의 구성원으로서의 자격을 갖게 하는 긍정적인 것이다. 그들은 장애 문화를 다양한 신체 및 심리의 존재와 표현에 가치를 부여하며, 장애 경험을 관리되고 극복되며 인내되어야 할 것이 아닌,

보다 복잡한 것으로 인식한다. 정체성 우선인 언어의 사용은 선호의 문제이다. '장애인disabled person'은 정체성에 있어서 장애를 의미 있는 것, 한 집단의 구성원으로의 자격을 부여하는 것, 또는 자부심을 불러일으키는 것으로 여기는 사람으로 해석될 수 있다.

사회적으로 억압되었던 많은 소수자 집단은 그동안 상처를 안겨 주었던 언어를 재해석함으로써 그 언어의 부정적인 사용 방식과 의미를 새롭게 바꾸어 집단 정체성을 나타내는 용어로 활용한다. 예를 들면, '퀴어queer'라는 단어는 '기묘한' '이상한' '기분 나쁜'이라는 뜻으로 게이와 레즈비언을 비하하기 위한 부정적인 용어로 사용되었고, 분홍색 삼각형은 나치 치하에서 차별과 근절의 목적으로 동성애자를 표시하기 위해 사용되었다. 그러나 1990년대에 "우리는 퀴어이며, 우리는 여기에 섰다. 아예 익숙해져 버리자!"라는 외침은 동성애 프라이드를 나타내는 하나의 표현이 되었다. 이는 자신의 정체성을 나타내기 위해 잔인하고 거슬리는 표현을 선택함으로써 그러한 명칭에 새로운 의미를 부여하고 부정적인 단어가 자아내는 부정적인 효과를 무력화하기 위함이다(Galinsky, Hugenberg, Groom, & Bodenhausen, 2003). 장애 인권 및 장애문화 운동에 있어서 장애인은 그들 스스로뿐만 아니라 다른 장애인을 지칭하기 위해 '절름발이cripple'와 '불구자gimp'와 같은 단어를 사용한다. '퀴어'라는 용어와 같이 '절름발이'나 '불구자'도 과거에는 "다름에 대한 경멸의 표현"이었다면 지금은 "다름에 대한 찬양의 표현"이다(Galinsky et al., 2003, p. 231). 크리에갈Kriegal(1991)은 자신의 절름발이 정체성에 대해서 다음과 같이 이야기한다.

> 나는 내 인생에서 11년을 제외한 나머지 생을 절름발이로 살아온 남자이며, 절름발이라는 단어를 '사회적 불리를 경험하는 사람handicapped' 또는 '장애를 입은 사람disabled'이라는 완곡하게 장애를 지칭하는 단어들보다 더 선호한다. 완곡 어구는 이 사회가 빚어낸 장애에 대한 오해, 장애를 단순히 질병이나 사고 혹은 그러한 질병과 사고의 결과로 바라보는 인식을 강화시킨다는 것이 그 이유이다. 나를 단순히 '사회적 불리를 경험하는 사람' 또는 '장애를 입은 사람'이라고 지칭하는 것은 내가 미국에서 절름발이로 살아가며 경험한 분노, 화, 자부심 등을 부정하는 것이다. 나는 다른 것은 몰라도 내가 지금까지 살기 위해 견뎌 왔다는 사실, 그리고 그 인내를 위해 치러야 했던 그 대가가 무엇이었는지는 알고 있다.
>
> (p. 61)

장애인권 운동가 사이에서 스스로를 '절름발이'라고 부르는 것은 권리와 평등을 위해 싸우고 있다는 증거이며, 여전히 많은 사람이 갖는 장애인에 대한 부정적인 편견과 태도를 상기시키는 것이다.

부정적인 언어를 재해석하는 것처럼, 어떤 집단 구성원은 호칭과 정체성 간의 관계에 대한 또 다른 측면을 강조하기 위해 기존의 용어들의 의미를 재고하거나 그러한 단어에 새로운 의미를 추가한다. 그 예로 청각장애와 관련된 단어와 그 단어의 의미 변화를 들 수 있다. 우리말로 농인이라고 해석될 수 있는 대문자 D를 사용한 '농Deaf'이라는 용어는 보통 수화의 사용으로 정의되는 농 정체성에 대한 문화적인 관점을 드러낸다. 농인이라는 것은 수화를 사용하는 사람들을 결집하는 역사와 공동체를 공유한다는 것을 의미한다. '청각장애deaf'가 들을 수 있는 정도와 관련된 하나의 장애 명칭이라면, '농인'은 문화적인 정체성을 드러내는 어휘이다.

언어에서의 장애 관점

한 사람, 한 가지 경험 또는 한 집단의 정체성을 나타내기 위해 사용되는 언어에 대한 관심은 그러한 언어가 많은 사람에게 얼마나 중요한지를 보여 준다. 우리가 자신에 대해 설명하거나 혹은 설명되는 그 방식이 우리 자의식뿐만 아니라 다른 사람이 우리에 대해 어떻게 생각하는지에 지대한 영향을 미친다. 대부분의 사람은 고정관념과 편견을 불러일으키는 어휘는 반드시 없어져야 한다는 사실에 동의한다. 그러나 어떠한 단어와 어휘, 어순 등을 사용해야 하는지에 대한 의견은 다양하다. 장애인권운동이 촉발한 언어에 대한 관심은 집단정치학 및 정체성에 있어서 언어가 갖는 중요성을 나타낸다. 즉, 언어는 단순히 어떠한 대상을 기술하는 역할만을 하는 것이 아니다. 언어는 정치적인 것이다. 언어는 역사, 사회적 맥락, 장애의 패러다임으로부터 파생된 의미를 담고 있다. 학교와 사회에서 장애를 기술하기 위해 사용하는 다양한 용어, 분류, 범주, 명칭은 장애를 개념화하는 사회정책이나 실제와 맞닿아 있다. 장애 관련 언어에 있어서의 변화, 그리고 상반된 의견은 장애의 의료모델과 사회모델 간의 상호작용을 보여 주는 하나의 창구이다.

제3장

배제의 문화

장애 패러다임의 구성을 이해하기 위한 한 가지 방법은 당연하게 보이거나 시간이 지나도 계속되는 행동, 반응, 지식, 신념에 대한 조사이다. 장애학에서 다루어지는 두 가지 질문으로 '문화는 장애와 장애인의 의미를 어떻게 만들고 있는가?'와 '이와 같은 구성은 배제 및 통합과 관련한 반응에 어떠한 영향을 미치는가?'가 있다. 우리는 다음의 2개 장章에서 사람 간의 차이가 어떻게 장애로서 구성되어 왔는지에 대한 간략한 문화적인 역사와 장애에 대한 다양한 믿음과 방향들이 지속되고 도전받아 온 방식들을 제시한다.

1972년 울펜스버거Wolfensberger, 니르예Nirje, 올샨스키Olshansky, 퍼스크Perske, 루스Roos는 장애에 대하여 다양하게 나타나는 전형적인 태도 및 고정관념을 기술하고 있다. 이들은 장애인에 대하여 가지는 관점과 장애에 대한 개인적 · 전문적 · 정책적 반응에 대한 함의에서의 전형적인 방식들을 나열하였다. 이후 많은 학자는 대중적인 이해에서 지속되는 태도, 고정관념, 비유들을 조사하여 왔다(예: Darke, 1998; Shakespeare, 1994; Mitchell & Snyder, 2001; Garland Thomson, 1997; Nario-Redmond, 2008; Haller, 2010 참조). 고정관념은 대중매체와 오락물을 통해 강화되기 때문에 지속되고, 사람들이 의미를 만드는 방식들을 단순하게 정리하고자 하는 욕구에 반응하며, 권력자들이 전형화된 집단들의 종속적인 지위로부터 혜택과 이익을 가질 수 있도록 편견과 차별을 합리화시킨다(Smart, 2001, p. 185).

장애와 관련한 수많은 고정관념이나 비유는 울펜스버거 등의 작업이 처음 발표된 후 거의 45년이 지난 오늘날도 나타나고 있다.

장애인 문화 역사에 대한 연구는 현대 고정관념이 특별한 신체에 대하여 시간에 따라 반복하여 형성된 의미를 반영하고 있음을 보여 준다. 울펜스버거 등이 분명하게 보여 준 장애에 대한 고정관념 가운데는 다음과 같은 것들이 있다.

1. 동정의 대상
2. 하위인간 유기체
3. 죄악 또는 악
4. 두려움의 대상
5. 경건한 순수 또는 영원한 아이
6. 희극, 조롱, 호기심의 대상
7. 부담
8. 폭력의 희생자
9. 기이한 장애인 또는 장애를 극복한 위대한 사람

우리는 장애에 대한 특정한 믿음들이 시간과 장소에 따라 지속되고 있음을 보여 주기 위하여 각각의 역사를 고려하였다. 우리가 삶과 학습에 대하여 포괄적으로 노력하는 것처럼, 고정관념들과 이러한 오류들에 있어서의 깊은 뿌리들에 대한 인식은 우리가 이러한 것들을 중단시키기 위하여 사용할 수 있는 개인적이고 전문적인 전략들에 필수적이다.

부담으로서의 장애

역사 기록을 살펴보면 인간에게 여러 차이점이 존재하여 왔다. 고고학자들은 네안데르탈 시대까지 거슬러 올라가서 기이한 신체를 가진 사람에 대한 증거를 계속해서 파헤쳐 왔다(Mackelprang & Salsgiver, 1996). 가장 원시적인 사회의 경우, 장애인은 집단 이익을 위해 희생당해야 한다는 풍습을 따랐다(Funk, 1987). 초기 인류는 20대 초반까지 살았던 사냥꾼이자 포식자였다. 이들은 차가운 땅 위에서 잠을 잤으며, 일상적인 기근, 스트레스, 외상, 두려움에 직면했었다(Scheerenberger, 1983). 가혹한 환경은 생존자로 하여금 집단 협력에 의존하도록 하였다. 항상 존재하였던 굶주림의 현실에서, 개인은 사냥하고 채집하고, 집단 방어를 위해 무리 지어 있는 것은 필수적이었다. 유목민의 존재를 이끌었던 초기 인류는 먹이를 쫓아다녔기 때문에 일하거나 따라잡을 수 없는 사람은 죽게 내버려뒀다. 무능력하거나 늙거나 약한 사람을 제거하는 것은 수용될 뿐만 아니라 기대되기까지하였다. 따라서 원시사회에서 신체적 · 감각적 · 인지적 손상으로 인해 공동체에 기여할 수 없었던 아동은 부담되는 존재였으며, 영아살해는 자주 이루어졌다(Bowe, 1978; Scheerenberger, 1983; Morgan, 1987). 초기 인류에게 이 가혹한 생존 조건은 죽음이나 포기를 장애인에 대한 일반적인 결과로 만들었다.

기원전 12,000년 무렵 인류가 떠돌아다니는 사냥의 시대로부터 작물을 재배하고, 상징적으로 사고하고, 언어로 의사소통하며, 공동체에서 살아가는 시대로 넘어가면서 장애인들이 더 많이 수용되는 환경이 되었다(Scheerenberger, 1983). 그러나 자신과 타인에 대한 부담으로 바라보았던 장애에 대한 관점은 계속해서 영아살해의 근거가 되었다. 그리스와 로마 문명 모두는 신체적 완벽함, 아름다움, 건강의 영구 보존을 추구하였다. 예를 들어, (기원전 5세기) 헤로도토스Herodotus는 행복의 기준 가운데 최우선적인 것으로 기형으로부터의 해방을 올려놓았다(Edwards, 1996). 고대 그리스에서의 영아살해는 부모 결정에 의해 행사된 법적 권리였다. 결함이 있는 것으로 보이거나 의심되는 아동은 들쭉날쭉한 바위들이 바닥에 있는 타이게투스Taygetus 산 절벽에서 내던져지거나 비바람에 노출된 채 죽어 가도록 내버려졌다(James, 1975; Preen, 1976; Scheerenberger, 1983). 장애 아동을 대상으로 이루어진 영아살해는 그 당시의 신념과 사회적 환경을 반영한 것이었다. 그리스의 종교적 믿음은 장애인은 불멸의 영혼을 가졌으며, 이와 같은 삶으로부터의 이들을 제거하는 것은 아마도 더 신속한 환생을 의미한다는 것—장애와 낙인을 가진 개인으로서의 고난의 삶보다는 더 유쾌한 가능성—을 강조하였다. 이러한 믿음은 많은 부모로 하여금 축복으로서의 풍습이자 자녀를 위해 해 줄 수 있는 최고의 행동으로 수용할 수 있도록 장려되었다(Preen, 1976).

스파르타의 법은 군대 사회의 개선을 위해 제거되어야 할 부담으로서 장애인을 바라보았다. 하지만 모든 손상이 부담으로만 간주되는 것은 아니었다. 그리스 도시 국가인 스파르타는 '강인한 개인주의'와 '건강한 신체에 건강한 정신'의 철학을 예로서 보여 주고 있지만, 장애로 간주되는 사람에 대한 범위들은 유동적이었다. 예를 들어, 손상, 절름발이, 시력 상실, 심지어는 더 심각한 조건에 있지만 여전히 전투가 가능하거나 군대에서 봉사할 수 있는 군인은 장애인으로 간주되지 않았다. 걸을 수 없었던 사람이었던 아르테몬Artemon은 군 고문을 하였으며, 공성攻城을 고안하였으며, 능력과 명성을 가진 사람으로 간주되었다(Edwards, 1996). 따라서 신체적인 장애에 대한 의미는 상황에 따라 차이가 있었다.

우생학과 말살의 복귀

장애에 대한 가장 초창기의 반응은, 짐작건대 죽음에 이르게 한 포기였다. 유목 집단은 생존을 위해 장애를 가진 구성원을 포기하였으며, 이는 후기 문명에서는 동정, 전통, 종교 또는 미신으로서 명백한 손상을 가진 신생아에 대한 영아살해로 자행되었다. 시간이 흐르면서, 공동체는 인본주의를 향해 변화하였으며 사회적 미덕의 상징으로서 개인을 돌보게 되었다. 우생학 출현은 개인, 특히 연약한 마음을 가진 것으로 간주된 사람에 대한 사회적 이익으로 관심이 바뀌었다. 특히 여성을 대상으로 장애 근절을 위한 미국 캠페인이 이루어졌다.

1883년에 프랜시스 골턴Francis Galton은 그리스 개념에서 유래된 '좋은 주식stock'과 유사한 의미를 가진 '우생학eugenics'이라는 용어를 소개하였다. 유전에 대한 과학적 검사에 관심을 가졌던 골턴은 바람직하지 못한 사회적 특징을 가진 사람들의 재생산을 막음으로써 인류를 더 좋게 할 수 있을 것임을 제안하였다. 이와 같은 개념은 생물학적 · 신체적 · 심리적 차이는 개인의 도덕성과 사회적 지위는 미리 정해져 있다는 가정에 기반을 두었었다. 이러한 개념에 내재된 것은 인류의 생물학적 진보는 유전적으로 적합하지 못한 것으로 고려된 것들에 대한 제거가 요구된다는 믿음이기도 하였다. 우생학 운동은 두 가지 주요한 노력들을 촉진했다

> 첫째, 사회적 특성, 특히 바람직하지 않은 것의 전달을 조사하기 위한 연구를 후원하였으며, 인간 가치의 척도에 있어 개인, 집단, 국가를 분류하는 것을 착수하였다. 둘째, 사회적 문제에 대한 생물학적 해결을 제안하였으며, 이러한 것의 실천을 위한 로비를 하였다.
>
> (Friedlander, 1995, p. 5)

우생학은 빠르게 국내 및 국제 사회의 관심을 받게 되었으며, 그럴듯해 보이는 과학적

정보는 사회 정책으로 옮겨졌다.

나치의 살인 의료

비록 미국 과학으로 선전되고 있지만, 아돌프 히틀러Adolf Hitler 나치 정권하에 있었던 제3제국은 엄청난 영향력으로 우생학 정책을 제정하였을 것이다. 미국 불임화 및 시설화 법에 대하여 주의 깊이 연구한 미국 사회학자들은 철학적 기반의 상당 부분을 '우생학의 과학'으로부터 가져왔다(Bowe, 1978; Kuhl, 1994; Friedlander, 1995; Pernick, 1996). 나치는 미국 우생학 운동에 기반을 가지고, 민족적 · 우생적 인종차별을 인종개선의 종합적인 프로그램과 결합하고자 하였다. 퀼Kuhl(1994)은 우생학적 인종차별을 "특정 인종에 대한 차별적인 정책들을 통해 특정한 요소들을 줄이기 위한 시도로 이어지는 특정 요소들의 구분"(p. 71)으로 정의하였다.

나치 이념의 초석으로서 인종 정화 및 개선은 1925년과 같이 매우 일찍 나타났으며, 히틀러(1925/1971)의 자서전『나의 투쟁Mein Kampf』에서 '순수한' 독일 국가를 이상으로 하였다. 1930년 나치당의 국가사회주의 독일의사협회는 "국가의 생물학적 최고"(Bleul, 1973, p. 191)를 선언하였다. 의료 정책과 실천은 사회적 위생을 강화하기 위한 수단이 되었다. 1933년 히틀러가 권력을 장악하자마자, 나치는 새롭게 제정된 유전적 질병을 가진 사람에 대한 불임을 요구하는 법을 집행하기 위하여 특별 보건 법원을 설립하였다. 나치는 유전적인 환자를 선천적인 정신결함, 조현병, 조울증, 유전적인 간질, 헌팅턴 무도병Huntington's chorea, 선천적인 농 또는 맹, 또는 '중대한 신체적 결함'을 가진 사람을 포함하는 것으로 정의하였다. "정상적인 사람"의 불임을 금지하는 법은 결국은 국가로부터 결함을 가진 것으로 인식된 30만 명에서 37만 5천 명에 이르는 사람들을 불임하게 만들었다(Lifton, 1986; Fger, 1992; Gallagher, 1995). 이 법하에 불임된 사람의 절반 이상(약 203,250명)은 선천적 정신박약을 가졌던 것으로 추정된다(Gallagher, 1995).

불임화에 대한 나치 정책은 곧이어 약 20만 명의 장애 남성, 여성, 아동에 대한 '안락사' 및 의료살인을 포함하는 훨씬 더 포괄적이고 격렬한 우생학 프로그램으로 빠르게 이어졌다(Burleigh, 1994). 개인과 사회의 이익을 위해 장애인을 안락사시켜야 한다는 믿음은 우생학 시대에 두드러졌다. 예를 들어, 저명한 전문가들에 의해 번역된 1920년 책인『가치 없는 삶의 파괴의 해방Die Freigabe der Vernichtung lebersunwerten Lebens(The Release of the Destruction of Life Devoid of Value)』은 바인딩Binding과 오슈Hoche(1920/1975)가 나치 정권에 영향을 미쳤음을 보여 주고 있다. 이러한 일은 '결함 있는' 개인들에 의한 사회의 경제적 · 사회적 비용을 강조하였으며, 가치 없는 생명은 정신지체, 정신질환, 신체적 '기형' 아동을 포함한다는 학문적 주장을 시작한 것이었다.

바인딩과 오슈의 책은 치료적 측면을 강조하며, 치료의 과정으로서 "살아갈 가치가 없는 생명"의 말살을 제안함으로써, '안락사'를 전문적이고 의료적인 것으로 만들었다(Lifton, 1986, p. 46). 더 나아가 저자들은 '안락사'를 자상하고 자애롭고 합리적이고 도덕적이며 경제적인 것으로 묘사하였다(Wolfensberger, 1980). 바인딩은 '안락사'는 "우리의 정신병원을 채우고 있는 '텅 빈 인간껍데기'"(Proctor, 1988, p. 178에서 인용)를 처리하는 자애로운 방식임을 주장하였다. 바인딩과 오슈의 책은 다음과 같이 언급했다.

> 제2차 세계대전 초반에 장애인과 병약한 사람들의 말살을 위해 널리 퍼진 옹호로서 지적 · 사회적 · 법적 · 의료적 · 도덕적 기초가 되었다.
>
> (Wolfensberger, 1981, p. 2)

전 세계 많은 저명한 우생학자는 바인딩과 오슈가 가진 생각을 공유하였다. 1933년 미국 의사인 굴드Gould는 고대 스파르타의 '부적절한 사람의 말살'의 찬성과 함께 이에 대한 인용을 통해 안락사는 경제적인 어려움을 해결하는 데 도움을 줄 수 있다고 「미국유사요법협회 학술지Journal of the American Institute of Homeopathy」에 제안하였다(Proctor, 1988에서 인용). 마찬가지로, 1941년 미국 정신과 의사이자, 코넬 의과대학 신경학과 교수인 포스터 케네디Foster Kennedy는 "결코 태어나지 말아야 했을 도움이 안 되는 사람들—자연의 실수"라고 명명한 "결함을 가지고" "희망이 없는 부적합한" 아동을 살해할 것을 미국정신과협회American Psychiatric Association에 제안하였다(Proctor, 1988; Hollander, 1989; Shapiro, 1993; Gallagher, 1995). 간략히 말하자면, 우생학을 통해 만들어진 지적 · 과학적 상황은 장애인에 대한 살인을 자애롭고, 어쩌면 심지어는 의무적인 것으로 보이게 하였다.

나치는 강제낙태에 이어 삶의 가치가 없는 생명lebensunwertes Leben 또는 '삶에 있어 가치 없는 삶'의 원칙을 통해 정당화시키면서 장애인에 대한 직접적인 의료살해 정책을 채택하였다. 당의 방침은 "건강한 제국은 비용이 너무 많이 들기 때문에 병약한 사람들을 지원할 여유가 없으며"(Bleul, 1973, p. 192), 이는 특히 전쟁 시기에는 더욱 그러하다는 것을 강조하였다. 이와 같은 살해에 대한 나치의 명분은 정신병원, 위탁가정, 장애인 시설을 비움으로써 부상병과 시민을 위한 병상을 제공하는 것이었다(Pross, 1992). 따라서 강제적인 '안락사'는 전시 체제에서의 경제적 요구, 또는 프록터Proctor(1992)가 "침상을 비우기 위한 선제적인 환자 분류"(p. 35)라고 부른 것에도 근거하였다. 의료시설은 결함을 가진 사람을 살해함으로써 얼마나 많은 식량과 자원을 절약할 수 있는지에 대해 집착하게 되었다.

바인딩과 오슈와 마찬가지로, 이후 케네디, 히틀러, 나치는 장애인에 대한 '안락사'의 이슈를 '의료적인 것'으로 만들었으며, '과학적인 정당성'을 제공하였다. 의사들은 "국가의 유전적인 건강의 수호자"(Burleigh, 1994, p. 191)가 되었다. 일단 의료적으로 합법화되자 '안락사'는 "대량살인에 직·간접적으로 관여한 최고위급 박사들"(Burleigh, 1994, p. 154)과 함께 아사, 가스, 주사, 독약에 의하여 기꺼이 죽음을 이르게 하는 것이 자신들의 국가의 '건강'을 위한다고 믿었던 의사, 간호사, 보조사, 기술자, 치료사 같은 사람들에 의해 빠르고 효율적으로 실행되었다(Wolfensberger, 1980). 히틀러는 "사람들이 자신들의 인종적·유전적 자질의 완전한 잠재력을 실현하는 것을 확실하게 할 수 있도록 독일 사람들의 건강의 증진과 완벽함"(Lifton, 1986, p. 30)으로 목표를 재정의함으로써 의료 전문성을 나치화하였다. 의학의 역할은 이때 오염시킬 수 있다고 생각되었던 원치 않는 시민으로부터 국가를 보호하는 것이었다. 히틀러는 의사들, 특히 정신과 의사들이 의료적 토대에서는 개인에 대해서, 의료 사회적인 토대에서는 전체 집단에 대해서 가치 판단을 표명하는 것을 허용하였다(Wertham, 1980). 와인드링Weindling(1989)의 논평처럼, "개인을 돌보는 것으로부터 사회와 미래 세대의 복지를 위한 것으로 의학의 전환은 병자와 장애인의 살해라는 지극히 끔찍하고 잔인한 실현에 이르게 하였다."(pp. 542-543)

히틀러와 나치정권이 장애인 살해를 법제화하는 동안, 의료 전문가들은 중대한 행정적 역할을 맡았다(Weindling, 1989). 독일 의료계는 민족 전체를 말살할 수 있음을 증명하였다. 갤러거Gallagher(1995)는 의사들이 기꺼이 따르는 이유는 "과학에 대한 확신과 의료 전문의 특권에서 발생한"(p. xvii) 오만함 때문이었음을 제시하였다. 이러한 오만함의 일부는 근본적으로 장애인을 결코 회복될 수 없으며, 따라서 가치 있는 삶을 결코 살 수 없는 병자로서 보는 의료모델에 기초를 두고 있었다. 인류를 완벽하게 하고자 했던 욕구하에 살인은 정당화되었으며, 의료계는 이러한 행동을 위한 '근거'를 제시하기 위하여 우생학, 유전학, 생물학을 사용하였다. 그러나 독일 의사들 모두가 홀로코스트Holocaust, 유대인 대학살에 직접 관여한 것은 아니었다. 공개적인 반대는 확실히 죽음을 의미할 수 있었지만, 개별 의사들 가운데는 다양한 방식으로 정권에 반대하기도 하였다(Kater, 1989). 와잉드링

Weindling(1989)은 모든 나치 의사가 불임수술을 선호하거나 의료살해를 찬성하는 것은 아니었으며, 이와 같은 의사들은 의료살해의 적극적 가담자이기보다는 수동적 관망자가 되었음을 강조하였다(p. 546). 하지만 살해를 자행한 개별 의사들의 영향은 살해를 지원한 '과학'의 대중적 · 전문적 인식보다는 훨씬 덜 해로운 것이었다.

의료계의 역할은 독일의 '질병'은 경제적이거나 정치적인 것이 아니라 '유전적으로 가치가 없고' '열등하다고' 인식된 인간들이 증가하는 것은 '민족'의 위협이 된다는 생각을 대중에게 심는 것을 도왔다. 멀러Muller(1991)에 따르면, 정부로부터 비난받은 사람은 '사회의 부담'으로 묘사되었다. 사회적 문제를 의료적 · 과학적 · 유전적인 것으로 만듦으로써, 나치는 분리와 제거의 치료가 정당화된 '치료가 불가능한 희망 없는 생물학적 원인'을 가진 사람들로 보게 하였다. 인종 청소는 열등감과 장애를 지배하는 과학과 사회 정책 모두가 되었다(Proctor, 1988). 의료모델은 이와 같은 것을 설명하고 분류하고 처방할 수 있다. 인종 청소의 과학은 나치로 하여금 처음에는 정신적 · 신체적 특징에 의해 인간의 가치를 결정하고, 나중에는 인종적 · 사회적 특징을 통해 결정하는 것을 가능하게 하였다.

독일에서 처음 살해된 사람들은 사마리안 형제들에 의해 운용되었던 우트버그Wurthberg 근처 병원의 지체장애 아동들이었다. SS(사마리안 형제)는 교회 통제에 있던 보호소 인수에 있어 국가 정책 프로그램을 사용하였다(Weindling, 1989). 이미 시설화 및 불임화의 희생자였던 아동들은 음식에 숨겨진 약물(일반적으로 신경안정제의 한 종류인 루미날) 과용을 통해 살해당했다. 먹는 것을 거부한 아동은 강제로 주사를 맞거나 독이 들어 있는 좌약을 받았다(Conot, 1983; Smith, 1985). 1939년 8월 18일 다음과 같은 일들이 시작되었다.

> 위원회는 산파, 의료담당자, 의사들로 하여금 심각한 유전적 질병, 특히 '저능아'와 (특히 맹과 농이 관련된) '다운증후군', 소두증, 수두증, 사지 · 머리 · 척추 기형, 경련 상황을 포함한 마비를 가지고 태어난 모든 아동을 등록하도록 요구함으로써 일을 시작하였다.
>
> (Lifton, 1986, p. 52)

핑거Finger는 죽음이 예정된 아동의 부모는 자녀가 (실제로는 폐렴을 유발하는 다량의 진정제 투약이었던) '특별한 치료'를 받을 것이라는 이야기를 들었다고 기술했다. 일단 설득되면, 폐렴에 대한 치료 없이 진행되었다(Johnson, 1987, p. 24에서 인용). 부모들은 그때 자신들의 자녀가 뇌부종, 맹장염, 또는 몇 가지 다른 조작된 원인에 의해 갑작스럽게 또는 예상치 못하게 죽었으며, 유행병의 위험으로 인해 자녀의 신체는 즉각적인 화장이 요구된다는 모든 기관에서 사용된 표준화된 편지를 받았다(Proctor, 1988). 위로편지와 사망확인서는 유해를 담은 항아리와 함께 종종 같이 전달되었다(Berenbaun, 1993).

레막[Remak](1969)은 '안락사' 프로그램의 완전한 공식적인 실행은 "인간의 판단에서는 최선의 적용에도 불구하고 질병을 치료할 수 없는 환자의 경우 안락사를 통한 해방이 허용될 수 있는 방식으로 의사의 책임이 여전히 말해질 수 있는(pp.133-134)" 확장된 권한을 부여한 히틀러의 1939년 메모에서부터 시작되었음을 보고하였다. 서명은 폴란드 침공, 기본적으로는 제2차 세계대전 시작과 일치되도록 소급 적용되었다. 전쟁에서의 경제는 삶에 있어 가치 없는 생명에 대한 나치 살해를 승인하여 주었다. 예를 들어, 폭탄 공격 이후에 정신요양시설과 경로당은 손실된 침대 공간을 보충하기 위해 정기적으로 비워졌다(환자들은 살해당했다)(Proctor, 1992).

"악티온(Aktion) T-4"라고 명명된 프로그램(이러한 것을 지시한 베를린 총리 티에르가르텐 4[Tiergarten 4]의 이름을 따서 붙인)은 성인 만성환자에 초점을 두었으며, 사실상 독일 정신과 단체 전체와 일반 의료계 가운데 관련된 곳들에 개입하였다."(Lifton, 1986, p. 65) 악티온 T-4는 '안락사' 프로그램을 성인을 포함하도록 확대했으며, 조현병, 간질, 뇌염, 만성질환, 뇌성마비, 비행, 도착(적 행동), 알코올 중독, 반사회적 행동, 기타 다른 많은 것을 포함하여 더욱 심각한 장애를 가진 모든 환자에 대한 확인을 요청하였다(Wolfensberger, 1981, Scheerenberger, 1983, Lifton, 1986, Proctor, 1988, Rogasky, 1988, Gallagher, 1995, Friedlander, 1995).

정신질환자를 대상으로 이루어진 최초의 독가스 공격은 폴란드 포즈난[Poznan]에서 45일 이후에 발생하였다. 독일에서 '안락사' 그 자체는 빠르게 "일반적인 병원 일과의 한 부분이 되었다."(Proctor, 1992, p. 35) 실제, 홀랜더[Hollander](1989)는 프로그램의 많은 부분이 '서비스 공급자'의 협력에 기인하여 실행되었음을 언급하였다(p. 53). '안락사' 프로그램의 초기 성공으로 인해, 덜 심각한 중증장애인, 비전형적인 특징들을 가지고 있지만 장애인이 아닌 사람(예: 왜소증을 가진 사람), 행동문제를 가진 것으로 보고된 사람, 인종적으로나 유전적으로 오염되었다고 의심받은 사람, 집시, 동성애자, 폴란드 전쟁 포로를 포함하여 다른 정체성으로 인해 평가절하를 받은 모든 사람을 포함하도록 곧 퍼져 나갔다.

의료계에서 자행된 '인종 청소'는 정신 및 지체 장애인이 독일의 '신체'에 위협이 되었음을 암시한다. 마찬가지로 히틀러는 유대인의 '감염'은 아리안[Aryan] 민족을 '약하고 병들게'

하고 있다는 생각을 옹호함으로써 홀로코스트에 대한 의료적 정당성을 부여하였다. 유일한 치료는 감염된 신체인 유대인을 제거하는 것이었다. 환자는 유대인도, 집시Gypsies도, 다른 어떤 집단도 아닌 바로 아리안 민족이었다. "아리안 민족의 치료 방법은 병들게 하는 것은 그 무엇이든지 제거하는 것이었다."(Lifton, 1990, p. 225) 사실, 케이터Kater(1989)는 나치는 인종적 '치료clinic'이자 의료적으로 불임화와 "안락사"에 있어서의 타당한 확대로서 아우슈비츠 강제수용소를 보았음을 강조하였다(p. 182). 친위대장 히믈러Himmler가 언급한 것처럼, "반유대주의는 이lice를 없애는 것과 완전히 똑같다. 이를 제거하는 것은 이념의 질문이 아니다. 이러한 것은 청결의 문제이다."(Szasz, 1970, p. 214에서 인용)

'최종 해결'을 위한 시제품으로서의 안락사

'안락사'로서의 의료살해 프로그램은 이후의 홀로코스트 실행을 위한 예비 시험 및 훈련 모델로 사용되었다(Weindling, 1989). 울펜스버거(1981)가 주지하였듯이, "유대인 살해는 장애인 살해와 연관된 둔감화, 법제화, 개별 준비 및 장비 발달을 통해 진화하였다."(p. 3) 코놋Conot(1983)은 안락사 프로그램을 뒤이어 이루어진 수백만 명의 학살에 대한 '시제품'으로 칭하였다. 베렌바움Berenbaum(1993)과 프록터(1992)는 가스실, '환자' 이송 방법, 심지어 신체 처리 절차가 장애인 살해 센터들에서 개발되었음을 지적하고 있다.

> 유대인을 독가스로 죽이려 했던 궁극적인 결정은 정신질환자를 파괴시키려는 기술적 장치가 이미 존재했다는 사실로부터 드러났다. 1941년 가을 대규모 안락사 가동의 완성과 함께 정신병원의 가스실이 해체되어 동쪽으로 보내졌으며, 이는 마즈다넥Majdanek, 아우슈비츠Auschwitz, 트레블링카Treblinka에서 재설치되었다. 동일한 박사, 기술자, 간호사들은 장비와 함께 종종 이동하였다.
>
> (Proctor, 1992, p. 37)

뉘른베르크Nuremburg의 나치 의사들을 고발하는 데 도움을 준 앤드류 아이비Andrew Ivy 박사는 "전쟁 발발 이전에 병약한 독일인을 대량 학살하는 것에 대하여 [의료] 종사자들이 다시 한번 강하게 반대하였다면, 인종 학살을 위한 죽음의 공장에 대한 전체적인 생각과 기술은 실현되지 않았을지도 모른다는 상상이 가능하다."(Gallagher, 1995, pp. 31-32에서 인용)라고 결론내렸다. 갤러거는 덧붙여서, "박사들이 다르게 행동하고 아니라고 말했다면, 상황은 달라졌을 것이다. 홀로코스트에 이르는 일련의 사건들의 초기 연결은 깨졌을 것이다."(p. 32)라고 말하였다. 피들러Fiedler(1996)는 안락사와 '최후의 해결' 간의 연결에 대하여 다음과 같이 작성하였다. "이와 같은 것은 생리학적 표준화라는 이와 관련한 변수들에 대한 정의가 정치가와 관료의 손 안에 있을 때 얼마나 위험하게 실행될 수 있는지를 경계를 가지도록 만드는 것이다."(p. 150) 홀로코스트의 공포가 드러나면서 인권은 새로운 중요성을 가지게 되었으며, 이는 오늘날의 장애인의 삶을 형성하도록 하는 정책과 태도에서의 변화를 이끌었다.

새로운 우생학?

현대 사회에서 태아선별검사는 생사가 결정될 수 있는 특징으로서 장애의 위치를 가지게 한다(Parens & Asch, 2000). 많은 사람이 장애인을 위한 치료 결정에 있어 불균형적인 영향을 미칠 수 있다고 주장하고 있는 조력 자살 옹호자들은 '사랑할 수 있는 권리'를 지지하는 것과 같이 '죽음의 권리'를 강조한다(Gill & Voss, 2005). 오락물에서 〈미 비포 유Me before You〉(Owen, Rosenfelt, & Sharrock, 2016)와 〈밀리언 달러 베이비Million Dollar Baby〉(Haggis, Rosenberg, Ruddy, & Eastwood, 2004)와 같이 대중적인 인기를 많이 받은 영화는 중증장애인은 죽음을 갈망한다는 믿음을 심어 주고 있다. 〈미 비포 유〉에서 한 장애 남성의 바람으로 이루어진 조력 자살은 사랑의 행동으로 묘사되었다. 다수의 아카데미상을 수상한 〈밀리언 달러 베이비〉는 시합 도중에 사지마비가 된 권투선수의 이야기를 다루고 있다. 권투선수의 트레이너는 생을 마치고 싶다는 권투선수의 소원을 존중하는데, 이러한 것은 장애인으로서의 삶은 가치가 없는 삶이며, 장애인을 안락사 시키는 것/살해하는 것은 자비로운 반응이라는 메시지를 전하고 있다. 장애 인권 단체인 '아직 죽지 않았다Not Dead Yet'는 〈밀리언 달러 베이비〉와 〈미 비포 유〉를 상영하는 영화관에서 전국적인 집회들을 조직하였으며, 언론과 미디어를 통해 활발한 논쟁을 불러일으켰다(Dolmage & DeGenaro, 2005). 이 단체는 검열을 주장한 것은 아니었지만, 대중으로 하여금 모든 장애인이 장애에 대한 합리적인 반응으로 안락사를 보고 있는 것은 아님을 알리려고 하였다.

장애 인권 활동가이자 변호사인 헤리엇 맥브라이드 존슨Harriet McBryde Johnson(2003)은 『뉴욕 타임즈 매거진NewYork Times Magazine』을 통해 중증 손상을 가진 신생아의 치료를 보류함으로써 영아살해를 정당화하려는 철학자 피터 싱어Peter Singer의 공리주의 관점의 주장에 대해 다음과 같이 반박하였다.

> 그는 나를 죽이고 싶지 않다고 주장한다. 그는 모든 것을 고려할 때 나의 부모가 내가 아기였을 때 살해하는 선택권이 주어지는 것이 더 나았을 것이며, 다른 부모들로 하여금 자신들에게 발생한 비슷한 아동을 살해하도록 하며, 이로 인해 나와 같은 생명체로부터 발생되는 고통을 회피하고 다른 유형의 아동을 선호하는 것은 부모로 하여금 합리적인 선호를 만족시키는 것으로 단순하게 생각하게 한다. 이와 같은 것은 나와는 어떠한 관련이 없다. 나는 위협을 느껴서는 안 된다.
>
> (Johnson, 2003)

산전검사인 양수검사와 융모막 채취Chorionic Villus Sampling: CVS는 임신 초기 여성을 대상으로 정기적으로 시행되고 있다. 이러한 검사는 태아가 염색체, 특히 다운증후군을 나타내는 특정 장애가 있거나 위험이 있는지 여부를 가리킬 수 있다. 산전검사는 임신을 끝내기 위한 잠재적 결정을 위한 근거로서 장애만을 표적으로 하기 때문에, 이러한 검사는 장애인권의 관점에서 볼 때 차별적인 것으로 간주될 수 있다(Asch, 2000).

조이 그로스Zoe Gross(2014)는 자폐 자기 옹호 네트워크Autistic Self Advocacy Network를 통해 고대 의식에서 이루어진 영아살해가 다시 발생할 것 같지는 않더라도 가족 구성원 및 보호자에 의해 잇따라 살해당하는 자폐인에 대한 언론 보도 기사들에 대한 반응으로, 자식 살해 반대 도구들Anti-Filicide Toolkit을 발표하였다.

> 모든 특별한 요구를 가진 아동의 부모가 살해에 대한 생각을 가진다고 말함으로써 살해를 일반화할 때, 결과는 이러한 살해가 받아들여질 수 있을 것 같은 환경을 만든다. 이와 같은 언론 보도는 장애 아동을 양육하는 동안 경험할 수 있는 불편함으로 인해 살해하는 것은 정상적이며 이해할 수 있는 반응이라는 메시지를 보내며, 우리는 장애 아동을 가진 다른 부모들이 이러한 메시지를 듣지 않는다고 가정할 수 없다.
>
> (Gross, 2014, p. 3)

그녀는 계속해서 다음과 같이 언급하였다.

> 비장애 아동의 부모가 자신의 자녀를 살해할 때, 우리는 일반적으로 비난을 한다. 이와 같은 희생자가 장애인일 경우에만 우리는 (비난을) 멈춘다. 희생자가 장애인일 때에만 우리는 이해하도록 장려된다. 이는 이중적인 표준이며, 우리가 가진 믿음에 대한 위험성을 드러내는 것이다.
>
> (Gross, 2014, p. 6)

첫째, 그로스는 자비로운 것으로서 전형적으로 묘사된 이유들로 인하여 보호자로부터 살해당한 장애 아동들의 수에 대한 관심을 불러일으키고 있다. 둘째, 그로스는 이와 같은 범죄들에 대한 언론 보도는 부모와 장애 아동을 키우는 것의 부담에 초점을 맞추고 있음을 지적하면서, 대중적인 정서가 고대세계 및 초기 역사에서 자행된 영아살해의 믿음과 상황들로부터 완전히 벗어나지 않았다는 점을 이끌어 내고 있다.

두려움의 대상으로서의 장애

공동체의 생존과 적응의 명백한 부담을 제기하는 것과 더불어, 장애는 신성 또는 예언의 기표signifier, 종종 불행을 예언하는 신의 분노와 섭리의 신호로 인식되어 왔다(Fiedler, 1978; Monestier, 1987; Bogdan, 1988; Thompson, 1994; Garland, 1995). 눈에 띄는 차이나 손상은 '행동을 통제하는 힘에 대한' 강한 '악마의 개념'으로서 사악한, 불길한 또는 불행한 것으로 인식되었다(Ross, 1978, p. 8). 예를 들어, 초기 메소포타미아인은 질병과 정신장애를 신으로부터의 처벌 또는 악마나 사악한 영혼에 의해 소유된 것으로 보았다. 정신적·신체적 질병은 순수하지 못한 것, 금지된 것, 죄의 결과로서 간주되었다. 얼굴에서의 차이를 가지고 태어난 아동은 적대적인 취급을 당하였으며, 사악하다고 비난받았으며, 이들의 부모들도 마찬가지였다(Charkins, 1996, p. 38). 고대 아시리아인은 장애 또는 신체적 차이를 가진 아동을 불길한 징조로 가정하였으며(Monestier, 1987), 바빌로니아인과 마찬가지로 비정상적인 출생 또는 신체 특징에 기초하여 미래를 예언하였다(Thompson, 1994). 고대 그리스와 로마 시대에, 뜻밖의 얼굴 특징을 가진 아동은 신들의 즐거움을 위해 창조되었으며, 인간에 대한 경고, 책망 또는 위협을 위해 보내졌다고 믿어졌다(Charkins, 1996, p. 38). 기형아의 출산은 부모에게 내려진 신들의 처벌로 보았었다(Garland, 1995). 비록 실명은 죄에 대한 신의 처벌로 간주되었지만, 초자연적인 힘이 맹인에게 부여되었다고 믿어졌으며, 신의 보상적인 선물로서 여겨졌다(Hewett & Forness, 1977). 장애나 기형으로 인해 사악하거나 마법적인 것으로 간주된 아동에게 이루어진 영아살해는 고대에는 널리 자행되었다. 동아프리카 와니카 부족, 아즈텍 미국 원주민, 고대 멜라네시아인, 인디언, 남아프리카 카피르 부족, 앞서 언급한 그리스와 로마 전통들 모두는 영아, 때로는 산모를 함께 몰살하였다(Ross, 1978; Van Riper & Emerick, 1984).

중세시대 및 이후 만연했던 유대교, 기독교, 이슬람교의 아브라함 전통들은 장애인을 신의 불쾌함의 표현으로 가르쳤다(Mackelprang & Salsgiver, 1996). 고대 히브리인에게 장애인은 '죄인'을 나타내었으며, 장애인은 사악한 악마의 소유물로서 가르쳐졌다. 이들은 광기란 분노한 신으로부터 고통을 받게 된 징벌로 보았으며, 죄 지은 사람에게 초자연적으로 가해진 것으로 믿었다. 예를 들어, 「사무엘상」에서는 사울 왕의 피해망상을 상세히 기술하고 있다. 「신명기」(28: 15, 28)에서는 기원전 7세기 초 모세가 자신의 백성들에게 말한 것이 나와 있다. "만일 너희 주 하나님에게 복종하지 않고 그의 계명과 규율을 주의 깊게 지키지 않는다면 … 주님은 너희에게 광의, 실명, 마음의 혼란으로 너희를 벌하실 것이다."(Bullock & Mahon, 1997, p. 32) 마찬가지로 이슬람 책인 코란은 불신자 또는 알라에 대적하는 사람들은 눈이 멀거나 귀가 멀거나 또는 벙어리가 된다는 비유를 포함하고 있다. 마찬가지로 일부 전통에서는 손상을 신의 처벌로 보았다. 수라 무하메드Sura Muhammed 는 예를 들어, "알라가 그와 같이 저주한 자들은 그들의 귀와 눈이 멀게 만든다."(47.23)라고 하였다. 해지Haj(1970)는 시각장애는 확실히 코란에서 언급된 가장 흔한 장애 유형임을 지적하고 있다.

장애인을 보호하고 부양하라는 기독교 후기 교리에도 불구하고, 종교 개혁 지도자들은 종종 죄와 장애의 연결에 대한 강한 신념을 퍼뜨렸다. 예를 들어, 루터Luther 와 칼빈Calvin 은 지적인 손상을 가진 사람은 본질적으로 악하고 사로잡혀 있으며, 사탄으로 가득 차 있다고 생각하였다. 모네스티에Monestier(1987)는 이와 같은 믿음은 선과 악에 대한 초기 기독교의 엄격한 관념과 하나님 또는 사탄의 간섭으로 인해 발생된 현상으로 자연적인 현상을 해석했기 때문이라고 하였다. 선과 악은 끊임없이 충돌하는 것으로 생각되었다. 성경에 따르면, 하나님은 자기 자신의 형상에 따라 인간을 창조하였기 때문에, 괴물과 '기형'은 악마의 창조물이어야 했다. 마찬가지로, 정신질환을 가진 사람에 대해 기본적으로 가졌던 신학적인 태도는 이들은 악마에게 사로잡혔으며, 위험할 만큼 열등하고, 따라서 기독교의 자비를 받을 가치가 없다는 것이었다. 정신장애에 대한 가장 일반적인 치료는 형틀에서의 고문, 화형, 또는 교수대에서의 죽음이었다.

사회는 장애를 영적 · 도덕적 · 종교적 불결을 상징하는 것으로 반응하였으며, 일반적으로 아동과 가족에 대한 폭력 또는 배제로 이어졌다. 장애에 대한 두려움과 혐오는 두려움의 상징과 표시로서 더욱 현대적이며 지속적인 이야기, 특히 문학에서 만들어지고 있다. 눈이 멀어지거나 듣지 못하게 되는 것 또는 괴물적인 모습으로 변해 가는 것을 통해 장애를 죄로 인한 징벌의 상징으로 사용하였다. 롱모어Longmore(1987)는 괴물, 포식자, 또는 '바라보기 역겹고 사회의 행복에 위험한 것처럼 사회에 의해 매도된 것'으로 이러한 비유를 묘사하였다. 캐릭터들은 또한 "자기 통제에 대한 폭력적인 상실, 삶의 가치가 거의 없는 도덕적 진공 상태로써 살아가는 것"(p. 68)으로 묘사되었다. 이와 같은 비유는 『오페라의 유령The Phantom of the Opera』(Leroux, 1910; 영화: Webber & Schumacher, 2004), 『지킬박사와 하이드씨Dr. Jekyll and Mr. Hyde』(Stevenson, 1886; 영화: Saville & Fleming, 1941), 『노트르담의 꼽추The Hunchback Of Notre Dame』 (Hugo, 1831; Berman & Dieterle, 1939; Hahn, 1996)와 같은 고전적인 공포물들에서 나타난다.

죄 또는 영혼의 불순과의 연관성을 근거로 장애에 대한 반감을 밀접하게 관련시키는 것은 울펜스버거 등이 장애를 불길하거나 사악한 성격을 대표하는 것으로서 개념화한 것에 해당된다. 롱모어(1987)는 장애와 가장 흔하게 연결되는 것은 악의malevolence라는 것을 발견하였다. "신체의 기형은 영혼의 기형을 상징한다. 신체의 장애는 악의 상징으로 만들어졌다."(p. 66) 피들러Fiedler(1996)는 "우리는 우리의 피해망상과 예측의 극심한 고통에 의해 불구자의 불구는 내적 상태가 겉으로 드러난 표시임을 확신한다."(p. 41)면서 비슷하게 진술하였다. 보그단Bogdan(1988)은 이와 같은 고정관념들이 어떻게 내면화되는지를 설명하고 있다. 보그단은 어느 날 저녁 10살 된 아들과 아들의 친구가 함께 텔레비전으로 〈보물섬Treasure Island〉을 시청하는 장면을 묘사하였다.

> 영화의 거의 처음 시작에서 아들의 친구인 제레미Jeremy는 줄거리에 대하여 혼란스러워하면서 물어보았다. "나쁜 사람은 누구야?" 아들은, "나빠 보이는 사람들이 나쁜 거야."라고 대답했다.
>
> (p. vii)

보그단은 아들의 이해에 충격을 받았으며, 계속해서 다음과 같이 이어갔다.

> 영화에서 나쁜 것이 되는 부분은 나빠 보이는 것이며, 악인은 다리와 눈이 없는 것과 같이 다양한 손상된 모습과 장애로 특징지어졌다. 공포 영화 괴물들은 흉터가 있고, 기형이고, 불균형한 체격을 가지고, 꼽추 등을 가지고 있으며, 극단적으로 크거나 작으며, 귀머거리, 언어장애, 시각장애, 정신 질환 또는 정신적으로 정상 이하이다. 사실, 괴물이라는 단어는 눈에 띄는 결함을 가지고 태어난 신생아에 대한 표준화된 의료 용어이다.
>
> (p. vii)

카이거Kiger(1989)는 영화에서 장애와 관련된 메시지는 자주 경멸적이며, 손상을 가진 사람을 희생양으로 삼거나 품위를 떨어뜨리고, '뚜렷한 이미지 패턴을 수립하기' 위하여 시간이 흐를수록 추가된다는 것을 발견하였다(p. 155). 갈런드 톰슨Garland Thomson(1997)은 문학에서 유사한 패턴을 확인시켜 주고 있는데, 다크Darke의 1998년 영화 분석은 장애와 연관된 뚜렷한 이미지 패턴이 있다는 카이거의 주장을 지지하고 있다. 괴물, 악당, 장애 특징들 간의 연관성을 강화시키는 이미지들은 수많은 문학 작품에서 발견될 수 있다.

동화에서 악당들은 매우 자주 『잭과 콩나무Jack and the Beanstalk』의 거인으로 나타나거나 룸펠슈틸츠킨Rumpelstiltskin과 같은 난쟁이로 나타난다. 이들은 등에 혹을 가지고 안대를 한 이빨 없는 마녀들로 종종 나타나기도 한다. 기울어진 집에 사는 구부정한 사람을 기억하는가? 외형과 사악함 사이의 관계는 자신의 의족 이름을 딴 『피터팬Peter Pan』의 '후크 선장' 캐릭터의 묘사가 좋은 예이다(Barrie, 1904, 1911; Kennedy, Marshall, & Molen & Spielberg, 1991; McCormic, Fisher, Wick & Hogan, 2003). 마찬가지로, 사악함이나 경멸을 전달하는 가장 잘 알려진 고전적인 지혜 가운데 한 가지는 '비뚤어진 몸에 비뚤어진 마음이 있다'(Margolis & Shapiro, 1987)이다. 미첼Mitchell과 스나이더Snyder(2001)에 따르면, 작가들은 캐릭터의 '손상된' 내면의 특징을 표현하기 위해 '손상된' 외부 신체에 대한 장치를 흔히 사용한다고 하였다. 마찬가지로, 데이비스Davis(1997)는 "만일 소설에서 장애가 나타난다면, 중심이 되는 경우는 매우 드물다. … 충분한 연구는 악당이 아닌 경우보다 더 자주 나타나는 것은 신체적으로 비정상적이거나 흉터가 있거나 기형이거나 훼손되는 경향을 보여 준다." (p. 19)

악행을 강조하기 위해 장애로 비유하는 것에 의존하는 동화 및 고전문학들은 여전히 널리 읽히고 있다. 다양한 특징과 관련해서 손상과 차이를 묘사하는 현대 이야기들은 증가하고 있다. 장애의 주류적인 묘사에 있어 변화한 것의 상징적인 것은 2003년 블록버스터 영화 〈니모를 찾아서Finding Nemo〉와 후속편인 〈도리를 찾아서Finding Dory〉이다(Collins, Stanton, & MacLane, 2016). 예를 들어, 두 편의 영화들은 알레르기와 과민성, 강박장애, 기억 상실, 섭식장애를 가진 의인화된 바다 생물들을 묘사하고 있다. 니모의 이야기는 아버지의 과잉보호를 설명하는 상실과 두려움뿐만 아니라 균형이 맞지 않는 '행운의 지느러미'가 가져온 손상된 알을 소개하는 독창적이면서 연속적인 장면들을 제공한다. 많은 다른 현대 작품과 마찬가지로 〈니모를 찾아서〉의 캐릭터들은 확실히 두려움의 징조와 악의 표시로 장애를 사용하였던 고전들과는 차이가 있다.

동정의 대상으로서의 장애

초기 사회에서 많은 종교적 전통들은 선천적 장애와 차이를 "자연 법칙을 어긴 신의 능력의 예시"(Garland, 1995, p. 59)로 간주하였다. 장애 또는 기형 아동의 출생은 신을 분노하게 한 부족 또는 부모에 대한 징벌로 취급되었으며, 비록 부모의 죄로 인한 무고한 피해자로 보일지라도, 아동은 일반적인 인간의 사악함을 상기시키는 것으로 취급당하였다. 도덕적 판단과 처벌로서 장애를 보는 관점은 지속되었는데, 죄 있는 사람과 결백한 사람을 똑같이 '공평하게' 처벌하는 세상을 용인하기 어렵기 때문일 것이다(Gallagher, 1995). 그러나 모든 문화가 장애의 영적 또는 종교적 발생을 불길하게 해석한 것은 아니다. 초기 이집트인은 장애인, 특히 시각장애인의 개인적 · 사회적 복지뿐만 아니라 비전형적 특징들의 원인과 치료에 관심을 처음으로 가진 집단 가운데 하나이다. 공자Confucius(기원전 551~479년)는 공평하고 평화로운 세상의 근본은 개인의 예의 바른 행동임을 가르쳤다. 공자의 믿음은 나약한 마음을 가진 사람에 대한 친절, 부드러움, 서비스를 포함하여 타인에 대한 도덕적 책임감이라는 개념에 뿌리에 두고 있다(Scheerenberger, 1983). 공자는 '나약한 마음을 가진 사람은' 사회로 하여금 스스로를 돌볼 수 없는 사람을 돌볼 책임이 있음을 주장하라고 가르쳤다(L'Abate & Curtis, 1975). 가족의 충성심은 중요한 가치였으며, '모든 사람은 자신의 아들이 뛰어난지 여부와 상관없이 아들이라 부른다.' 모든 개인은 비록 정신적으로나 신체적으로 차이가 있다 하더라도 가족의 필수적인 구성원으로 고려되었다(Ross & Freelander, 1977). 기원전 약 400년 무렵에 유래된 불교는 다른 모든 형태의 올바름은 "자비를 통한 마음의 해방인 16번째 부분만큼의 가치가 없음"(Trattner, 1994, p. 1)을 가르쳤다. 부처는 사랑이란 도움, 자비, 너그러움을 통해 표현된 것이라고 가르쳤다(Scheerenberger, 1983). 이와 같은 철학의 결과는 기원전 약 200년 무렵 불교 승려인 아소카Asoka가 장애인의 돌봄과 치료를 위해 '자선 사업'을 감독하기 위하여 임명된 관리들을 포함한 부서의 초기 설립이었다(Van Riper & Emerick, 1984, p. 19).

장애인에 대한 관심과 연민은 유대교를 통해 세계 문화로 더 널리 퍼져 나갔다. 초기 히브리인은 자비를 베푸는 것을 종교적인 요구로 만들었다. 유대교는 장애 신생아에 대한 영아살해를 금지하였으며, '병자, 노인, 장애인, 가난한 자'에 대한 자선의 중요성을 강조하였다(Barnes, Mercer, & Shakespeare, 1999; Trattner, 1994). 기원전 400~500년 무렵 히브리인이 자신들의 법을 성문화하기 시작하였을 때, 이들은 가학적 · 경제적 또는 다른 이유로서 개인의 장애로부터 이득을 취하는 것을 명백히 금지하였다. 예를 들어, 율법은 다음과 같이 구체적으로 이야기한다.

- 너는 듣지 못하는 사람을 저주하지 말며, 보지 못하는 사람 앞에 장애물을 놓지 말라(레위기 14: 14).
- 보지 못하는 자를 길 밖으로 방황하게 만드는 자는 저주받을 것이다(신명기 27: 18).

그리스-로마 전통과 비교하여 이슬람교 역시 신자에게 장애인에 대해서 더 많은 인간적인 대우를 할 것을 지시하였다(Scheerenberger, 1983). 코란은 "싸울 수 없는 노인, 어린아이, 여성을 살해하지 말라."와 같이 영아살해를 죄로 간주하였다. 또한 코란은 지적 · 정신적 장애인은 알라에게 무죄가 될 수 있다고 생각하였다.

> 하나님께서 당신을 위해 보전해 놓으신 물질을 이해하는 것이 약한 사람들에게 주지 마라. 그곳에서 그들을 계속 부양하고, 입히고, 친절하게 말하라.

기독교에서는 손상을 죄의 벌로 고려하였지만, 장애인에게 치료와 일반적인 지원이 필요하다고 여겼다(Barnes, Mercer, & Shakespeare, 1999). 유대교, 이슬람교와 마찬가지로, 복음은 신체적 · 정신적 손상을 가진 사람에 대하여 자비와 공감, 동정을 보이고, 이들을 하나님의 자녀로 인식하는 생각을 강조하였다(Preen, 1976). 사랑과 자비에 기초한 삶의 방식을 설교한 예수 그리스도는 특히 아동의 복지와 관련하여 묘사하였다(Scheerenberger, 1983). 예수는 사탄의 영향을 물리치기 위해 자신의 믿음에 따른 기적을 통한 치료를 통해 손상이 있는 사람들을 치료하였다(Scheerenberger, 1983).

예수가 행한 치료 행위들은 하나님을 영광스럽게 하거나 불신자를 비난하기 위한 목적의 교훈이었다(Pare, 1840/1982, p. 4). 이러한 치료 기적들의 저변에 깔려 있는 것은 장애는 불순한 것으로 상징되었고 구원되어야 할 영혼이라는 가정이었다(Bowe, 1978; Ross, 1978).

죄의 용서와 신체적인 치료는 동등하게 표현된다(Eiseland, 1994, p. 71). 예수가 가진 치료의 기적은 앞으로 나타날 태도에 엄청난 영향을 미쳤다. 초기 히브리인의 법은 착취나 경멸을 금지함으로써 장애인에 대해 세심함을 나타냈지만, 외적인 모습과 순수함을 연결하는 일반적인 가정은 종교적 · 사회적 역할에서의 제한을 만들었다. 히브리인은 활동하고 있는 성직자들Koheins은 흠이 없을 것을 요구하였다. 이와 같은 제한은 종교 의식에 있어 신체적인 완벽함을 추구하였던 초기 그리스인과 닮은 것이었다. "희생을 제공받은 희생자는 흠이 없어야 할 뿐만 아니라, 성직자 역시 신체적으로 완벽할 것을 요구받았다."(Garland, 1995, p. 64) 마찬가지로 로마인은 이교도 사원의 성직에 있어 장애인을 금지하였다. "로마 가톨릭교에 의해 받아들여진 이와 같은 관행은 성직에 있어 장애인을 금지하는 것으로서 최근까지 계속되었다."(Gallagher, 1995, p. 248) 성경의 태도는 장애인을 일반적으로 수용하지만(Astor, 1985, p. 40), 세상의 대부분의 인기 있는 종교들 가운데 많은 것은 (장애인을) 숭배와 사회의 완전한 특권에 들어오게 하는 것보다는 보호와 자선을 선호한다. 아브라함 전통은 전반적으로 공감과 동정을 설교하고 있다. 신념 또는 교회는 음식, 보호, 거처를 공급함으로써 불우한 사람을 위한 제공자의 역할을 하였다. 장애인을 살해하거나 추방하는 것보다는 더 낫다고 주장하겠지만, 이들은 자선이 필요한 동정의 대상으로 특징지어졌다.

르네상스시대가 시작하였을 때, 로마 가톨릭교는 장애인을 보호하고 보살피기 위해 교회 병동으로서 수도원과 피난처에서 받아들이기 시작하였으며, 이렇게 함으로써 이들을 사회로부터 격리시켰다. 장애는 숨겨지게 되었고, '몸이 멀어지면 마음이 멀어진다.'라는 태도가 만연하였다. 정신지체와 정신질환으로 여겨졌던 사람들은 수도원, 병원, 자선 시설, 교도소, 구빈원, 작업장, 창고, 기타 다른 가능한 건물에 수용되었다(Scheerenberger,

1983, p. 34). 그러나 많은 시설은 보호와 돌봄을 제공하는 것과는 크게 거리가 먼 공포의 장소들이 되었다.

보호소에서 이루어진 공포들의 전형적인 예는 런던의 베들레헴 병원Bethlehem Hospital의 역사로부터 알 수 있다. 이후 '베들램Bedlam'으로 알려진 이 병원은 런던의 주州 장관이 베들레헴의 성모 마리아 교단을 위한 병원을 설립하기 위하여 베들레헴의 주교Bishop와 교회에 자신의 자산과 땅을 제공한 1247년에 설립되었다. 1377년에는 일부 정신질환자가 왕궁에 너무 가깝게 있다고 생각되었던 창고에서 이곳으로 옮겨졌다(Scheerenberger, 1983). 베들램에서 정신질환자 수가 증가하자, 1547년 헨리 8세 왕은 런던 시에 있는 병원을 '가난한 정신병자'를 위한 병원으로 만들었다(Arieno, 1989, pp. 16-17). 1815년 이루어진 조사에서는 환자들이 벽에 있는 쇠사슬에 자주 묶였고, 족쇄에 채워졌으며, 인간 배설물이 묻은 더러운 건초 더미에서 잠을 잤음이 발견되었다(Metcalf, 1818).

초기 미국의 실천

미국 식민지 개척자들은 유럽으로부터 많은 종교적 관습, 사고, 태도를 가져왔다. 유럽에 존재했던 신체 및 정신 장애인에 대한 편견은 미국 식민지 시대의 정착민에게도 따라온 것 같다. 그러나 식민지 내에서의 주요 관심은 손상impairment 또는 대중의 볼거리보다는 공동체를 개발하는 것에 있어 의존 및 무질서disorder의 문제에 초점이 맞춰졌다(Ferguson, 1994). 17세기와 18세기를 통해, 장애로 간주된 사람들이 포함되는 대부분의 경우는 가난, 실업 또는 부랑과 관련이 있었다(Grob, 1994).

> 걸을 수 없거나 말할 수 없거나, 늙거나 고아이거나, 또는 과부이거나 노숙자이기 때문에, 궁핍에 대한 원인은 거의 시급한 질문이 되지 않았다. 공동체에 문제가 되는 것은 첫째, 당신이 거주자인지 아닌지의 여부였다. 둘째, 누가 당신을 돌 볼 것인지에 관한 것이었다. 셋째, 돌봄의 제공이 어떻게 다루어질 것인지였다.
>
> (Ferguson, 1994, p. 24)

식민지 기간 동안 강조된 것은 의료적 원인보다는 손상으로 인한 사회적 · 경제적 영향이었다.

이와 같은 것은 장애 구성원을 돌보는 방법에 대한 식민지 시대 가족의 관습이었다. 즉, 개인적인 자산의 권리를 보존하는 것은 종종 관심 밖에 있었다. 가족 구성원이 삶을 위한 기본적 필수품을 제공해 줄 수 있는 한 손상을 가진 사람에 대한 돌봄은 가족의 책임으로 남아 있었다. 하지만 만일 장애의 영향이 가족의 보호에서 벗어나면, 개인에 대한 보호는 지역 공동체의 소관으로 넘어가고, 결국 이러한 공동체는 개인이나 가족을 지원할 것을 요구받는다.

점차, 법은 장애인의 공공 보호와 치료를 위한 과정을 성문화하였다. 첫 번째로 이루어진 법은 1614년 메사추세츠 의회에서 제정되었다. 법의 대부분은 공공 지원을 받는 것에서 요구되는 것들을 기술하였으며, 거주에 대한 기준을 강조하였다. 예를 들어, 개인이나 가족은 합법적 거주지가 세워지기 이전에 3개월에서 1년 동안 생활하고 일할 것을 요구받았다. 거주는 보살핌의 책임을 불러일으켰기 때문에 극빈자의 거주를 결정하는 것은 중요한 것이었다. 대조적으로, 자신을 돌볼 수 없었던 이방인은 어떤 주민이 책임을 갖지 않으면 추방당하였다(Bowe, 1978; Rothman, 1990; Trattner, 1994). 실직자를 다루는 초기 미국의 방침—장애인이 종종 해당된 범주—은 일반적으로 보호를 위한 재정적 부담을 어디에 두는가와 관련이 있었다. 따라서 이들은 "의존적인 외부인을 축소하고 추방하는 한편 궁핍한 주민을 구제"(Rothman, 1990, p. 20)하였다.

가족이 없거나 또는 가족이 있어도 지원할 수 없거나 지원하지 않으려는 식민지 장애 주민을 대상으로 방, 기숙사, 대피소, 보호를 제공하기 위하여 공공 지원을 제공받는 다른 가족에게 배치하거나 양육을 맡겼다. 많은 경우 합의는 노예와 비슷한 계약 서비스를 포함하였다. 사실, 19세기 후반까지 많은 지역사회는 신체적 · 정신적 장애를 가진 사람에 대하여 최저가로 입찰하는 사람 누구에게나 '경매하였으며' (이들에 대한) 보유, 지원, 방, 식사를 제공하는 동안에는 구매자로부터 육체적인 노동 서비스를 자유롭게 요구할 수 있었다(Baumeister & Butterfield, 1970; Funk, 1987; Obermann, 1965; Trattner, 1994).

기반 시설에 있어 유럽 도시와는 차이가 있었던 식민지 시대 미국은 처음에는 장애인을 다루는 것에 있어 체계적인 접근이 거의 없었다. 공공 안전을 위협하는 것으로 인식되지 않은 사람은 일할 기회를 종종 부여받았다. 지역사회에 공공 비용이 될 수 있을 것으로 믿어진 새로 온 사람은 종종 '경고'를 받았다. 즉, 떠날 것을 강력히 요청받았다. 지방 관리들이 정신이상으로 간주된 사람을 이들의 합법적 거주지인 지역사회로 강제로 돌려보내는 것은 특별한 일이 아니었다(Grob, 1994, p. 16). 또 다른 관행은 '넘기는 것'이었다. 이러한 것은 의사소통에서의 무능력으로 인해 이들이 돌아오는 것을 효과적으로 막을 것이라는 희망을 가지고, 한밤에 '정신박약' 및 '정신이상' 거주자를 납치하여, 낯설고 멀리 떨어진 마을 외곽에 이들을 버려두는 지역사회를 구성하였다(Burgdorf & Burgdorf, 1975). 가족을 초월하여 보살핌과 치료는 제정신이 아니고, 곤궁하며, 장애를 가진 사람들을 막음으로써 마을의 부담을 최소화하기 위한 지역 관리에 의해 주로 결정되었다.

거주 배치의 발전

미국에서 공공 기반 시설이 발전하면서, 식민지 개척자들은 가난하고 병들고, 장애를 가진 사람들에 대한 처우에 있어 영국과 네덜란드로부터 가져온 사상을 실천할 수 있게 되었다. 사회에서 원치 않는 사람을 구호소, 구빈원, 병원에서 데리고 있는 것은 적어도 10세기까지 거슬러 올라가는 유럽식 실천이었다(James, 1975). 1660년 미국 최초의 구호소가 보스턴에 세워졌으며, 곧이어 식민지의 다른 곳들에서도 세워졌다. 교도소, 정신병원, 구빈원을 포함한 거주시설은 앞으로도 수백 년 동안 증가할 것이다(Baumeister & Butterfield, 1970; Crissey & Rosen, 1986; Rothman, 1990; Ferguson, 1994). 이 모든 곳은 보살핌의 책임을 가진 일반인이 장애를 가진 식민지 주민을 수용시키는 장소가 되었다.

일반적으로 거주 배치의 선택은 장애인이 당국에 어떻게 알려지게 되었는가에 달려 있었다. 일할 수 있는 사람은 근면하고 유용한 시민으로의 재활을 목표로 삼았던 작업장 또는 구호소로 보내졌다. 만일 범죄자가 정신적인 장애가 있는 것으로 간주된다면, 이들은 정신병자를 위한 병원에 보내졌다. 만일 법을 어기다가 붙잡히면, 이들은 감옥에 보내졌다(Crissey Rosen, 1986). 거주 배치의 성장은 추방과 넘기기와 같은 관행의 필요성을 대체하였지만, 이러한 곳들의 배치는 일반적으로 신체적 · 정신적 학대와 고문을 초래하였다. 결국에는 유럽과 마찬가지로 시설은 비참한 조건, 학대, 방임으로 알려지게 되었다(Funk, 1987, p. 9).

거주 시설의 발전

1773년에 정신 질환 또는 착란을 가진 사람을 위한 공공 병원이 버지니아 주州 윌리엄스버그에서 문을 열었으며, 이는 정신 질환으로 간주된 사람의 주거를 위해 고안된 최초의 미국 공공시설로 기록되고 있다. 이후 100년 넘게 비슷한 목적을 가진 소규모의 사설 시설과 함께 대형 보호소의 수가 증가하였다. 그러나 식민지 시대 미국에서 가난하고 병들고 정신박약이며 정신이상으로 간주된 대다수의 사람은 '극빈자'의 낙인하에 함께 모여졌거나, 감옥 또는 구호소에 억류되었다(James, 1975; Scheerenberger, 1983; Trattner, 1994). 1729년과 같이 초창기에 보스턴 관리들은 '정신이 산만한 사람을 빈곤자로부터 떼어놓는 것'을 유지하기 위해서 별도 시설을 허가받으려 하였지만, 이러한 일은 발생하지 않았다. 1764년 부유한 보스턴 사람이었던 토머스 핸콕Thomas Hancock은 정신이상자를 위한 독립시설 설립을 위해 600파운드를 기증하였지만, 본래 목적으로 전혀 사용되지 않았다. 이러한 것은 오늘날 장애로 간주된 사람의 보호를 목표로 포괄적 개혁이 이루어진 19세기 중반까지 이루어지지 않았다.

구호 주거 체계에서 발견된 끔찍한 조건에 대한 우려는 수용시설의 주州 감독 및 전문적인 보호를 제공할 수 있는 주州 시설 설립을 위한 운동을 하였던 도로테아 딕스Dorothea Dix, 사무엘 그리들리 하우Samuel Gridley Howe와 같은 개혁자들을 자극하였다(Bell & Burgdorf, 1983). 이스트 케임브리지 교정 시설에서 주일 학교 프로그램을 가르치고 있었던 딕스는 정신이상 여성들을 냉방에 머물게 하는 것과 같은 끔찍한 상황들을 발견하였다. 이러한 발견은 그녀로 하여금 1840년부터 1841년까지 메사추세츠 전역의 구호소, 감옥, 교정 시설을 방문하도록 자극시켰으며, 자신이 목격한 불결한 상황들에 대하여 길고 상세하게 기술하였다. 곧바로 딕스는 메사추세츠 주와 연방 법률가들 앞에서 자신의 사례를 주장하였다. 딕스는 병원과 마찬가지로 제정신이 아니고 정신이상을 가지고 정신박약으로 간주되는 사람의 지원을 위해 전문적인 보호시설 및 수용시설에 대한 주州 감독을 주장하였다. 딕스의 막대한 영향은 이후 40년 넘게 주 정신병원들의 성장과 기존 정신병원들의 개혁의 결과로 나타났다(Burgdorf & Burgdorf, 1975; President's Committee on the Employment of the Handicapped, 1977; Bell & Burgdorf, 1983; Scheerenberger, 1983; Shapiro, 1993; Ferguson, 1994).

딕스와 같은 개혁자들의 영향을 받은 주 입법위원회는 비효율적이고 낭비적이며 비효과적인 구호소의 구제 체계를 공격하기 시작하였다. 이들은 더 많은 조직과 단체를 대상으로 가난하고 장애를 가진 사람을 위한 공공 프로그램들을 실내 시설에서 보호하는 것들로 바꾸도록 압력을 행사하기 시작하였다. 1846년 메사추세츠 주는 정신박약인을 위한 공공시설을 제공하는 첫 번째 법률을 제정하였는데, 이 중 일부는 "영연방에 있는 바보들의 상태, 이들의 수, 이들을 구제하기 위해 어떠한 것을 행할 수 있는가를 확실하게 하기 위한"(Baumeister & Butterfield, 1970, p. 5) 조사를 요구하였다. 퍼킨스 연구소Perkins Institute와 메사추세츠 맹학교Massachusetts School for the Blind의 책임자였던 사무엘 그리들리 하우가 위원회의 의장으로 임명되었다.

하우의 연구소는 미국에 설립된 장애인을 위한 많은 거주 교육 프로그램 가운데 한 곳이었다. 1832년 맹인을 위한 메사추세츠 보호소Massachusetts Asylum for the Blind(이후 퍼킨스 연구소)가 설립되었다. 1817년 토머스 갈로뎃Thomas Gallaudet에 의해 농인을 위한 미국 보호소American Asylum for the Deaf가 코네티컷 주 하트포드에 설립되었으며, 뒤이어 1818년에는 농인과 벙어리를 위한 뉴욕시설New York Institution for the Deaf and Dumb이 설립되었으며, 3년 후 갈로뎃 대학이 워싱턴 D.C에 설립된 것을 포함하여 많은 주州에서 농인을 위한 여러 공공 프로그램이 설립되었다. 1848년 하우의 발견들은 이와 같은 프로그램들의 성공을 강조하였으며, 메사추세츠 주는 '바보'의 제한과 억제에 있어 더 많은 우려를 가지고 있는 시설보다는 학교를 발전시켜 나가는 것을 옹호하였다. 비록 회의적이기는 하였지만, 메사추세츠 주의회는 정신박약인을 위한 실험학교 설립을 위한 자금을 제공하였다. 1848년 10월 1일 퍼킨스 연구소의 한쪽 부속 건물은 미국 최초의 영구적인 시설이 되었으며, 새로운 프로그램에는 10명의 아동이 받아들여졌다. 3년 후 엄청난 성공을 이루었음을 선언한 이 학교는 주州에 통합되었으며, 바보와 정신박약 청소년을 위한 메사추세츠 학교Massachusetts' School for Idiotic and Feebleminded Youth라는 공식적인 명칭을 가지게 되었다.

딕스, 하우, 그리고 이 시기의 그 밖의 개혁자들의 노력은 장애를 범죄로부터 구분하게 만들었다. 이후 장애인을 위한 거주시설의 확산은 감옥과 병원에 대한 공적인 대안을 제공하였다. 이와 같은 초기 시설들의 설립자들은 교육과 치료프로그램의 주요 목적으로 정신지체인이 최종적으로는 자신의 집과 지역사회로 돌려보내지게 하는 것이었다(Bell & Burgdorf, 1983, p. 19). 적절한 인내심, 끈기, 기술과 함께 정신은 훈련될 수 있을 것이라 믿었다. 하우는 주요 기능에 있어 주로 보호를 암시하는 정신병원보다는 교육을 제공하는 학교로 고려되는 새로운 시설을 확보하기 위해 분투하였다. 이와 같은 최초의 시설들은 성공을 높이기 위해 매우 소수의 학생과 성취를 위해 합리적인 예측을 제공하였던 학생들만을 받아들였다. 하지만 시간이 지나면서 소규모 교육 시설에 대한 개발은 대규모 프로젝트들에 의해 대체되었다.

시설의 증가

1870년부터 1890년 사이에는 대형시설의 건설이 급증하였다. 교육과 직업훈련을 제공하였던 시설의 역할은 외부 세계의 요구로부터 피신이 필요한 사람을 가장 잘 보호할 수 있는 거주 시설이라는 개념으로 바뀌었다(Burgdorf & Burgdorf, 1975). 점차 오늘날에는 성인을 위해 발전된 시설은 '자선 보호소'로서의 특징을 가지게 되었다. 이와 같은 결과로서 사람이 거주하는 중심지로부터 멀리 떨어진 곳에 아주 많은 장애인을 거주시키는 많은 대형 시설의 발전이 있었으며, 이러한 곳에 있던 거주자는 자신의 집으로 돌아갈 수 있도록 하는 훈련은 전혀 제공받지 못하였다. 일부 거주자의 경우, 시설의 비용을 줄이는 것을 돕기 위하여 농업, 원예와 같은 몇 가지 기초 기술을 배웠다(Bell & Burgdorf, 1983, p. 19). 학교로서의 시설에 대한 관점은 쇠퇴하였으며, 단기간의 훈련을 위한 거주는 장기간, 때로는 평생 동안의 전반적인 보호로 바뀌었다(Baumeister & Butterfield, 1970, p. 9).

1960년대와 같이 최근까지 장애 아동 및 성인은 주립 병원이나 시설과 같은 대규모 거주 시설에서 비인간적인 상황에 놓여 있었다. 음식과 활동의 선택부터 취침과 목욕하기에 이르기까지 사실상 모든 결정은 시설 구조물에 의해 강제되었다. 샤피로Shapiro(1993)는 "주립 병원의 수감자가 자신의 옷이 벗겨지며, 줄이 세워지며, 정원의 호스로 물이 뿌려져 목욕되는 것은 흔한 일이었음"(p. 160)을 기술하였다. 블랫Blatt(1970, 1981)은 1965년 성탄절 주간 동안 동부 4개 주州들에서 지적장애인을 위한 4개의 주립 시설을 관찰하였으며, 이를 통해 150년보다 더 오래전에 있었던 베들램과 뉴욕의 보호시설에서 기술되었던 것과 매우 유사한 조건에 처해 있음을 발견하였다. 블랫은 다음과 같이 직접적으로 설명하였다.

> 중증정신지체 청소년 및 성인이 거주하는 이 기숙사에 들어갔을 때 … 압도적인 악취가 나를 에워쌌다. 이러한 것은 공기 속에 매달려 있는 것처럼 강력한 대변과 소변, 부패, 쓰레기와 오물의 구역질나고 질식하게 하는 냄새였으며, 그 기억을 잘라 버리거나 묻어 버리기에는 충분하게 단념되거나 속이 안정되지 않는다. 그렇지만, 상황들이 드러났을 때, 냄새는 우리 감각 중에 가장 순한 공격 가운데 일부일 뿐이었다. 나는 이러한 것들을 유발하는 부패한 인간성에 대하여 곧바로 알게 되었다.
>
> (1981, p. 142)

베들램과 요크의 보호시설의 상황처럼, 블랫은 제재와 독방 감금의 흔한 사용뿐만 아니라 더럽고 잔인하고 비인간적인 취급에 마주하게 되었다.

> 중도 및 중등도의 지체를 가진 보행 거주자를 위한 많은 기숙사는 독방으로 감금하는 방, 또는 공식적으로 거론되면서 많은 간병인으로부터 농담조로 불리는 '치료적 격리'를 가지고 있었다. 치료적 격리는 독방 감금을 의미하며, 가장 처벌적인 것이면서 비인간적인 것이었다. 이러한 방들은 위층, 가장자리, 우연한 또는 공식적인 방문객의 면밀한 조사로부터 멀리 떨어진 곳에 위치했었다. … 격리실은 일반적으로 작은 방으로, 대략 가로, 세로 7피트(약 2.1m) 크기였다.
>
> (pp. 143-144)

방치와 잔인함은 많은 시설에 나타난 특징이었다.

20세기 후반 내내 최악의 상황들이 대중에게 폭로되면서 많은 대규모 시설이 문을 닫았다. 그러나 장애인의 활동에 대한 억제 및 주州의 통제는 자기 보호를 위해 이익이라는 생각은 지속되었다. 예를 들어, 장애인을 위해 제공되는 공공 재정 지원은 자선행위로 종종 인식된다. 보호에 대한 이와 같은 구성은 사람을 혜택이나 주거의 손실에 대하여 취약해지고 두려워하도록 하며, 이러한 것은 학대 및 부당함에 대하여 목소리를 높이는 것을 제한한다.

동정의 문제

장애인에 대한 동정, 보살핌, 보호에 있어 종교적·도덕적 전통의 지속적인 영향은 공급자-수혜자 간의 관계들의 창출이었다. 울펜스버거 등은 동정의 대상으로서 장애인을 보는 관점과 관련하여 네 가지 관점을 나열하였다. 첫째, 장애인은 자신의 상태로 인해 고통 받는 것처럼 여겨진다. 둘째, 비록 이러한 사람은 고통을 겪는 것처럼 보일 수 있지만, 본인 스스로는 자신의 이상함을 알지 못하고 있다고 믿어질 수도 있다. 셋째, 이와 같은 사람은 결코 자라지 않는 영원한 아이로 여겨진다. 넷째, 이와 같은 사람은 자신의 상태에 대하여 떳떳하다는 입장을 가지면서, 자신의 행동에 대해 책임을 가지지 않으려는 것으로 여겨진다.

찰스 디킨스Charles Dickens(1983)의 작품 『크리스마스 캐롤A Christmas Carol』에 나타난 꼬마 팀Tim은 이와 같은 동정할 만한 성격을 묘사한 예이다. 작가들은 다른 등장인물의 선함과 감정을 드러내기 위한 도구로 고정관념을 종종 사용한다. 예를 들어, 스크루지는 장애 등장인물인 꼬마 팀의 구세주가 됨으로써 영적 · 도덕적 구원의 가능성을 제공한다. 장애는 이야기의 구성을 발전시키거나 비장애 등장인물의 중요성을 추가하기 위한 특징을 가지게 하는 장치가 되고 있다(Mitchell & Snyder, 2001; Garland Thomson, 1997). 동정의 대상으로 특징을 가지게 하는 것은 예술 작품뿐만 아니라 자선모금을 위한 장시간 텔레비전 프로그램과 같은 대중매체 이벤트에서도 정서적 반응을 이끌어내는 데 유용하다. 롱모어(2005)에 따르면, 꼬마 팀은 벽보 아동의 유아화된 이미지 모델이었다. 동정의 대상으로서 장애인에 대한 이미지는 "이들을 위해 존재하는 것도 아니고, 이들이 가지고 있는 인간으로서의 권리를 위해 존재하는 것도 아닌, 비장애인 자신들의 인간성을 회복시키기 위한 기회를 제공하기 위해 존재하는 것으로서 다른 사람들의 구원의 수단으로서 (역할을) 제공한다."(pp. 505-506)

하위인간으로서의 장애

장애인에 대한 관점은 보살핌과 보호에서의 자선적인 활동을 증가시키는 동정을 통해 형성되기 때문에, 장애에 대하여 내부에 숨어 있으면서 동시에 일어나는 이미지는 하위인간으로서의 특징이다. 특히 지적장애인에 대한 초기 및 더욱 현대화된 거주시설에서의 비인간적인 상태는 이와 같은 믿음을 반영한다. 간병 및 시설 개선을 향상하는 것과 장애인을 교육하기 위한 목표들은 장기적인 보호 관리에 중점을 두는 것으로 바뀌었다. 장애 및 정신질환에 대한 태도의 변화는 19세기 후반부에 발생하였다. 시설에 격리하는 것이 장애인의 보호를 위한 것이라는 믿음 역시 변하기 시작하였다. 장애인으로부터 사회를 보호하는 것이 필요하다는 정서는 1800년대 후반부터 1900년대 초반 증가하였다(United States Commission on Civil Rights, Bell & Burgdorf, 1983, p. 19에서 인용).

사회적 위협의 생성

1912년 당시 뉴저지 주 바인랜드에 위치한 정신박약 소녀 및 소년을 위한 훈련 학교의 연구 책임자였던 헨리 허버트 고다드Henry Herbert Goddard는 유명한 연구인 『칼리카크 가족: 정신박약의 유전The Kallikak Family: A Study in the Heredity of Feeble-Mindedness』을 발표하였다. 고다드는 시설에 있는 데보라 칼리카크Deborah Kallikak라는 이름의 한 여성에 대한 사례 연구를 시작하였다. 고다드는 많은 세대에 걸친 이 여성의 계보를 추적하였다. 고다드는 하나의 조상으로부터 출생한 칼리카크 가족의 두 가지 분파를 기술하였다. 데보라 칼리카크와 그녀의 선조는 대부분 가난하고 정신박약이었으며, 작부와 조상의 일회성 정사의 결과로 '설명되었다.' 조상의 다른 자녀들은 '좋은 혈통'의 여성과 결혼하여 태어났으며, 성공적이고 도덕적이었다. 고다드는 가족 분파에서의 다른 결과는 가족 혈통을 통해 특정 특성이 통과하는 것을 보여 준다고 생각하였다. 결국, 고다드는 지능, 정신건강, 도덕성은 유전된다는 것을 제안하였다. 따라서 정신박약은 가난, 범죄, 위법과 밀접하게 연결되었다.

고다드는 또한 자신의 연구에서 '높은 정도의 결함'을 가진 것으로 간주되는 사람들에 대해 널리 수용되고 있는 용어인 '멍청이'를 만들었다. 이들은 지적 우둔함, 사회적 둔함과 무능함, 도덕적 결함의 전형적인 특징들을 나타냈다. 그러나 두려운 것은 멍청이는 보통의 관찰자에게 명백할 정도로 성가신 것이 아니며, 뇌 손상, 질병 또는 기타 부상과 같은 우연한 방법들에 의해 손상되지도 않는다는 것이다. 옆집에 사는 이웃은 가난한 혈통의 가족이 될 수 있으며, 정신박약을 예측하는 열성 유전자가 숨겨 있을 수도 있다. 결국 정신박약은 단순히 사회적인 범죄들과 연결하였던 것으로부터 이들에 대한 근본적인 원인으로 바뀌었다(Trent, 1994; Haller, 1963). '정신박약인의 위협'이라는 미신과 멍청이의 모습은 미국의 사회적 사상에 있어 우상과 힘force이 되었다. 사회적 반응은 다음과 같았다. 1900년대 초반 우생학 원리들을 포함하는 경고성 팸플릿과 규정들이 전국의 주州들에서 나타나기 시작하였다. 예를 들어, 팸플릿의 제목들은 『팬실버니아주에서의 정신박약인의 위협The Menace of the Feebleminded in Pennsylvania』(1913), 『코네티컷주에서의 정신박약인의 위협The Menace of the Feebleminded in Connecticut』(1915), 『메사추세츠주에서의 정신박약인의 부담The Burden of the Feeble-Minded in Massachusetts』(1912), 『오하이오주에서의 정신박약인 또는 범죄 고리의 중심지The Feeble-Minded, Or, The Hub to Our Wheel of Vice in Ohio』(1913)를 포함하였다(Gihool, 1997, p. 269에서 인용). 이와 같은 자료들은 '불행한 사람들'을 멀리 떨어진 지역으로 분리시키는 계획을 통해 고결한 가족 혈통에 대한 오염과 바람직하지 못한 특성을 예방하고, 동일한 '유형'의 사람들을 집단화하고 사회적 질병으로부터 '정상적인' 거주민을 보호하는 것을 기술하였다. 공포감의 조성을 넘어 '위협'으로서 사회가 더욱 극적인 반응을 하는 조짐 역시 나타났다.

정신박약 및 부적절한 사람에 대한 통제

우생학 운동은 선천적인 지체장애와 정신박약이 만연하면 사회가 약화될 수 있다는 두려움을 증가시키기 위해 고다드의 연구와 같은 것들을 강조하였다(Smith, 1985). 대중은 이와 같은 장애의 발생은 현대 문명에서 급격하게 증가할 수 있으며, "유전을 통한 장애 조건들의 확장은 미국 사회가 직면한 한 가지 가장 중요한 문제"(Burgdorf & Burgdorf, 1977, p. 998)라고 두려워하게 되었다. 우생학 운동은 종교 개혁 운동의 모든 열정을 가지고 있었으며, 이는 미국 과학이 가장 중심으로 가졌던 것이었다(Smith, 1985). 선택적 결혼을 통해 인간 집단에서 원치 않는 유전적 장애를 제거하려 하였던 초기 우생학의 목표는 곧 이어 정신질환과 범죄로 인식된 위협을 멈추기 위해 강제불임, 제한된 이주, 제한된 결혼, 관찰 보호(시설화)를 강요하는 법으로 진화하였다.

세기의 초반에 있었던 유전학에 대한 관심의 확장은 우생학 운동의 최초 단체인 미국육종자협회American Breeders Association의 설립을 이끌었다. 선도적인 농업 육종자, 저명한 대학 생물학자, 하버드 대학교의 찰스 대븐포트Charles Davenport 박사, 알렉산더 그레이엄 벨Alexander Graham Bell과 같은 사람들에 의해 1903년 조직된 이 단체는 1906년 특정 번식 문제를 연구하기 위한 몇 개의 위원회를 설치하였다. 주요 위원회들 가운데 하나였던 우생학 위원회는 "인류에서의 유전을 조사하고 보고하는 것" [그리고] "우월한 혈통의 가치와 열등한 혈통의 사회적인 위협을 강조하는 것"(Haller, 1963, p. 62)을 착수하였다. 1911년 '인류의 혈통에서 선천적으로 결함을 가진 혈통을 제거'하기 원했던 미국육종자협회는 결함 있는 특징들을 제거하기 위한 선택적인 과학적 번식, 제한된 결혼법, 안락사, 불임화, 모든 장애인을 대상으로 하는 삶의 분리와 같은 절차들을 권고하였다(Burgdorf & Burgdorf, 1975, p. 887). 2년 후 협회는 사회적으로 맞지 않는 사람을 '정신박약' '극빈자' '범죄자' '간질 환자' '정신이상자' '체질적 약골' '특정 질환의 성향을 가진 자' '선천적 기형인' '결함적인 감각 기관을 가진 자'로 정의하였다. 협회는 더 나아가서 국가와 인종의 진화에 필수적인 수준의 질을 유지하거나 향상시키고자 한다면 이와 같은 인간은 만일 가능하다면 인간 품종에서 제거되어야 한다고 주장하였다(Scheerenberger, 1983, p. 154에서 인용). 사회는 결혼 제한, 생식기의 불임화, 영구적인 시설화와 같은 방법들을 통해 이러한 결함으로부터 부가된 부담으로부터 구해져야만 할 것이었다.

1890년대 중반까지 주州 가운데 이미 절반 정도가 정신질환 또는 정신박약을 가진 사람은 계약할 수 있는 능력이 없다는 이유로 이들의 결혼에 대한 무효화를 선언하는 법을 통과시켰다(Haller, 1963). 1970년대 후반까지 대부분의 주는 배우자 가운데 한 명이 정신질환 또는 정신지체를 가진 경우 결혼을 금지하는 법을 통과시켰다(Burgdorf & Burgdorf, 1977). 추가적으로, 일부 주는 지체장애로 간주된 사람들 간의 결혼을 제한하였으며, 적어도 17개 주에서는 간질을 가진 사람에게까지 이러한 금지를 확장하였다. 많은 주는 또한 정신지체인과 '농인'으로 고려된 사람의 권리가 어떠한 종류의 법적 계약으로 들어오는 것을 제한 또는 거부하였다. 이러한 제약은 법적 계약으로서 동의를 가지는 것인 결혼을 통제하는 역할을 하였다.

불임화

강제적인 불임은 안전하고 효과적이며, 도덕적으로 수용할 수 있는 외과적인 방법들이 개발된 19세기 후반에 실제로 실현가능하게 되었다. 1890년대까지는 불임화를 할 수 있었던 유일한 외과적 절차는 거세였으며, 이는 의료적으로 위험하였으며, 이차 성징에 원치 않는 변화를 유발할 수 있었기 때문에 지극히 극단적인 것으로 간주되었고, 전반적으로 도덕적인 것으로 받아들여지지 않았다. 하지만 일부 시설 관리자는 이러한 생각들에 의해 멈춰지지 않았다. 1890년대 멍청하고 얼간이인 청소년을 위한 캔자스 주립 보호소Kansas State Asylum for Idiotic and Imbecile Youth의 감독관이었던 F. 필처F. Pilcher 박사는 자위행위를 위해 44명의 나이가 있는 소년 및 남자를 거세하였다. 박사는 또한 대중의 분노로 인해 그만둘 때까지 14명의 소녀들의 음핵을 절제하였다(Burgdorf & Burgdorf, 1977, p. 999). 필처와 동시대 사람인 마틴 바Martin Barr는 1899년 학술 논문에서 거세의 혜택 가운데 한 가지는 "일부 멋있는 남자 소프라노 목소리가 시설 합창단에서 얻어질 수 있다."(Baumeister & Butterfield, 1970, p. 12에서 인용)는 사실임을 언급하였다.

19세기 말까지 남자를 대상으로 이루어진 (정관을 절제하는) 정관수술과 여자를 대상으로 이루어진 (난관을 자르거나 제거하는) 난관절제가 발전하였다. 안전하고 도덕적으로 수용 가능한 수술 절차로 보였던, 정신박약으로 간주된 사람에 대한 불임화는 어떠한 주州도 이러한 것들을 허가하는 법률을 제정하지 않았다는 사실에도 불구하고 증가하였으며, 특히 시설에서 증가하였다(Burgdorf & Burgdorf, 1977). 하지만 1907년 인디애나 주는 국가의 첫 번째 불임화 법을 통과시켰으며, "범죄자, 멍청이, 저능아, 강간범으로 확인된 주 시설 거주자"(Burgdorf & Burgdorf, 1977, p. 1000)에게 적용하였다. 1930년까지 28개 주는 "정신병원 수감자, 한 번 이상 성범죄 전과를 가진 사람, 지능검사에서 정신박약으로 간주된 사람, '도덕적으로 타락한 사람', 간질환자"(Friedlander, 1995, p. 8)의 불임을 허가하는 강제적인 법을 제정하였다. 1938년까지 미국에서는 27,000명 이상에게 강제적인 불임화가 자행되었다(Smith, 1985).

우생학적 불임화를 허락하는 주 법규들의 홍수는 1925년 버지니아주 대법원이 불임이 되는 것을 원하지 않더라도 강제하게 한 주의 권리를 강화시킨 벅 대 벨*Buck v. Bell*(1925)의 역사적인 사례에 대한 판결이 있을 때까지 계속되었으며, 이러한 절차가 헌법을 위배하고 있음을 발견한 법정에서의 간헐적인 장애물들이 있었다. 1924년 캐리 벅Carrie Buck은 린치버그Lynchberg의 간질환자 및 정신박약인을 위한 국가 거주지에 수용되었다. 주 시설에 감금된 '정신적 결함을 가진 자'의 불임화를 제공한「버지니아 불임화 법Virginia Sterilization Law」(1924)의 권한을 가지고 이러한 시설 감독관들이 자신들의 판단에 의해 "환자와 사회의 최선의 이익은 이들이 후손을 낳을 수 없는 상태가 됨으로써 제공될 것이다."(White, 1993, p. 404)라고 하였을 때, 감독관은 난관절제를 통해 캐리를 불임화하는 명령을 위한 탄원서를 거주지 이사회에 제출하였다. 감독관은 캐리가 9세의 정신연령을 가지고 있으며, 정신적 결함이 있는 자녀의 어머니이며, 이전에 동일한 시설에 수용되었던 여성의 딸이라고 주장하였다. 탄원서는 받아들여졌다.

캐리의 주州에서 임명한 후견인은 미국 대법원을 상대로 판결에 대한 항소를 하였다(Burgdorf & Burgdorf, 1977, pp. 1000-1005). 올리버 웬들 홈스Oliver Wendell Holmes 판사는 버지니아 주 법령은 합법적이며「수정 14조」의 정당한 절차 또는 평등 보호 조항하에서 캐리의 권리를 침해하지 않았다는 법관 8인의 다수 의견을 작성하였다(Friedlander, 1995, p. 8). 따라서 법원은 부적합한 사람에 대한 주州의 불임화를 위한 우생학적 정당성을 승인하였으며, 홈스의 의견 발췌문들은 자주 인용되었다.

> 집행을 기다리는 대신 범죄자의 후손을 퇴화시키거나, 우둔함으로 인해 굶주리게 놔두는 것이 사회가 자신의 종족을 계속 유지하는 것으로부터 명백히 적합하지 못한 사람들을 막을

> 수 있는 것이라면 세상 모두를 위해 좋은 것이다. 강제 예방 접종을 유지하는 원칙은 난관 절단을 포함시킬 만큼 충분히 광범위한 것이다. … 삼대가 저능아인 것으로 충분하다.
>
> (Burgdorf & Burgdorf, 1977, p. 1004에서 인용)

홈스의 결정은 미국에서 불임화하는 것에 대한 수문을 열었다. 1927년 캐리 벅은 불임화되었다. 역설적이게도, "'3대에 걸친 저능아'를 보여 주기 위해 제기되었던 캐리의 자녀는 실제로는 우등생으로 성장하였다"(Smith, 1994, p. 234). 사실, 캐리 자신은 불임이 된 후에 시설을 떠났으며, 부보안관과 결혼하였으며, 겸손하고, 생산적이며, 존경할 만한 삶을 살았다. 캐리가 정신지체가 아니라는 것은 이후에 밝혀졌으며, 그녀의 가족 계보를 주의 깊게 조사하였다면 그녀가 실제로는 저명한 버지니아 가족의 후손이었음이 드러났을 것이다(Smith, 1994). 스미스Smith(1994)는 적게 잡아도 미국에서는 5만 명이 이와 같은 권한에 의해 불임화되었다고 추정하였다. 린치버그 훈련 학교 한 곳에서만 4천 명 이상이 불임화되었다.

하위인간으로서 지적장애인의 이미지는 자기 자신과 타인의 보호를 위해 격리 및 불임화가 가능하도록 하였다. 세기의 중반에 인권침해는 거주시설에서도 명백히 이루어졌다. 1950년대 정부 후원 연구는 페르날드Fernald 학교에 있는 지적장애 아동들을 대상으로 이들에게 통보하거나 보호자의 동의 없이 수행되었다. 인체 방사선 치료 실험에 대한 자문위원회Advisory Committee on Human Radiation Experiments: ACHRE(1996)는 무능력하고 의존적이라고 간주된 집단들이 실험 대상이 되었음을 발견하였다. 이와 같은 집단들은 유아, 아동, 소수자, 말기 환자, 인지장애인, 시설 거주자들을 포함하였다. 따라서 국가에서 가장 상처받을 수 있는 구성원들을 대상으로 이루어진 시설화는 과학자들이 이용할 수 있는 사람들의 집단을 제공하였다.

페르날드 학교 실험에서 아동들은 과학 클럽 활동에 참여한다는 말을 들었으며, 소량의 방사능 동위원소가 들어있는 오트밀 아침식사를 먹었다. 우유와 시리얼에 포함된 성분에 대한 아동들의 반응을 통해 연구자들은 오트밀에 있는 화학 물질이 철분과 칼슘을 흡수하는 신체능력을 방해하는지를 확실하게 알기를 희망하였다(Advisory Committee on Human Radiation Experiments, 1994; "Retarded school alumni," 1994). '취약한 인구'에 대한 이와 같은 실험은 원자력 위원회의 고속 승인 또는 재정적 지원과 함께 16,000명 이상의 사람을 대상으로 제2차 세계대전부터 1970년대 중반까지 일어났다. 예를 들어, 1960년대에 리틀록Little Rock에 위치한 아칸소 대학교 의료센터에서는 주립 시설인 아칸소 아동 식민지 병동에 있는 (일부는 13세 정도로 어린) 정신지체 아동들은 갑상선 연구를 위해 '요오드 131'을 받았다. 아칸소 대학교의 비슷한 연구 실험들은 9개월 된 어린 영아들을 참여시켰다. 1954년에서 1957년 사이 워싱턴 대학교에서 완료된 연구는 모르는 대상자들로서 세드로-울리Sedro-Woolley 소재 노던 주립병원의 '정신병자'를 사용하였다(Burns, 1995; Hoversten, 1995a, 1995b).

현대 관점

1972년 울펜스버거 등은 일반적인 고정관념은 장애인을 하위인간으로 보는 것이라고 하였다. 지적장애인은 "특히 하위인간으로서, 짐승처럼, 심지어 '식물류'나 '식물인간'처럼 무의식적으로 인식되거나, 심지어는 의식적으로 명명되는 경향이 있었다." 울펜스버거는 "소위 우리가 동물 수준의 기능으로 부르는 것 이하에 있는 인간"(pp. 16-17)으로 일부 거주자를 언급한 주 시설 감독관의 공개진술서를 회상하였다. 이와 같은 이미지는 널리 읽히고 있는 소설 『생쥐와 인간Of Mice and Men』에서 지적장애 성인인 레니Lennie를 "곰이 자신의 발을 끄는 방식인 자신의 발을 조금씩 무겁고도 질질 끌면서"(p. 10) 걷는 것으로 묘사한 스타인백Steinbeck(1937)과 같은 작가들의 문학작품에서 발견되었다. 그러고는 스타인백은 레니를 "말처럼 코를 물속에 넣고서는 오랫동안 꿀꺽 꿀꺽하면서"(p. 10)라고 시냇물을 마시는 것을 묘사하였다. 이 책은 늙고 병든 개가 이야기 초반부에서 '처분된' 방식과 유사하게 레니가 머리 뒤에서 총을 맞아 '처분된' 것으로 끝난다. 자신의 동반자이자 보호자인 조지George에 의한 살인은 레니의 인생에 대한 인간적인 마감으로서 일반적으로 해석되었다.

2007년 애슐리Ashley X 이야기(Kirschner, Brashler, & Savage, 2007)는 대중 영역으로 '성장 감소 치료'를 가져왔다. 애슐리 X는 장애를 초래하는 조건과 관련하여 집중적인 치료가 요구된 7세 여아였다. 애슐리의 가족과 의사는 추가적인 성장과 성숙을 제한시키기 위하여 성장 감소 치료를 찾았다. 이러한 치료 과정은 사춘기를 막기 위해 애슐리의 자궁과 유방씨앗에 대한 외과적인 제거를 포함하였으며, 애슐리의 부모는 이로 인해 애슐리가 자택 요양하는 것을 불가능하게 만들었으며, 따라서 그녀의 삶의 질을 떨어뜨렸다고 주장하였다. 이와 같은 절차는 결국 비윤리적인 것으로 간주되었지만, 호르몬 요법을 통해 유사한 결과를 찾는 치료 보고들은 지난 몇 년 간 계속 나타나고 있다. 대중적인 논의 과정은 장애인을 인간 이하로 보는 믿음과 보살핌을 받는 개인에 대한 보호자의 우선순위들이 현대 담론에서 계속해서 지속되고 있음을 보여 주었다. 보살핌은 여전히 자선으로 간주되고 있으며, 이와 같은 것의 질은 제공자에 의해 결정되는 것 같다. 장애인의 신체는 '자기 자신의 이익'이라는 이름으로 계속해서 유린당하고 있다.

장애 공동체 가운데 관심을 가지고 진행 중인 한 가지 주제는 인간 유전자 연구이다. 그 자체로는 문제가 있는 것은 아니지만, 우려되는 부분은 인간 유전자 지도가 이상적인ideal 인간 형태나 화학적 성질을 나타낸다는 오해를 불러일으킬 수 있다는 점이다. 현대 미국에서 과학은 일반적으로 진실의 중재자로 간주되기 때문에, 장애 활동가 및 학자는 우리를 새로운 우생학 시대로 이끌 수도 있는 유전공학에 있어서의 미끄러운 비탈길을 경고하는 선구자로 활동하고 있다.

결론

이 장에서는 역사적 설명과 현대 이슈들을 가지고 장애와 장애인에 대하여 지속적인 비유들을 나란히 비교하였다. 장애인의 치료와 분리에 대한 역사에 대한 조사는 우리에게 더 익숙한 현재의 일반적인 믿음과 태도의 근원에 대한 이해를 위한 통찰과 관점을 제공한다. 시대와 상황을 통해서 예외적인 특징과 손상은 의미에 대한 원인이 되어 왔다. 신의 처벌이나 보상으로 인식되는지, 죄나 축복으로 고려되는지, 과학에 의해 병리학적인 것으로 간주되는지와 상관없이 차이에 대한 문화의 식별discernment은 장애로 간주되는 사람의 삶에서의 역할을 수행하여 왔다. 장애인에 대한 대우를 추적하면서, 우리는 그리스-로마 시대에서의 가부장주의의 기원, 유대-기독교 전통에서 호의적이고 자선적인 반응, 우생학 운동과 제3제국하에서 원치 않는 사람을 사회로부터 제거하는 것에 대한 반응을 보았다.

정상에 대한 개념은 역사를 통해 사회의 '원치 않는 자들'의 다른 취급을 정당화하는 것에 사용되어 왔다. 일단 병리학에서의 차이가 고려되면 특정 사람이나 집단을 분리, 학대, 살인하는 것을 허용할 수 있도록 만들었다. 처우의 차이에서의 근거를 나타내는 구체적인 특징들은 시간과 장소, 지역과 문화에 따라 차이가 있다. 우리는 이러한 다양성을 설명하기 위하여 병리학적 생각이 어떻게 '장애인'이 되도록 하는 결과적인 위치를 가지고 거의 모든 특성에 적용될 수 있는지, 또는 사회의 기회들에 대하여 참여 및 혜택을 받을 수 없게 만드는지를 이해해야 한다. 고든Gordon과 로젠블럼Rosenblum(2001)은 사실 장애는 인종, 성별, 성적 경향에 있어 미국을 구성하는 많은 특징을 공유하고 있다는 것을 강하게 입증하였다. 이들은 사람들이 지명되고 모이고 흩어지며 나눠지고 낙인되며, 우리 문화에서 가치 있는 속성이 박탈되는 끊임없는 사회적 과정들을 통해 각 지위가 어떻게 구성되는지를 고려하였다. 역사를 통해 장애인과 다른 예속된 집단들의 취급 간에 수많은 유사점은 유색인종의 노예화를 정당화시키기 위하여 나치 독일에서 표적이 되었던 다른 집단들로부터 연구라는 이름으로 아프리카 미국 남성들에 대한 치료를 보류하였던 터스키기Tuskegee 매독 실험에 이르기까지 분명히 해야 한다. 세계 역사는 종교, 도덕적 질서, 공공건강, 과학에 의해 정당화된 말살과 분리의 역사를 기록하고 있다. 장애의 본질과 장애인의 인격에 대한 믿음과 이해들은 너무 자주 권력을 빼앗긴 위치들에 이르게 하였다. 악한, 끔찍한, 불쌍한, 위협적인, 하위인간으로서의 인식들은 안락사와 강요된 불임화와 같은 극단적인 실행과 끈질긴 감금과 분리를 가능하도록 한 시대 및 상황을 통해 각각 파문을 일으키고 있다. 장애에 대한 끈질긴 고정관념과 비유는 인간의 의식 속에 깊이 흐르는 역사와 믿음의 반영이다. 이러한 것들은 시간이 지나면서 창출되고 순환하며, 이들이 만들어지게 된 패러다임을 강화한다. 다음 장에서는 배제를 단단하게 하는 문화적 믿음, 태도, 역사에 대한 강조로부터 통합(포용)inclusion과 통합integration을 알려 주는 것으로 이동한다.

제4장

통합문화

블록Bullock과 마혼Mahon(1997)은 "고대에는 장애의 원인과 관련하여 기본적인 두 가지 관점들이 존재하였다. 첫 번째 관점은 질병을 초자연적이거나 신의 개입으로 본 것이며, 또 다른 관점은 질병과 장애를 자연적인 현상으로 본 것이다."(pp. 19-20)라고 기술하였다. 많은 종교 전통은 특정한 신체적 · 감각적 차이를 비인간적인 것으로 보거나 신의 뜻으로 특징지었기 때문에, 이러한 특징을 가진 사람은 예배와 공공 생활에서 동등하게 참여하는 것으로부터 '정당하게' 막아졌다(Shapiro, 1999; Stiker, 1997). 그러나 모든 초기 문화가 장애를 제거나 배척의 대상으로만 받아들이지는 않았다. 아메리카 원주민의 많은 문화는 신체적 · 정신적 차이가 있는 사람을 폄훼하기보다는 오히려 가치 있게 보았다. 예를 들어, 북아메리카 평원 부족들은 농인이 능숙한 수화 사용을 할 수 있다는 점에서 이들에게 존경을 나타내었다(Moores, 1996). 무어스Moores(1996)에 따르면, "카르낙Karnak 성직자는 맹인을 대상으로 음악, 미술, 마사지 훈련을 시켰다. 맹인은 종교의식에 참여하였으며, 일정 기간 고대 이집트의 시인과 음악가의 상당 부분을 차지하였다."(p. 32) 이미 850년에 일본은 맹인의 직업 보장을 위하여 여성 안마사 협회의 회원 자리를 따로 남겨 놓았다. 고대 중국의 경우, 맹인 학자, 점쟁이, 이야기꾼, 음악가를 찾는 것이 어렵지 않았다(Hewett & Forness, 1977, p. 15). 이와 같이 많은 초기 문화에서는 장애인을 제거하거나 가두는 것보다는 일부 장애 유형을 가진 사람이 지역사회와 경제에 포함될 수 있는 방법들을 모색하였다. 이 장에서는 장애인이 시대에 걸친 현대 정책과 대중문화의 토의를 통해 대중 생활에 참여한 방식들을 기술하고자 한다.

장애 인권 운동

20세기 전반기는 두 차례의 세계대전과 대공황으로 특징되는 전 세계적인 격동의 시기였다. 장애인은 사이비 과학을 통해 합리화된 우생학에 의해 여전히 끔찍한 취급을 받았지만, 이 기간에 혁신, 인본주의, 전쟁 퇴직군인의 귀국을 통한 새로운 장애의 모습 또한 나타났다. 「전쟁위험보험법The War Risk Insurance Act」(1914)과 「스미스-시어스 퇴역군인재활법The Smith-Sears Veterans Rehabilitation Act」(1918)은 상이용사의 우려를 다루기 위해 1914년 초기에 설립되었다. 1920년 마침내 미군재향회Disabled American Veterans 단체가 구성되었으며, 1922년 국가부활보증사회National Easter Seal Society가 설립되었다. 이러한 단체 및 정책은 장애인(퇴직군인과 다른 사람들 모두)에 의해 제기된 오늘날의 발의들을 반영하고 있지는 않지만, 이들의 출현은 장애 이슈와 관련된 대중적 관심과 조직을 증가시키는 것에 있어 영향을 미쳤다. 1932년 해리 제닝스Harry Jennings는 최초로 관 모양으로 된 접을 수 있는 휠체어를 만들었는데, 이것은 오늘날 사용되고 있는 것의 원형prototype이 되었다. 지체장애인연맹League of the Physically Handicapped(1935~1938)은 차별에 관한 것이 정책과 고용에 있어 중요한 논의가 될 수 있도록 한 최초의 장애인 단체 가운데 하나였다. 엘리너 루스벨트Eleanor Roosevelt와 함께 프랭크린 D. 루스벨트Franklin D. Roosevelt 대통령은 소아마비 구제모금 운동March of Dimes(1937) 및 다른 정책 발의들을 지지함으로써 장애인이 가지고 있던 우려를 경감시켰다. 과학적 · 사회적 · 정치적 요인들의 융합은 장애 인권에 있어서 새로운 시대의 출현을 위한 길을 닦았다.

1950년대 말까지 장애 정책은 시민권 방향을 채택하기 시작하였다. 정당성, 정상 상태, 고용 가능성의 자질에 기초한 장애인의 인간화가 증가하였다. 또한 사회적 무관심으로 인해 '불행하게' 남아 있었던 사람에 대하여 어느 정도는 최소한의 보호가 이루어져야 한다는 인식으로 변하였다(Funk, 1987). 1864년에는 국가농인협회National Association for the Deaf: NAD가 창설되었으며, 1921년에는 미국맹인협회American Foundation for the Blind: AFB가 설립되었다. 앞에서 언급한 것처럼, 퇴직군인과 지체장애인은 '주류화'에 포함되었으며, 지적장애에 대한 인식은 향상되었다. 예를 들어, 존 F. 케네디John F. Kennedy 대통령의 지적장애 누이인 로즈 케네디Rose Kennedy는 1960년 '(정신)박약'에 있어서 새로운 얼굴을 제공하였다. 1972년 뉴욕시에 위치한 윌로우브룩 주립 학교Willowbrook State School를 대상으로 이루어진 일련의 폭로들은 텔레비전으로 방영되었으며, 블랫Blatt과 같은 방문객들이 묘사한 시설의 상태는 전례 없는 대중적인 관심을 가져왔다. 폭로의 결과로 시설 개혁을 요구하는 집단 소송이 발생하였다. 그러나 더욱 중요한 것은 이러한 사례를 통해 형성된 대중성은 시민으로서의 장애인의 권리에 대하여 관심을 가지게 한 것이다. 단순히 시설 개혁만을 추구하는 것이 아닌 사람들의 시설 배치에 있어서의 체계 개혁 또한 중점적으로 다루어졌다. 지적 · 발달 장애인을 위한 자립생활의 개념이 전면에 등장하였다. 자립생활운동은 펑크Funk가 장애인을 카스트caste 상태에서 유지하고 이들 대부분은 언제나 분리된 돌봄과 보호가 필요할 것이라는 가정을 용인하도록 기술하였던 이전의 태도로부터 주목할 만한 변화를 제공하였다.

자립생활

자립생활이라는 개념은 1970년대에 새로운 것이 아니었다. 1950년대부터 1960년대까지 탈시설화에 대한 추세는 지체장애인의 노력과 활동에 의해 꽃피워졌다. 예를 들어, 1958년에 뉴욕시의 골드워터 기념 병원Goldwater Memorial Hospital에서 생활하였던 앤 이머맨Anne Emerman은 자립생활에 대한 시범 사례로 선정되었다. 스물 한 살의 사지마비 휠체어 사용자는 '주류화'에 들어왔으며, 결국에는 대학 및 석사 학위를 마쳤고, 뉴욕시에서 장애인을 위한 시장의 실장을 역임하였으며, 아내이자 어머니가 되었다(Fleischer & Zames, 2001). 이와 같은 '시범 사례'와 그 밖의 사례들은 발달 · 지적 장애인이 궁극적으로는 동일한 혜택을 제공받을 수 있는 자립생활에 대한 행동주의의 시대를 부추겼다.

뉴욕의 시범 사례들에 앞서, 장애인을 위한 최초의 대학 프로그램 가운데 일부가 오늘날의 캔자스 주립 교육대학과 일리노이 대학교에 설치되었다(Fleischer & Zames, 2001). 장애 참전 용사에게 음식을 제공하면서 이러한 학교들은 휠체어 사용자를 환영하기 위하여 비교적 조밀하고 평탄한 지형을 이용하였다. 이후, 이러한 학교들은 대학 경험의 부분으로 지원센터, 스포츠 프로그램, 접근 가능한 교통 선택들을 발전시켰다. 1954년 갤러뎃 대학으로 교명을 변경한 국립농아대학National Deaf-Mute College은 1880년 이후 학생들에게 다양한 의사소통 방식을 통한 서비스를 제공하였다. 이러한 프로그램들의 성공은 이전에는 일을 하거나 완전한 삶을 살 수 없다고 가정되었던 사람에게 촉망되는 가능성들을 제공하였다. 이와 같은 사례들을 제쳐두더라도, 골드워터에서 살면서 대학을 다닌 최초의 거주자인 이머맨과 매럴린 사비올라Marilyn Saviola와 같은 초기 개척자들은 세상 속에 들어갈 준비가 꽤 잘 되어 있었지만, 세상은 이들을 맞이할 준비가 되어 있지 않았다. 대학 입학 및 자금 지원, 생활을 위한 접근 가능한 장소의 확보, 재정적 · 의료적 지원, 취업, 휠체어 사용자에게 비우호적인 물리적 환경과 매우 자주 협상해야 하는 것들은 자립생활에 있어 언제나 발생하는 장벽들이었다. 사회의 대부분은 갤러뎃 대학, 캔자스 주립 교육대학, 일리노이 대학교, 그리고 손에 꼽힐 정도로 적은 곳들에서 이루어진 노력을 따라가지 않았다.

시설과 요양원들에서 제기된 봉쇄의 이슈는 이들의 외부 세계 대부분에 있는 장벽들에서 제기된 제한 가운데 한 가지로 재빠르게 옮겨졌다. '장애친화적인' 것으로 설립된 몇 가지 프로그램만으로는 충분하지 않았다. 장애인은 사회 전반에 대한 접근을 가질 자격이 있었다. 1962년 금속 폐를 가지고 삶의 대부분을 보낸 사지 소아마비의 생존자였던 에드워드 로버츠Edward Roberts는 동등한 교육의 권한을 주장하면서 입학 허가를 받기 위해 캘리포니아 대학교University of California: UC를 고소하였고 승리하였다. 그러나 로버츠의 UC-버클리UC-Berkeley 등록은 적절한 주택의 제공 역시 필요함을 의미하였다. 다른 사지마비 환자들이 캠퍼스에서 로버츠와 합류함으로써, 생활을 위해 더 좋은 서비스, 주택, 지원을 조직하는 것이 가능해졌다. 이들은 '롤링 쿼드The Rolling Quads, 구르는 사각형'라고 불린 정치 단체를 구성하였으며, 휠체어 수리, 접근 가능한 주택, 간병 서비스와 같은 서비스들을 제공받기 위해 노력하였다(Fleischer & Zames, 2001, p. 39).

1969년 지체장애 학생 프로그램Physically Disabled Students Program은 소수 학생을 위한 국가 주도 계획의 일부로서 자금을 지원받았다. 장애인의 생활에 있어 중추적인 요구와 이슈를 개념화하는 새로운 방식에 뿌리를 둔 자립생활 운동을 위한 청사진이 탄생되었다. 샤피로Shapiro(1993)는 이와 같은 변화를 다음과 같이 언급하고 있다.

> 장애의 의료모델은 어떠한 사람이 질병 이후 얼마나 멀리 걸을 수 있거나 사고 이후에 자신의 다리를 얼마나 많이 구부릴 수 있는가에 대한 독립성을 측정하는 것이었다. 그러나 로버츠는 장애인이 자신의 삶을 통제하는 것으로서 독립성을 재정의하였다. 독립성은 지원 없

이 수행할 수 있는 과제에 의한 것이 아니라 도움을 통한 자신의 삶의 질에 의해 측정되었다.
(p. 51)

1972년 버클리 자립생활센터Center for Independent Living at Berkeley는 장애인에 의한 그리고 장애인을 위한 정부 기관으로 설립되었다. 설립자인 에드 로버츠는 새로운 유형의 '전형적인 인물'이 되었으며, 자비나 동정의 대상이 아닌 자기 결정과 장애인의 시민권을 위한 투쟁을 상징하였다. 권리와 접근에 중점을 둔 장애인에 대한 의제들과 관련된 인식이 생겨났으며, 장애 권리 운동은 시민권과 여성 인권 운동이 더 자주 존중받게 된 지 얼마 지나지 않아 시작되었다.

행동을 위한 조직화

1960년대 들어와서는 미국의 장애인 공식 조직과 연합들의 노력을 통해 다른 억압받는 집단들과 유사하게 **모든** '장애인'의 시민권 이슈에 중점을 둘 수 있는 시대로 진입하게 되었다. 장애 권리 운동 이전에는 장애인의 삶의 질을 향상시키기 위한 대부분의 조직적 노력은 NAD와 AFB에서처럼 특정 장애에 제한되거나 자선단체로 특징되었다. 이와 같은 경우에는 리더십과 전략적 계획에서 기껏해야 의도적으로 이해당사자인 장애인의 단지 부수적인 참여만을 포함하였다. 인종과 성별을 둘러싼 차별을 반대하는 행동으로의 표출은 장애인 스스로 제한된 고용 및 주거선택, 다른 배제들에 대해 저항하게 하였다. 다른 운동 지도자들과 마찬가지로, 장애 인권 활동가들은 자기 옹호와 풀뿌리 전략이 자신들의 의제와 더 잘 일치되는 변화를 약속할 것이라고 믿었다. 추가적으로, 공동의 압박을 위해 특정 장애들로 정의되기보다는 함께하는 집단으로 장애인을 정의하려는 생각이 나타났다 (Linton, 1998).

자립생활에서 초기 개척자들의 영향을 받은 주디스 E. 호이만Judith E. Heumann은 1970년 행동하는 장애인Disabled in Action: DIA이라는 집단을 조직하였으며, 장애 인권을 위한 시위와 소송의 전통을 가진 이 집단은 뉴욕시에서 접근 가능한 대중교통을 위한 요구를 시작하였다. 결국 전국 조직인 역량강화를 가지는 자기 옹호Self Advocates Becoming Empowered: S.A.B.E.로 성장한 **사람 우선** 운동은 스웨덴, 캐나다, 영국 단체들로부터 단서들을 얻었으며, 1974년에는 지적장애인의 자기 옹호를 촉진하게 하였다. 1972년 분리 대항 지체장애협회Union of the Physically Impaired Against Segregation: UPIAS는 선언문 발행을 위해 조직되었으며, 이는 영국 장애 운동의 도화선이 되었다. 이렇게 하여 풀뿌리 단체들은 미국과 전 세계적으로 장애 인권 운동의 토대를 형성하였다.

통합을 위한 공공 정책

새로운 활동가들이 처음 가졌던 사업 영역들은 많은 장애 성인과 아동이 거주했던 시설 · 병원 · 보육원에서 이루어졌다. 이러한 곳들은 기껏해야 품위 없는 곳들이었으며, 최악의 경우에는 개탄할 만한 상황들에 처한 곳들이었다. 이때까지 대부분의 건물과 거리의 건축 양식은 휠체어를 사용하는 새로운 세대가 자유로운 이동을 하지 못하게 하였다. 사회적 태도는 '휠체어에 묶여 있는' 사람들의 이미지를 불행하지만 당연히 제한된 조건에 있는 '불구의' 사람들로 받아들이고 있었다. 발달 및 지적 장애로 인식된 아동 및 성인은 오랫동안 시설에 갇혀 있었다. 장애 권리의 시작 시기에 의료연구자, 자선단체, 인권 단체들은 여전히 손상을 연구하고 치료하는 것에 노력을 기울였지만, 장애 아동 및 성인의 생활 여건을 향상하는 것 또한 관심을 가지게 되었다. 일부 연방 정책들은 이와 같은 새로운 관심들을 반영하였다.

직업재활법 504조

비록 미국의 초기 법률 및 정책들은 장애인의 관심 가운데 일부만을 반영하고 있지만, 「1973년의 직업재활법Vocational Rehabilitation Act(PL 93-112)」은 이와 같은 집단에 맞춰진 최초의 시민법으로 간주되고 있다. 1972년 닉슨 대통령이 이 법의 초기 형태를 거부하였을 때, 장애 인권 운동가들은 강력히 일어났다. 호이만은 80여 명의 DIA 회원들과 함께 뉴욕시의 주요 도로 한 곳에서 연좌 농성을 함으로써 교통을 막았다. 1973년 법안이 표결에 부쳐질 때, 수도인 워싱턴에서 가진 행진과 집회는 정책입안자 및 대중의 관심을 통해 법안 통과를 확실히 이끌어 내도록 하였다.

1973년 9월 26일 「1973년 재활법」이 연방법으로 통과되었다. 법은 원래 고용차별을 금지하고, 고용에서 긍정적인 행동을 명령하고, 건축 및 교통 준수 위원회Architectural and

Transportation Compliance Board(오늘날 접근 위원회Access Board로 불림)를 설립하는 것이었다. 하지만, 장애 인권을 확고히 하는 것에 있어 가장 중요한 것은 504조가 연방 재정 지원을 제공받는 모든 프로그램에서의 차별을 금지하는 것이었다. 따라서 실업, 사회보장, 주 법원 및 기관, 학교, 병원과 같은 대규모 사회 체계는 오늘날 장애인의 시민권을 옹호하는 역할을 하고 있다. 「504조」는 다음과 같이 기술하고 있다.

> 7조(6항)에 정의된 것처럼 미국에서 장애인에 대한 별도의 자격을 제시하지 않는 이상 자신의 장애로 인하여 연방 재정 지원을 받는 어떠한 프로그램이나 활동에서의 참여가 배제, 혜택 거부 또는 차별을 받아서는 안 된다.
>
> (U.S. Congress, 1973)

504조에 나와 있는 문구는 인종, 피부색 또는 출신 국가에 기초하여 연방 자금을 지원받는 프로그램에서의 차별을 폐지한 「1964년 시민법」과 동일한 것이었다.

하지만 법의 통과에 따른 규정들에 있어서는 전율이 느껴질 만큼 차별을 구성하는 특정 상황들을 지정하거나 이에 대한 개정을 갖지 않았다. 하워드Howard 대학교 법과대학 학생인 제임스 체리James Cherry가 건물 엘리베이터의 사용 및 더 가까운 주차 공간에 대한 요구가 거부되었을 때, 504조의 영향은 구체적인 방향성이 없고 제한적이라는 것이 확실히 드러났다. 체리는 건강 · 교육 · 복지부Department of Health, Education, and Welfare: HEW가 504조 규정들을 발전시키고 집행할 것을 요구하는 소송을 제기하였다. 1976년 7월 체리는 자신의 사건에서 승리하였다(*Cherry V. Mathews*, 1976). 정부를 압박하여 곧 나오는 규정들을 발전시키고 통과시키기 위해 주변 지역에 있는 더 많은 장애 인권 단체와 함께 집회를 이끌었다. 플레이셔Fleischer와 자메스Zames(2001)는 "이때까지 장애 권리 운동은 지역적이고 이질적인 것이었다. 504조 규정들의 실행을 위한 단결된 노력을 가지면서 운동은 전국적이면서 집중적이게 되었다."(p. 52)라고 언급하였다.

미국장애시민연합American Coalition of Citizens with Disabilities: ACCD은 1975년 재활 서비스국 보조금으로 창설되었으며, 장애인 당사자인 유디스 E. 호이만Judith E. Heumann, 프레드 페이Fred Fay, 랄프 D. 호치키스Ralf D. Hotchkiss, 샤론 미스틀러Sharon Mistler, 로저 피터슨Roger Peterson, 알 피멘텔Al Pimentel, 유니스 피오리토Eunice Fiorito를 회원에 포함시켰다(Fleischer & Zames, 2001). 체리의 소송 이후 단체는 504조의 발표 및 개정에 있어 HEW와 의회에 압력을 넣

었다. HEW가 1977년 4월 4일까지로 되어 있던 AACD의 기한을 지키지 않자, 장애 인권 운동가들은 4월 5일 10개 연방 지역 및 수도에 위치한 HEW 사무실 대부분에서 시위를 시작하였다. 샌프란시코와 워싱턴 DC에서 가진 최장 기간의 연좌 농성은 전국적인 관심을 불러일으켰다. 이러한 규정들은 또 다른 장애 권리법인「전장애아교육법EHA」개정 공표와 함께 4월 28일 공표되고 서명되었다.

전장애아교육법EHA

장애성인의 고용 및 자립생활의 접근을 위한 조직을 구성하는 것과 함께 부모들 또한 장애 자녀가 공교육에 접근할 수 있는 권리를 주장하였다. ARC와 뇌성마비협회United Cerebral Palsy Association와 같은 옹호 및 부모 단체들은 다른 단체들과 함께 탈시설화를 위해 투쟁하였다. 부모 단체들은 의회가 '장애 아동'을 위해 연방 부서를 설립하고, 특수교사를 훈련하고, 적절한 교육과정 개발을 위한 자금을 제공할 수 있도록 성공적으로 로비를 하였다(Shapiro, 1993). 그러나 특수 및 분리 프로그램이 아닌 **공립**학교에 접근하는 것은 확실히 해야 할 권리였다. 장애 아동은 학교의 입학이 거부될 수 있었으며, 적절한 교육과정과 시설의 실행을 안내하는 어떠한 법조문도 없었다. 1970년대 초반에는 모든 아동의 교육에 대한 권리 주장을 위해 두 건의 소송들이 제기되었다.

1971년 지체 아동을 위한 펜실베이니아협회Pennsylvania Association for Retarded Children: PARC는 펜실베이니아 주를 상대로 모든 아동의 공립학교 입학 권리를 주장하는 집단소송에서 승리하였다. 이때까지 장애 아동은 학교로부터 입학이 거부될 수 있었다. 이후 얼마 지나지 않아 밀스 대 컬럼비아 지구 교육위원회*Mills v. Board of Education of the District of Columbia*(1972)의 판결은 '교육의 대안 프로그램들 가운데 적절한 보조 서비스를 갖춘 일반 공립학교 수업에 배치하는 것이 특수학급에 배치하는 것보다 더 바람직하다는 가정'을 포함하는 PARC 대 펜실베이니아*PARC v. Pennsylvania* 판결로 확장되었다. 1954년 브라운 대 토페카 교육위원회*Brown v. Board of Education of Topeka*를 통해 모든 아동의 학교 접근에 대한 권리가 늦었음을 인정하면서 아프리카계 미국 아동을 승인하였던 두 법원들은 교육 관련 법률인「재활법Rehabilitation Act」의 통과를 확실히 하였다.

1975년 의회는 전국적으로 약 8백만 명의 장애 아동 모두에게 무상의 적절한 교육을 보장하는 법률인「공법 94-142」, 즉 오늘날 IDEIA로 일컬어지는 EHA를 통과시켰다. 이 법은 장애 아동을 대상으로 개별적인 특별한 교육적 요구에 적합한 교육을 보장하는 6가지 주요 조항을 포함하였다.

1) '배제 금지'는 모든 아동이 무상의 적절한 교육을 제공받는 것을 요구한다. 어떠한 아동도 자신의 장애의 정도로 인하여 교육에서 거부되지는 않을 것이다.
2) 비차별적 평가는 아동의 장애에서 요구되는 평가란 다학문 팀에 의해 수행되는 것을 의미하며, 문화적 편견을 가져서는 안 되며, (집단 검사가 아닌) 개별적으로 진행되어야 함을 의미한다.
3) 개별화교육프로그램Individualized Educational Program: IEP은 교육 프로그램이 각 아동의 요구에 부합될 수 있도록 개별적으로 조정될 것을 보장한다.
4) 의사 결정에 있어서의 부모와 학생 참여
5) 최소제한환경Least Restrictive Environment: LRE의 접근
6) 정당한 절차의 권리 또는 학부모/학생과 학교 간의 갈등 해결을 안내하는 과정

장애 아동은 자신의 또래들과 동일한 교육 서비스 및 기회 제공을 보장하는 504조에 의해 보호를 받았다. 하지만 EHA는 아동에게 제공되는 학습 경험의 **혜택** 역시 보장하기 위해 추가적인 교육 지원 및 서비스를 제공받을 수 있는 자격을 부여하도록 명시하였다. 말하자면, 504조는 공립학교 및 이러한 곳의 교육과정에서 평등한 접근과 비차별을 보장하였지만, EHA는 아동이 학교교육 프로그램을 통한 혜택을 확실히 제공받을 것을 요구하였다. 예를 들어, 어떤 아동이 단순히 다른 아동들과 교실에 있는 것만으로는 충분하지 않으며, 교육과정은 각각의 아동이 가진 독특한 요구에 맞춰져야 한다는 것이었다.

입법 이후 활동

두 가지 역사적 법률의 통과와 함께 장애 활동가들은 자신들의 새로운 인식을 활용할 수 있었으며, 법원과 거리에서 규정 및 규제의 개선을 계속해서 진행하였다. 장애 인권에 관심이 있는 청중이 생겨났으며, 시민권 및 공공 사회 접근에 초점을 맞춘 많은 장애 단체들이 출현하였다. **안내견 사용자**들은 뉴욕시에서 단체를 구성하였으며, 권한을 가지는 자기 옹호Self Advocates Becoming Empowered로 전국적으로 조직된 **사람 우선**의 첫 번째 대회가 개최되었으며, **흑인 농인 옹호자**Black Deaf Advocates가 설립되었다. 행동하는 장애인Disabled in

Action은 접근 가능한 대중 운송 수단 확보에 초점을 맞춘 몇 건의 소송과 시위를 시작하였으며, 1976년의 (장애인 등을 위한 개조 버스인) 트랜스버스trnasbus 소송 [펜실베이니아의 행동하는 장애인 대 콜먼*Disabled in Action of Pennsylvania v. Coleman*(1976)]은 가장 주목할 만한 소송이었다. 1982년 콜로라도 주 덴버에서 이루어진 접근 가능한 버스에 대한 집회의 성공 이후 아틀란티스Atlantis 지역사회에서는 웨이드 블랭크Wade Blank와 거주민들이 영향력 있는 급진적 장애 인권 단체인 ADAPT를 창설하였다. 이 단체는 지역 행사들을 조직하였지만, 전국적인 영향력을 추구하였으며, 연방 정부를 상대로 ADAPT 대 스키너*ADAPT v. Skinner*(1989) 소송을 제기하였다. 법원은 연방 규정이 교통 당국으로 하여금 접근에 대한 예산에 있어 단지 적은 지출만을 요구하는 것은 독선적이며 차별적임을 판결하였다. 말하자면, 이윤이 적다는 이유만으로는 대중교통에 대한 사람의 접근을 막을 수 있는 근거가 될 수 없다는 것이었다.

미국장애인법ADA

504조와 EHA가 장애인에 대한 차별 금지 지침을 제공하였음에도 불구하고, 장애인이 완전한 시민권을 확보하기 위해서는 더 포괄적인 법을 가져야만 했다. 1980년대 텍사스 대책위원회Texas Task Force의 회원이자 의장이었으며, 소아마비 생존자이자 활동가, 사업가였던 저스틴 다트Justin Dart는 장애인에 대한 장기 정책을 위해 「미국장애인법Americans with Disabilities Act: ADA」으로 될 것에 대한 입법 활동을 시작하였다. ADA는 결국에는 큰 표 차이로 상원 및 하원을 통과할 예정이었다. 새로운 법률에 대한 우려는 통과와 관련된 것이 아니라 누가 이러한 법률의 대상이 될 것인지와 「1964년 시민법」에 포함되는 것이 적절한지, 심지어 선호되는 것인지에 대한 것이었다. 장애인을 위하여 특정한, 아마도 더 약한, 시민법을 가지는 것은 ADA에 명시된 것과 「시민법」에서 보호되는 것의 권리에 있어서의 차이를 발생시킬 수 있었다. 로널드 레이건Ronald Reagan 대통령 체제에 있었던 국가장애인위원회National Council on Disability는 장애 차별은 분명한 것이며, 다른 유형의 편견들과는 확실히 다른 것이며, 따라서 자체적인 법이 요구된다고 결정하였다. 새로운 법은 504조에 나타난 장애의 정의를 유지하였으며, 장애에 대한 인식(심지어 개인의 '손상'이 자신의 능력에 영향을 미치지 않는 경우까지)으로 인해 차별받는 개인에 대한 보호를 보다 구체화하였다. 특히 AIDS 또는 HIV를 가진 사람, 학습장애, 암 또는 정신질환에서 회복된 사람, 안면손상을 가진 사람은 장애법을 통해 확실히 보호받게 되었다.

1990년 7월 26일 조지 H.W. 부시George H.W. Bush 대통령은 ADA(PL 101-336)에 서명하였다. 「재활법Rehabilitation Act」보다 더 포괄적인 ADA는 권리조항과 차별금지를 민간 부문까지 확장시켰다. 연방 기금을 제공받는 경우뿐만 아니라 모든 공공 서비스와 시설은 접근과 평등을 위한 기준을 준수하도록 하였다. 법의 각 부분은 장애인 차별을 종식시키기 위해 고안되었으며, 「1964년 시민법」 이후 가장 중요한 연방 시민법으로 여겨지고 있다.

ADA는 고용, 공공 서비스, 교통, 통신에 있어 민간 및 공공 부문 모두에서의 차별을 금지하고 있다. ADA는 또한 장애인이 미국의 경제적 · 사회적 주류 생활 속에 들어갈 수 있도록 하는 포괄적 권한을 제공한다. ADA는 강력한 기준을 포함하고 있으며, 연방 정부의 집행에 있어 중추적인 역할 수행을 가능하게 한다. 기본적으로, 법은 장애나 손상에 기초한 차별을 금지하며, 인종 · 성 · 성별 · 국적 · 나이 · 종교에 있어 개인을 보호하는 것과 마찬가지로 시민권 보호를 제공한다. 이 법은 다음에서 설명하는 것처럼 1990년 ADA의 다섯 가지 제목을 통해 지속적으로 제기되는 질문들에 대한 답을 제공하고 있다.

제목 I. 누가 장애인으로 간주될 수 있는가? ADA 권한의 기초가 되는 '장애'의 확실한 정의는 '장애를 가진 개인'을 다소 넓게 정의하고 있다. 어떤 사람은 만일 자신이 ① 주요 생활 기능에 있어 하나 또는 그 이상에서 중요한 제한을 가지는 신체적 또는 정신적 조건을 가지거나, ② 이와 같은 장애에 대한 기록이 있거나, ③ 이와 같은 장애를 가지고 있는 것으로 인식된다면 장애인으로 간주될 것이다. 비록 장애가 더 이상 존재하지 않는다 하더라도, 이러한 개인은 여전히 장애인으로 간주될 수 있다. 따라서 만일 고용주가 '과거 알코올중독, 암 또는 정신질환을 가지고 있거나 여전히 심각한 결함을 가지고 있는 것으로 알려진 개인'을 고용하지 않는다면, 고용주는 차별에 대한 책임을 가질 것이다. 정의에 해당되지 않는 것은 염좌, 감염, 골절과 같은 경미하면서 비만성적인 상태에 있는 사람들이다.

제목 II. 공공 편의시설은 어떠한 영향을 받을 것인가? 1992년 1월 26일 효력을 발휘한 ADA의 공공 편의시설 요구는 공공시설을 '상업에 영향을 미치는 민간 기업'으로 정의하고 있다. 따라서 요구들은 호텔, 레스토랑, 영화관(여러분은 얼마나 자주 영화관에서 휠체어 사용자를 봤는가?), 의사 진료실, 약국, 소매점, 박물관, 도서관, 공원, 사립학교, 주간 보호 센터까지 확장하고 있다. ADA에 포함되지 않는 것은 사설 클럽과 교회, 이슬람 사원, 유대교회당이 포함된 종교 단체들이다.

ADA는 또한 공공 편의시설은 이러한 서비스를 제공받을 수 있는 사람을 결정하는 방식에 영향을 미친다. 예를 들어, 수표를 현금화하기 위해 유일하게 받아들여지는 신분증으로 운전면허증만을 요구하는 사업체는 맹인에 대한 차별로 간주될 수 있다. 덧붙여, ADA는 청각 및 시각 장애인에게 효과적인 의사소통을 보장하기 위해 적절한 보조 지원 및 서비스를 요구하고 있다. 이러한 것들로는 자격을 갖춘 통역사, 보조 청취 장치, 필경사, 큰 활자나 점자 자료 또는 녹음 문서를 포함할 수 있다. 법은 제공된 상품과 서비스의 본질에 있어 과도한 부담이나 기본적인 변경을 초래한다면 이와 같은 지원을 요구하지 않는다. (그렇지만) 공공 편의시설은 대안적인 보조 지원을 제공해야만 한다. 예를 들어, 레스토랑은 웨이터나 다른 직원이 맹인 고객에게 메뉴를 읽어 줄 수 있다면 점자 메뉴판이 요구되지 않는다. 마찬가지로, 요청 시 판매 직원이 구두로 가격 정보를 제공할 수 있다면 매장에 점자 가격표를 제공할 필요가 없다. 판매 직원이 필요한 경우 기꺼이 서면으로 의사소통을 하려고 한다면 매장에 수화 통역사를 제공할 필요는 없다. 물리적 장벽은 '쉽게 달성될 수' 있을 때, 즉 많은 어려움이나 비용 없이 수행될 때에만 제거될 필요가 있다. 쉽게 달성할 수 있는 수정의 예들은 경사로를 제공하기, 전화기와 소변기의 높이를 낮추기, 극장에 휠체어 사용자를 위한 공간을 마련하기 등이다.

제목 III. 교통 서비스는 어떠한 영향을 받는가? ADA는 교통부로 하여금 접근 가능한 대중교통 차량과 시설로서 1990년 8월 26일 이후 주문된 모든 대중교통 버스와 철도 차량은 휠체어 사용자를 포함하여 장애인이 접근 가능할 것을 명령하는 규정을 발표할 것을 요구하고 있다. 추가적으로, 교통 당국은 유사한 준 공공 교통이나 다른 특별 운송 서비스를 제공해야 한다. 1993년 7월 26일자로 모든 현존하는 철도 체계는 기차 한 편당 접근 가능한 객실 1개가 있어야 하며 모든 새로운 버스와 기차 정류소는 접근 가능해야만 한다. 마지막으로, 기존의 모든 암트랙Amtrak 역들은 2010년 7월 26일까지 접근 가능하도록 하였다.

제목 IV. 통신은 어떠한 영향을 받는가? 일반 대중에게 전화 서비스를 제공하는 회사들은 농인을 위한 통신장치telecommunications devices for deaf persons: TDDs 또는 유사한 장치를 사용하는 사람에게 전화 중계 서비스를 제공해야 한다.

제목 V. 고용은 어떠한 영향을 받는가? ADA 고용 규정은 민간 고용주, 주 및 지방 정부, 고용 기관, 노동조합에 적용된다. 특히, ADA는 일자리 지원 절차, 고용, 해고, 승진, 보상, 훈련, 다른 고용 기간, 조건, 특권을 포함하여 모든 고용 행위에서의 차별을 금지하고 있다. ADA는 채용 광고, 재직 기간, 해고 및 해고 절차, 부가 혜택, 기타 직업 관련 활동 모두에 적용된다.

ADA 이후

ADA는 장애인의 접근 가능하고, 비차별적인 사회에 대한 권리를 명시한 역사적 사건이었다. 하지만 권리를 제공한다고 해서 장애에 대한 편견, 오해, 오랫동안 지속된 부정적 태도의 역사가 지워지는 것은 아니다. 장애인과 활동가는 제도적 · 개인적 편견과 차별을 계속해서 경험하고 있으며(O'Brien, 2004), 이러한 '가장 거대한 소수 집단'은 ADA가 통과된 이후 거의 30년간 가장 높은 실업률과 빈곤률을 가진 집단으로서 정기적으로 지적되고 있다. 비슷한 것으로, 아프리카계 미국인의 높은 빈곤률의 패턴은 「시민법」이 통과한 이후 50년 이상 지속되고 있다. 교통 및 건물 접근성에서의 발전은 기존 건축물을 접근 가능하도록 개조하는 비용이 혜택보다 훨씬 많다고 주장하는 사업 및 서비스 제공자로부터 매우 자주 방해를 받는다. 덧붙여서, 법원들은 ADA하에서 제기된 많은 고용 소송을 청취하였으며, ADA의 영향을 무력화시키는 다수의 결정을 하였다. 악명 높은 서턴 대 유나이티드 에어라인Sutton v. United Airlines(1999)과 도요타 자동차 회사 대 윌리엄스Toyota Motor Manufacturing v. Williams(2002)의 판결은 어떤 사람은 일하기에는 '너무 많은 장애'가 있을 수 있지만 ADA를 통해 보호받기에는 '충분한 장애'가 아닐 수 있는 상황들을 보여 주고 있다. ADA는 장애인보다 사업체, 고용주, 기관을 더욱 선뜻 보호하여 왔다(Russell, 1998). 불행히도, 많은 사람의 마음과 정신은 「시민법」 정신이 제기했던 이상을 따라가지 못하고 있다. ADA는 2008년 「미국장애인법개정법The Americans with Disabilities Act Amendments Act: ADAAA」으로 재승인되었다. 변경된 부분은 장애에 대한 설명을 넓힘으로써 법이 다룰 수 있는 것을 명확히 하는 것을 모색하고 있다. 이러한 의도는 법하에 장애를 구성하는 것이 무엇인가를 분석하기보다는 많은 소송의 핵심이었던 반차별과 편의에 대한 고용주의 책임에 초점을 두려는 것이다. 베포트Befort는 대법원에 제출된 ADAAA 사건들에 대한 2013년 분석을 통해 개정된 법은 사실상 더 많은 사례가 청구인들의 장애 상태에 따라 약식 판결로 해결되기보다는 법정에서 다루어지게 되었음을 주장하였다.

장애 권리와 교육

법률에 있어서 소송의 관계는 미국 헌법에 규정되어 있다. 법원 체계에서 결정된 사건들은 향후 유사한 상황들에서 국가 및 주의 선례가 된다. 따라서 한 가지 사건에 대한 법원의 결정은 전체적으로 법의 해석에 궁극적으로 적용할 수 있는 법률적인 명령의 이해를 명확하고 정교하게 한다. 예를 들어, 서턴 대 유나이티드 에어라인은 ADA의 장애 정의를 명확히 하고 있다. 교육에 대한 몇 가지 역사적인 사건은 EHA/IDEIA의 해석에 있어서의 개선을 요구하는 것으로서 법정에서 다루어졌다. 1985년 일부 미국 정부 관리들은 여전히 장애인에 대한 모든 지원을 거부하였으며, 선입견을 가진 이념에 따라 「PL 94-142」의 폐지를 주장하였다. 당시 교육부 장관이었던 윌리엄 J. 베넷William J. Bennett은 교육 철학 및 실무국의 특별보좌관으로 미국 해리티지 재단American Heritage Foundation에 "장애인 선거구에서는 일반 사람들의 복지에 있어서 이러한 법규가 어떻게 영향을 미칠 수 있는지에 대하여 이상할 정도로 관심이 없으며," 장애 아동을 지원하기 위해 제정된 규정들이 "교수의 수준을 약화시키며, 일반 아동으로 잘못 분류시키는 것 같다."라는 글을 쓴 아일린 마리 가드너Eileen Marie Gardner를 임명하였다(Friedberg, Mullins, & Sukiennik, 1992, p. 10에서 인용). 가드너는 다음과 같은 예시도 들었다.

> [장애 아동]과 이들의 부모가 이기적이다. 이들은 [12억 달러에 이르는] 일반학교 사람들에게 필요한 자원들을 나쁘게 고갈시키고 있다. … 고통을 경험하는 아동과 모든 사람에 대해 정신적 완벽함을 향한 성장을 돕는 방식이 이루어져 왔다. … 우리는 이러한 사람들을 돕기 위해 노력함으로써 '우주의 질서'를 어기고 있다.
>
> (p. 10)

가드너는 반대에 의해 1985년 사임하였으며, 1986년 의회는 장애 아동의 교육과 관련하여 주 및 학군의 책임을 확대하는 「PL 94-142」의 추가적인 개정을 제정하였다. 그러나 '① 장애 아동은 교육을 통해 혜택받을 수 없다. ② 장애 아동을 위한 교육비는 재정적 부담이다. ③ 장애 아동은 또래 아동에게 부정적인 영향을 미친다.'라는 가드너에 의해 제기된 불만은 법원에서 검사를 받을 것이다. 통합교육과 관련이 있고, 법원에서 검사되어 온 IDEIA의 원칙 가운데는 무상의 적절한 공교육Free Appropriate Public Education: FAPE과 최소제한

환경Least Restrictive Environment: LRE이 있다.

무상의 적절한 공교육FAPE

교육위원회 대 로울리Board of Education v. Rowley(1982)에서는 무상의 적절한 공교육의 정의가 해석되었다. 이때 에이미 로울리Amy Rowley는 입 모양을 읽는 것을 통해 교실 수업의 약반 정도를 접근할 수 있었던 1학년 농학생이었으며, 부모는 ASL 통역사가 제공된다면 더 많은 발전을 할 것이라 믿었다. 일련의 청원 이후 대법원에서 사건이 받아들여졌다. 한 표 차이로 FAPE는 어떠한 아동이 최대 또는 잠재적 혜택을 추구하는 서비스를 받을 권리가 있다는 것을 명시하지 않고 있음을 발견하였다. 로울리는 또래와 비슷한 진전을 이루고 있었기 때문에, 법은 ASL 교수를 제공하는 것을 요구하지 않았다. 이 사건의 결정은 아동에게 제공되는 특수교육 지원과 서비스 결정에 있어 부모에 대한 학교의 권리를 지지하였으며, 또한 FAPE 제공은 학업 진전을 위한 최대한의 기준보다는 최소한의 기준을 명시하는 것으로 해석하였다. 하지만 IDEIA의 후속 버전에서는 ASL이 모국어에 해당되며, 이를 통한 농학생의 교수 및 접근에 있어서의 권리를 보장하고 있다. 그러나 장애학생이 IDEIA 하에서 적절하지만 반드시 최적일 필요가 없는 교육의 권리를 의미하는 것으로 FAPE를 해석한 것에 대한 추가적인 해명은 없었다.

최소제한환경LRE

그렇지만 학교에서 장애학생의 분리의 역사와 가드너와 같은 지도자들의 믿음을 고려할 때, FAPE의 의미와 함께 LRE의 의미를 명확하게 만들기 위해 법원에 제기된 사건들이 많다는 것은 놀라운 것이 아니다. 다니엘 R. R. 대 주 교육위원회Daniel R. R. v State Board of Education(1989)에서의 소송은 '주류' 유아 수업으로부터 특수교육 프로그램으로 다니엘을 배제시키는 것을 다투기 위해 제기되었다. 다니엘의 교사는 다운증후군과 인지 및 언어 장애로 진단받은 다니엘을 위해 일반교육과정을 수정하였지만, 다니엘에게 요구되는 지원의 양에 대해서는 반대하였다. 학교는 훗날에 주류 환경에서 점심을 먹을 수 있도록 하는 프로그램을 어머니가 동행한 경우에만 가능하도록 변경하였으며, 다니엘은 분리 프로그램 수업에 참여하였다. 법원은 LRE가 부합되고 있는지 여부를 결정하기 위해 두 가지 검사를 설정하였다. ① 보충 지원과 서비스의 사용을 가지는 정규학급에서의 교육이 만족할 만큼 달성될 수 있는가? 그리고 ② 만일 그럴 수 없다면, 학교는 최대한 적절한 범위에서 아동을 주류에 포함시키고 있는가? 법원은 다니엘에게 필요한 지원은 주류 교실에 있는 다른 아동들의 교육과는 다른 것이며, 학교가 비장애 아동과 상호작용할 수 있는 다른 기회들을 제공할 것을 결정함으로써 학교 편에서 결정하였다. 비록 이러한 결정이 일부 장애 인권 옹호자가 바랐던 것은 아니었지만, 이러한 것은 주류화를 위한 검사를 제공하였으며, 주류화의 혜택이 단지 학업적 교수와 관련될 필요는 없음을 명시하였다. 사회적 통합은 또한 LRE 에 명시된 목표이었다.

의심의 여지없이, 법에서 가장 논란이 되는 요소인 LRE의 제공은 오베르티 대 클레멘톤 학교 지역구 교육위원회*Oberti vs. Board of Education of the Borough of Clementon School District*(1993)에서 다시 한번 명확해졌다. 오베르티는 다니엘에 의해 제기된 FAPE와 LRE 간의 관계를 정교하게 하였으며, 또한 부모로 하여금 학교가 IDEIA에서 준수하지 않는 것과 포함 가능한 것을 주장하는 것이 아니라 준수하고 있는 것과 분리 배치의 필요성을 증명하도록 하였다. 다운증후군 소년인 라파엘 오베르티Rafael Oberti에 대한 응답으로 법원은 "포함은 권리이지 선택받은 소수를 위한 특권이 아니다."라는 결정을 하였다. 추가적으로, 법원은 "교육법은 학교 체계가 장애 아동으로 하여금 불필요한 분리를 이끄는 경향을 가진 체계, 구조, 실천을 뛰어넘을 수 있도록 자원을 보충하고 재정비할 것을 요구한다."라고 명시하였다. 즉, 학교는 문제 소지가 있는 현재의 학교 설계에 학생들을 배치하기보다는 아동 및 통합계획에 대한 대응으로 구조 및 교육과정을 변경해야만 한다.

실제로 통합과 통합교육은 장애학생을 위한 교육에서 가장 시급한 관심이 되고 있다. 의료모델은 명백히 LRE와 FAPE의 의미와 실천을 해석하고 있는 IDEIA와 법원 판결에 대해 알려 주고 있다. 무엇보다도 아동의 장애를 둘러싸고 있는 학교 프로그램의 개발은 아동의 한 가지 측면만을 강조하는 것이다. 덧붙여서, 실용성으로 기만하고 있지만, 학생 참여가 다른 학생에게 미치는 영향에 대한 비용-편익에 대한 분석이나 토의는 장애 아동의 시민권에 대한 관심을 떨어뜨린다(그리고 많은 독특한 정체성, 특성, 경험을 가진 아동과 친숙해짐으로써 발생하는 모든 혜택을 무시하고 있다). 학교는 확실히 모든 아동의 학업 향상에 대한 책임을 가지지만, 이보다 더 많은 일들을 한다. 모든 아동이 참여할 것을 강요받는 대중사회의 체계로서 학교의 행동은 통합된 사회의 더 넓은 목표를 반영하고, 심지어 발전시켜야만 한다. 장애를 다루기 위해 분리의 인식된 '혜택'에 근거하여 교육의 분리를 합리화하는 것은 ADA와 장애 권리에서 의도하는 정신을 훼손하는 것이다. 이러한 것은 울펜스버거 등(1972)이 장애를 동정과 위협으로, 교육을 권리보다는 자선 행위로 제기한 비유들을 반영하는 것이다.

공공 정책 패러다임의 영향

많은 사람은 장애 패러다임과 사회 정책의 관계를 구분하고 있다. 한Hahn(1987)은 거의 전적으로 의료적인 관점을 통해 장애를 정의하는 패러다임의 한계들에 대해 상세히 설명하고 있다.

> 장애는 개인 내에 위치할 수 있는 '결함' 또는 '결핍'으로 간주되었다. 의학의 임상적 관점으로부터 개인의 기능적 능력을 향상시키기 위한 노력은 장애에 대한 독점적인 해결책으로 간주되었으며, 장애인이 직면하는 어려움에 대한 가능한 해결책으로써 정책 변화를 고려하는 것은 근본적으로 배제되었다.
>
> (p. 181)

마찬가지로, 포프Pope와 타로브Tarlov(1991)는 장애와 관련된 프로그램들이 추구하고자 하는 문제들은 개인에게 내재된 것으로서 사회와는 무관한 것으로 자주 간주되고 있음을 강조하였다(p. 244). 개인의 병리적 측면을 강조하는 것은 많은 장애인에게 있어 더욱 긴급한 것으로 생각하고 있는 평등에 대한 이슈에 집중을 못하게 한다.

올리버Oliver(1990)는 의료모델과는 대조적인 사회모델을 통해 장애 정책을 개념화하는 것의 혜택을 논의하였다. 올리버는 장애가 사회적 억압으로 정의되고, 개인에 대한 보상보다는 억압을 경감하는 방향으로 사회 정책이 발전될 것이라고 주장하였다. 가장 중요한 정책 이슈는 모든 사람에게 기회의 접근을 허용하기 위해, 태도 및 사회적 합의를 포함하는 환경을 고안하고 수정하는 것이 될 것이다(Kirchner, 1996).

의료모델에서 사회모델로 패러다임을 바꾸는 것은 개인과 사회 모두에게 있어 도전이 되는 것이다. 고정관념, 편견, 차별에 저항하는 것은 장애인에 대한 태도를 바꾸고 오해를 바로 잡기 위해 중요하다. 문제가 되는 가정들을 확인하고 저항하는 것은 확실히 장애인에 대해서 보다 긍정적인 태도를 형성하도록 할 수 있다. 언론가이자 장애 권리의 저명인사인 존 호켄베리John Hockenberry(1995)는 다음과 같이 기술하고 있다.

> 각각의 고정관념은 이에 대한 묘사를 주장하는 각각의 계층 사람들의 거리에 직접적으로 비례해서 발전한다. 사람들에게 실제로 가까워지면 이들의 가식적인 이미지들이 깨어지지만, 이들은 쉽게 이러한 것들을 포기하지 않는다. 고정관념을 잃는 것은 잘못이 소급되는 것이다. 어떠한 사람이 이러한 가정들에 직면하기 위해서는, 이러한 가정들이 자신들의 내부에 존재하는 한 잘못된 것이라고 개방적으로 인정해야만 한다. 고정관념은 믿을 수 있도록 끌어당기는 유혹이 있다. '나는 예전에는 휠체어를 탄 사람에 대해서 겁이 났었고 혐오감을 느꼈다.' 이러한 고정관념을 포기하는 것은 가면을 벗어던짐으로써 얼굴을 잃는 것이다.
>
> (p. 89)

뿌리 깊이 자리 잡은 태도와 믿음을 확인하고 변화시키는 과정은 쉽거나 편한 것이 아니다. 메지로우Mezirow(1991, 1998)는 변형학습이론theory of transformative learning을 통해 패러다임의 변화에 개입되는 학습과정의 개념화 방식을 설명하고 있다. 간단히 말하자면, 변형은 자신들이 믿는 것과 새로운 정보 사이의 딜레마를 경험할 때 시작된다. 학습자는 이때 **비판적 반성**critical reflection의 과정에 참여하며, 이러한 것은 자신이 가지고 있는 사고의 본질, 사고가 형성되는 과정, 자신의 사고들이 변화(즉, 학습)의 가능성을 검토하거나 제기하기 위해 내세우는 의미들에 대하여 사고할 것을 요구한다. 학습자는 비판적 반성을 통해 자신들의 패러다임에 대하여 의문을 제기하고 재형성할 수도 있는데, 이러한 것은 변형학습의 경험을 구성한다.

변형은 간단한 절차처럼 보일 수 있지만, 장애에 대한 우리의 믿음, 감정, 반응을 통제하는 것은 상당히 어렵게 느껴질 수 있다. 사람들은 장애인에 대해 어떻게 행동해야 하는지를 확신하지 못해서 불편함을 느낄 수 있다. 잘못 말하거나 잘못된 단어의 사용, 감사하게 여겨질 수 있는 어떠한 행위를 하지 않는 것, 환영받지 못할 수 있는 어떠한 것을 행할 수 있다는 두려움을 가지고 있다(Cohen, 1977). 많은 사람이 가지는 이와 같은 불편함은 장애에 대한 지식과 경험이 부족하기 때문일 수 있다. 덧붙여서, 연구자들은 장애를 접하게 될 때 비장애인들에 의해 경험되는 '존재하는 걱정'으로서 불편함과 죄책감을 연결 짓고 있다(Hahn, 1988). 존재하는 걱정은 장애를 가진 사람과 마주칠 때 기능적인 능력에 대한 잠재적 손실을 상상하면서 발생한다. 졸라Zola(1982)는 "능력 있는 신체를 가진 사람이 장애인을 만날 때 오싹함을 가지며, '내가 그렇지 않아 기쁘다.'라고 종종 생각한다." (p. 202)라고 기술하고 있다. 장애에 대한 다른 반감들은 장애의 이미지가 불러올 수 있는 인간의 취약성에 대한 두려움과 관련이 있을 수 있다.

가장 깊숙한 내면에 위치한 걱정, 그리고 이와 관련된 감정은 변형되기가 어렵다. 하지만 많은 혐오적인 반응들은 장애인에 대한 전반적인 경험의 부족을 반영한다. 이와 같은 상황은 보편적인 고정관념에 의해 악화된다. 더 나아가서, 의료모델을 통해 생성된 지식은 역기능과 어려움을 강조한다. 린턴Linton(1998)은 장애인이 장애인의 삶과 경험에 있어 다른 지식을 개발할 책임을 가질 것을 촉구한다. 린턴은 다음과 같이 기술하고 있다.

> [장애] 공동체의 문화적 이야기는 역경과 투쟁의 꽤 많은 부분을 포함하고 있지만, 또한 그리고 중요하게 **비전형성의 유리한 지점으로부터**[원본에서 강조함] 협상이 이루어진 세상에 대한 이야기이기도 하다. 지배적인 문화는 비전형적인 경험을 결함이나 손실로 묘사하지만, 장애 공동체의 이야기는 더욱 복잡한 방식들로 이러한 것들을 설명하고 있다.
>
> (p. 5)

장애인의 삶에 대한 풍부하고 진솔한 설명들을 다루는 문헌 및 대중매체의 증가는 대중의 지식을 확장시킬 수 있다. 결국, 장애인에 대한 가시성과 상호작용의 증가는 사람들로 하여금 우리의 세계에서 타인과 상호작용하는 방식들에 대하여 보다 편하게 느낄 수 있도록 도울 수 있다. 장애인의 이미지에 대한 수와 다양성이 증가할수록 우리가 상상할 수 있는 장애의 이미지는 다양해질 것이기 때문에 '집단' 고정관념에 더욱 잘 저항할 수 있게 된다.

장애를 이해하는 것에서 발생하는 패러다임은 우리로 하여금 자신의 환경을 만드는 방식을 알려 준다. 장애를 가진 사람의 경험을 손실과 비극으로만 인식하는 문화로, 그리고 장애를 개인에 대한 치료적인 필요로만 이해한다면, 우리는 사람이 가진 삶의 충만함을 부정하는 것이다. 개인의 신체나 정신에 대한 개입을 강조하는 것은 공동체, 그리고 공동체 서비스 및 기회에 있어서의 장벽을 제거하고 접근을 증가시키려는 노력을 저해하는 것이다. 장애에 대한 사회모델은 개입하는 중요 초점으로서 물리적 · 사회적 · 정치적 환경을 배치하는 패러다임을 제공한다. 일부 법적 요인은 사회적 · 정치적 접근을 보여 준다. ADA는 많은 공공장소와 서비스에 대한 접근을 명령하고 있다. IDEIA는 일반교육환경에서 특수교육 서비스의 제공을 선호하는 LRE에 대하여 우호적이다. 마찬가지로 국제적인 협력은 전 세계의 불평등에 대하여 관심을 가져왔다. 2007년 유엔은 「장애인 권리 협약

Convention on the Rights of Persons with Disabilities」을 채택하였으며, 이것은 유엔의「세계 인권 선언Universal Declaration on Human Rights」(1948)에 추가된 것으로서, 장애인의 특별한 보호를 명시하고 있다. 1994년 유네스코의「특별한 요구가 필요한 교육에 대하여 행동하기 위한 살라망카 선언 및 틀Salamanca Statement and Framework for Action on Special Needs Education」의 채택은 통합환경뿐만 아니라 아동의 교육권을 진전시키고 있다. 장애 이슈들은 최근에야 시민권과 소수 집단 패러다임을 통해 나타나고 있다. 이와 같은 관점들에 대한 지속적인 교육은 장애인에 대한 물리적 · 태도적 장벽들에 대한 의식을 높일 수 있다. 더 큰 이해는 우선순위는 아니더라도 환경적인 변화를 포함하기 위하여 의료적 중재에 대한 초점을 확장시킬 수 있다. 결국, 통합적인 환경을 만드는 책임은 사회의 모든 사람에게 있을 것이다. 거의 모든 사람이 장애의 영향을 받는 한 가지 방식은 대중문화, 대중매체, 예술, 오락물의 생산과 소비이다.

장애와 대중문화

장애 권리의 메시지는 실제로는 꽤 단순하다. 즉, 장애인은 자신의 삶의 과정을 지휘해야만 한다. 자기 자신을 스스로 옹호할 수 없는 경우, 의사결정은 개인의 최선의 이익에 따라 이루어져야만 하며, 이러한 것은 지원과 함께 자신의 존엄성, 시민권, 삶의 질을 보호할 것이다. 이러한 이익들은 자신들의 보호자, 건강 전문가, 교육가, 또는 이들이 제공받는 다른 체계들에 의해 반드시 똑같이 나눠질 필요는 없음을 유의하라. 지속되는 고정관념과 편견은 이러한 가치에 대한 광범위한 인식을 막으며, 이는 다시 의료모델과 역사 및 문화의 관성inertia이 장애인에게 이루어지는 것을 유지시킨다. 정책, 과학, 의학, 연구의 문제들과 함께 대중매체, 예술, 오락물에서 장애 표현의 이슈들을 논의하는 것은 이상해 보일 수 있다. 그러나 현대 삶의 두 가지 측면은 뜻밖의 방식들로 상호작용한다. 대중 정책, 과학, 의학에서 수용되는 것은 이러한 분야들이 실행되는 문화들에서 주장되는 믿음과 태도들에 의해 알려지는 것이다. 우리는 예술과 오락물에 있어서의 장애에 초점을 맞춘다.

코미디, 조롱, 호기심의 대상

기이하고 뜻밖의 신체적 특징을 가진 사람은 오랫동안 강한 호기심의 원천이 되어 왔다. 어떤 문화에서는 장애에 대해 경이로움을 보였으며 장애에 따라서 그들은 예언자로 만들었고, 어떤 문화에서는 오락거리의 원천으로서 장애인을 보았다. 예를 들어, 아리스토텔레스Aristotle는 장애인을 자연의 변덕 또는 '자연의 장난'으로 간주하였으며, 결과적으로 이들을 즐거움의 적절한 원천 또는 부유한 가정의 애완동물로 만들었다(Fiedler, 1978). 기원전, 1000년 전과 같이 초기에는 이집트, 그리스, 로마 문화에서 오락과 놀이를 제공하는 것으로 장애인이 이용되곤 하였다. 중세 시대에서의 지속적인 이미지는 보통 저신장장애인으로서 궁중 전속 어릿광대 또는 광대이었다. 19세기의 '프릭(괴물)쇼freak show'는 오락의 목적으로 기이한 특징을 가진 개인을 눈에 띄게 하였다. 의료적 미스터리와 희귀한 조건에 대한 현대 다큐멘터리의 확산은 장애에 대한 지속적인 흥미를 나타내는 것이라고 주장할 수 있다. 코미디, 조롱, 호기심의 대상으로서 장애를 사용하는 것은 오늘날 지속되고 있는 울펜스버거 등(1972)의 또 다른 비유에 해당된다.

귀족을 즐겁게 하기

이집트 왕들은 가장 먼저 저신장장애인을 궁중 전속 어릿광대로 이용하였으며, 이들은 주로 호기심이었지만 또한 재미를 위해 단가 피그미 족Danga pygmy 사람들을 선택하였다(Bullock & Mahon, 1997). 로마 제국에서는 부유한 사람들이 즐거움의 목적으로 자신의 집에서 모자라면서 '기형인' 노예를 가지는 것이 관행이었다. 더 나아가서, 여성은 '무릎에 두는 애완견과 테디베어'의 대체물로서 '신체 발육 부진'과 '지적 결함을 가진' 노예를 가진 것으로 알려지고 있다(p. 21). 기형의 노예들은 500년 무렵 아틸라Attila 궁전에서 오락거리로 이용당하였다(Bullock & Mahon, 1997). 1519년 멕시코를 침략한 코르테즈Cortez에 종속되었던 스페인 사람들은 테노치티틀란Tenochtitlan 도시(현재의 멕시코시티)에 입성하였으며, 그곳에서 이들은 아즈텍 황제인 몬테주마Montezuma의 거대한 왕궁 동물원을 보았다. 스페인 사람들은 전시되어 있는 많은 진귀한 야생 동물들과 함께 저신장장애인, 백색증 사람, 수염을 가진 여성 및 '기형' 인간을 보며 놀라워했다(Van Riper & Emerick, 1984). 헬레니즘 기간 동안 저신장장애인은 애완동물로서 높은 상품의 가치를 가졌으며, 종종 선물로 주어졌다.

2세기까지 특이한 신체적 특징을 가진 사람은 일반적으로 가족 오락물로서 부유한 로마인의 가정에 제공되었다. 바보나 어릿광대는 오락물과 축제의 한 부분이 되었는데, 소위 '백치' 또는 '기형'으로 불리며 손님을 웃기게 하였다. "기형의 난쟁이, 곱사등이 비만 여성을 묘사하는 조각상과 꽃병 그림의 인기는 이러한 유형의 사람들이 가수, 댄서, 음악가, 곡예사, 광대로서 많은 수요가 있었음을 보여 주고 있다."(Garland, 1995, pp. 32-33) 사실, 로마인은 '테라톤 광장teraton agora'이라 하는 특별한 시장을 열었는데, 이곳에서는 거인, 난쟁이, 자웅동체인과 함께 팔과 다리가 없는 사람들이 구입될 수 있었다(Durant, 1944).

장애인에 대한 조롱은 중세 시대 동안 계속되었다. 대부분의 신체적 또는 인지적 장애인은 감금되거나, 자신을 지키기 위해 도시에서 시골로 몰려갔다. 하지만 귀족은 호기심, 조롱의 대상, 공연자로 전시하기 위해 일부 사람을 돌아오게 하였다(Snow, 2001). 프랑스의 찰스 5세Charles V는 샴파뉴Champagne 지방에 궁전 어릿광대 공급을 위한 독점권을 부여하였다. 러시아 귀족 사이에서는 저신장장애인을 소유하는 것이 높은 신분임을 보여 주는 상징적인 것이었다.

12세기 동안, 영국 왕들은 '바보'에 대한 보호 및 처우를 왕실의 관심사로 가지기 시작하였으며, 따라서 병동에서 이러한 것을 하게 하였다. 스페인의 필립 4세는 궁전에 지적장애인을 불러들여 잘 먹고 잘 입을 수 있도록 하였으며, 하고 싶은 것을 할 수 있는 자유를 주었다. 1490년 스코틀랜드의 제임스 4세는 상반신이 붙어 있고 4개의 팔과 2개의 다리를 가지고 있는 스코틀랜드 쌍둥이를 자신의 궁전으로 데려왔다. 왕은 쌍둥이의 양육과 교육이 잘 이루어지도록 명령하였다. 왕의 후원과 보호하에서 형제는 음악 악기들을 연주하였고, 화음을 가지고 노래하였으며, 라틴어, 프랑스어 · 이탈리아어 · 스페인어 · 독일어 · 덴마크어 · 아일랜드어를 배웠다(Thompson, 1968, 1994).

비록 소수만이 호기심과 조롱의 대상으로 왕족의 집에 들어갔지만, 일부 '궁전 난쟁이'는 높은 권력을 가진 직위로 일하였다(Fiedler, 1978). 이들은 자금을 가지고 도주하려 하면 찾아내고 붙잡는 것이 더 쉬울 것이라는 가정하에 국고를 책임지게 하였다. 실제로, 몇몇 궁전 난쟁이들은 꽤 영향력 있는 사람이 되었으며, 궁전과 귀족 가정에서 완전한 신뢰를 얻었다. 이들은 무제한으로 연설할 수 있는 허락을 받았으며, 종종 왕족이나 궁전 여성의 총애와 호의를 받았다(Thompson, 1994, p. 188). 일단 왕이나 귀족으로부터 신임을 얻으면, 이들은 익살꾼에서 고문counselor으로 신분이 이동될 수 있음을 종종 입증하였다. 아우구스투스Augustus와 티베리우스Tiberius 황제는 궁전 난쟁이를 국가 대소사에 대한 자문으로 자신들의 곁에 두었다. 중세기 후반 현인으로 알려진 궁전 난쟁이인 베르톨드Bertholde는 롬바르디아Lombardy 왕의 수상이 되었다. 저신장장애인으로서 야곱 리스Jacof Ris는 비엔나의 찰스 6세 황제의 궁중의 직권 고문이 되었으며, 고도Godeau는 리슐리외Richelieu에 의해 1672년 그라스Grasse의 대주교가 되었다(Fiedler, 1978). 하지만 이런 사례는 예외적인 경우일 뿐 중세 시대에 대부분의 장애인은 귀족의 놀잇감으로 간주되었으며, 심한 학대나 조롱을 자주 받았다.

그렇다고 하더라도, 장애의 상황spectacle은 다양한 방식으로 받아들여졌으며, 전후사정에 크게 달려 있었다. 궁전 바깥에서는 일부 장애인이 생계유지를 위해 하류층으로 구걸을 하였을 것이다. 높은 수익과 보수가 되는 구걸의 예술은 때때로 자기 신체절단 또는 목적을 위해 고의로 아동을 불구로 만드는 결과를 불러일으켰으며, 이와 같은 일들은 고대 로마까지 거슬러 올라간다. 14세기부터 17세기까지 정신적 · 인지적 장애인은 체계적으로 거리에서 사라졌으며, 병원이나 구호소, 시설로 옮겨졌다. 대중은 적은 돈으로 전시물로서의 '환자'를 보기 위해 일부 병원을 방문할 수 있었다. 가장 유명했던 것은 런던의 베들레헴 병원에 있었던 '미치광이의 장난'이었다. 그곳에서, 방문객은 쇠사슬에 묶인 수감자들의 몸부림과 절규를 보면서 웃었을 것이다. 방문객에게 좋은 쇼를 보여 주기 위해 어떤 수행원은 이러한 사람들이 춤추고 곡예를 부리도록 곤봉, 막대 또는 채찍으로 때리고 찌르고 자극했을 것이다(Evans, 1983). 더 이상 상류층의 특권이 아니게 되자, 하류층 역시 장애인을 학대하는 구경거리에서 즐거움을 찾았을 것이다.

현대를 향하여: 의료적 호기심과 프릭쇼

병원으로 사람들을 옮기는 것은 특이한 속성들에 대한 새로운 사고방식의 예측이었다. 바람직하지 못한 방식의 사고와 행위는 도덕적 실패 또는 영적 신호보다는 오히려 정신질환이나 결함의 속성이 되었다(Foucault, 1965). 신체적 장애는 사악한 징조, 마법의 결과, 또는 부모의 과거의 죄에 대한 처벌보다는 의료적 비정상으로 여겨졌다(Bogdan, 1988). 1800년대 후반까지 장애인은 의료적 비정상으로 여겨지기 시작하였으며, 이러한 것은 과학적 연구와는 차이가 있었다.

과학적 관심의 증가와 함께 특이하고 이질적인 신체적 특징이 대중의 관심을 고조시킨 것은 미국에서 1840년대에서 1940년대 사이 최고의 인기였던 소위 '프릭쇼'의 인기에 의해 부채질되었다. 사이드 쇼Sideshows, 10:1Ten in One, 오디토리움Odditorium, 특별한 호기심을 전시하는 곳, 자연의 실수 박물관Museum of Nature's Mistakes을 포함하여 다양한 용어로 불렸던 이와 같은 쇼들은 특이한 특징을 가진 사람들(일부의 경우 가짜)을 전시하였다(Bogdan, 1988, pp. 2-3). '인간 호기심'을 방문한 의사들과 자연 과학자들의 논평들은 '창조물'의 본질과 기원에 대한 광범위한 관심과 논쟁을 부추기도록 하였으며, 그 당시의 인간 다양성에 대한 새로운 과학적 이론들과 유사한 방식들로 대중에게 자주 소개되었다(Bogdan, 1986, 1988).

'인간 기이함'에 대한 매료, 심지어 이들에 대한 상품화는 서양에서만 발생한 것은 아니었다. 예를 들어, 중국 또한 호기심을 불러일으키는 역사를 가지고 있다. 다음은 19세기 동안 사용된 방법을 기술하고 있다.

> 어린 아동들은 여린 피부를 가진 나이에 팔리거나 납치되며, 목이 좁으면서도 이동 가능한 바닥을 가진 청Ch'ing 또는 꽃병에 놓인다. 이러한 용기에서 불쌍한 조그마한 사람들은 정성들여 가꾸어지고 먹여지는 동안 내내 자신의 머리가 밖에 놓인 채 앉아서 몇 년을 보낸다. 어린 아이가 스무 살 또는 그 이상의 나이가 되면, 상당히 먼 곳에 버려져서 야생의 남자 또는 여자로 **발견된다**.
>
> (1878. 5. 15. 중국 편지, Fiedler, 1978, p. 50에서 인용).

프릭쇼는 장애를 구경거리로 만드는 초기 관행들을 계속해서 이어 나갔다. 보그단(1988)은 '괴물'의 개념은 무대를 매력적 · 이국적인 모습으로 만드는 일련의 사회적 관행으로 이루어진 창조된 관점이라고 설명하였다. 저글링, 춤, 곡예: 사이드 쇼 세트와 무대는 호기심으로서 장애의 특징을 만들었다. 예를 들어, 소문에 따르면 유명한 서커스 사업가인 P. T. 바넘Barnum은 한때 키가 극단적으로 큰 사람에게 접근하여 거인이 되는 것에 흥미가 있는지 물었다. 그리하여 무대에서의 흥행을 위해 예상 밖의 그리고 특별한 모습을 가진 사람들을 내세우면서 장애를 괴물처럼 만들었다. 장애인을 매혹적인 대상으로 **만드는 것**은 차이에 대한 한 가지 지속적인 반응이 되어 왔다.

오락거리로서 장애

장애의 이미지와 표현은 오락 산업에서 오랫동안 사용되어 왔다. 많은 경우, 텔레비전, 영화, 책들은 장애 캐릭터의 포함을 확장시켜 왔으며, 이는 장애를 더욱 다양하게 묘사하는 결과로 나타났다. 장애에 대한 다양한 묘사를 제공하는 것은 한 가지 유형의 이미지가 고정관념이 되고, 이로 인해 선호하는 현상으로 구성하거나 영구화하는 영향을 감소시킨다. 하지만 고정관념은 대중적 관심을 받을 만한 주제가 되어 왔다. 예를 들어, 1991년 미국시각장애인연맹National Federation of the Blind의 구성원들은 자신의 기다란 하얀 지팡이를 서투르게 휘두름으로써 화학 연구소를 파괴하고, 코트 걸이에 여성을 위한 털 코트를 가지는 실수를 하면서 데이트를 간청하는 시트콤 〈선과 악Good and Evil〉에 나오는 맹인 캐릭터의 묘사에 대한 반대로 전국에 있는 ABC 네트워크 사무실 밖에서 시위를 하였다(Shapiro, 1993, p. 37). 마찬가지로, 1997년에 월트 디즈니 사가 레슬리 닐슨Leslie Nielsen이 출연하는 영화를 위해 미스터 마구Mr. Magoo를 부활시켰다는 것을 알게 된 후 미국연맹National Federation은 "메시지는 시각의 부족이 무능력을 의미한다."라는 이유로 "항의에 적합한 행동은 무엇이든지 가질 것이다."('Mr. Snafoo' 1997, p. 21)라는 결정을 통과시켰다.

장애 권리 단체들의 최근 초점은 영화들, 〈밀리언 달러 베이비〉(Haggis et al., 2004), 〈트로픽 썬더Tropic Thunder〉(Cornfeld, McLeod, & Stiller, 2008), 〈미 비포 유〉(Owen et al., 2016)에서 다루어지고 있다. 장애 권리 단체인 '아직 죽지 않았다'는 영화에서 묘사된 장애와 안락사 간의 연결에 대한 반대 인식을 높이기 위해 〈미 비포 유〉와 〈밀리언 달러 베이비〉 상영관 앞에서 시위를 조직하였다. 〈트로픽 썬더〉는 영화 촬영의 무대 뒤에 있는 배우들을 묘사하고, 배우들이 지적장애를 가진 한 남자를 연기한 배우의 이전 역할들 가운데 한 가지를 토의함으로써 배우들 간의 대화를 특징으로 하고 있다. 〈트로픽 썬더〉를 둘러싼 항의는 중앙 무대에 'R-단어'를 끌어들임으로써 대중적인 논쟁과 논평을 모았다. 벤 스틸러Ben Stiller의 연기에 대하여 "모든 사람이 너는 완전히 (정신)지체로서 나아가지 않는다는 것을 안다."라고 한 충고는 '단순한 잭Simple Jack'이라는 캐릭터 연기에 대한 반성이었다. 공동작가인 에탄 코헨Etan Cohen은 "어떤 사람은 이러한 것을 장애인을 놀리는 것으로 여기지만, 우리는 실제로는 이러한 재료를 칭찬거리로 사용하는 배우들을 놀리려는 것이다."(Adler, Richard, & Horowitz, 2008)라고 하였다. 영화 제작자의 역설적인 의도에도 불구하고, 배우들은 'R-단어'와 '단순한 잭'의 묘사의 빈번한 사용에 강하게 반대하였고, 대중으로 하여금 논쟁에 끌어들이는 기회를 가졌다. 드림웍스DreamWorks 제작사는 '단순한 잭'을 다루는 홍보 웹사이트를 내렸으며, 이후 DVD에 '(정신)지체'라는 단어 사용을 자제하는 안내를 추가하였다. 이와 같은 예들은 오늘날의 장애 활동의 생동감을 증명할 뿐만 아니라 대중이 관심을 가지고 언론이 반응한다는 것을 보여 준다.

대중매체와 오락물에서 지속되고 있는 장애와 관련된 두 가지 다른 비유는 '대단한supercrip'(Haller, 2010), 또는 특별한 장애인, 거룩하게 순수하거나 또는 영원한 아이(Wolfensberger et al., 1972)에 관한 것이다.

대단한 장애인

특별한 장애인은 낭만적이고 이상적이며, 과장된 초-장애 모습으로서 '대단한 장애인'으로 자주 불린다. 미디어 학자인 존 클로스톤John Clogston(Haller, 2000에서 인용)은 대단한 장애인을 다음과 같이 정의하였다.

> 장애인은 '초인적인' 위업(즉, 바다를 항해하는 맹인)으로 인해 정상과는 다른 또는 장애'에도 불구하고' 일반적인 삶(즉, 소프트볼 경기를 하는 고등학교 농학생)을 가지기 때문에 '특별하게' 묘사된다. 이와 같은 묘사는 장애인은 정상과는 다르다는 생각을 강화하며—그리고, 성취를 '완수' 못하는 사람은 '놀라운 것'이다.
>
> (Haller, 2000, p. 7)

미디어에 등장하는 이와 같은 이야기들은 종종 영감을 불러일으키는 이야기들로 받아들여진다. 장애를 가진 특별한 소설적 캐릭터들은 텔레비전 쇼, 영화, 만화책에 많이 나타난다. 〈패밀리 가이Family Guy〉의 캐릭터 '조Joe'(Macfarlane, 1999)와 〈나의 왼발My Left Foot〉(Pearson & Sheridan, 1989)의 크리스티 브라운Christy Brown에 대한 묘사는 대단한 장애인이라는 고정관념을 배포하는 대중매체의 두 가지 예시들이다. 성격 묘사는 과도한 기능과 기능장애의 의미를 함께 가지는 것으로서 장애인의 일반적인 활동의 수행에 대한 불신과 성취에 대한 과장된 표현을 번갈아서 사용하였다.

특별한 장애인에 대한 개념은 신성을 가진 장애와 관련된, 특히 맹인과 관련된 오랜 역사와 연결될 수 있다. 예를 들어, 미국 원주민 부족인 주니Zuni는 지적장애인은 좋은 영혼과 친밀감을 가지고 있다고 믿었으며, 종종 이들의 단어와 말들을 신성한 것으로 간주하였다(Ross, 1978). 고대 중국에서 맹인은 종종 점쟁이로 훈련받았다(French, 1932). 맹인과 신성의 조합은 특히 문헌에서 나타난다. 미첼과 스나이더(2001)는 문헌에서 장애는 "성격 묘사에 대한 주요 특징과 기회주의적인 은유적 장치[로의 사용]"(p. 47)라고 제시한다. 켈리Kelley(2013)는 고대 그리스와 로마에서 맹인은 다른 의미를 동시에 나타냈음을 지적하고 있다. 맹인이 되는 것은 자신의 부하들을 먹은 후 오디세우스에 의해 맹인이 된 사이클롭스Cyclops, 이오카스테Iocaste와의 관계에서 진실이 드러난 후 자신의 눈을 멀게 한 오이디푸스Oedipus의 예들처럼 개인의 죄에 대한 처벌이자 결과였다. 같은 맥락에서, 그리스 전통에서 유래한 티레시아스Tiresias의 모습에 의해 잘 알려진 맹은 신의 처벌일 수 있지만, 결과적으로는 신과의 연결을 암시할 것이다.

저니건Jernigan(1983) "우리 문화에 뿌리 깊게 있으며 사회적 행동과 사고의 모든 측면에서 스며들어 있는" 맹인에 대한 오해에 대하여 다음과 같이 언급하고 있다.

> 이러한 오해는 맹인이 창을 피할 수 없었던 시대로 거슬러 올라간다. 현대 사회에서는 창을 피하는 것이 필수적인 능력이 아니지만 무기력에 대한 고정관념은 다수의 다른 고정관념에 둘러싸인 채 여전히 남아 있다. 즉, 맹인은 단순하며, 영적이며, 음악적이다. 이들은 특별한 여섯 번째 감각을 가지고 있다. 이들의 다른 감각은 더 예민하다. 간단히 말하자면, 이들은 사회의 나머지부터 다르고 차이가 있다.
>
> (pp. 58-59)

영화나 애니메이션 시리즈로 많이 만들어지고 있는 현대의 만화책 역시 다수의 장애 영웅을 탄생시켰으며, 이들 각자는 장애를 과잉 보상하는 특별한 기술을 소유하고 있다. 예를 들어, 방사능 물질에 대한 노출이 자신을 눈이 멀게 하는 동시에 '레이다 감각'을 포함하여 다른 강화된 감각들이 가득 찬 〈데어데블Dare-devil〉 (Arad, Foster, & Milchan, 2003; Lee, Everett, & Rosen, 1964)의 주인공이 있다. 장애에 대한 다른 비유들처럼, 대단한 장애인 이미지는 대중매체, 예술, 오락물에서 나타나며, 호기심과 매료의 대상으로서 장애인을 계속해서 예로 들 것이다.

거룩하고 순수한 또는 영원한 아이

다양한 많은 문화에서 장애인, 특히 지적장애인은 '신의 특별한 아이'로 여겨졌다. 이들은 은총을 받았거나, "'아(감탄하면서)' 행복하게 운 좋은 단순함"(Biklen, 1981, p. 5)으로 묘사되었다. 이처럼 지적장애인은 보통 스스로는 악한 일을 행할 수 없다고 여겨졌고, 결과적으로 살아 있는 성인으로 간주되었을 것이다. 이들은 또한 어떠한 특별한 목적을 위해 더 높은 힘으로부터 보내진 것으로 믿어지기도 하였다. 경건함 또는 영원한 순수함을 나타내는 지적장애의 역할은 많은 문화 및 시대에서 인지되어 왔으며, 〈포레스트 검프Forrest Gump〉 (Finerman, Starkey, Tisch, & Zemeckis, 1994), 〈아이 엠 샘I Am Sam〉 (Herskovitz, Solomon, Zwick, & Nelson, 2001), 〈레인맨Rainman〉 (Johnson & Levinson, 1988)과 같은 영화들에 반영되었다. 각각에서 장애 주인공의 영원한 순수함은 '평범한' 성인 동료들의 결함과 약점을 드러내기 위해 사용된 장치이며, 종종 **다른** 캐릭터들이 주인공과의 경험을 통해 구원을 찾을 수 있는 상황이 된다.

거룩하고 순결하게 여겨지는 장애인은 일반적으로 자신의 생활연령과 관계없이 '무해한 아이'로 간주되었다. 결과적으로 가족, 보호자, 장애인과 함께 일하는 전문가는 흔히 '알베르트 슈바이처Albert Schweitzer'또는 '마더 테레사Mother Teresa' 증후군을 가지며, 뛰어난 인내심을 가지는 것, '신의 일을 하는 것'과 같은 특성들이 이들의 속성이 되었다. 경건하며 순수하다는 고정관념의 주요 효과는 장애성인의 유년화이다. 비클렌(1981)은 만들어져야 될 중요한 요점은 지적장애성인은 "비장애인과 동일한 감정을 경험하고, 넓은 범위의 행동을 할 수 있으며, 개별적이고 복잡한 성격들을 소유한다(p. 5)."라는 것이라고 믿고 있다. 영원한, 순수한, 아이 같은 속성으로서 장애인을 묘사하는 이미지는 온정주의 및 성인의 권리의 부정에 기여한다.

미디어, 오락물, 문화에서 장애 및 장애인의 표현과 존재는 확실히 변하고 있다. 많은 비유 및 고정관념이 지속되어지는 동안, 이러한 것들은 장애 활동가와 옹호자들이 장애인의 삶에 있어서의 다른 묘사 및 관점을 제기하는 소셜미디어의 확산된 것에 합류되고 있다. 덧붙여서, 찬사를 받은 TV 시리즈물이자 책인 〈왕좌의 게임Game Of Thrones〉(Benioff & Weiss, 2011)과 시리즈물 〈얼음과 불의 노래A Song of Ice and Fire〉(Martin, 1996) 각각에서 티리온Tyrion과 제이미 라니스터Jaime Lannister와 같은 복잡한 장애 캐릭터의 도입은 장애 캐릭터를 객체에서 주체로 이동시켰다. 호평받은 〈브레이킹 배드Breaking Bad〉(Gilligan, 2008) TV 시리즈와 ABC 방송사의 〈스피치리스Speechless〉(Silveri, 2016)는 장애를 묘사하는 역할들에 장애인 배우들을 등장시킴으로써 지지를 얻었다. 대중매체와 오락물에 대한 중심적인 논쟁은 장애가 단순히 '긍정적인' 방식들로 묘사되어야만 한다는 것이 아니라, 장애에 대한 다양한 이야기와 묘사가 거대한 소수 집단의 경험들을 더 잘 나타내고 반영할 수 있을 것이라는 점이다.

고정관념의 계속적인 영향

1972년 울펜스버거 등은 문화적 · 사회적 상황에서 발생하는 몇 가지 고정관념을 제시하였다. 이들은 고정관념 및 관련 편견은 억압적인 사회 구조와 체제에서 작동할 뿐만 아니라 일상적 상호작용을 통해서도 차별이 만들어질 수 있음을 주장하였다. 이들이 관찰한 것은 수십 년이 지난 후에도 여전히 관련성을 가지고 있다. 헨더슨Henderson과 브라이언Bryan(1997)은 장애인에 대한 가장 공통적인 유형의 편견과 믿음으로 다섯 가지를 언급하였으며, 이러한 것들은 ① 열등하고, ② 완전히 손상되었으며, ③ 지능이 떨어지며, ④ 자선이 필요하고, ⑤ 다른 장애인과 함께 있는 것을 선호한다는 것을 포함한다(pp. 70-75). 마켈프랑Mackelprang과 살스기버Salsgiver(1996)는 우리[미국] 문화에 뿌리박힌 만연한 믿음 가운데 한 가지를 다음과 같이 기술하였다.

> 장애인은 일할 수 없고 일하면 안 되며, 그렇지 않은 경우에는 생산적일 수 없다. 장애인이 일하면 안 된다는 믿음에 기여하는 것은 서양문화에 있어 병든 사람들의 역할이다. 사회가 가정하는 장애인은 '아픈 것이며' 이들이 완전히 건강할 때마저도 그러하다고 예상한다. 아픈 사람과 마찬가지로 장애인은 보살핌과 부양을 받아야 한다. 이들의 유일한 의무는 자신들에게 주어진 도움에 대해 감사하는 것이며, 따라서 이들은 자애로운 억압의 형태를 당하게 한다.
>
> (p. 10)

나리오-레드몬드Nario-Redmond(2008)는 실업자 및 비생산적인 사람으로서 장애인에 대한 고정관념이 지속되고 있음을 확인해 주고 있다. 이러한 고정관념은 장애인에 대한 개념뿐만 아니라 장애인이 마주칠 수 있는 기회에도 영향을 미칠 수 있다. 서덜랜드Sutherland(1984)는 "어리석다고 가정되는 사람은 많은 지적 자극을 받지 않을 것 같다."(p. 59)라고 지적하고 있다. 고정관념은 이와 같은 범주에 속한 사람들에 대한 기회를 제한하고 감소하게 하는 처신 및 행동으로 이어진다(Smart, 2001, p. 185). 장애 활동가들과 장애에 대한 이해와 관련하여 점차 계속되고 있는 변화는 장애 권리의 목표와 반대되는 믿음을 주장하는 문화적 산출물에 관심을 가지는 것이다. 가치가 있다는 관점과 경험으로 장애를 설명하기 위한 노력은 장애 예술 및 장애 문화에서 급성장하고 있다.

장애 문화와 예술

장애 권리 운동은 장애인에게 영향을 미치는 사회적·정치적, 그리고 점점 증가하는 문화적 이슈에 대해 전념하는 단체들의 지역 및 국가 조직에 의해 나타난다. 농 문화는 구성원들의 공유된 언어에 뿌리를 둔 오래되고 풍부한 역사를 가지고 있으며 기록이 잘 이루어진 공동체 역사들에서 구체화되어 있다(Padden & Humphries, 1988). 대조적으로, **장애 문화**의 개념은 상대적으로 새로운 것이며, 의미와 존재에 대한 논쟁들이 이어지고 있다. 미첼과 스나이더(1995)의 영화 〈생명징후: 장애 문화 반응Vital Signs: Crip Culture Talk Back〉은 장애와 예술의 국제학술대회 참가자들에 대한 기록물이다. 공연 및 인터뷰는 예술과 공연에 있어 가능할 수 있는 장애의 다양한 표현뿐만 아니라 회의 참석자들로부터 지지받는 장애에 대한 다양한 인상을 어렴풋이 보여주고 있다. 영화 제작자는 이후의 작업에서 "영화의 요점은 단순히 목소리들의 합창을 제시하는 것이 아니라 오늘날의 장애공동체를 특징짓는 유리한 위치들에서의 다양성, 독창성, 활력을 포착하기 위한 것"(Snyder & Mitchell, 2006, p. 176)임을 제시하고 있다. 그러나 논평 가운데 나타나는 것에는 장애 문화의 개념을 지지하는 사람들 간에 공유된 믿음, 개념, 전통을 보여 주는 측면들이 있다. 이러한 것들은 억압, 장애 권리에 대한 사회적·정치적 접근, 집단 자부심의 공유된 역사 인식을 포함한다.

피터스Peters(2000)는 문화의 의미를 이해하는 세 가지 접근(역사적/언어적, 사회적/정치적, 개인적/심미적)을 검토함으로써 장애 문화에 대한 논쟁을 이끌어냈다. 우리는 이 장章을 통해 유산legacy을 말하기 위하여 자주 참조되는 '영웅들'을 포함하여 장애 권리의 역사적 계보를 보여 주었다. 권리 운동으로부터 발생한 조직과 단체는 사회적 응집을 위한 장소로서 역할을 하고 있으며, 이러한 곳들로는 에드 로버츠의 노력에 기인한 장애인 '성지meeca'라고 알려진 캘리포니아 버클리와 같은 지역들에서도 또한 발견되고 있다(Fleischer & Zames, 2001). 장애에 대한 사회정치적 관점들의 보편적인 오리엔테이션은 집단 억압의 개인적 경험들에 대한 이해를 공유하는 토대가 되며, 이러한 것은 1980년에 출판된『장애 누더기The Disability Rag』에서 시작된 장애 행동주의와 권리에 전념한 온라인 잡지인『누더기가 된 가장자리Ragged Edge』와 같은 지역 출판물들에서 확고해졌다.

개인적/심미적 요소들을 통한 고려로서 장애 문화란 자신의 신체 형태에 대한 자부심을 선언하는 것임을 주목할 필요가 있다. 피터스(2000)는 다음과 같이 언급하였다.

> 내가 25세라고 말할 때, 나는 나의 생활 연령을 언급하는 것이 아니라, 내가 지체장애인이 되어서 '나는 장애인'이라고 자랑스럽게 주장할 수 있었던 나이를 말하는 것이다. 개인적/심미적인 것으로 문화를 보는 관점을 지지하는 사람들에게 있어 장애 신체에 있어서의 심미적 자부심을 선언할 수 있는 능력은 정치적 정체성에 필요한 전제 조건이자 역량강화의 원천이다. (p. 596)

장애 예술보다 장애 신체에 대한 자부심이 더 드러나는 곳은 그 어디에도 없다. 장애 예술은 자신들의 작품을 장애의 경험으로부터 발산하는 폭넓고 다양한 작가, 시인, 극작가, 배우, 조각가, 화가, 음악가, 공연자를 총 망라한다. **장애 예술**에 대한 핵심적인 정의는 장애인 예술가의 작품에 한정된 것이며, 장애에 대한 경험은 예술적인 과정의 근본을 이루는 필수적인 힘으로서 인식된다. 예를 들어, 화가인 리바 레러Riva Lehrer는 자신의 모델들/대상들의 욕구들에 착안해서 장애 인물의 양식과 내용 모두에 있어 역동적인 초상화들을 제공하고 있다(Snyder & Mitchell, 2005). 최근의 극작가인 존 벨루소John Belluso의 작품들은 장애적이면서 개인적인 관점에서 서술된 이야기들을 제공한다(Schou, 2006). 『되쏘아보기: 내면으로부터 나온 장애 경험Staring Back: The Disability Eperience from the Inside Out』(Fries, 1997)과 『접촉 지점Point of Contact』(Crutchfield & Epstein, 2000)을 포함하는 전집들은 시, 소설, 사회적 논평에 대한 장애인 작가 및 수필가의 기여를 포함하고 있다.

장애/예술 설립자인 시미 린턴Simi Linton(2008)은 자신이 하고 있는 일의 목표는 "장애인 공동체에서 발생하는 활기찬 예술 운동의 영역 및 (눈에 잘 띄는) 가시성을 증가시키고, 모든 예술 영역에 장애인 참여를 증가시키는 것"(http://www.similinton.com/dac.htm)이라고 하였다. 장애 예술의 확산은 장애 문화의 활발함의 강한 표시이다. 덧붙여서, 시카고에서 열리는 정기 행사인 장애 자부심 퍼레이드Disability Pride Parade와 같은 자부심 이벤트들은 장애인들의 기념하는 단결을 보여 주고 있다. 장애 문화의 개념은 더 이상 정치적 행동에서만 유용한 것이 아니라 역사, 예술, 자부심이 합쳐진 축하로 나타나고 있다.

앞에서도 언급하였듯이, 장애 문화의 개념은 비장애인과 장애인 사이에서 똑같이 논의된다. 다른 문화와 마찬가지로 일부 사람이 가지는 중심성은 장애로 간주될 수 있는 모든 사람이 이러한 것을 채택한다는 것을 의미하지는 않는다. 장애에 한정된 자부심을 발전시키는 것을 완전히 이해하기란 어려울 수 있다. 글리드만Gliedman과 로스Roth(1980)는 "어떠한 사람도 정신지체가 좋고, 맹인은 아름답고, 의사는 뇌성마비의 원인에 대한 연구를 멈춰야 한다고 주장할 수 없다."라고 언급하였다. 심지어, 장애학의 창립 인사인 어빙 졸라Irving Zola(1982)도 다음과 같은 관찰을 하였다.

> 미국의 용광로 이론이 마침내 파묻혀 버리면서, 사람들은 비록 이민자들로부터 3세대나 떨어져 있음에도 불구하고 자신들이 그리스인, 이탈리아인, 헝가리아인 또는 폴란드인이 될 수 있다는 것이 자랑스럽다고 다시금 말할 수 있게 되었다. 블랙[흑인] 파워의 등장과 함께 경멸적인 명칭은 집회의 외침이 되었다. 블랙이 아름답다! 그리고 여성 해방 운동가들은 수numbers에 있어 자신들의 힘을 보았을 때, 이들은 외쳤다. 자매는 강력하다! 그러나 만성 질병과 장애를 가진 사람은 어떠한가? 우리와 오래 살아가는 암! 다중 경화증과 함께! 나는 내가 소아마비를 가져서 기쁘다! 이렇게 외칠 수 있는가? 공통적인 긍정적 정체성을 위한 근거를 쉽게 구할 수 없다는 것은 분명하다.
>
> (p. 208)

25년 전 작성된 졸라, 글리드만, 로스의 의문들은 장애 문화와 장애 자부심 운동에서의 복잡성을 포착하고 있다. 그러나 우리는 장애 예술의 확산, 장애 권리 운동의 인식, 계속되는 운동의 관심은 장애의 관점을 다양성의 가치, 역사의 인정, 긍정적인 정체성과 자부심을 중심에 두도록 재형성하는 데 기여할 수 있다고 믿는다.

결론

장애에 있어 현대는 장애 권리가 인식되고 있으며, 장애인에 대한 이전 역사에서는 전혀 없었던 정책, 법, 사회적 관례에 영향을 미친 기간으로 환영받고 있다. 동시에, 이 기간은 모순들로 버무려져 있다. 장애인이 아기 때 죽게 내버려지거나 절벽에서 던져졌던 시대부터 ADA에 이르기까지 길고 어려운 여행이었지만, 우생학적 의료 행위와 일부의 '죽음의 권리' 지지자들의 이념은 우리가 축하하기에는 시기상조적일 수 있다면서 멈추게 한다. 탈시설화 및 자립생활의 개념은 많은 국가 및 문화에 영향을 미치고 있지만, 모든 곳에서는 아니다. 대중매체, 예술, 대중문화에서 장애 묘사는 다양성을 통해 개선되었지만, 항의되는 경우들도 여전히 발생한다.

이 장에서는 사회가 장애인의 수용, 치료, 통합에 이르게 된 노정路程을 제시하는 진화적 진행을 묘사하고 있다. 그러나 의료모델과 이 안에 내포된 편견의 영향은 계속해서 많은 장애인이 추구하는 자기 결정에 그림자를 드리우고 있다. 리유Rioux(1996)는 '재활 그 자체는 효과와는 상관없이 인권의 목표를 실현하도록 이끌지는 않을 것'임을 지적하고 있다. 장애의 낙인은 평범한 현실에 남아 있으며, 장애인은 미신과 초기 태도들에 기초한 고정관념으로 형성된, 그리고 편견적인 이미지들의 결과로서 계속해서 동등한 기회를 거부당하고 있다. 러셀Russell(1998)은 계속된 투쟁으로서 다음과 같이 쓰고 있다.

> 우리는 의식을 높이고, 우리 자신과 타인을 교육시키고, 시청(타운 홀) 모임, 전 세계적으로 더 많은 참여와 정의로 이끌 수 있는 인터넷과 지역 및 국가 투표를 통해 대중 논쟁에 합류할 수 있는 그러한 사회를 보장하는 것에 매우 필수적인 충분한 낙관주의를 유지해야 한다.
>
> (p. 235)

오늘날 정책과 법에서 중요한 권리를 획득하면서, 남은 과제는 크게는 문화적인 것이며, 이는 러셀이 의식 고양의 개념에서 포착한 것이다. 의식을 고양시키기 위해 아동 및 학교와 일하는 것보다 더 좋은 방법은 무엇인가? 역사, 언어, 장애 권리, 장애학의 지식을 아는 것을 통해 교육자들은 장애인의 자기 결정을 발전시키는 데 필수적인 역할들을 수행할 수 있음을 믿는다. 교육자는 장애로 명명된 아동을 위해 통합에 대한 실천을 수행함으로써 통합을 발전시킬 수 있으며, 사회적 · 정치적 · 문화적 상황에서 장애와 장애인의 관점을 제공하는 교육과정 및 내용도 개발할 수 있다. 다음 장에서는 장애 권리 및 이러한 것의 유산을 존중하는 교육적 작업을 안내하는 개념과 실천을 제공하고, 이러한 것의 목표에 대한 더 많은 현실화를 추구한다.

제2부

학교에서의 장애

제5장

학교에서의 장애 개념

장애에 대한 미국과 외국의 관심은 장애를 넓은 의미로 개념화하고 정의하는 몇 가지 방법을 제공하고 있다. 예를 들어, ADAAA는 정책의 적용을 받는 사람을 정의하기 위해 장애disability로부터 손상impairment을 구분하고 있다. 「UN 장애인 권리 협약」은 인권 문제에 대한 적절한 제시를 위해 장애인을 정의하고 있다. 「교육에 대한 장애인교육개선법Individuals with Disabilities Education Improvement: IDEIA」에서는 장애를 정의하기 위해 사용되는 어휘들을 제공하고 있다. 장애에 대한 의학적 용어로부터 많은 영향을 받아서 13가지로 손상 범주를 정의하고 있으며, 이러한 것들은 특수교육 서비스를 제공받을 수 있는 학생들을 정의한다. 앞 장에서는 장애 언어와 명칭이 다양한 이해관계자들에 의해 다르게 논쟁 및 인식되는 방식들을 논의하였다. 마찬가지로 교육에 사용되는 언어와 명칭은 관점에 따라 달라질 수 있다. 이 장에서는 IDEIA에 기술된 장애 정의에 대한 개관을 제공한다. 추가로, 특히 장애교육학Disability Studies in Education 분야에서 다투어져 온 명칭과 관련된 논의를 제공한다. (이 장의) 목표는 영향력 있는 교육정책인 IDEIA에 대한 솔직한 정보를 제공하고, 또한 이를 통해 IDEIA에 내포되어 있는 언어적 관행에 대하여 비판적인 검토를 제공하는 것이다.

IDEIA 정의

(1) (맹을 포함하는) 시각장애

시각장애는 교정을 하더라도 시력에 부정적으로 영향이 있는 시력의 한계를 의미한다. 특수교육 서비스가 요구되는 시각장애 아동은 6~17세의 인구 가운데 0.1% 미만으로 아동에게서는 거의 발생하지 않는다(NCES, 2015). '맹'이라는 용어에는 다양한 정의가 있으며, 완전한 시력 상실을 나타내는 것으로 흔히 사용되지만 대다수의 시각장애인은 어느 정도 시각적인 정보를 인식할 수 있다. 기능적 장애를 강조하기보다는 '부분적 시력' 또는 '저시력'으로 서술되는 것이 때로는 선호된다.

(2) 청각장애 그리고 (3) 농

청각장애는 청력손실의 정도에 따라 경도에서 최중도까지를 지칭하는 일반적인 용어이다. 앞선 장들에서 논의한 것처럼, 미국 수화를 사용하는 일부 농인들은 청력 정도보다는 사용하고 있는 언어를 통해 정체성을 가지며, 언어적 소수자로서 자신들을 고려하고 있다. 학령기 아동의 단지 0.2%만이 청각장애로 인해 특수교육 서비스를 제공받고 있다(NCES, 2015).

(4) 농-맹

농-맹은 IDEIA에 명시된 3번째 감각장애이며, 청각 및 시각 장애를 동반한다. 맹 아동을 위한 교육적 접근으로는 청각적 정보를, 난청 또는 농 아동을 위한 교육적 접근으로는 시각적 정보를 종종 활용한다. 농-맹 아동은 시각적 또는 청각적 정보에 충분히 접근할 수 없기 때문에, 교육적 접근은 이처럼 비교적 드문 특징들에 대해 주의를 기울일 수 있는 교육적 계획이나 프로그램을 요구한다. 미국에서는 2013년에 단지 1,000명의 아동만이 이러한 범주로부터 특수교육 서비스를 제공받았다(NCES, 2015).

(5) 말 또는 언어장애

IDEIA에 따르면, "말 또는 언어장애는 아동의 교육수행에 있어 부정적인 영향을 미치는 말더듬, 조음장애, 언어장애 또는 음성장애와 같은 의사소통장애를 의미한다."(IDEIA,

2004, Sec. 300.8). 반 라이퍼Van Riper와 에머릭Emerick (1984)은 "말 그 자체에 관심을 불러일으키거나, 의사소통을 방해하거나, 화자나 청자로 하여금 괴롭힘을 유발함으로써 다른 사람들로 하여금 말에 대하여 멀어지게" 할 때 "결함 있는 것"(p. 34)으로 정의하고 있다. 말하자면, 말이 다른 사람들과 비교하여 눈에 띄거나, 이해하기 어렵거나, 불쾌할 때 결함으로 간주된다. 특수교육 서비스를 제공받는 아동의 약 20%가 말 또는 언어에서 이와 같은 특징을 보인다(NCES, 2015).

(6) 지체장애

지체장애Orthopedic Impairments: 정형외과적 손상는 근육 및/또는 골격의 기능과 관련이 있으며, 이동, 움직임의 범위, 그리고/또는 자신의 움직임에 대해 의지할 수 있는 통제에 영향을 미칠 수 있다. 지체장애 자체가 반드시 장애를 지칭하지는 않는다. 만일 개인이 주변 환경에 대하여 스스로 이동이 가능하거나 이동장치를 사용하여 이동할 수 있다면, 추가적인 교육 서비스가 요구되지 않을 수 있다. 지체장애는 특수교육 서비스를 제공받는 아동의 약 1.3%를 차지한다(NCES, 2015).

(7) 외상성 뇌손상

외상성 뇌손상은 진단에 있어 특정 병인이 요구되는 몇 가지 장애 범주 가운데 한 가지이다. IDEIA에 따르면 다음과 같다.

> 외상성 뇌손상은 외부의 물리적 충격에 의해 유발된 뇌의 후천적 부상을 의미하며, 전체 또는 부분적으로 기능적인 장애나 심리사회적 손상, 또는 모두에 이르게 하며, 아동의 교육적 수행에 부정적 영향을 미친다. 외상성 뇌손상은 인지, 언어, 기억, 주의, 추리, 추상적 사고, 판단, 문제해결, 감각·인식·운동 능력, 심리사회적 행동, 물리적 기능, 정보처리, 말 등에서 하나 또는 그 이상의 손상을 발생시키는 개방형 또는 폐쇄형 두부 손상에 해당된다. 외상성 뇌손상에 있어 선천적이거나 퇴행적인 뇌손상 또는 출생 시 외상에 의해 유발된 뇌손상은 해당되지 않는다.
>
> (IDEIA, 2004, Sec. 300.8)

정의에 명시된 것처럼, 뇌손상은 신체운동, 인지, 정서, 사회 그리고/또는 말-언어 손상을 포함하여 많은 방식으로 나타날 수 있다. 특수교육 서비스를 제공받는 아동 가운데 1% 미만이 이와 같은 범주로 확인되고 있다.

(8) 기타 건강장애

뇌손상과 마찬가지로, '기타 건강장애'의 범주는 '아동의 교육적 수행에 부정적인 영향'을 미칠 수 있는 특정 병인을 가진 건강 상태로 구성된다(IDEIA, 2004, Sec. 300.8). 이는 다음과 같은 것을 의미한다.

> 교육적 환경과 관련하여 제한적인 경계감을 불러일으키는 환경적 자극에 대한 고조된 경계감을 포함하여 제한된 힘, 활력 또는 예민함을 가지는 것으로서,
>
> (i) 천식, 주의결핍장애 또는 주의결핍과잉행동장애, 당뇨, 간질, 심장질환, 혈우병, 납 중독, 백혈병, 신장염, 류마티스열, 겸상 적혈구성 빈혈, 뚜렛증후군과 같이 만성적이거나 급성적인 건강 문제 때문이다.
>
> (IDEIA, 2004, Sec. 300.8)

다른 범주들과 마찬가지로, 언급된 질병이나 조건에 대한 진단 자체가 장애를 지칭하지 않을 수 있다. 예를 들어, 많은 아동은 천식을 가지고 있지만, 모든 아동이 교육적 환경에서 이로 인하여 부정적으로 영향을 받는 것은 아니다. 이 범주하에서 IDEIA 서비스를 제공받는 아동들의 수는 1990년대 장애 아동의 1.2%만이 이와 같은 집단으로 확인된 이후 꾸준히 증가하여 왔다. 2013년에 '기타 건강장애'는 IDEIA를 통해 지원받는 아동의 12.6%에 해당된다.

(9) 중복장애

'중복장애'라는 범주는 부정확한 것이며, 장애의 어떠한 결합으로도 언급될 수 있다. '농-맹'과 마찬가지로, 이러한 표기는 교육적 요구가 다양한 장애요인으로부터 발생할 수 있는 아동들을 가리킨다. '중복장애'로 분류되는 학생들은 전형적으로 감각적 또는 신체적 장애를 가지거나, 2개의 장애가 결합되거나, 또는 이러한 장애 가운데 한 가지에 다른 유형의 장애, 일반적으로 '지적장애'를 가진다.

논의

감각, 이동, 건강에 영향을 미치는 장애의 경우에는 장애의 의료모델을 통해 인식되거나 진단될 정도로 꽤 간단하다. 이와 같은 차이 또는 비전형적 특징의 '사실'은 시각 및 청각 장애를 결정하고 장애 부상과 관련짓기 위하여 척도를 사용하는 것처럼 과학적으로 만들어진다. 신체 및 말-언어 장애의 '사실들'은 문화적 규범들이 이동과 의사소통에 있어 '정상적인' 그리고 '비정상적인' 방식들에 대한 우리의 생각에 영향을 미치는 것으로서 자명해 보인다. 사회모델로부터의 장애의 접근은 만일 존재한다면, 이러한 장애가 가리키는 장애의 정도는 상황과 환경에 관련이 있다. 예를 들어, 뇌손상이 발생했다는 것은 사실이다. 장애diability 또는 핸디캡handicap을 가리키는 이와 같은 외상의 의미는 개인이 살아가고, 일하며, 배우는 특정한 문화와 환경에 달려 있다. 마찬가지로, 지체장애로 인해 한 곳에서 다른 곳으로 이동을 하려면 휠체어가 필요한 것은 사실이다. 그러나 이들이 **장애**를 경험하는지 여부는 환경에 있어서의 장애물이 없는 정도 또는 이동장치의 가용성 및 경제성의 정도에 더 많은 관련성을 가질 것이다.

부드러운soft 장애

IDEIA에 기술된 장애의 마지막 네 가지 범주들은 (10) 정신지체[지적장애], (11) 특정학습장애, (12) 정서장애, (13) 자폐증 또는 자폐범주성장애ASD이다. 장애로부터 손상을 구분하는 것은 어떠한 것들이 **부드러운** 장애로 불릴 수 있는지를 어렵게 한다. 부드러운 장애는 "어떠한 뚜렷한 물리적 표시가 현재에는 알려지지 않은" 것으로 "진단 과정을 주관적으로"(Fuchs, Fuchs, & Speece, 2002, p. 33; 또한 Reschly, 1996 참조) 만드는 것이다. 수십 년 동안 신체/뇌와 기능이 손상되어 보이는 인지 사이의 신체적 · 신경적 연결을 위치시키기 위한 의학적 연구에도 불구하고, 과학은 사실상 신경학적 · 인지적/지적 · 심리-사회적이라고 간주되는 대부분의 장애에 대하여 교사에게 유용한 이해를 거의 제공하지 못하고 있다. 인지적/지적, 심리-사회적 손상의 생리학적 증거는 뇌 활동, 뇌 크기와 발달의 이미지에 대한 비교를 통해 주로 발견된다. 현재의 신경학적 연구는 정상과 비정상 기능에 의하여 이미 특징지어지는 개인에서의 전형적 · 비전형적인 활동 사이의 차이를 보여 줄 수 있지만, 연구자들은 이러한 차이에 근거하여 장애의 유형에 대한 정확한 이해를 제공하지 않는다(Bauman & Kemper, 2004; Fiedorowicz et al., 2001).

장애의 사회모델과 관련하여 일부 지지자는 장애의 모든 진단과 인식은 결국 주관적이며, 이는 과학 그 자체는 '정상적인' 신체에 대한 문화적 믿음에 의해 알려진 것임을 주목하는 것은 중요하다. 즉, 문화가 장애 또는 비정상으로 인식하는 것은 정상으로 인식하는 것과 이로 인하여 생물학적으로 그리고 신경학적으로 설명되는 것과 불과분의 관계에 있다. 학습장애, 경도정신지체[지적장애], 정서 또는 행동 장애를 인식하는 것은 이와 같은 것들이 ① 특정 상황—종종 학교—에 대한 개인의 관계를 평가하는 것에 크게 의존하는 도구를 통해 진단되고, ② 서로를 구분하는 것이 어렵고 학교 상황에서 자주 중복되어 보이며, ③ 시간이 지남에 따라 진단 기준의 변화가 있고, 장소에 따른 진단 기준에 차이가 발생하는 것처럼, 주어진 사회의 신념 체제와 요구에 의해 특히 영향을 받는 것 같기 때문에 특히 주관적인 과정이다(Kane & Tangdhanakanond, 2008). 자폐/자폐범주성장애는 진단이 사회적 행동의 평가에 달려 있기 때문에 여기에서는 부드러운 장애로 논의된다. 비록 신경학적 연구는 활발해지고 있으며, 자폐를 가진 사람과 관련된 다양한 특성은 부드러운 신경학적 징후 또는 특정 뇌 영역에 쉽게 연결되지 않는 비정상으로 해석된다. IDEIA의 마지막 네 가지 장애 범주는 다음에서 기술되며, 이들을 둘러싸고 있는 논란들을 설명하기 위해 각각에 대하여 확장된 논의를 하고 있다.

(10) 지적장애, 인지장애, 정신지체

미국에서는 '지적장애' '인지장애' '정신지체'라는 용어들이 상호 교환적인 것으로 자주 사용되고 있다. '지적발달장애'로 진단된 사람은 한 가지 기준으로서 18세 이전에 눈에 띄어야 하는 것인데, 이는 발달 과정 또는 발달에 영향을 미치는 동안 발생하기 때문에 '발달장애'를 가지고 있는 것으로도 자주 언급된다. 영국 및 다른 지역들의 경우, '학습장애'는 미국 지적장애의 의미를 종종 지칭한다. IDEIA는 정신지체[지적장애]를 다음과 같이 정의하고 있다.

> 적응행동에서의 결함과 현저히 평균 이하의 일반적인 지능이 동시에 존재하고, 발달 기간 동안 명백하며, 아동의 교육적 수행에 부정적으로 영향을 미친다.
>
> (IDEIA, 2004, Sec. 300.8)

오늘날 지적장애로 간주되는 것에 대한 개념은 오랜 시간에 걸쳐 진화하여 왔다. 1세기와 같이 초창기에, 로마 귀족인 아울루스 코르넬리우스 셀리우스Aulus Cornelius Celsus는 일반적인 약함 또는 모든 유형의 장애를 나타내기 위하여 **박약**imbecillus이라는 용어를 사용하였다. 원래 그리스어 형태인 **이디오스**idios(idiot, 바보)라는 용어는 개인적인 사람, 즉 공공 생활에 참여하지 않는 사람을 기술하였다. 두 가지 용어는 훨씬 뒤인 르네상스 시대에 지적장애의 형태를 기술하는 것이 되었다(Scheerenberger, 1983).

14세기 초부터 16세기까지 **이디오시**ideocy라는 용어는 1303년에 영국과의 전쟁에서의 재정적 지원을 위해 로마 가톨릭 교회에 세금을 부과하자는 프랑스 왕의 제안을 반대하였던 스코틀랜드인이었던 존 던스 스코투스John Duns Scotus의 활동에 유래한 용어이다. 이에 대한 반응으로 교황은 프랑스 왕을 파문했으며, 프랑스 왕은 이에 대한 반응으로 프랑스로부터 스코틀랜드를 추방하였다. 200년이 지난 이후 교황에 대한 존 던스의 방어에 대하여 적대적인 르네상스의 인본주의 및 종교 개혁 지도자들은 교황의 가르침을 따르는 사람을 '던스 맨Duns man' 또는 '던스dunce', 그리하여 둔한dull-witted 사람으로 부르기 시작하였다(Scheerenberger, 1983).

용어는 몇 번 더 바뀌었다. 1846년 사무엘 그리들리 하우Samuel Gridley Howe는 '정신박약feeble-mindedness'을 가진 사람에 대하여 무능력의 수준에 있어 '단순한 개별 지도와 운동력과 동물적 행동의 정상적인 힘을 가지기에 충분한 이성'을 가진 사람부터 '단순한 유기체'로서의 사람에 이르기까지 정의하였다. 1914년 헨리 허버트 고다드Henry Herbert Goddard는 정신박약의 분류를 '얼간이' '저능아' '바보'의 하위 범주로 세분화하였으며, 기능의 수준에 있어서는 당시 새롭게 출현하였던 심리학적 개념인 IQ와 연결하였다(President's Committee on Mental Retardation, 1975, p. 2). 고다드의 연구 이전에, '바보' '던스' '정신박약'으로 사람의 호칭을 부르는 것은 공공 생활의 참여와 관련하여 사회적 지위, 권력자의 신념에 대한 동의를 나타내는 것이었으며, 그리고/또는 어떠한 사람에 대하여 인식된 지적-인지적 능력을 특징짓는 것이었다. '정신박약'에 대해 고다드의 IQ 연결은 지적 능력의 개념에 과학적 관점을 제공하였다.

지적장애가 어떻게 과학적인 개념이 되었는지는 IQ가 미국 문화에서 사용되고 유용해진 방식들을 통해 이해할 수 있다. 고다드는 결국에는 자신의 관점을 바꾸기는 하였지만, 우생학을 지지하기 위한 연구를 시작하였다. 우생학은 유전을 통해 전해지는 구성원의 유전적 특성을 통제함으로써 인류를 형성하려고 하였던 20세기 초에 가장 인기 있던 철학이다. 고다드는 국가 번성을 이끄는 데 가장 적합한 사람들, 그리고 반대로 사회에 손해를 끼치는 사람들을 결정하기 위하여 IQ 측정을 옹호하였다. 우생학 운동의 기간 동안 정신지체로 간주된 여성의 강요된 불임화를 위한 '과학적' 합리화를 제공하는 것에 덧붙여서 IQ 검사는 최저 점수를 가진 사람을 보병에 배치하고 최고 점수를 가진 사람을 장교 양성에 배치하는 등 군 배치 결정에 있어 파렴치하게 사용되었다. 학교에서 IQ와 성취검사는 냉전시대에 국제적 우월성에 기여하도록 '가장 재능 있는' 학생들을 준비시키기 위한 노력으로서 가장 높은 점수를 받은 학생들이 영재 및 대학 준비 프로그램으로 '나아가기' 위하여 추천되어졌다(Rickover, 1957). 따라서 '낮은 IQ'의 의미를 둘러싼 사회적 관행은 이디오스, 던스, 정신박약의 명칭이 과거에 사용되었던 방식과 일치하였다. 하지만 명칭의 주관성 및 문화적 구성은 IQ의 측정 가능성으로서 홍보되었던 과학에서 모호해지게 되었다.

1959년 릭 헤버Rick Heber는 현대에서 가장 광범위하게 사용되어 온 정신지체의 정의를 개발하였다. 헤버는 다음과 같이 제안하였다. "정신지체는 발달 단계 동안 발생하며, 적응행동에 있어 장애와 관련된 평균 이하의 일반적 지적 기능을 말한다." 헤버는 계속해서 평균 이하의 지능을 "정상"의 제한 (100) 이하인 1 표준편차, 또는 약 84 또는 이하의 IQ를 가지는 것으로 검사된 사람으로 정의하였다. 헤버는 정의에서 장애의 정도를 '경도' '중등도' '중도' '최중도'로 명명하였다(President's Committee on Mental Retardation, 1975, p. 2).

DSM-5(2013)는 진단에서 '정신지체'를 없애고, 대신 '지적발달장애intellectual developmental disorder'를 선택하였다. 또한 지침서에서는 장애 정도의 평가를 위한 주요 기준으로서 적응행동을 강조하기 위해 진단 기준을 개정하였으며, 이는 IQ에 대한 헤버의 의존으로부터 벗어나는 것이다. DSM-5는 지능에 대해 임상평가와 표준검사 모두를 권장하고 있다. DSM-5는 세 가지(개념적 · 사회적 · 실제적) 영역에서 적응 기능에 영향을 미치는 일반적 정신 능력의 손상으로서 '지적발달장애' 또는 IDD를 정의하고 있다. 즉, 개념적 영역은 언어, 문해, 추론, 지식, 기억에서의 기술skill을 포함한다. 사회적 영역은 공감, 사회적 판단, 대인의사소통, 사회적 관계를 포함한다. 실제적 영역은 개인 관리, 일과 책임, 돈 관리, 레크리에이션에 중점을 두고 있다. 새로운 진단 기준은 이와 같은 세 가지 영역에서의 적응 기능의 평가를 강조하지만, 과거 DSM들로부터 계속되어 온 IQ 100 이하 2 표준편차에서 진단되도록 IDD 임계값을 유지하고 있다.

현재 미국 학교에는 장애 아동의 약 6.6%가 지적장애로 명명되고 있으며, 이는 전체 아동의 0.9%에 해당한다(NCES, 2015). 정신지체[지적장애]의 원인은 생의학적 · 환경적 · 심리학적인 것으로서 특징 지어진다. 생의학적 원인은 페닐케톤뇨phenylketonuria: PKU, 수두증, 소두증, 다운증후군을 포함하여 200개 이상 확인된 중추신경계 병리를 포함하고 있다. 정신지체로 명명된 사람의 10~25%가 이러한 범주에 속한다. 환경적 원인은 영양 결핍, 신체적 건강 부족, 납 페인트 또는 다른 독소에 대한 노출, 감각적 자극의 부족을 포함한다. 정신지체의 진단이 적응 기능과 IQ의 주관적 평가에 의존하기 때문에, IDD로 잘못 분류되는 것은 개인적 특성이 IQ 종합검사battery의 수행에 영향을 미치거나 특정 상황이나 조건에서 개인의 명백한 적응 기능에 영향을 미칠 때 발생할 수 있다. 많은 전문가와 자기옹호자는 IQ 점수와 적응 기능을 의미할 수 있는 것에 대한 주관적인 생각을 근거로 개인을 구분된 범주로 배치시키는 관행에 도전한다. 지적장애의 지정이 사회에서 가져온 영향을 조사하는 것은 지적장애로 간주될 수 있는 사람의 삶의 과거와 미래의 권리와 질을 고려할 때 특히 중요하다.

과거에는 (정신)지체에 대한 진단이 학교 입학을 막고 여성의 강제 불임을 지지하기 위한 증거로 사용되었을 것이다. 1979년 사라손Sarason과 도리스Doris는 정신지체[지적장애]의 개념이 과학적인 것이 아니라 본질적으로 지적인 것으로 간주된 특정 종류의 기술 및 독립이란 의미의 특정한 개념을 위해 문화적으로 내재된 것임을 관찰하였다. 달리 말하자면, 사회에 중요하거나 가치 있어 보이는 것은 시민의 기대행동의 유형에 내포되어 있으며, 이러한 것은 시간이 흐름에 따라 변화한다. 그러나 '정신지체'의 개념은 상황과 시간의 변화에도 불구하고 융통성이 없는 것 같다. 더 나아가서, IQ 종합검사의 진단 도구가 사회의 가장 강력한 구성원들에 의해 나타난 특정 능력을 특권화하기 위하여 악의적으로 편향되어 있다(Gould, 1981).

블랫Blatt(1981)에 의해 제기된 또 다른 이슈는 제한적인 신경학적 또는 인지적 기능의 추정을 일상생활에서의 의미 있고 진단이 이루어진 경험과 연결하는 오류를 제시하고 있다. 블랫은 "정신지체는 허구의 질병이며 [그리고] 정신지체 그 자체는 구슬, 구멍 또는 뉴런과 수상돌기의 연구에 의해 인식될 수 없는 것"(pp. 118-119)이라고 썼다. 다르게 말하면, 블랫은 심적으로 IQ가 뇌 기능을 나타낸다는 **은유적** 가정에 의존하는 정의의 유용성에 이의를 제기하였다. 장애학자들은 개인에 속한 측정할 수 있고 알 수 있는 '조건'으로서의 IDD의 개념에 대하여 계속해서 도전하고 있다. 칼슨Carlson(Stubblefield, 2007에서 인용)은 다음과 같이 설명하고 있다.

> '정신지체'는 진단 자체가 주관적이고 불안정하기 때문에 의료모델 또는 실재론적 분석을 거역한다. 정신지체에 대한 직접적인 병인은 없으며, 명칭은 넓은 범위의 특성을 가진 광범위하게 다양한 사람에게 적용되어 왔으며 적용될 것이다. 실제로, 인지장애가 출발한 것으로 보이는 소위 말하는 정상은 그 자체가 불안정한 범주이다. 지적 비정상을 정의할 수 있는 것과 대조되는 완전한 특성은 없다(2003, 158).
>
> (Stubblefield, 2007, p. 168에서 인용)

지적능력의 '완전한 특성'의 부재에서 과학적 개념으로서 (정신)지체의 개념은 잘못된 것으로 드러난다. 스터블필드Stubblefield(2007)는 보그단Bogdan과 테일러Taylor(1994)가 지적장애의 개념은 진짜가 아닌 "다른 사람들의 인지적 상태를 기술하기 위한 용어로서 이러한 것을 사용하는 사람들의 마음에 존재"(p. 7)하는 것으로 결론내린 것과 비슷하게 되풀이하고 있다.

예를 들어, 경도지적장애는 학교 상황에 있어 학습장애로부터 '이러한 것'을 구분하는 진단도구의 부정확성 때문에 '부드러운' 것으로 매우 자주 고려되는 정도degree라는 것을 지적하는 것은 중요하다. 경도 IDD(지적발달장애)에 대한 인식은 학교 활동의 읽고 쓰는 것의 요구와 관련하여 측정된 적응 기능과 함께 IQ에 매우 자주 의존한다. 그리고 학교에서 측정된 읽고 쓰기의 특정 개념에 덜 의존할 수 있는 일상생활에서의 다른 활동 측면에서 반드시 필요한 것은 아니다. 그러나 대부분 자기 옹호자(즉, 지적장애인)와 장애학에 참여한 사람들로 구성된 회의론자들은 지능 측정 주장의 기저에 있는 객관성은 의심의 여지가 있음을 주장한다. 더 나아가서, 문화에 의해 주장된 독립 및 적응 기능의 개념 역시 과학적 진단 과정에서 추론될 수 있는 것보다 훨씬 더 주관적이고 가변적인 요인들에 달려 있다.

지적장애의 개념에 도전하는 이론가 및 사람들은 개인은 서로 다르게 상호작용하고, 인식하며, 의사소통하는 것이라는 것에 확실히 동의한다. 이들은 개인은 학교와 일상생활에 있어 서로가 다르게 수행하고, 많은 사람이 우리가 원하는 삶으로 이끄는 지원과 서비스를 이용하고, 개인의 요구의 정도와 본질은 인식하고 반응하는 데 중요하다는 것에 동의한다. 이들은 지적장애의 개념이 진단적인 범주에 참여한 개인의 다양한 경험을 이해하고 긍정적으로 영향을 미치는 데 유용하다는 것에 동의하지 않는다. 스터블필드는 명칭이란 "다양한 특성을 가진 광범위한 사람들에게 적용되는" (p. 168)것이라면서, 정신지체[지적장애]의 개념을 만드는 것은 개인과 이들의 고유한 신체와 정신을 이해하고 이들에게 어떻게 하면 가장 잘 가르칠 것인지에 대해 이해하는 것에 비현실적임을 지적하고 있다.

(11) 특정학습장애

'학습장애'라는 용어는 1960년대에 나타났다. 초기 용어들은 지금은 익숙해진 다양한 특징들인 (몇 가지만 말하자면) '미세뇌기능장애' '뇌손상' '미세뇌장애' '신경장애' '지각장애' '스트라우스 증후군' '주의결함장애'를 나타내는 아동을 명명하기 위해 사용되었다. IDEIA에 따르면 다음과 같다.

> 특정학습장애는 듣기, 사고하기, 말하기, 읽기, 쓰기, 철자쓰기, 또는 수학적 계산을 하는 것에 있어 불완전한 능력 자체를 나타낼 수 있는 언어, 구어 또는 문어를 이해하거나 사용하는 것에 관련된 기본 심리적 과정에서 하나 이상의 장애를 의미하며, 지각장애, 뇌손상, 미세뇌기능장애, 난독증, 발달상 실어증과 같은 상태를 포함한다. 특정학습장애는 시각, 청각, 또는 운동장애, 정신지체, 정서장애, 또는 환경적 · 문화적 · 경제적 불이익의 결과가 일차적인 학습문제는 포함하지 않는다.
>
> (IDEIA, 2004, Sec. 300.8)

학습장애는 평균 또는 평균 이상의 지능을 가진 사람이 정보를 수용하고 보유하고 표현하는 방식에 영향을 미치는 영구적인 장애로 정의된다. 학습장애에 대한 과학적-인지적 설명은 학습에서의 어려움이 감각기관과 뇌 사이에 이동하는 메시지들이 '혼선된' 것처럼 되거나 뒤죽박죽되고, 일부 유형의 정보를 처리하는 데 어려움이 나타날 것 같을 때 발생하는 것으로 제시하고 있다. 결과적인 문제는 예민성보다는 지각과 관련 있다. 예를 들어, 시지각 장애 아동은 완벽한 시력을 가질 수 있지만 사진에 대한 전경과 배경 사이를 구분하지 못할 수 있다. 이러한 아동은 이것을 볼 수는 있지만 인식하거나 해석할 수 없다.

학습장애 개념은 대중성을 획득하여 왔으며, 많은 하위 유형에 대한 이름들이 붙여졌다. 다음은 여섯 가지 일반적인 학습장애 유형이며, 특정 영역에서의 어려움을 기술하기 위해 붙여진 이름들이다.

- 읽기 이해 및 철자: 난독증, 실독증

- 쓰기 표현: 난필증, 실어증, 속기증agitographia
- 수학 계산: 계산장애dyscalcula, 계산 불능증
- 조정: 운동장애, 실행증, 실조증
- 기억 및 회상: 명칭실어증, 실어증, 건망성 실어증
- 구어 기술: 실성증, 조음장애

학습장애는 단연 미국 학교에서 가장 흔한 장애 진단이다. 현재 미국 학교에 재학 중인 장애 아동의 약 35%가 학습장애로 명명되고 있으며, 이는 전체 아동의 4.5%에 해당한다(NCES, 2015). 의회에 제출된 27차 연례보고서27th Annual Report(U.S. Department of Education, 2007)는 1991년부터 2000년까지 학습장애로서 IDEA하에서 서비스를 받은 아동이 28.5% 증가하였음을 보고하였으며, 이는 1976~2000년에 학습장애 분류에서 300% 증가를 보였던 추세 가운데 절정을 나타낸다. 2002년 이후 코티엘라Cortiella와 호로위츠Horowitz(2014)는 학습장애 분류는 매년 약 2%씩 감소하고 있음을 보고하고 있다. 학습장애를 가진 것으로 진단되는 아프리카계 미국 학생의 불균형한 수를 지적한 보고서와 함께, 학습장애로 진단된 학생에 있어 가파른 역사적 증가는 진단 절차에 있어서의 과학적 타당성에 대해 많은 의구심을 불러일으키고 있다(Losen & Orfield, 2002). 2013~2014학년도에 학습장애로 진단된 아동은 49%가 흑인 또는 히스패닉 학생들이었지만, 이러한 인종적 정체성을 가진 학생들은 미국 전체 학교 인구의 41%만을 구성한다. 특수교육에 있어 유색 인종 아동이 불균형하게 대표되는 것은 수십 년 동안 비판과 논란거리가 되는 문제였다. 학습장애의 역사, 학습장애를 진단하는 진단 절차, 명칭 자체의 의미는 계속해서 의문이 제기되어 왔으며, 아마도 장애 명칭이 어떻게 '부드러운' 절차가 되는지에 대한 가장 명확한 예이다.

학습장애의 가장 보편적인 역사는 학교에서 고군분투하는 일부 아동의 특징과 뇌손상을 가진 성인 사이의 유사성에 대하여 흥미를 가진 유럽과 미국 연구자에 의하여 제기된 과학적 발견에 대한 설명이다. 1800년대에서 20세기 초반까지 프란츠 요제프 갈Franz Joseph Gall, 아돌프 쿠스마울Adolph Kussmaul, 존 힌셸우드John Hinshelwood, W. 프링글 모건W. Pringle Morgan을 포함하여 유럽 연구자들은 뇌 부상과 정신 손상을 연결하려고 노력하였다. 새뮤얼 오턴Samuel Orton, 그레이스 페르날드Grace Fernald, 새뮤얼 커크Samuel Kirk, 윌리엄 M. 크루이크섕크William M. Cruickshank를 포함하는 미국 동시대인들은 20세기 초중반을 통해 유럽의 연구를 확장시켰으며, 궁극적으로는 뇌 기능과 읽기 및 다른 지각-인지 처리 간의 연결에

대하여 설득력 있는 논쟁에 이르렀다. 커크는 1963년 '지각장애perceptually handicapped' 부모들을 대상으로 하는 연설에서 '학습장애'라는 용어를 만들었으며, 학습에서 달리 설명하기가 어려운 것을 신경학적 원인으로 보는 현대 학습장애의 시대를 열었다(Opp, 1994).

학습장애 명칭의 인기 상승을 둘러싼 상황들에 대한 조사는 교육 문헌에 만연하다. 만연성에서 증가하는 설명 가운데 한 가지는 과학적 · 사회적 진전이며, 이는 학습장애를 확인하고 진단하는 데 있어 더 큰 인식과 더 나은 능력에 이끌었다. 다른 역사적 설명들은 사회적 · 문화적 요인 또한 진단에 있어 가파른 상승에 책임이 있다는 것을 제시하고 있다. 예를 들어, 슬리터Sleeter(1987)는 냉전시대에 있었던 미국에서의 학습장애 명칭의 부상과 자신의 재능에 가장 맞는 교육적 트랙으로 학생들을 집단화하기 위해 의도된 고부담 시험 간의 관계를 기술하고 있다. 중산층 및 상류층과 백인 및 유럽계 후손인 특권층 아동들은 점점 더 까다로워지는 평가를 통과하지 못하였으며, 이들의 지위를 지키기 위한 새로운 방법들이 나타났다. 학습장애의 정의는 학교에서 자신들이 가지는 노력에도 불구하고, 지적인 '고통을 받는' 사람들을 특징짓고 있으며, 이는 이러한 집단에게 정신지체로 명명된 아동보다 더 높은 지위를 부여한다. 따라서 '학습장애'는 특수교육을 이용할 수 있는 다른 사람들과 비교하여 경도장애로서 사회적으로 더욱 바람직한 명칭이 되었으며, 계속해서 그렇게 되고 있다.

애쓰는 자녀들을 위해 보다 선호적인 진단을 모색하였던 학부모들은, 당시의 학습장애 인기 증가에 기여하였다. 캐리어Carrier(1986)는 예외적인 아동을 위한 위원회Council for Exceptional Children: CEC의 학습장애 아동분과Division for Children with Learning Disabilities와 학습장애 아동협회Association for Children with Learning Disabilities(현재의 전미학습장애협회Learning Disabilities Association of America)가 학교로 하여금 아동이 특수교육을 통해서 학교의 장점을 가질 수 있도록 하기 위하여 학습장애의 개념을 채택할 것을 독려하였다. 페리Ferri와 코너Connor(2005, 2006)는 새로운 명칭은 일부 학부모에게 있어서는 특수교육에서 인종적으로 분리된 공간을 보존해 주는 것처럼 매력적이었음에 대해 기술하고 있다. 대부분이 백인 중산층에 해당되는 학생들을 수용하는 '학습장애 교실'을 만듦으로써, 특수교육에서 더 높은 비율에 있었던 흑인 학생들은 정신지체, 정서장애로 명명되고, 계속해서 문화적으로 박탈당한 낮은 신분 계층 사람들로 분리되도록 하였다. 미국에서 인종적으로 통합된 공립교육을 둘러싼 20세기 중반의 열기 속에서, 학습장애로 명명되는 것은 학교에서 고군분투하는 백인 아동들이 자신들의 흑인 또래와 물리적으로 통합된integrated 교실에 있는 것을 막기 위한 방법으로 나타났다.

학습장애의 증가에 대한 각각의 설명은 학습장애 역사에 대한 이해를 도와주며, 이는 이 분야에서 나타나고 있는 현재의 이슈들을 검토하는 데 도움이 된다. 케인Kane과 탕다나카논드Tangdhanakanond(2008)가 지적한 것처럼, APA에 의해 학습장애로 추정하는 아동의 수는 학교에서 현재 확인되는 아동의 수보다 훨씬 적다. 추가로, 걱정스러운 패턴은 아프리카계 미국 아동 및 히스패닉/라틴계 아동은 기대되어야 하는 것보다도 더 높은 비율로 학습장애를 가지는 것으로 확인되고 있음을 보여 주고 있다(Harry & Klingner, 2005; Losen & Orfield, 2002). 사회적 · 역사적 분석들은 학습장애 명칭의 바람직함과 다른 것과의 관계, 사실상 인종 분리의 계속되는 영향들이 있음을 제시하고 있다. 브랜틀링거Brantlinger(2003)가 지적하듯이, 부모 옹호는 여전히 적절한 특수교육 서비스에 대한 접근을 확보하기 위한 강력한 힘이며, 이는 학교의 관습과 담론에 익숙하지 않은 부모들에게 있어서는 자신들의 자녀를 위한 적절한 서비스에 대한 접근을 더 적게 하는 상황을 만들어 낸다. 하지만 학습장애 판별에서 가장 중요한 쟁점은 진단에서의 **일치하지 않는 방법**이다.

학습장애가 전통적으로 진단되어 온 방식은 IQ와 성취 평가의 점수 간의 불일치 수준에 의한 것이다. 만일 아동이 평균 또는 평균 이상의 IQ를 가지고 있지만 성취 평가에서 기대된 범위보다 훨씬 낮은 점수를 가진 것으로 결정되면, 이 아동은 학습장애가 있는 것으로 결정될 수 있다. 연구자들은 이러한 방법에 많은 문제점이 있음을 발견하였다. 첫째, 정신지체[지적장애] 분야에서 이전에 논의된 이슈들과 함께, 언어적인 곤란을 가진 학생들을 위한 일부 IQ 평가의 타당성은 논란이 되고 있다. 언어와 분투하고 있는 아동이 언어에 기반을 둔 측정에서 자신의 능력을 보여 줄 수 있는지 여부를 결정하는 것은 어렵다. 만일 불일치가 근거한 점수가 정확하지 않다면, 전체적인 공식은 이러한 것이 주장하는 것을 측정하지 않는다. 둘째, IQ와 성취 측정을 비교하는 것은 측정값이 서로 간에 통계적으로 상관관계가 있음을 가정하지만, 이들은 그렇지 않다(Kane & Tangdhanakanond, 2008). 즉, IQ 측정과 성취 측정에 대한 점수는 불일치를 결정하기 위해 비교되지만, 다른 목적을 가진 다른 측정에서 사용되는 점수 방법들은 똑같은 의미들을 가지지 않을 수 있다. 불일치를 측정하는 가장 단순한 공식에 있어서의 문제는 IQ 측정에서 100의 점수가 성취 측정에서의 100의 점수로서 동일한 것을 의미하지 않으며, 이는 이들이 각각 표준 척도로 적절하게 환산되었을 때조차도 동일한 것을 의미하지 않는다.

학습장애를 진단하는 것에서 가장 혼란스러운 이슈는 교육 실천 분야에서 두드러진다. IDEA에 의해 명시된 모호한 기준의 결과로서, 각 주州에서는 학습장애 결정을 위해 불일치 공식을 자체적으로 개발할 수 있었다. 학습장애 진단에서 요구된 불일치는 한때 조지아 주에서는 2.1%처럼 낮고 로드아일랜드 주에서는 8.6%처럼 높게 나타났다(Clark, 2003). 결과적으로, 어떤 아동은 다른 주로 이사를 가는 것만으로 학습장애로 진단되거나 또는 '치료될' 수 있었다. 더 나아가서, 연구는 읽기와 관련된 음운 처리에서의 어려움과 학습장애가 유전적일 수 있다는 징후들을 더 잘 이해하도록 하고 있지만, 예컨대 측정에 의해 IQ와 성취 간의 불일치를 가진 아동이 읽기에서 학업적 기능이나 개선을 가졌는지 여부를 구분할 수 없다. 결국, 개인의 학습을 더 잘 돕기 위한 학습장애 명칭의 정확성과 유용성은 논란의 여지가 있다.

학습장애의 진단에 있어 불일치 방법이 현장에서 사라져가고 있음은 의심의 여지가 없다. IDEIA(2004)의 가장 최근 규정들은 다음과 같이 명시하고 있다.

> [주州들은] 아동이 특정학습장애를 가지고 있는지를 결정하기 위하여 지적능력과 성취 사이의 심각한 불일치의 사용을 요구해서는 안 된다. [그리고] … 과학적이고, 연구기반 중재에 대한 아동의 반응에 기초하여 절차의 사용을 허락해야만 하며, 어떤 아동이 특정학습장애를 가지고 있는지 여부를 결정하기 위해서는 다른 대안적인 연구기반 절차들을 사용하는 것을 허락할 수 있다 ….
>
> (CFR 300.307(a))

불일치 방법을 사용하는 것에서의 변화를 위한 추진력은 통계적 문제와 관련 있지만, 학교 교수에서 적절한 중재를 받는 것에 어려움을 경험하는 아동에게 걸릴 수 있는 시간의 길이 또한 관련 있다. 불일치 방법에서 아동은 특수한 서비스라는 자격을 받게 되기 **이전에** 실패해야만 한다. 대신에, 'RTI'라고 알려진 중재에 대한 아동의 반응을 고려하는 것은 장애의 진단은 배우고자 하는 아동을 지원하기 위한 노력의 결과와 관련 있다는 틀frame을 제공한다.

RTI에서 학교기반학습(일반적으로 읽기)에 어려움을 겪는 아동은 향상을 위한 중재가 제공된다. 만일 아동이 중재에 긍정적인 반응을 나타낸다면, 이들은 더할 나위 없이 계속해서 발전하고 추가적인 특수 서비스 없이 '일반' 교육과정으로부터 혜택을 받을 수 있다. 만일 아동이 긍정적인 반응을 나타내지 않는다면, 이들은 점차 더욱 집중적인 서비스를 제공받고, 만일 중재를 통한 향상이 이루어지지 않는다면 결국에는 학습장애로 진단될 것이다. RTI는 불일치 방법의 통계적 문제를 피하고, 제공되는 중재가 많은 사람에게 효과적이라는 가정하에 학습장애로 확인되는 아동의 비율을 낮출 것이다.

그러나 RTI는 학습장애의 의미를 더욱 정확하고 세련되게 하지는 않는다. 이러한 틀에서 학습장애는 단순히 아동이 특정 학교 상황에서 제공된 것으로부터 잘 배우지 못한 것을 의미한다. 학교 상황은 해마다 변화하거나, 심지어 교실마다 바뀌기 때문에, 학습장애로서의 판명은 개별 학습자의 것과 마찬가지로 학교 및 실제의 반영을 가진다. 예를 들어, 바렌느Varenne와 맥더마트McDermott(1998)는 학교의 고군분투의 의미는 상대적인 것이며, 학습장애가 어려움의 원인으로서 확인되는 것이 어떠한지는 특정 학급이나 학교에서의 교사 및 교수 실천에 크게 달려 있다고 보고 있다(또한 Reid & Valle, 2004 참조). 말하자면, 만일 아동이 학습에 참여하는 다양한 방식을 제공받는다면, 개인이 고군분투하는 것은 덜할 것이다. 일부 아동은 학습장애로 명명될 수 있는 아동과 유사한 특징을 공유하고 있음에도 불구하고 다양한 교육적 요구를 충족시키기에 적합한 교실에서 제공을 받을 때 진단을 피할 수 있다. 만일 학습장애가 개인의 신경학적 구성의 문제로 믿는다면, 상황은 이런 식으로 문제가 되어서는 안 된다.

학습장애 증가에 대한 다른 사회-문화적 분석들은 동일한 시간에 동일한 방식으로 교수를 받고, 발전하며, 반응해야 한다는 가정을 가지고 있는 학교 이념에 초점을 맞춘다. 예를 들어, 더들리-말링Dudley-Marling과 디포Dippo(1995)는 학교가 사회적으로 효율적이어야 하고 학생은 조립 라인 방식에서 동일하게 진행해 나가야 한다고 가정하는 것은 차이가 결함으로 특징되는 상황을 만든다고 제시한다. 엄격한 학교교육과정에서 고군분투하는 아동을 개별적으로 장애를 가진 것으로 확인하는 것은 학교에서의 교수 구조가 '올바른 것'이며 실패로 인해 비난받는 것은 개별 아동 및 이러한 아동의 신체/정신이라는 생각을 보존하는 것이다. 결국, 실패하는 학생을 학습장애로 진단하는 것은 학교 실패의 문제를 아동의 탓으로 돌리고, 학교의 '올바름'을 정당화시키는 방법이 되고 있으며, 이는 잘 해내는 것에 실패하는 학생들의 수에도 불구하고 변화되는 것을 막고 있다(Tomlinson, 2004).

지적장애와 마찬가지로 학교에서 발생하는 학습장애의 출현은 복잡한 역사들을 가진다. 장애학에 있는 사람들에게 있어 진단 절차에 대한 비판과 학습장애를 구성하는 의미에 대한 회의적인 태도는 이와 같은 아동에 대한 취급과 관련이 있으며, 이들이 학교에서 명명되고, 이들에게 필요한 요구에 맞도록 조정하지 않는 학교와 교육과정이 유지되는

(심지어 정당화되는) 것과 관련 있다. 모든 사람은 정보를 인식하고 반응하는 방식에서 차이가 있으며, 한 가지 용어만으로 학습장애로 분류되고 있는 230만 아동 개개인을 기술하기에는 충분하지 못하다. 학습장애를 가진 아동과 읽기 어려움을 가진 아동 간에 중요한 차이들이 발견되지 않는다는 것을 고려할 때, 학습장애의 의미가 교수적 실천에서 얼마나 효과적일지는 명확하지 않다.

(12) 정서장애 및 행동장애

정서장애는 (심리학 분야에서의 진단 목록과 비교하여) IDEIA에서만 기술되어 있는 장애 범주이다. 행동장애로 확인되는 아동은 이러한 범주에 포함되며, 또한 더 구체적인 진단과 함께 정신, 성격, 행동 장애를 가진 아동은 이러한 범주하에서 특수교육 서비스를 제공받을 수 있을 것이다. IDEIA는 다음과 같은 정의를 제공한다.

> 정서장애는 장기간에 걸쳐 다음과 같은 특징 가운데 한 가지 이상의 특징을 보이는 조건 및 아동의 교육적 수행에 부정적인 영향을 미치는 현저한 정도를 의미한다.
>
> (A) 지적 · 감각적 · 건강적 요인으로 설명될 수 없는 학습에서의 무능력
>
> (B) 또래 및 교사와의 만족할 만한 대인 관계를 형성하거나 유지하는 것에 있어서의 무능력
>
> (C) 정상적 상황에서 행동이나 감정의 부적절한 유형
>
> (D) 전반적으로 만연한 불행감이나 우울감
>
> (E) 개인적 또는 학교 문제와 관련된 신체적 증상이나 두려움을 발전시키는 경향
>
> 정서장애는 정신분열증을 포함한다 ….
>
> (IDEIA, 2004, Sec. 300.8)

학습장애와 마찬가지로, 미국의 각 주는 각자 정서장애를 정의할 수 있으며, 이와 관련된 아동을 확인하기 위한 기준을 명시할 수 있다. 특수교육 서비스를 제공받는 아동 가운데 약 5.5%가 정서장애와 관련이 있으며, 이는 1980~1990년에 8.4%까지 높아진 이후 꾸준히 하락한 것이다. 정서장애로 확인되는 학생의 수는 상대적으로 적지만, 이와 같이 확인된 학생의 인구통계학적 특성에 대한 조사는 진단 절차의 타당성 및 위치하고 있는 정

의에 대한 의문을 불러일으킨다. 자신들의 장애 및 비장애 또래와의 비교에서 정서장애로 확인된 아동은 남자, 아프리카계 미국인, 경제적 불이익에 있을 가능성이 더 높다. 따라서 소년, 흑인 그리고/또는 가난은 정서장애로 확인될 가능성을 증가시킨다. 일부는 과잉대표성은 이와 같은 삶의 환경의 각각에 내재되어 있는 아동의 학교 수행에 영향을 미치는 도전들과 관련되어 있다고 믿지만, 해리Harry, 클링너Klingner, 하트Hart(2005)가 지적한 것처럼, 대다수의 교육연구자는 정서장애 진단에서 개입되는 주관성이 문제임을 제시하고 있다.

미국 교육부(2001)에 의해 수행된 연구는 아프리카계 미국인과 남자에 대한 높은 진단 비율은 규범적 행동에 관한 교사의 기대(Horowitz, Bility, Plichta, Leaf, & Haynes, 1998; McLaughlin & Talbert, 1992; Metz, 1994), 문화적으로 관련되고 언어적으로 적절한 평가도구의 부족(Harry, 1994)에 기인할 수 있음을 제시하고 있다. 남자의 과잉대표성과 관련해서는 교사가 여학생보다 남학생을 대상으로 더 자주 파괴적이거나 외적 행동을 나타내는 학생으로 진단할 가능성이 더 높기 때문이다. 퍼거슨Ferguson(2001)은 또한 정서장애의 기준은 미국의 사회-정치적 상황에 처한 가난한 흑인 청소년들을 대상으로 이러한 상황에 처하지 않았다면 '정상적인' 감정이 될 수 있는 것을 의학적으로 만들고 있다고 주장한다. 가장 많은 권리를 박탈당한 지역사회 아동 및 청소년에게 있어 교사, 또래, 학교교육과정, 그리고 이러한 것들을 대표하는 기관에 대한 의심과 분노는 문제가 될 수 있지만, 장애를 나타내는 부적절한 반응은 아닐 수 있다. 국가의 가장 취약한 집단의 요구에 대한 반응에서 학교들이 가지는 실패는 문서로 잘 나타나고 있다(Blanchett, 2006; Kozol, 1991, 2005; Noguera, 2008). 학습장애와 마찬가지로, 고군분투하는 학생들에 대하여 개인적 병리를 통해 바라보는 것은 특정 학생 집단이 학교에서 실패하는 다른 이유들은 무엇일지에 대하여 의문을 가지기보다는 학교가 '평상시와 똑같이' 계속해서 진행하는 것을 허락한다.

교육에서 대부분은 범주에서 가난한 흑인 소년의 과잉대표성에 이끄는 정서장애 아동의 진단에 있어 문제되는 접근을 인식하고 있으며 조정하기 위해 노력하고 있다. 그러나 정서 및 학습 장애를 진단하는 것에서의 다양한 접근과 주관성은 계속해서 이 분야를 괴롭히고 있다. 더 강력한 연방 지침은 '부드러운' 장애 낙인과 함께 표면적으로 잘못 진단된 학생의 수를 줄일 수 있는 것은 가능하다. 덧붙여서, 문화적 · 경제적 · 인종적으로 다양한 아동과 함께 더욱 효과적으로 일하는 교사를 준비시키는 것은 교사가 종종 특수교육에 의뢰를 시작하게 하는 행동적 도전을 완화시킬 수 있으며, 교사로 하여금 이와 같은 행동적 도전에 대하여 이야기하는 방법을 더 잘 이해하고 찾을 수 있도록 도울 수 있다(Danforth & Rhodes, 1997). 후자는 더욱 가능성이 있는 것인데, 이는 진단에서의 우리의 관행을 수정하는 것만으로는 우리의 과거와 희미해지는 관행이 처음에 제기하였던 타당성의 근본적인 질문들을 거의 다룰 수 없기 때문이다. 만일 이와 같은 장애들의 의미와 진단이 매우 탄력적이며 주관적이라면, 이와 같은 명칭이 학교에 있는 아동의 학습과 상호작용에 있어서의 의미 있는 이해에 기여할 수 있다고 확신하는 것은 어렵다. 이러한 부정확성은 교육적 결정에 있어서의 실용성을 약화시킨다.

(13) 자폐, 자폐범주성장애, 전반적 발달장애

DSM-5에서 '자폐범주성장애Autism Spectrum Disorder: ASD'는 아스퍼거증후군, (다르게 명시되지 않은) 전반적 발달장애PDD-NOS, 자폐성장애, 소아붕괴성장애를 포함하는 이전의 분류들을 통합하고 있다. IDEIA에 따르면 다음과 같다.

> 자폐증은 일반적으로 3세 이전에 드러나는 언어적 · 비언어적 의사소통 및 사회적 상호작용에 중요하게 영향을 미치는 발달장애이며, 아동의 교육적 수행에 부정적인 영향을 미친다. 자폐증과 관련된 다른 특성들은 상동행동과 정형화된 움직임, 환경적 변화 또는 일상적인 틀에서의 변화에 대한 거부, 감각적 경험에 대한 특이한 반응이 있다.
>
> (IDEIA, 2004, Sec. 300.8)

2013년에 미국 학교에서 특수교육을 제공받는 아동의 8.3%는 자폐증으로 확인되었으며, 이는 2000년에 1.5%에 불과했던 것과 비교하면 엄청나게 많이 증가한 것이다. 2013년에 남자는 여자보다 5배 이상의 비율로 ASD로 명명되었다. 전체 인구에 있어 이러한 비율은 오늘날 아동들은 15년 전보다 5배 이상 ASD로 확인될 가능성이 있음을 보여 주고 있다.

지난 10년 동안 많은 사람이 자폐증으로 확인된 아동의 증가에 대해 우려의 목소리를 내고 있다. 미국 질병통제예방센터Center for Disease Control and Prevention에 따르면(2008) 다음과 같다.

> 그 어느 때보다 더 많은 아동이 자폐범주성장애(ASDs)를 가진 것으로 분류되고 있음은 명

백하다. 그러나 이와 같은 증가에 있어 우리가 사람들 가운데서 ASDs를 확인하고 분류하는 방식에서의 변화 때문에 발생한 것은 어느 정도이며, 출현율이 실제로 증가한 것은 어느 정도인지는 명확하지 않다.

지난 80년 동안 자폐증에 대한 몇 가지 이론이 있어 왔다. 1940년대에서 1970년대까지 브루노 베텔하임Bruno Bettelheim은 자폐증은 부모가 자녀에 대한 따뜻함의 부족으로 인해 유발되었다는 이론을 옹호하였는데, 이는 '냉장고 어머니'로 소급 적용하는 잔인한 낙인을 불러일으켰다. 현대 과학자들은 자폐증은 정서적 유대감을 만드는 데 있어서의 부모의 무시, 학대 또는 실패에 의해 초래된 것이 아니며, 아동의 환경에 있어 심리적 요인들에 의해 발생된 것도 아니라는 것에 동의한다. 1980년대에서 1990년대에 백신접종, 특히 방부제와 티메로살thimerosal(혈청 살균 소독제)이 포함된 것들은 자폐증을 유발하는 것으로 의심되었다. 1999년 소아과 공동체, 공공 보건 관리, 백신 제조업체는 백신 접종에 관해 이러한 것들에 대한 사용을 줄이거나 없애는 것에 동의하였다. 2007년 질병통제예방센터에 의해 수행된 연구에서는 티메로살과 아동의 신경심리학적 기능 간의 연결을 지지하지 않지만, 자폐증과 백신 사이의 연결들에 대한 연구는 진행 중에 있다(Price, Goodson, & Stewart, 2007). 비록 현재의 연구는 자폐증은 본질적으로 신경학적이며 유전적 근거를 가지고 있다고 제안하고 있지만, 자폐증의 구체적인 원인은 여전히 알려지지 않고 있다.

다른 부드러운 장애들과 마찬가지로 ASD는 주관적 인상들을 통해 진단된다. ASD 또는 '스펙트럼에 있는' 개인은 자신의 행동, 영향, 사회적 상호작용에 기초하여 그렇게 간주되며, 이러한 것은 DSM-5에서 제시된 기준에 따라 측정된다. 자폐증은 연속체 또는 스펙트럼(범주성)에서 발생하는 것, 따라서 '자폐범주성장애'의 발생으로 자주 묘사된다. 의료모델에서는 일반적으로 자폐증을 부드러운 장애로 기술하지 않으며, '자폐증'은 사회적 반응, 행동, 상호작용의 지각할 수 있는 유형들을 측정함으로써 진단될 수 있는 것처럼 눈에 잘 띄는 것이다. 우리는 진단을 지시하기 위하여 문화적 · 사회적 규범에 의존하기 때문에, 그리고 장애로서 자폐의 의학적 특성에 대하여 강하게 동의하지 않고 신경적 다양성의 한 부분으로서 자폐가 되는 것을 이해하려는 많은 자폐 자기 옹호자의 믿음과 관련하여(예: 자유를 위한 아스퍼거증후군Aspies for Freedom, 자폐 자기 옹호 네트워크Autistic Self Advocacy Network) 자폐증을 부드러운 장애로 집단화하려고 선택하였다. 그러나 중도 및 최중도 정신지체[지적장애]에 의해 제시된 상황과 마찬가지로, 자폐범주성으로 진단된 사람들은 눈에 띄게 '자폐적'인 것으로 종종 인식되며, 따라서 우리[저자들]는 의도적이지는 않지만 부드러운 장애 명칭으로 자폐증을 묘사하는 것에 있어 일반적이지 않은 선택임을 인식하고 인정한다.

우리[저자들]가 부드러운 장애의 묘사에 자폐증을 포함하기로 선택한 또 다른 이유는 자폐증의 의미와 경험이 점차 논쟁이 되어 오고 있으며, 1970년대 도입된 보조공학 및 의사소통 방법들에서의 획기적 발전과 관련해서 가장 뚜렷하다. 지원을 받은 타이핑typing 또는 촉진 의사소통과 같은 실천들은 신체적 · 정서적 지원을 받는 사람으로 하여금 보완 또는 대체 의사소통 체계를 사용하여 의사소통하기 위한 상징들을 타이핑하거나 가르치는 것이 가능하도록 해 주고 있다. 타이핑하는 것을 배우는 것은 종종 전달자가 타이핑, 누르기 그리고/또는 가르치기를 가지고 정확성을 발전시키기 위해 팔이나 손을 지원해 주는 촉진자와 함께 시작한다. 어떤 사람은 결국에는 독립적으로 타이핑할 것이지만, 또 어떤 다른 사람은 자기 생애 동안 다양한 범위의 촉진자 지원을 이용한다. 모든 사람과 마찬가지로, 의사소통을 위하여 보조공학을 사용하는 사람은 매우 다양한 사회적 · 언어적 능력을 보인다.

언어 사용과 관련하여 자폐증을 가진 사람의 인지능력을 평가하는 것은 우려되는 것이며, 특히 대부분의 IQ 종합검사에서 요구되는 기술인 언어적 의사소통에서의 중요한 장벽을 경험하는 아동과 개인에게는 특히 걱정스러운 것이다. 이러한 것은 많은 자폐인이 지적장애로 잘못 명명되도록 하고 있으며, 또한 지능이란 학교에서 시행되는 대부분의 일반적인 IQ 종합검사로 측정될 수 있다는 이해에서의 한계로 드러나고 있다. 레이븐Raven의 표준 진전 매트릭스Standard Progressive Matrices(Raven, 1958)와 같이 본질적으로 비언어적인 측정의 사용에 대한 연구는 자폐인의 측정된 IQ에 있어 (점수를 평균 30% 변경함으로써) 극적인 증가한 것을 보여 주고 있다(Dawson, Soulières, Gernsbacher, & Mottron, 2007). 이는 더 좋은 도구들을 사용하면 IQ에서 많은 논란이 되고 있는 개념의 타당성을 향상시킬 수 있다고 제안하려는 것이 아니라, 이들에 대하여 의존함으로써 발생하는 문제들을 지적하기 위한 것이다.

촉진 의사소통과 같은 보조공학에 대한 관심의 증가와 지능을 측정하는 다양한 방법을 탐구하고자 하는 의지는 한때 '저기능'으로 간주되었던 점점 더 증가하고 있는 자폐를 가진 사람들을 더 잘 이해하도록 하고 있다. 의사소통에 대한 접근과 증가된 대중의 관심은 많은 사람으로 하여금 자신들의 이야기를 말할 수 있도록 하고 있으며, 자폐증의 속성으로 되어 왔던 설명어에 대하여 논쟁하게 하였다. 소셜 미디어는 자폐인 블로거 및 기여자들과 함께 폭발적으로 증가하고 있으며, 다른 유명한 옹호자와 발표자는 더 적은 집단에서부터 대중적 명성에 이르기까지 나타났다. 예를 들어, 수 루빈Sue Rubin은 아카데미상 후보 다큐멘터리인 〈자폐증은 하나의 세계이다Autism is a World〉(Wurzburg & Biklen, 2004)를 쓰고 주연을 맡았다. 템플 그란딘Temple Grandin은 뛰어난 성취를 이룬 작가이자 동물 과학 교수이다(Grandin & Scariano, 1986; Grandin, 1995, 2007; Grandin & Johnson, 2005 참조). 『자폐증과 혼자 있는 사람의 미신Autism and the Myth of the Person Alone』은 자폐증과 자폐적 삶에 대하여 만들어진 일반적인 가설들에 대해 도전하는 몇몇 자폐 작가의 이야기를 특징으로 하고 있다. '추정된 능력' 또는 비록 이들의 기능적인 수행이 전형적인 방법을 보여 주지 않을 때에도 이들이 지적으로 활발한 사람으로 초기에 가정하고 취급하는 개념은 지적장애나 자폐증 학생과 관련된 학교 실제를 위한 접근에서 유용하다(Biklen & Burke, 2006; Biklen & Cardinal, 1997; Jorgensen, McSheehan & Sonnenmeier, 2007; Kasa-Hendrickson, 2005).

논의

'부드러운' 장애 명칭의 개념은 복잡하며, 어느 정도는 장애에 대한 의료모델과 사회모델 간의 패러다임에서의 차이에서 유래되었다. 부드러운 것으로 기술한 장애 및 관련된 의학적-정신적 조건에 대한 진단적 기준은 DSM-5에서 확립되어 있으며, 다양한 장애를 평가하기 위한 많은 도구 및 평정척도는 과학적으로 신뢰할 수 있고 타당한 것으로 입증되었다. 그러나 이와 같은 측정들에 대한 과학적 수용에도 불구하고, 행동 · 영향 · 감정과 같은 특성들을 평가하는 것에서 인간의 역할은 정의상 단순히 주관적이며 상대적이라는 것은 널리 알려져 있다. 그러나 더욱 중요하게 지적장애, 학습장애, 행동장애, ASD와 같은 명칭의 속성인 진단과 의미의 역사는 시간과 장소에 따라 다양하다. 알려진 병인에 따라 변하지 않고, 인종, 사회계층, 지역의 교차에 의해 영향을 받는 진단의 비율은 우리가 교육에서 '부드러운' 범주로서 해석하는 특정 유형들에 대한 장애화를 보여 준다.

결론: 학교에서 장애를 개념화하기

장애의 인식과 진단은 어떠한 특징이 장벽과 책무, 즉 비정상이라는 것의 표시가 되는 도덕적 · 문화적 · 지리적 상황과 불가분의 관련이 있다. 교육에서 영향력 있는 의학적 모델은 교사 및 전문가가 관련된 교육적 요구를 예측하고 언급하며 특수 서비스를 제공할 수 있도록 장애를 결정 · 진단하기 위한 필요성을 강조하고 있다. 그러나 장애 범주를 교육적 실제에 연결하는 것의 결과는 명명하기labeling이다. 명명하기는 필연적으로 낙인과 분리를 조장하고, 따라서 교육 서비스에서 평등을 달성할 가능성을 줄인다. 사실, 부드러운 장애범주의 면밀한 검토는 이와 같은 명칭은 조작될 수 있고, 사실상 인종차별을 야기하기 위하여 사용될 수 있음을 보여 준다. 불행히도, 장애는 인종적 · 경제적 불평등을 숨기거나 과도한 표준화를 보존하기 위한 근거로 너무 자주 사용되고 있다. 즉, 학생들이 성취하지 않을 때, 설명은 다른 상황적 요인들보다는 오히려 장애가 될 수 있는 개인을 찾는 데 초점이 맞춰진다. 장애는 근본적으로 교육에 있어 분리시키는 실재로서 개념화된다는 것을 이해하는 것은 통합교육을 추구하는 교육자들이 학교 구제 그 자체에 놓여 있는 깊이 자리 잡은 저항을 확인하고 이해하는 것을 도울 수 있다.

제6장

장애 및 통합 환경 조성을 위한 기초적 접근

통합교육을 위해서는 통합성을 저해하는 학교 현장에 대하여 목적의식을 가진 평가와 인간중심 계획을 통한 신중한 참여가 필요하다. 또한 통합교육의 실현을 위하여 모든 학교전문가, 특히 교사가 장애에 관한 기본적이고 정확한 정보를 아는 것이 유용하다. 이 장에서는 장애 및 통합교육에 대한 일반적인 지식과 실제를 제공한다. 이는 전문적인 통합교육의 실천을 위한 출발점이자 기초가 된다. 개개인이 독특한 장애를 경험하고 학교와 사회에서 생활하는 방법들을 익히는 것은 매우 중요하다. 또한 이들의 기호와 요구에 관해 질문함으로써 개별 학생에 대해 파악하는 것도 중요하다. 학생, 가족, 공유된 경험, 다른 전문가들을 통해 배우는 것은 기초적인 부분을 넘어 교수 실제를 알려 줄 수 있다.

주요 고려사항들

인간의 다양성은 정상적인 것이다

통합교육을 지향하기 위해 기본적으로 고려해야 할 사항은 다양한 아동 집단이 함께 학습을 잘 할 수 있는 성향을 기를 수 있도록 하는 것이다. 모든 연령대의 사람은 각기 다른 성격, 기호, 장점, 요구를 가지고 있다. 인간이 차이를 나타내는 것은 정상적인 것이다(Stiker, 1997; Baglieri & Knopf, 2004). 아동을 정상 또는 비정상, '일반' 또는 '특수'로 분류하고, 교실의 교육과정을 정상과 비정상적인 것으로 분리시키는 것은 이와 같은 차이들에 대하여 오해하는 것이다. '정상'과 '비정상'을 객관적 · 과학적으로 적용한다고 하더라도, 이러한 용어들이 중립적인 것이 아니다. '비정상'으로 간주되는 쪽은 항상 부정적이고 덜 바람직한 것으로 인식된다. 교사는 학생 간의 차이를 인정하는 관점을 취함으로써 학생과 교육환경을 분리하고 계층화하는 방식에 저항할 수 있다.

'정상'이라는 표현에 의문을 제기하는 또 다른 이유는 문화와 경험의 다양성에 있다. 한 사람에게 비정상적으로 보일 수 있는 것이 다른 사람에게는 꽤 '정상적인' 것일 수 있다. 예를 들어, 청각장애 학생이 의사소통의 주요 수단으로 수화를 사용한다면, 다른 학생에게는 정상적인 것이 아닐 수 있지만, 이 학생에게는 정상적인 것이다. 이와 유사한 사례로, '대학원 및 학습장애에 대한 대화*Conversations about Graduate School and Learning Disability*'(Baglieri & Leber, 2008)라는 웹사이트의 연구 참여자 중 한 사람은 다른 사람들이 그녀가 글을 쓰는 데 어려움이 있다고 인식하지만, 그녀는 그것이 비정상이라고 느끼지 않는다고 게재하였다. 연구 참여자는 "나는 학습장애가 제 일부이기 때문에 편하게 생각한다. 나에게는 정상적이라고 여겨진다."(http://www.graduateschoolandld.com)라고 언급하였다. 학생이 자기 자신과 자신의 경험을 어떻게 생각하고 있는지를 더 잘 이해하려고 모색하는 것은 교사로 하여금 자기 자신을 이해하고 주변 세계와 상호작용하는 방법을 인식하도록 한다.

모든 학생이 장애학생과 마찬가지의 방식으로 받아들이고 감사하는 태도를 기르도록 하는 것은 통합교육을 위한 첫 번째이자 가장 중요한 단계이다. 우리가 일반적인 것과 비정상적인 것으로서(혹은 '일반'과 '특수'로서) 학생과 수업에 대해 인식하고 이야기하는 것을 중단하기 위해 노력하는 것은 통합교육의 목표에 기여할 수 있다. 비록 교실에서 발생할 수 있는 모든 학생의 독특한 특성, 재능, 난관, 정체성의 모든 범위를 예상할 수는 없지만, 낙인에 영향을 받지 않는 신념과 태도를 채택할 수 있고, 모든 사람을 받아들이고 함께 학습하게 할 수 있다. 통합적인 지도는 몇 년 또는 며칠에 걸쳐 동일해져야 하는 표준이 있거나 각본이 주어지는 실천이 아니다. 대신, 이러한 것은 안락하고 유연한 교육환경이 지속적이고 사려 깊게 조성될 수 있도록 하는 일련의 믿음과 실천들이다. 학생 간의 차이들은 학교가 구성원들에게 제공하는 다양한 경험을 존중함으로써 가치를 가질 수 있다.

사람은 누구나 다른 사람의 도움과 지원을 활용한다

평생 동안 모든 사람은 누구나 주변의 도움과 지원을 받는다. 장애인이든 아니든 우리 모두는 새로운 것을 배우거나, 목표에 도달하거나, 특정한 어려움을 해결하는 데에 도움 또는 지원을 받았던 적이 있음을 기억할 수 있다. 학생이 도움을 요청하는 방법과 학급 구성원이 도움을 제공할 수 있는 방법을 지정하는 것은 서로 아끼고 존중하는 학급과 학교 공동체를 촉진할 수 있다. 모든 인간이 **상호의존적**interdependent이라는 것을 이해하는 것은 통합적인 태도들을 발달시키는 데 유용하다.

장애인은 반갑지 않은 '도움'을 강요받거나, 가장 필요한 도움을 받지 못하는 것에 더 상처받고, 다른 사람이 무능력하게 볼까봐 도움을 요청하는 것을 주저하거나 부끄러워한다. 도움은 받는 사람의 존엄성을 유지하고 독립을 촉진하는 방식으로 이루어져야 한다. 학생이 도움을 요청하지 않았지만 도움이 필요한 것 같다면 두 가지 질문을 할 수 있다. "제가 도와드릴까요?" 만약 대답이 "예"라면, 두 번째 질문은 "**어떻게** 도울 수 있나요?"이다. 학생은 자신의 필요에 대해서 전문가로 대접받아야 하며, 필요한 도움을 구체적으로 명시할 기회를 가져야 한다. 도움이 될 수 있는 다른 제안을 제공하고 설명하는 것은 허용되지만, 지원받는 사람의 요구에 따르는 것이 우선되어야 한다.

일부 학생은 도움을 요청하는 것은 약점이나 낙인이 될 수 있다는 우려 때문에 절대적으로 필요할 경우에만 도움을 받는다. 안전이 위협받는 상황을 제외하고 학급 구성원은 자신이 거절당하면 도움을 주어서는 안 되며, 도움을 거절당해도 기분이 나빠져서는 안 된다. 그러나 우리 모두가 때때로 도움이 필요하고, 다른 사람의 도움을 받아들이는 것은 인간으로서 한 부분임을 이해하는 데 주의를 기울여야 한다. 또한 장애학생이 학급 공동체에서 유능한 기여자임을 확인시켜 주는 것은 도움의 필요성과 기여 능력의 균형을 맞추는 데 도움이 될 수 있다. 장애학생도 다른 학생과 마찬가지로 리더십을 가지고 학급 활동에 참여할 수 있도록 격려받아야 한다.

통합을 방해하는 학교 실제들을 평가하기

특수교육의 실행은 개별화 계획과 실행에서의 요구를 강조한다. 그러나 개별성을 인정하고 반응하는 것의 필요성은 학교 참여와 성취의 유일한 요인으로서 개인에게 초점을 맞추는 것으로 오해되어서는 안 된다. 학교 맥락과 정책이 어떻게 통합성을 방해할 수 있는지에 대하여 통합적이고 비판적인 평가가 필수적이다. 교직원의 배치, 수업 일정 및 과제, 수업 자료의 배포, 물리적 구조, 교육과정 및 관련 서비스의 제공은 변화에 둔감한 교육계획에서는 복잡한 측면으로 보일 수 있다. 장애학이 장려하는 것처럼, 교육과 장애에 대한 많은 기본 가정이 장애 학생을 설계에서 배제한다는 것을 인정한다면, 우리는 교육의 특징들을 분석하고 변화시키는 것에 열려 있어야 하며, 특히 이들이 고정된 것처럼 보일 때는 더욱 그렇다. 초월평가모델Beyond Access Model(Jorgensen, McSheehan, & Sonnenmeier, 2010)은 개별화 계획이 학교의 비판적 분석과 평가의 과정으로서 어떻게 해석될 수 있는지를 설명하는 과정이다. 이 모델의 계획에는 통합성을 촉진하거나 방해할 수 있는 수많은 학교 구조 및 배열에서 학생과 학생의 상호작용에 대한 종합적인 평가가 포함된다. 이 틀의 관점은 통합성이 개인과 환경의 상호작용으로 구성된다는 것이다. 초월평가모델에서 개별화 계획은 학교로 하여금 학생이 받아들일 수 있는 능력을 증명해야 하는 전통적인 접근과는 대조적으로 학생에게 수용될 수 있도록 즉시 '해결remediate'할 것을 요구한다.

특정 장애들에 관한 일반적인 정보

「장애인교육개선법IDEIA」에 제시된 13개 장애 범주는 특수교육 서비스를 필요로 하는 장애 유형에 대하여 설명하고 있다. 그러나 이 외에도 다양한 장애, 증후군, 의학적 조건이 있으며, 이러한 것들은 학생의 요구를 고려하여 보다 구체화할 수 있다. 즉, 신체 및 움직임, 사회적 행동, 의사소통 또는 지적 능력과 관련된 장애가 발생할 수 있다. 이러한 영역들에서 나타나는 인간의 다양성에 관한 기본적인 정보는 물리적 환경 및 사회적 상호작용에 대한 접근 방식을 알리는 데 도움이 될 수 있다.

신체 및 움직임에서 뚜렷한 다양성

지체장애는 신체적으로 눈에 띄는 장애나 조건을 가진 사람들을 의미하는 일반적인 용어이다. 지체로 묘사되는 장애는 일반적으로 운동, 운동 기능 및 신체의 외관과 관련된 것들을 포함한다. 지체장애를 가진 모든 사람이 특수교육 서비스를 요구하는 것은 아니며, 개인의 전체적인 특징에 따라 필요한 서비스의 종류는 매우 다양하다. 지체장애는 신체에서 인지될 수 있는 대부분의 조건이 그러하듯이 학령기 인구에서는 비교적 드물게 나타난다. 또한 신체에 영향을 미치는 조건과 질병들은 사회적 행동, 의사소통 또는 인지적 수행과 같은 기능의 다른 측면에도 영향을 미칠 수 있다. 관절염, 뇌성마비, 두개골격차craniofacial differences, 다운증후군, 왜소증, 다발성 경화증multiple sclerosis, 근육위축증, 발작장애(과거에는 간질epilepsy이라 불렸음), 척추후만증spina bifida, 뚜렛증후군은 외모에 현저한 영향을 미칠 수 있는 장애들이다. 또한 신체는 형태와 특징에서 다양한 형태와 크기들을 나타낸다. 어떤 사람은 부상이나 질병으로 인해 특별한 신체를 가지고 있으며, 또 어떤 사람들은 태어날 때부터 명백하게 드러나는 예상치 못한 특징을 가지고 있다. 어떤 사람은 신체 부위를 대체하는 인공보철기prosthetics를 사용할 수 있지만, 또 어떤 사람은 그렇지 않을 수 있다.

특정한 특수교육 요구는 개인이 지닌 손상 또는 장애의 성격에 따라 달라진다. 예를 들어, 절단amputations은 일반적으로 사고나 골암bone cancer과 같은 질병의 결과로 발생한다. 절단은 후천적인 장애이기 때문에 적응하는 데에 필요한 시간과 지원의 정도가 개인마다 많은 차이가 있으며, 연령, 성별, 가족 지원, 교육 및 절단 범위와 같은 요인에 기초한다. 선천적인 장애가 있고, 신체기능을 배우는 데 더 오랜 시간이 필요한 사람은 신체적 또는 직업적 치료를 통해 혜택을 받거나, 어린 나이에도 높은 수준의 신체적 기능을 보일 수 있다. 어떤 사람은 형태나 외모가 대부분의 사람과 차이가 있지만, 일반적인 의미에서 손상되지 않았을 수도 있다. 그러나 외모는 다른 사람의 낙인, 인식, 반응들 때문에 장애가 될 수 있다. 예를 들어, 낮은 자존감이나 외모와 관련된 끊임없는 놀림은 우울증, 분노, 또는 사회적 행동의 결여로 이어질 수 있다.

지체장애를 경험하기

지체장애인이 세상과 학교를 경험하는 방식은 장애의 일반적인 특징과 개인적인 삶의 맥락을 포함한 무한한 요인에 달려 있다. 여기에서는 지체장애 성인이 자신의 경험에서 가진 약간의 기쁨과 좌절을 보여 주기 위하여 몇 가지 예를 다루고자 한다. 2007년 회고록 『정치적인 나의 신체My Body Politic』에서 시미 린턴Simi Linton은 휠체어 사용자라는 좋은 위치the vantage point에서 뉴욕시 미술관을 방문하는 특별한 기쁨을 묘사하고 있다.

> (최근의 수리로 개선되었지만) [구겐하임 박물관]은 완전히 휠체어에 접근할 수 있는 빌딩은 아니었지만, 휠체어(사용자)를 즐겁게 하는 건물이다. 대부분의 방문객이 그렇듯이, 휠체어 사용자는 엘리베이터를 타고 꼭대기 층으로 간다. 마지막 층이지만, 건물의 꼭대기는 아니다. 엘리베이터에서 내릴 때, 나선형 경사로는 가파른 각도로 오른쪽으로 이어진다. … 나는 박물관에 갈 때 누군가에게 꼭대기까지 올라오라고 부탁하곤 했다. 하지만 그날, 우리(린턴과 그녀의 휠체어)는 위로, 위로, 다시 위로 갈 수 있었다. 그러고나서 나선형 경사로의 끝부분까지 갈 수 있었다. 정말 감동적이었다….
>
> 나선형을 따라 내려가는 동안, 나는 매우 역동적인 인상주의 그림들을 떠올린다. 인상주의자들은 형상의 해체를 빛과 대기 중에 나타내기 위해 색채와 가시적인 붓놀림을 사용한다. 기차 여행의 등장으로 점점 더 많은 수의 화가가 파리를 떠나 프랑스 남부로 가서 그림을 그리고 있다고 한다. 열차가 움직이면서 (말을 끄는 마차보다 더 빨리) 그리고 빛이 그 이미지를 포착하고 그 이미지들을 손상시키면서, 화가들은 초기 화가들의 정적인 시각보다 더 많은 형태를 만들어 내기 시작했다.
>
> 프랑스 남부로 가는 기차에 있는 화가와 구겐하임에서 경사로를 돌고 있는 나는 각기 다른 존재이다. 우리는 각각 다른 목적을 위해 속도를 사용했다. 그러나 우리는 새 자동차에서 둘 다 예술을 보는 새로운 방법을 고안해 냈다.
>
> (pp. 187-189)

반면, 롱Long(1985/1990)은 지체장애인이 됨으로써 좌절하게 되는 측면들을 다음과 같이 제시하고 있다.

① '올해의 장애인Handicapped Person of the Year' 시상식 오찬의 귀빈으로 초청받았을 때 휠체어에 비해 너무 좁은 화장실 때문에 빗자루 함에 소변을 봐야 했을 때의 좌절감
② 누군가 당신에게 "오, 근육 위축증이 있나요? 만약 그런 일이 일어난다면, 나는 자살할 것 같아요."라고 말할 때 느끼는 분노
③ 라디오를 켤 수 없거나 텔레비전을 끌 수 없어서 발생하는 짜증
④ 바닥에서 약 4피트(약 1.2m)의 높이에서 모든 것을 보아야 한다는 모욕(바가 눈높이에 있는 칵테일파티에 가겠는가?)
⑤ 항상 물어봐야 하는 굴욕감
⑥ 한 곳에 9시간 동안 앉아 있다가 집에 돌아와 7시간 동안 다른 의자에 앉아 있어야 하는 불편함
⑦ 폭력과 분노를 느끼더라도 그것을 표현하는 강한 신체적 방법이 전혀 없다는 좌절감

(p. 81)

린턴은 휠체어를 사용하는 독특한 즐거움을 설명하는 반면, 롱이 제시한 목록에서는 지체장애인이 경험할 수 있는 몇 가지 좌절이 명확히 드러난다. 기쁨과 좌절을 경험하는 것은 인간 삶의 보편적인 측면이지만, 우리는 좌절감을 줄일 수 있는 상식적 접근들을 얻을 수 있다. 객실과 설비에 동일하게 접근할 수 있도록 하고, 다른 사람이 앉을 수 있는 가구를 제공함으로써 눈높이 상호작용을 용이하게 하며, 여러 물체(예: 텔레비전, 라디오)를 제어하게 되면 환경에 대한 좌절감을 줄일 수 있다. 다른 좌절들은 자신의 신체와 기능을 다루는 것과 관련이 있을 수 있는데, 이것은 다른 사람의 공감과 판단이 필요하다.

상식적 접근들

이동의 자유, 자료와 활동의 접근을 용이하게 하는 장애물이 없는 환경을 만드는 것은 지체장애 학생을 위해 필수적이다. 또한 행동과 외모의 차이들에 대한 질문과 호기심을 다루는 직접적인 접근은 두려움을 줄이고 소속감과 이해를 높이는 데 매우 유용하다. 교

사와 동급생들은 장애, 손상, 차이에 대해 이야기하고 상호작용하는 데에 주의를 기울여야 한다. 학생들은 학급 친구의 신체나 틱과 같은 행동의 차이에 대하여 호기심을 나타낼 수 있으며, 질문을 피하거나, 은밀히 논의하거나, '금기'시하거나, 지나치게 강조하는 것은 도움이 되지 않는다. 질문이 있는 교사와 학생들은 당사자에게 공손한 태도로 직접적으로 물어보는 것이 좋다. 동시에, 모든 사람은 대답을 거절하는 사람의 선택을 존중하는 법을 배워야 한다. "왜 알고 싶은 거니?" "그것에 대답할 만큼 잘 모르겠어." "난 너에게 말하는 것이 편하지 않아." 또는 "그건 너가 상관할 바가 아니야."와 같은 반응들을 명시적으로 가르치는 것은 호기심을 다루는 것에 있어 존중적인 방식들을 촉진할 수 있다. 지체장애 학생의 요구를 다루는 데 유용한 그 밖의 수칙들은 다음과 같다.

① 교실에서는 지체장애 학생이 동급생과 수업 자료에 완전히 접근하여 편안하게 이동할 수 있도록 책상 및 기타 가구를 배치해야 한다. 시각장애 학생의 독립성을 지원하기 위해서는 가구와 자료를 일관되게 배치하는 것이 권장된다.

② 체험학습class trips과 같은 외부 활동들을 계획할 때 목적지의 교통 및 건물에 장애물이 없는지 확실히 하라. 학급 회원의 요구를 아는 사람이 직접 '둘러보는' 것이 가장 좋지만, 현장 직원과의 상세한 대화로도 충분할 수 있다. 주차장, 산책, 경사로, 출입구 및 출구, 계단, 지면 상태, 화장실, 분수, 전화, 엘리베이터, 스위치 및 제어장치에 주의 깊게 접근하거나 이것들에 대하여 질문하여 확실히 하라.

③ 레크리에이션 또는 친목 행사를 계획할 때, 모든 사람이 일반적으로 접근할 수 있고 일부 측면에서는 모두가 즐길 수 있는 시설을 갖춘 활동을 선택할 수 있도록 주의해야 한다. 예를 들어, 스키 여행이나 놀이동산 여행을 계획할 때 접근성, 대안 활동이나 보조적인 활동을 제공하는 시설을 선택해야 한다. 중요한 건강관리 또는 이동의 요구가 있는 학생의 경우, 가족에게 사전 통보를 하면 낯선 곳으로의 여행에 대한 준비에 대해 신중하게 생각할 수 있다.

④ 수동 휠체어를 사용하는 학생은 험한 오르막길이나 내리막길, 먼지가 많은 길이나 돌길, 낡은 카펫, 요철 또는 구부러진 길 등 어려운 지형에서 도움을 받을 수 있다. 그러나 친구, 교사 및 기타 학교 직원은 허락 없이 학급 친구의 휠체어를 밀지 말아야 하며, 항상 '주행 속도'와 목적지에 대한 휠체어 탑승자의 기호를 알아야 한다.

일반적이기는 하지만 학교와 학급 구성원들은 휠체어의 안전한 조작법을 배울 수 있는 기회를 제공받아야 한다. "쇼핑카트를 밀고 다니는 데 익숙한 사람들은 휠체어가 덜 안정적이고 땅에서 작은 요철이라도 치게 되면 탑승자의 얼굴이 바닥으로 떨어질 수 있다는 점을 깨닫지 못하는 경향이 있다."(Maloff & Wood, 1988, p. 11) 휠체어는 무겁고 언덕에서 빠른 추진력을 가질 수 있다. 또한, 휠체어의 치수를 숙지해야 한다. 예를 들어, 발판이 옆면에 얼마나 돌출되어 있는가를 알아야 한다. 말로프Maloff와 우드Wood(1988)는 한 휠체어 사용자의 생각을 인용하였다.

> 쇼핑몰에서 끼어드는 건 정말 싫다. 나에게 끼어드는 사람은 항상 제 휠체어가 얼마나 튀어나와 있는지 발판이 어느 정도로 발목을 때릴 수 있는지 과소평가한다. 그래서 나는 내내 "죄송합니다. 죄송합니다. 죄송합니다."라고 말해야 한다. 창피하다.
>
> (pp. 11-12)

당황과 부상을 피하기 위해, 휠체어를 처음 탄 사람들은 천천히 그리고 조심스럽게 경험에 익숙해질 필요가 있다.

⑤ 학교식당, 레스토랑, 파티에서 팔이나 입을 움직이는 것이 어렵기 때문에 특정 음식을 먹거나 다루기가 어려울 수 있다. 고기를 미리 썰어서 모양을 바꾸고, 옥수수는 자르고, 과일은 껍질을 분리해 놓으면 식사가 더욱 용이해진다.

⑥ 휠체어, 목발, 기타 보조 장치들은 개인 물품이므로 사용자의 동의 없이 만지면 안 된다는 점을 기억하고 가르쳐라. 음식이나 책 같은 것을 휠체어 팔걸이에 놓는 것은 사용자에 대한 사생활 침해가 될 수 있다.

⑦ 보조 장치에 익숙해지도록 하라. 이러한 것들에는 서 있는 테이블, 휠체어, 헤드 스틱, 보철기(신체의 일부 또는 전체를 대체하도록 설계된 장치) 및 정형장치들orthoses(신체 일부 또는 전체를 복원하도록 설계된 장치)이 포함된다.

시각장애[1)]

맹인을 흔히 새까만 안경, 하얀 지팡이, 깡통 컵, 안내견, 영원한 암흑, 절망적인 태도와 슬픈 삶 등으로 그리기 때문에 청소년에게는 무서우면서도 대단히 흥미롭게 여겨질 수 있다. 어둠 속에서 또는 안대를 착용했을 때 물건들에 치이고 더듬거렸던 익숙한 경험을 떠올리며, 맹인은 음침하고 암흑의 세상에서 살아간다는 가정을 하게 됨으로써 더욱 무섭게 느낄 수 있다. 그러나 현실에서는 맹인으로 불리는 모든 사람 가운데 단지 약 10%만이 시력을 전혀 가지지 않고 있다(Scholl, 1986). 대부분의 경우 약간의 기능적 시력을 가지면서 빛과 어둠, 그림자나 움직이는 물체와 같은 약간의 시각적 자극에 반응할 수 있다.

맹은 아동기에는 드물게 발생한다. 사실, 6~17세의 인구의 0.1% 이하에서 발생한다. 따라서 맹학생은 자신의 학교에서 유일하거나 또는 이와 같은 장애를 가진 공동체에서 유일할 가능성이 높다. 청소년기에 맹이 발생하는 경우가 드물기 때문에 이러한 학생은 고립될 수 있으며, 다른 사람에게 고정관념적인 오해를 조장할 수 있다. 맹학생 한 명은 "맹인을 볼 때 과민반응을 해서는 안 되고, 다른 사람과 마찬가지로 대해줬으면 한다는 점을 알아줬으면 좋겠다."(Westridge Young Writers, 1994, p. 88)라고 충고하였다.

학생의 시력 정도에 따라 확대된 인쇄물, 강한 대조, 점자, 또는 오디오 정보의 자료로부터 혜택을 볼 수 있다. 이들은 일반적으로 빛의 존재 여부를 구분할 수 있으며, 어떠한 부분적 시력은 다른 과제들과 함께 이동 및 방향정위mobility and orientation를 학습하는 데 효과적으로 사용될 것이다. 부분적 시력 또는 저시력으로 간주되는 학생은 확대경과 적절한 조명을 통해 가까이에 있는 물체들을 볼 수 있을 것이다.

맹과 저시력에 대한 일반적인 선입견을 깨는 것은 학교에서 청소년의 긍정적인 경험을 촉진할 수 있다. 일반적인 선입견에는 맹인은 아무것도 볼 수 없고, 모두가 비슷하며, 특별한 음악적 능력과 청력을 가지고 있으며, 슬프고 우울한 삶을 살아가고, 의존적이고 무기력하며, 안내견에 의해 주변으로 안내되고, 점자를 배울 필요가 있으며, 전생의 죄에 대한 처벌로서 맹인이 되는 것이라는 생각들이 포함된다. 맹인은 시력을 가진 사람보다 더 쉽게 자신의 주변에 대한 정보를 획득하기 위하여 청력에 의존할 수 있고 따라서 청각적 정보에 더 잘 순응할 수 있지만, 맹인이 초월적 청력을 가지는 것은 아니며 청력의 정도가

1) 역자 주: 원본에는 저시력으로 되어 있지만 맥락을 고려하여 시각장애로 변경하였다.

시각장애의 결과로 증가하는 것도 아니다. 모든 사람과 마찬가지로 일부 맹인은 타고난 음악적 재능을 가지고 있으며, 일부는 음악적 재능을 발전시키지만, 많은 사람은 그렇지 않다. 덧붙여서, 안내견과 같은 동물 서비스를 이용하는 맹인은 안내견에 의해서 목적지가 정해지는 것이 아니다. 개인이 위험한 지역이나 장애물에 대한 의족과 보호로서 안내견을 사용하여 목적지를 결정한다.

대부분의 장애와 마찬가지로, 개인의 활동과 상호작용에 있어서 맹의 영향과 관련하여 장애가 선천적인지, 후천적인지, 안정적인지, 진행형인지, 숨겨져 있는지 또는 가시적인지 여부처럼 몇 가지 요인에 달려 있다. 자신의 운동발달은 자신의 시력에 크게 달려 있기 때문에, 맹 또는 저시력을 가지고 태어난 청소년은 대 · 소 운동 수행 모두에서 어려움을 가질 수 있다. 이들의 신체적 기술 및 조정 결함은 일반적으로 환경적 요인에 기인한다. 예를 들어, 신체적 활동에 거의 참여 못하거나 작은 물체들을 볼 수 없고 이로 인하여 이러한 것들을 집어 올리는 연습의 기회가 부족할 수 있다. 이들은 자신이 속한 환경을 탐색하도록 격려받아야 하며, 자신의 주변을 어떻게 탐색해야 하는지를 배우기 위한 방법이 제공되어야 한다.

맹 또는 시각장애를 경험하기

저시력 또는 맹의 경험에 대한 관심은 우리 주변 세계의 다양한 인식을 고려할 수 있는 기회에 초대한다. 예를 들어, 헐Hull(1990)은 자신의 일기에 다음과 같이 표현하였다.

> 나에게 바람은 태양의 자리를 차치하는 것이며, 멋진 날은 가벼운 산들바람이 있는 날이다. 이러한 것은 주변에 있는 모든 소리를 가지고 삶으로 들어온다. 나뭇잎들은 바스락거리며, 작은 종이는 도로를 따라 날아가고, 큰 건물의 벽과 모서리는 바람의 영향으로 두드러지며, 나는 나의 머리카락과 얼굴, 나의 옷을 느낄 수 있다. … 바람의 소리는 나무들을 만든다. 이것은 나무들에 의해 둘러싸여 있으며, 전에는 아무것도 없었다. … 나와 보이는 것 사이의 오해는 가벼운 산들바람이지만, 흐린 따뜻한 날, 심지어 더운 날에 나타난다. 보이는 사람들에게 이러한 것은 푸른 하늘이 아니기 때문에 멋있는 날은 아닐 것이다.
>
> (p. 16)

이후의 작품에서 헐은 웃거나 윙크하는 것을 보거나 반응할 수 없는 것은 상호작용에 영향을 미치는 비언어적 의사소통의 어려움임을 언급하고 있다. 헐(1990)은 다음과 같이 설명한다.

> 내가 웃는 거의 매 순간 나는 이러한 것을 의식한다. 나는 근육의 노력을 알고 있다. 나의 웃음은 마치 내가 가장하고 있는 것처럼 강요된 것은 아니다. 그러나 이러한 것은 어느 정도 의식적인 노력이 된다. 왜 이럴까? 그건 어떠한 강화도 없고, 돌아오는 웃음도 없고, 나는 더 이상 멋진 웃음에 의해 눈부시게 되지 않기 때문임이 확실하다. 나는 더 이상 낯선 사람의 얼굴이 갑작스러운 아름다움과 친근감으로 다가오는 것을 발견하지 못한다. 나는 나의 노력의 어떠한 것도 가지지 못하는 것 같다. 대부분의 웃음은 반응적인 것이다. 당신은 당신이 웃음을 받을 때 자발적으로 웃는다. 나에게 있어 이러한 것은 죽은 편지들을 보내는 것과 같다. 이들이 받았거나 알고 있는가? 심지어 내가 올바른 방향을 향해 웃고 있는가? 어떻게 하면 나의 정안Sighted친구들이 알 수 있도록 할 수 있는가?
>
> (p. 34)

물리적 · 사회적 환경을 다루는 저시력인의 능력은 다양한 방식으로부터 영향을 받는다. 저시력은 활자를 읽고, 자신의 주변 환경과 익숙하지 않은 장소에서 조작하고, 흔들기, 윙크, 웃음, 다른 유형의 몸짓과 같은 사회적 단서들을 인식하는 능력에 영향을 미치기 때문에 통합교육 환경을 발전시키기 위해서는 몇 가지 특정한 고려가 권장된다.

상식적 반응들

학생은 긍정적이고 의미 있는 방식으로 저시력인과 상호작용하기 위하여 다음과 같은 열 가지 상식적 접근을 고려해야 한다.

① 맹학생을 만나고 의사소통을 할 때, 구두로 의사소통해야 하는 것을 기억하라. “안녕, 거기, 나는 수잔이고 나의 왼쪽은 조 스미스야.”와 같이 자리를 하고 있는 자신과 다른 사람을 확인시키는 것이 중요하다.

② 학급 구성원은 다른 사람에게 저시력 급우에 대한 몸짓을 하는 것이 매우 무례한 것

이라는 점을 알아야만 한다. 덧붙여서, 몸짓은 어떠한 사람이 생각할 수 있는 것처럼 은밀한 것이 아닐 수 있으며, 저시력인은 종종 이동을 감지할 수 있고 이와 같은 몸짓을 나타내는 다른 단서들을 알아챌 수 있다.

③ 경험을 언급하기 위하여 '보아라look'와 '봐라see'와 같은 일반적인 단어들을 사용하는 것은 일반적으로 공격적인 것으로 받아들여지지 않을 것이다. 이러한 단어들은 모든 사람의 어휘의 일부이며, 저시력 학생이 TV 쇼를 시청하거나 쇼핑몰에서 무엇 무엇을 보았는지를 물어보는 것은 괜찮다. "나중에 보자I'll see you later"와 같은 표현 역시 완전히 수용될 수 있는 것이다.

④ 학급 구성원은 저시력 급우로부터 요청을 받는다면 한 곳에서 다른 곳으로 이동하는 것을 도와주기 위한 편하고 부드러운 방법을 연습해야 한다. 적절한 '정안인 가이드' 방법은 저시력 학생이 타인의 팔꿈치를 잡는 것이다. 이러한 것은 나아가게 하거나 이끄는 것보다는 안내받는 사람이 커브, 계단 또는 회전이 발생할 때 안내자의 신체 움직임에 반응하도록 안내할 수 있게 한다. 깜짝 놀라는 것을 피하기 위하여, 안내받는 학생은 안내자의 반보 정도 뒤에서 걸을 수 있다. 안내자가 '오른쪽 2 야드yard(약 1.8m)' 또는 '닿는 것을 포함하여 일곱 걸음'과 같은 구체적인 방향이나 숫자를 말하는 것은 유용하다. 정확한 방향을 제시하는 것은 '저기에' 또는 '계속 가다가 왼쪽으로'와 같은 지시들보다 훨씬 더 유용하다. 어떤 사람이 오른쪽 또는 왼쪽과 같은 방향들을 사용해야 할 때, 누구의 오른쪽 또는 왼쪽인지를 명확히 해야만 한다. 가리키는 것은 도움이 되지 않을 것이다.

⑤ 타인의 손을 물건으로 안내하는 것은 유용할 수 있지만, 어떠한 물건을 찾을 때 도움이 필요할 수 있는 사람에게 정말 도움이 필요한지 그리고 그 사람의 손으로 안내하는 것이 괜찮은지 여부를 물어봐야 한다. 어떠한 물건은 색상이나 빛의 정도에 따라 다른 것보다 더 잘 보일 수 있기 때문에 항상 도움이 필요하지는 않을 것이다. 허락 없이 타인의 손을 잡는 것은 허용되지 않는다. 그러나 학급 구성원들이 서로 더 친숙해질수록 이들이 원하는 도움의 종류를 더 잘 알 수 있으며, 따라서 심지어 요청 없이도 우호적인 몸짓으로 호의적으로 받아들여질 수 있다. 시계 방향을 가르치고 사용하는 것은 더 상세한 방향들과 어떠한 것들이 그 사람과 가까운 곳(즉, 도달할 수 있는 거리에 있는 것)에 놓여 있는지를 묘사하는 데 도움을 줄 수 있다. 예를 들어, "연필은 3시 방향에 있다." 저시력 학생에게 자리를 제공할 때, 좌석의 뒤에 학생의 손을

위치시키도록 물어보고 손이 향하는 방향을 말하는 것은 유용할 수 있다.

⑥ 저시력 학생은 교실과 화장실, 식당, 다른 공공 영역들과 같은 학교 환경을 살피도록 해야 한다. 이러한 것은 관심 있는 장소 주변을 걷으면서 지적하거나 또는 다양한 장소들을 안내함으로써 이루어질 수 있다. 학생으로 하여금 주변을 어떻게 알고 싶은지를 물어보는 것이 가장 좋은데, 이는 어디에 무엇이 있는지를 기억하게 할 가능성이 높다. 이러한 것은 출입구나 책상과 같은 이정표로부터 걸음을 계산하거나 어떠한 곳이 다른 곳과 얼마나 근접한지에 의해 방의 구성을 배우는 것을 포함한다.
교실에서 학생은 교실 구성의 형태와 학생 책상, 교사 책상, 책장, 붙박이 캐비닛, 사물함, 쓰레기통, 창문, 연필깎이, 출입구, 창문, 화장실, 칠판, 게시판과 같은 이정표가 어디에 위치해 있는지를 알고 있어야만 한다. 쓰레기통과 다른 움직일 수 있는 항목들은 고정되어야 하거나 동일한 장소에 있어야만 한다. 학생은 익숙한 가구 배치에서의 어떠한 변화에 대해 알려져야 한다. 시각장애 학생은 화장실에서 소변기, 싱크대, 수건통 또는 핸드 드라이어의 위치를 안내 받아야 하며, 특히 레스토랑과 같이 대중시설에 있을 때는 더욱 필요하다.

⑦ 적응보조장치 및 보조공학에 익숙해져라. 이러한 것은 독서대, 점자 타자기, 큰 활자책, 지팡이, 오디오 책, 양각선raised line 종이, 쓰기 가이드, 오디오북, 말하는 계산기를 포함한다. 텍스트-음성 및 음성-텍스트로 변환시키는 다양한 종류의 소프트웨어 및 공학은 계속해서 증가하고 있다.

⑧ 시각장애 학생은 때때로 교실에서의 사건에 대하여 알아채지 못할 수 있으며, 가까이에 앉아 있는 정안학생은 웃음, 얼굴 표정, 끄덕임 또는 신호하는 팔 움직임과 같은 도움이 되는 비언어적 단서들에 대하여 알려 줄 수 있다. 시각장애인은 볼링, 영화, 연극을 포함하여 매우 다양한 레크리에이션 활동을 즐길 수 있다. 비언어적 몸짓을 묘사해 주는 것과 마찬가지로, 친구는 시작 장면, 의상, 특수 효과와 같은 영화와 연극 공연의 시각적인 내용들을 조용하게 묘사할 수 있다. 시각적 묘사 서비스는 대중 공연과 이벤트에 대한 이용 가능성을 증가시킬 수 있다.

⑨ 시각장애인은 머리 굴리기, 눈 찌르기, 흔들기, 소리를 가지고 환경에 맞추기 위하여 발을 구르기 또는 소리내기 또는 밟기와 같은 적응하는 행동을 포함하여 특정 버릇을 보일 수 있다. 학급 구성원들은 수용할 수 있도록 격려되어야 하며, 감소 과정이 필요한지 또는 잠재적으로 유용한 행동의 경우 발전 과정이 필요한지 여부를 결정하

기 위하여 주의 깊게 행동의 본질을 결정해야 할 것이다.

⑩ 학생은 안내견이 주인의 안전을 위해 일하며 책임을 가지고 있음을 기억해야만 한다. 이러한 안내견은 단순히 애완견이 아니며, 주인의 동의 없이, 특히 일하고 있는 동안에는 방해하거나 쓰다듬어서는 안 된다.

의사소통 및 사회적 행동

타인과의 의사소통과 상호작용에 대한 요구를 주로 의미하는 사회적 맥락에서 장애를 가지는 몇 가지 유형의 인간 다양성과 장애가 있다. 농 또는 청각장애 학생과 의사소통장애 학생은 교실 대화 시 이들에 대한 접근을 제공하고 향상하기 위한, 그리고 타인과 의사소통하는 방식들을 촉진하기 위한 적응들이 요구될 수 있다. 자폐범주성장애 또는 정서나 행동 장애로 확인된 학생은 학교 환경에서 장애를 가지게 하는 의사소통, 행동, 상호작용의 방식들도 가질 것이다. 사회적 맥락에 참여하기 위한 고려와 적응이 요구되는 학생을 위한 기술과 상식적 접근들은 다음과 같다.

의사소통 및 언어 장애를 가진 학생

말, 언어, 의사소통에 있어 다양성과 손상들을 가진 학생들의 사회적 장애를 다루는 것은 이러한 집단의 규모 때문에 특히 중요하다. 통계에서는 2천만 명처럼 많은 수의 미국인이 의사소통에 영향을 미치는 말, 언어 또는 청각장애를 가지고 있음을 가리키고 있다. 구어적 기술은 매우 높이 평가받기 때문에, 언어 평가에서의 일탈은 빠르게 치료와 중재의 대상이 되며, 농 아동과 성인을 위한 구두 방법(말하기와 이해할 만한 말에 초점을 맞추는 연습)은 종종 학교 교수에서의 우선순위가 된다. 그러나 의사소통에는 많은 방법이 있으며, 공동체에 있는 구성원들은 학교 상황에 참여하기 위하여 인정되고 존중받으며, 또한 가능해야 함을 기억하는 것이 중요하다.

언어장애는 말이나 발음의 생성에서의 어려움 또는 변형을 일컫는다. 언어적 비유창성(말더듬), 혀 짧은 소리, 뇌성마비를 가진 사람에게 뚜렷한 언어 생성에서의 다른 장애들은 언어장애의 유형들이다. 의사소통장애는 어떠한 사람이 의미와 관련된 언어를 이해하고 표현하는 방식에 영향을 미친다. 실어증은 언어를 이해하고 표현하는 능력을 상실하는 것을 가리키며, 언어를 귀로 듣거나 말로 표현하는 것, 글을 이해하거나 만드는 것에 영향을 미칠 수 있다. 실어증을 가진 사람은 자기 자신을 표현하기 위하여 단어들을 '찾거나' 선택하기, 자신의 생각을 말로 나타내기, 그리고/또는 수용 언어의 의미를 이해하는 것에 어려움을 가질 수 있다.

언어 또는 의사소통 장애를 가진 아동은 종종 다른 소리를 어떻게 형성하는지 배우고 '블록'을 통과하거나 단어를 찾는 것을 도울 수 있는 전략을 개발하는 언어병리학자Speech Language Pathologist: SLP와 함께 학습한다. 언어 및 의사소통 장애를 진단하는 것에 있어 전문적 실행은 주의 깊게 따라야만 한다. 말과 언어는 본질적으로 문화와 구어에 대한 접근과 관련되어 있기 때문에, 많은 언어의 변형이 손상이나 장애를 나타내는 것은 아니다. 예를 들어, 미국 표준 영어가 아닌 구어와 방언에 의한 억양과 발음은 손상과 혼동되어서는 안 된다. 마찬가지로, 단어를 이해하고 선택하며 말하는 것에 있어 기대보다 많은 시간이 필요한 것은 학생의 선행 학습 또는 다른 언어의 동시 사용과 관련될 수 있는 것이며, 장애 또는 손상의 표시는 아니다. 덧붙여서, 농 성인의 자녀들Children Of Deaf Adults: CODAs은 자신들의 이야기를 모델링하거나 '올바른' 발음을 안내해 줄 수 있는 화자에 대한 실질적인 접근 없이 소리나 단어를 말하는 것을 배워야만 할 것이다.

언어 및 의사소통 장애를 경험하기

언어장애를 가지는 것에서의 문제는 종종 의사소통에서 가지는 어려움이 받아들일 수 없는 언어로서 사회의 낙인을 찍는 태도보다 적다는 것이다. 예를 들어, 말을 더듬는 사람이 "아-아-아-안녕"이라고 말해도 청자는 이해한다. 장애를 만드는 상황은 상호작용이 화자, 청자 또는 양쪽에서 불편할 때 발생한다. 마찬가지로, 의사소통장애를 가진 사람은 일반적으로 의사소통에 참여할 수 있지만, 상호작용 또는 의사소통에서의 보충적인 방법의 사용을 위하여 일반적인 것보다 더 많은 시간을 허용하는 것이 요구될 수 있다.

루크Ruch(1967)는 장애로 인해 발생할 수 있는 세 가지 유형의 절망을 나열하였으며, 환경적 · 개인적 · 갈등적인 것이 의사소통과 강한 연관을 가지고 있다고 하였다. 환경에서 발견되는 절망들 가운데는 자신의 사회적 환경과 관련된 것들이 있다. 상호작용을 하는 동안 타인의 태도와 반응은 소위 '일탈된' 언어를 가진 개인에게 엄청난 영향을 미친다. 칼라일Carlisle(1985)은 다음과 같은 것을 관찰하였다.

> 매우 소수의 사람만이 말더듬는 사람을 마주쳤을 때 무엇을 해야 하는지 알고 있다. 당신은 그 사람이 말을 시작하도록 도와줄 수 있는가? 당신은 어떤 사람이 말하기 위해 애쓸 때 그를 쳐다보는가? 또는 외면하는가? 당신은 격려하듯이 미소 짓고 있는가? 또는 인형처럼 앉아 있는가? 대부분의 사람들은 외면하고 초조해하고, 피할 방법을 생각한다. 또는 만일 커피 한 잔을 손에 쥐고 있다면, 자신의 목숨이 거기에 달려 있듯이 휘젓는다. 많은 사람은 말더듬는 사람이 다음 단어를 위해 애쓰고 있을 때 놀라서 달아난다. 소수만이 무엇을 해야 하는지 알고 있으며, 이들의 불확실성은 참석자로 하여금 긴장, 무례함, 적대감, 분노와 함께 두려움을 낳는다. 문제를 악화시키는 것은, 말더듬는 사람의 태도가 다양하다는 것이다. 일부는 도움을 환영하지만, 다른 사람은 그렇지 않다. 모든 말더듬는 사람은 약간의 인내를 환영한다.
>
> (p. xi)

비록 이러한 예는 말더듬는 것(언어적 비유창성)과 관련이 있지만, 의사소통에 더 많은 시간이 요구되거나 이해하는 것에 어려움을 가지는 다른 사람도 비슷한 환경적 장벽을 경험한다.

의사소통과 관련된 절망을 피하거나 대응하기 위해 교사와 학급 구성원은 말하는 속도를 늦추고, 말하는 것을 반복할 용의가 있음을 보여 주며, 청취 시간을 가질 수 있다. 말하는 것과 듣는 행동에서 이러한 변화들은 다음에 열거되는 다른 상식적 접근들과 함께 언어 또는 의사소통장애를 가진 아동이 경험하는 좌절감을 크게 줄일 수 있다.

농 또는 난청 학생

농 또는 난청Hard Of Hearing: HOH이 되는 것은 사회적 상호작용, 학생의 언어 이해, 의사소통 방식, 다양한 정체성과 문화 발달에 영향을 미칠 수 있다. 관련된 장애의 본질은 가지고 있는 청력의 정도, 청력 손실이 발생한 연령 또는 발달 기간, 학생과 가족으로부터의 농에 대한 반응을 포함하여 다양한 요인에 달려 있다. 교사 및 다른 학교 전문가들은 농과

난청 아동에게 유용한 언어, 청력, 중재에 있어 매우 많은 선택사항이 있음을 인식하고, 학생과 가족 선호도를 존중할 필요가 있다. 고려해야 할 두 가지 일반적인 영역은 공학(테크놀로지)을 가지고 청각적인 정보에 대한 아동의 접근을 향상시킬 수 있는지 여부, 그리고 어떠한 의사소통 양식들을 사용하고 가르칠 것인가이다.

보청기hearing aids, 증폭기, 인공와우이식cochlear implant을 포함하여 아동의 청각적 정보 접근을 향상시킬 수 있는 다양한 범위의 공학이 있다. 만약 선택한다면, 선택되는 공학의 종류는 청력 손실의 유형과 가족의 선택에 달려 있다. 전도성 청력 손실은 중이와 외이에서의 간섭과 관련이 있으며, 일반적으로 소리의 전도를 간섭하는 것(액체, 귀지, 종양 또는 다른 이물질)을 제거하거나 완화시키는 의학적 치료들로서 다루어질 수 있다. 감각신경성 청력 손실은 인공와우 또는 청신경에서의 문제들과 관련이 있으며, 의학적으로 치료할 수 있는 것은 아니다. 그러나 보청기와 증폭장치들은 유용할 수 있다. 보청기는 한쪽 또는 양쪽 귀에 착용하고, 소리를 증폭시키며, 청각적 식별(소리를 차별화할 수 있는 능력)을 향상시킨다. 보청기의 많은 유형과 모델이 이용 가능하며, 외이 뒤쪽에 커브의 형태로 일반적으로 걸려 있으면서 귀의 외부에 보일 수 있는 것뿐만 아니라 귀 내부에 완전히 위치시킴으로써 거의 보이지 않게 할 수 있는 것들을 포함한다. 화자가 타인이 착용한 수신기에 자신의 목소리를 내보내기 위하여 마이크를 착용하도록 하는 FM 체계과 같은 다양한 증폭장치도 있다. 예컨대, 의자를 움직이고 교실 잡담에 의해서 만들어지는 배경 잡음 속에서 교사의 지시에 대한 난청 학생의 접근을 향상시킬 수 있다.

농/난청인에게 더욱 논란이 되는 이슈 가운데는 인공와우이식이 있는데, 이것은 중도 또는 최중도 감각신경성 청력 손실을 가지고 있지만 청각적 신경은 전체 또는 부분적으로 기능을 하는 사람을 위해 개발된 공학이다. 인공와우이식은 소리를 증폭시키는 것이 아니라 청각적 정보를 생산하기 위하여 인공와우의 내부에 청각적 신경이 작동하게 전기적으로 자극을 주는 것이다. 인공와우이식은 내부 및 외부 부품을 가지고 있다. 자극기는 인공와우의 내부에 외과적으로 삽입되며, 이러한 것은 외이 바로 위에 있는 두개골의 피부에 이식된 자성을 가진 수신기에 연결된다. 외부 마이크, 음성 처리기, 단일 연결된 장치를 포함하는 송신기는 이때 이식된 수신기에 자기磁氣로 고정되다. 인공와우이식은 자연적인 청력을 파괴하고, 어떠한 수술이나 그렇듯이 위험을 수반한다. 이러한 것은 감염, 신경 손상, 얼굴 마비를 포함한다. 이식자들은 매우 다양한 결과를 경험할 수 있다. 일부 이식자, 특히 청각 손실 이전에 언어가 발달한 사람과 이식과 함께 처음으로 언어를 발달시킨 매우 어린 아동의 경우 청각적인 정보와 언어에 뚜렷한 접근을 회복하거나 얻는다. 어떤 사람의 경우에는 최소한의 청력을 얻고, 또 어떤 사람의 경우에는 수술이 완전히 실패할 수 있다. 인공와우이식이 성공하기 위해서는 수술 후의 언어 치료사와의 활동과 치료 일정을 준수하고자 하는 의지가 중요하다.

인공와우이식을 둘러싼 핵심적인 논란은 선택되고 가르쳐지는 의사소통 양식과 관련하여 농/난청 아동에게 있어 두 번째 광범위하게 고려되는 것과 관련이 있다. 농 문화의 구성원들은 수화—미국에서는 미국수화American Sign Language: ASL—의 사용에 의해 주로 자신들의 정체성을 가진다. 다른 문화 집단들처럼, 공유된 역사의 측면들, '청각 세계'에서의 관계, ASL의 계통은 농인들을 서로 연결하며, 많은 사람은 긍정적인 언어적 · 문화적 정체성의 확인으로서 ASL의 사용과 확산을 보고 있다(Padden & Humphries, 1988; Rosen, 2006). 인공와우이식은 중도 또는 최중도 청각 손상을 가진 사람들, 혹은 ASL을 가지고 의사소통을 할 것 같은 동일 집단을 위해 추천되기 때문에, 농 문화의 일부 구성원은 이식을 자신들의 공동체 및 문화의 위협으로 보고 있다(Aronson, 2000). 농 부모를 가진 농 아동은 ASL 사용을 장려받을 가능성이 더욱 높지만, 최중도 농 아동의 대다수는 건청 부모로부터 태어나며, 자신의 부모 가운데 30% 이하만이 규칙적으로 수화를 사용하고 있다(Gallaudet Research Institute, 2003).

국가농인협회National Association of the Deaf: NAD(2000)는 농의 치료로서 인공와우이식을 특성화하는 것을 반대하고, 성공률의 다양성으로 인해 유아의 자동적인 이식 및 단지 청력과 말하기를 위한 치료적 목표의 설정에 대하여 전문가와 부모들에게 경고하고 있다. 이식을 받는 아동은 듣기와 말하기를 통해 의사소통 방식을 개발하고 연습할 것을 장려받으며, ASL을 포함하여 다른 방법들은 사용하지 않는다. 장기적으로 이식받은 아동은 말과 언어를 이해하는 데 유용한 청력을 발전시키지 못할 수 있고, 언어발달을 위해 중요한 시기에 ASL 또는 다른 의사소통 방법을 배울 기회를 놓쳐 읽고 쓰는 능력의 발달에 심각한 영향을 미칠 수 있다.

농/난청 아동을 둘러싼 이와 같은 고려사항들에 대한 이러한 간략한 개관은 의사소통 양식에 관하여 부모가 마주치는 다양하고 복잡한 가능성과 결정을 보여 준다. 교사와 학교 전문가들은 가족의 의사소통의 방식, 자녀에 대한 욕구와 기대를 이해하고, 이들이 만드는 선택을 존중하고 관찰하기 위하여 가족과 일하는 것이 중요하다. 다음의 목록은 의사소통의 가능한 양식의 기술들을 제공하고 있다.

① **미국수화**ASL는 공유된 어휘를 가지고 있으며, 문법과 구문의 표준화된 규칙들을 따르는 수화를 의미한다. ASL은 신체와 관련된 특정 위치에 명확한 형태와 움직임을 만들기 위해 한손과 손가락 또는 양쪽 모두를 사용한다. 구문의 규칙은 공간적 위치, 방향정위orientation, 방향, 얼굴 표정, 신체 위치에 반영되어 있다. ASL의 구문은 구어체 및 문어체 영어보다 더 다양하며, 해석에는 단어 대 단어를 '해석하는 것'보다 더 많은 것을 개입시킨다. 다른 국가와 문화에서도 수화를 가지고 있는데, 프랑스어인 프랑스 수화Langue des Signes Française: LSF, 여러 국가 가운데 스페인, 멕시코, 콜롬비아의 지역 방언을 포함한 스페인 수화, 호주와 아시아 일부 지역에서 사용되는 오스트랄라시아Australasian, 영국수화British Sign Language: BSL, 이스라엘, 중국, 일본, 파키스탄, 벨기에, 독일, 아일랜드, 퀘백 수화가 있다.

② **정확한 영어를 손짓하기**Signing Exact English: SEE, **손짓으로 된 영어**Signed English, **또는 수동으로 부호화된 영어**Manually Coded English: MCE는 많은 ASL 손짓을 사용하지만, 구어체 영어의 구문을 따른다.

③ **손가락 철자**는 영어 알파벳에 대한 손으로 하는 손 표시를 활용하여 수행된다. 손가락 철자는 말 그대로 공중에서 쓰는 것이며, 개인은 전체 대화를 철자로 늘어놓는다.

④ **손으로 하는 의사소통**은 수화와 손가락 철자의 결합을 말한다. 상징, 타이핑, 쓰기에 대하여 몸짓하고 지시하는 의사소통 방법들을 지칭할 수 있다.

⑤ **구두적 의사소통 또는 구두적 방법**은 의사소통의 주요 방법들로 말하기와 말 읽기를 사용하는 것을 지칭한다. 구두적 방법의 수용적 요소는 종종 '독화lip reading'로 불린다. 카이저Kisor(1990)는 입술 읽기에서의 최대 문제는 많은 소리가 똑같아 보이는 것으로서 다음과 같이 설명하고 있다.

> M, p, b는 입술을 모음으로 만들어진다. T, d, l 모두는 치아 바로 뒤의 입술 천장에 혀로 모양을 가진다. 결과적으로 bat, bad, ban, mat, mad, man, pat, pad, pan 단어들 모두는 모두 똑같이 보인다. 눈으로 봤을 때는 s와 z 사이에 차이가 없다. 목구멍 뒤에서 형성되는 소리는 각각을 구분하는 것이 불가능하다. Mamma와 papa는 말할 것도 없고, cat과 hat는 따로 말해질 수 없다.
>
> (p. xii)

실제로, 단지 말의 6~30%만이 입술에서 읽힐 수 있으며(National Child Traumatic

Stress Network, 2004), 따라서 이야기의 상황에서 이해하고 반응하는 것은 독화로부터 의미를 만드는 필수적인 부분이다. 구두적 방법에서 말하기를 발달시키는 것은 집중적 치료를 요구하는데, 이는 아동은 소리를 만들기 위하여 자신의 입 구조를 어떻게 형성하고 공기 흐름을 어떻게 통제해야 하는지를 배워야 한다는 것을 의미한다. 그러나 많은 아동은 자신들이 만들고 스스로 교정하는 소리를 듣는 것에 있어 제한된 능력을 가지고 있다.

⑥ **단서가 제공된 말**은 화자의 입 근처에서 만들어진 여덟 가지 손동작의 선택이 화자로 하여금 말해진 첫 소리 또는 음절에 대한 단서를 제공하는 의사소통 체제이다. 이러한 것은 독화로부터 얻어질 수 있는 정보를 보충하고 향상시키기 위하여 사용되는 방법이다. ASL에 있어 손짓은 단어를 나타내지만, 단서가 제공된 말에서 손짓들은 소리를 나타낸다.

⑦ **동시적**Simultaneous **의사소통**은 말과 수화의 결합된 사용을 의미한다.

⑧ **총체적 의사소통**은 의사소통을 도울 수 있는 모든 그리고 어떠한 방법의 수용, 이해, 사용을 암시하는 철학을 일컫는다. 총체적 의사소통을 이용하는 사람은 이러한 접근들 가운데 전체 또는 일부분을 사용할 것이다.

농/난청인은 자신의 삶 전체를 통해 의사소통을 위하여 많은 방법을 사용할 것이며, 이러한 방법들은 상황에 따라 다양할 것이다. 총체적 또는 동시적 의사소통 접근은 유연성을 제공함으로써 학교에서 아동의 학습을 위해 적합한 것으로 보일 것이다. 학교 전문가들은 아동이 특정한 언어 발달의 목표를 이루도록 해야 하고, 한 가지 또는 많은 방법을 사용하는 것이 또 다른 영역의 발달을 방해할 수 있음을 고려해야 한다. 아동이 학교에 참여하고 언어와 문해 능력을 발전시키는 것에 있어 가장 잘 지원해 줄 수 있는 방법을 인식하고 이를 분명하게 하기 위하여 가족 및 다른 전문가(일반적으로 청력학자 또는 SLP)와 일하는 것이 매우 중요하다.

특히 농/난청 학생들과 일할 계획을 가진 교사는 일반적으로 전문적인 준비에 참여하고, ASL을 사용하는 학생은 전문적인 학교와 교실들이 흔히 추천된다. 분리 환경을 추천하고 선호하는 한 가지 이유는 언어와 관련 있다. 농은 아동들 사이에서 비교적 드물고, 대부분의 교사는 ASL을 알지 못하기 때문에, ASL을 사용하는 학생은 이러한 것을 사용하는 아동과 성인에 둘러싸여 있을 때 자신의 언어를 완전히 발달시킬 수 있는 더 나은 기회를 가질 것이다. 전문적인 학교나 수업은 더 넓은 지역의 아동들로 구성될 것이며, 따라서 농 공동체를 만들 것이다. 또 다른 각도에서, 통합학교 환경에서의 농 아동들의 포함은 다른 사람이 ASL과 농 문화에 대한 관심을 가질 기회를 제공하며(Rosen, 2006), 이러한 것은 통합교육의 혜택과 근거로서 일반적으로 옹호되는 다원주의pluralism의 가치를 반영한다.

자폐증

'(자폐)범주에 있는' 사람은 대부분 그의 사회적 행동을 통해 식별된다. 사실 정도 및 개인에게 미치는 영향의 차이가 크지만 자폐범주성장애를 진단받은 아동은 구어적 의사소통에 제한이 있으며, 사회적 단서들을 이해하고 소위 적절하다고 생각되는 방식으로 반응하는 데에 어려움을 보인다. 예를 들면, 자폐 아동과 성인들은 타인과의 관계를 추구하거나 반응하지 않을 수 있으며, 눈 맞춤을 하지 않거나 감정 또는 비언어적 단서(즉, 몸짓언어)들 또는 대화의 뉘앙스를 인식하는 데에 어려움을 보일 수 있다. 자폐인은 교실에서 말하기 위하여 손을 들 필요가 있거나 말하는 것에서 잠시 멈추는 것은 대화할 때라는 것을 아는 것을 다소 이해하기 어려울 수 있다.

(자폐)범주에 있는 사람은 종종 촉감이나 소리, 빛과 같은 감각자극에 민감하게 반응한다. 따라서 다른 사람에게는 아무렇지도 않을 환경이나 상호작용이 이들에게는 참을 수 없는 것으로 작용하거나 특정 행동들을 유발할 수 있다. 때로는 감각자극의 욕구를 채우기 위해 몸을 앞뒤로 흔들거나 손을 흔드는 등의 지속적인 움직임과 같은 자기 자극 행동을 보이기도 한다. 이러한 행동들이 위험한 것은 아니지만, 다른 사람의 시선을 유도할 수 있다. 자신의 머리를 부딪치거나 신체 일부를 깨무는 등의 자해행동은 자기 자극, 특정 사건에 대한 반응, 또는 의사소통을 위한 시도 등의 표현일 수 있지만, 위험하며 중재가 필요하다.

일부 자폐인은 일상에서 규칙적으로 하는 일들의 통상적인 순서와 방법에 강박적으로 따르는 경향이 있어 다양한 상황에 참여하는 것을 어려워한다. 일부 자폐인은 특정 활동을 할 때 반드시 본인의 순서에 따라 진행하거나 하루 또는 일주일의 스케줄을 완벽하게 준수하기를 원한다. 변화를 견디는 자폐인도 있지만, 이러한 경우에도 계획 변동에 대한 많은 사전 공지와 준비가 필요할 수 있다. 접촉하거나 껴안는 행동, 타인과 함께 놀이를 하거나 이야기를 하는 등의 행동에 대한 혐오 역시 자폐인의 특성과 관련된다. 그러므로 많은 사람의 시각에서 '비사회적' 행동으로 보이는 이러한 행동은 우려를 야기할 수 있으며, 특히 가족에게 어려울 수 있다.

일반적으로 기술되는 자폐와 관련된 마지막 특성은 파편 기술splinter skill과 서번트 기술savant skill이다. 파편 기술은 개인이 보이는 뛰어난 독창 능력이다. 이와 매우 유사한데, 한 영역에서 뛰어난 재능을 보이는 자폐인은 서번트 증후군을 보인다고 언급된다(Young, 2005). 대중은 1988년 〈레인맨〉(Johnson & Levinson, 1988)이라는 영화에서 탁월한 기억력과 수 조작 능력을 갖춘 자폐인으로 활약한 더스틴 호프만을 통해서 서번트 증후군에 대해 인식하기 시작했다. '자폐 서번트'와 '멍청이 서번트'라는 용어들은 이러한 증후군을 설명하기 위해 사용되지만, 정확히 말하면 이는 정확한 표현이 아니다. 서번트 증후군은 비자폐인에게도 나타나기 때문이다. 일반적인 지적 능력과 관련하여 서번트 기술이 어떤 의미가 있는지에 대해 많은 연구가 진행 중이다. 서번트 기술과 관련하여 어떤 학자들은 지적 능력이 근본적으로 동일한 형태를 가진다는 전제 자체를 비판한다. 언어, 의사소통, 일반적이지 않은 사회 행동, 위험 행동 등에 대한 다양한 중재가 자폐 학생에게 제공된다.

언어 및 의사소통

자폐인은 말과 언어 능력에서 다양한 수준을 보인다. 자폐와 관련된 언어 특성 중 하나는 소리, 단어, 어구의 즉각적 또는 지연된 반복을 의미하는 반향어의 사용이다. 또 다른 특성은 일반적이지 않은 단어 사용과 독특한 목소리 톤, 높이, 억양이다. 일부 자폐인은 AAC, AC, AACS 등으로 축약해서 많이 불리는 보완대체의사소통augmentative or alternative communication 체계를 사용한다. 의사소통 보드에는 개인이 의사 표현을 위해 짚을 수 있는 상징, 그림, 단어 또는 글자가 있다. 인쇄 가능한 그림과 단어 등의 데이터베이스를 제공하는 소프트웨어는 상업적으로 이용 가능하며, 사진을 디지털 방식으로 표시 할 수 있는 전자 장치도 있다. 뿐만 아니라 태블릿 및 스마트 폰에서 사용할 수 있는 다양한 통신 응용 프로그램도 개발되어 있다. 또 다른 보완대체의사소통 체계는 개인이 키보드로 타이핑하거나 헤드포인터로 키보드나 화면 위의 글자를 눌러서 의사소통하는 기술을 활용한다. 이때, 의사소통 내용은 디지털화된 음성이나 글로 표현된다. 보완대체의사소통 공학은 사실 자폐인에게만 국한된 것이 아니며, 언어 사용에 제한이 있는 지체장애인 사이에서도 많이 사용된다.

대체 체계를 가지고 의사소통하는 것을 배우는 것은 시간이 걸리고, 자폐인에게는 어려울 수 있는 의도적인 운동 제어와 같은 기술들을 필요로 한다(Broderick & Kasa-Hendrickson, 2006). 이러한 점에서 촉진적 의사소통Facilitated Communication: FC은 많은 논쟁에도 불구하고 유용한 방법이다. 촉진적 의사소통은 개인이 촉진자에게 물리적 지원을 받아 타이핑하거나 버튼을 누르는 의사소통 방식이다. 촉진자는 보통 팔을 잡으며, 의사소통하는 사람이 의도적으로 키보드나 버튼 등을 누를 수 있도록 팔을 살짝 뒤로 당기며 근 긴장을 유도한다. 의사소통 당사자와 촉진자 사이의 관계는 매우 중요하다. 협력 관계는 정서적인 지원으로 연결되기 때문이다. 의사소통 촉진자와의 긍정적인 관계를 통해 자폐인은 의사표현을 하고자 하는 동기 및 자신감을 가질 수 있다. 이상적으로, 촉진적 의사소통의 목표는 시간이 지남에 따라 촉진자의 지원을 줄여 독립적인 의사소통을 가능하게 하는 것이다. 완전히 독립적으로 촉진적 의사소통을 하는 경우도 있으며, 훈련 기간 이후에도 어느 정도의 지원을 필요로 하는 경우도 있다.

미국에서 촉진적 의사소통 방법을 대중화하는 데 공헌한 더글라스 비클렌Douglas Biklen과 촉진적 의사소통 방법 사용자이자 공동 연구자인 제이미 버크Jamie Burke는 “[촉진적 의사소통] 방식에 대한 논쟁의 중심에는 원저자authorship에 대한 의심이 있다.”(p. 173)라고 주장한다. 비클렌과 버크(2006)에 따르면, “촉진자의 신체적 접촉이 의사소통 당사자의 타이핑에 영향을 미친다.”(p. 173)라는 것을 보여 주는 연구들이 있다. 그러나 의사소통 내용이 의사소통 당사자의 것임을 보여 주는 비슷한 양의 연구들 역시 존재한다. 비클렌과 버크가 인용한 연구들 뿐 아니라 아카데미 상 후보에 오른 다큐멘터리 영화 〈자폐증은 하나의 세계이다〉(Wurzburg, 2004)와 서적 『자폐증과 혼자 있는 사람에 대한 미신Autism and the Myth of the Person Alone』(Biklen et al., 2005; 또한 Crossley, 1997 참조)은 촉진적 의사소통 방법을 사용하는 당사자들의 이야기를 통해 이러한 의사소통 방법이 자폐인에게 유용할 수 있음을 보여 준다. 그림교환 의사소통 체계는 사물, 행위, 감정을 묘사하는 광범위한 기호를 제공하지만, 유연한 의사소통 기능을 제공하지 못할 뿐만 아니라 정교한 수준의 문해력 개발을 지원하지 않는다. 따라서 다양한 유형의 의사소통 방법을 제공하면 아동이 언어를 개발하고 발전시킬 수 있는 기회를 가질 수 있다. 타인에게 입증되지 않았기 때문에 특정 의사소통 방식으로의 접근을 차단할 것이 아니라, 각 개인에 대한 평가가 해당 의사소통 방식의 도입 여부에 대한 의사결정의 근거가 되어야 한다. 자폐 여부와 관련 없이 그 어떤 교육 방식이라도 어떤 아동에게는 효과적이지만 다른 아동에게는 효과적이지 않을 수 있다. 특정 교육 방식 대한 논쟁이 있을 경우에 그러한 논쟁이 해결될 때까지 기다리는 것은 아동의 가능성을 차단하는 것일 수 있으며, 이는 정당화될 수 없다.

자폐성 행동

자폐 아동을 위한 중재를 고려할 때 비정상적인 행동과 해로운 행동을 구분하는 것은 중요하다. 어떤 사물에 집착하거나 자신의 손을 흔드는 등의 행동은 일반적이지 않은 행동일 수 있지만 위험한 행동은 아니다. 이러한 행동을 바꾸기 위해 많은 시간과 노력이 요구됨에도 불구하고, 이러한 행동의 변화는 자폐인의 실제적인 삶을 향상시키기보다는 이러한 행동을 불편하게 느끼는 주변 사람에게 유익한 것이다. 사회적 관계를 맺는 것과 관련된 행동을 학습하고 개선하는 것은 자폐 아동이 학교와 다른 환경에 더 잘 참여할 수 있도록 하지만 이러한 행동 목표는 당사자의 욕구를 반영한 것이어야 한다. 예를 들어, 자폐 아동은 혼자서 놀이하는 것에 대하여 만족할 수 있지만, 교사와 부모는 아동이 모두 자주 다른 사람들과 대화를 하고 놀이하기를 원할 수 있다. 사실 학교라는 곳은 새로운 경험을 제공하고 다른 아동을 만날 수 있는 기회를 제공해야 하는 곳이다. 그러나 자폐 학생이 새로운 것을 시도하도록 요구함으로써 자신이 즐기는 행위나 활동(보통 일반적이지 않거나 비사회적인 행위로 간주되는)에 대한 접근을 완전히 차단해서는 안 된다. 바람직한 행동을 가르치거나 위험한 행동을 바꾸는 데 사용되는 다양한 접근법이 존재한다.

응용행동분석Applied Behavior Analysis: ABA은 바람직한 행동과 그렇지 않은 행동을 식별하고, 해당 행동과 관련된 환경 자극이 무엇인지 파악하며, 바람직하지 않은 행동을 보다 바람직한 행동으로 바꾸기 위해 보상적 · 긍정적이며 자연스러운 결과를 사용하는 중재 방식이다. 불연속 개별 시도 훈련discrete trial training과 자연주의적 중재naturalistic intervention는 ABA 방법의 일부이다. 불연속 개별 시도 훈련에서 아동은 통제된 환경 안에서 훈련자와의 일대일 학습을 통해 특정 기술을 배운다. 아동에게 자극이 주어지며, 그 자극에 반응할 것이 촉구되고, 바람직한 반응을 할 경우에 선호하는 음식, 사물 또는 활동 등의 보상이 이루어진다. 중심축 반응 훈련pivotal response intervention(Koegel, Koegel, Harrower, & Carter, 1999; Koegel, Koegel, Shoshan, & McNerney, 1999)을 포함한 자연주의적 중재는 교실이나 일상의 활동이 이루어지는 다른 장소에서 일어난다. 훈련자 또는 교사는 의사소통, 선택하기, 타인과의 놀이 등의 바람직한 행동을 식별한 후에 아동이 이러한 행동을 할 수 있는 기회를 제공하고, 이러한 행동을 보일 경우에 강화한다.

Lovaas ABA는 개발자인 O. 이바 로바스O. Ivar Lovaas의 이름을 딴 것으로, 구어적 의사소통 및 언어에 대한 반응을 향상시키고 '자폐성 행동'이라고 간주되는 것을 감소시키기 위해 ABA 기법을 활용하는 집중 훈련 프로그램이다. 프랜시스Francis(2005)는 다음과 같이 설명한다.

> 수용 언어 및 표현 언어, 사회적 자극에 대한 관심, 모방, 학업 전 기술(예: 수를 세는 용어 알기, 공간 관계에 대한 이해), 자조능력과 관련된 기술은 작은 구성요소로 나뉜다. 각 기술은 가정 및 학교에서 일대일 상황으로 교수되며, 이때 각 단계를 성공적으로 완수하면 보상을 제공한다. 강화(주로 긍정적 강화), 후진행동연쇄(각 행동을 여러 단계로 나누고 마지막 단계부터 연차적으로 가르치는 것), 행동형성, 촉구 및 용암 등의 행동 기법이 사용된다. 신체적으로 혐오 자극을 제공하는 것은 더 이상 활용되지 않는다. 처음에는 음식과 선호하는 물체를 강화물로 사용하며, 점차 칭찬과 같은 사회적 강화물로 대체한다. 학습된 것은 완전히 내재화될 때까지 반복한다. … 초기 평가 이후에, 아동은 훈련자와 함께 일주일에 약 40시간 동안 개인의 필요에 맞게 수정된 교육과정을 따라 학습한다. 또한 배운 기술의 일반화를 위해 학부모가 프로그램에 적극적으로 참여하는 것이 중요하다.
>
> (p. 495)

일반화, 즉 습득한 기술의 실제 상황으로의 전이는 Lovaas ABA의 비용 및 강도와 함께 ABA를 선택하는 데에 있어서 중요하게 고려해야 할 요소이자 가장 논란이 되는 요소이다. ABA는 일반적으로 긍정적인 효과를 가진다고 인식되지만, 불연속 개별 시도 훈련과 자연주의적 중재가 장기적으로 독립성을 증진시키는지 여부에 대해서 논쟁이 존재한다(Francis, 2005; McConnell, 2002).

의료모델에서 사용되는 ABA와 아동에게 특정된 접근들의 우세에도 불구하고, 자폐 아동에게 사회적 행동을 가르치기 위한 몇 가지 통합적인 접근법은 이용 가능하다. 부수적인 기술 중재collateral skills interventions는 직접적인 관련성은 없어 보이지만 궁극적으로는 사회적 행동을 개선할 수 있는 기술을 가르친다(McConnell, 2002). 이 범주에 해당하는 교수 방법은 자폐 아동이 비자폐 아동과 함께 구조화된 놀이 활동에 참여하고 이를 통해 학습할 수 있는 통합 환경을 선호한다. 상호작용을 촉진하도록 설계된 활동에서 다른 사람과 놀 수 있는 기회는 자폐 아동에게 따뜻하고 예측 가능한 환경을 제공하며, 이러한 환경은 자폐 학생으로 하여금 다양한 상황에서 타인과 관계 맺는 것에 대한 관심을 가질 수 있도록 한다. 이와 유사한 것으로서 또래가 개입된 중재법은 사회적 기술을 통합 환경 안에서 모든 학생에게 직접적으로 가르친다. 여기서 학급 구성원은 활동에 서로를 적극적으로 초대하고 함께 어울리는 방법을 배운다.

감각 통합 치료

자폐인의 감각적 경험에 대한 관심이 필요한 경우가 있으며, 이러한 요구에 부응하기 위해 다양한 치료 방법들이 개발되고 있다. 작업 치료사 또는 다른 치료사들은 A. 진 에이어스A. Jean Ayres가 제안한 감각 통합 치료를 제공한다. 감각 통합 치료는 감각 정보와 관련한 신경학적 과정을 개선시킬 수 있는 감각들을 자극함으로써 운동 기술 및 학업 기술을 향상시키는 것을 목표로 하고 있다(Ayres & Tickle, 1980). 감각 통합 치료법은 강한 압력의 솔질이나 마사지를 제공하는 것부터 운동을 하거나 특별한 식이요법을 따르고, 소리와 빛으로 가득한 환경 안에 있는 것까지 다양하다(Baranek, 2002). 감각 통합 치료와 신경학적 효과 간의 연관성을 뒷받침하는 이론에 대한 연구 및 치료 효과에 대한 조사가 진행 중이다. 어느 치료법과 마찬가지로, 어떠한 접근들을 도입할 것인지 또는 유지할 것인지에 대해 결정하기 위해서는 각 개인의 요구와 특성에 대해 깊은 주의를 기울여야 한다. 관련 서비스에 대한 대부분의 통합적인 접근들에 있어서는 일반교육의 과정 및 상황 안팎에서 치료를 진행하는 것이 가장 바람직하다.

정서장애 및 행동장애

정서장애 또는 행동장애로 확인된 학생은 학습을 방해할 정도로 사회적 환경 내에서의 상호작용에 어려움을 가지기 때문에 특별한 서비스를 제공받는다. 정서장애는 외현화 및 내면화 행동으로 구성되는 두 가지 하위 집단으로 자주 기술된다. 외현화 또는 행동화acting out 행동은 타인을 향한 충동적 · 반사회적 · 적대적 · 공격적 행동들로 특징된다. 소년이 소녀보다 이러한 유형의 행동을 더 많이 보이며, 따라서 더 높은 확인 · 의뢰 · 분류 비율을 가진다. 소녀에게서 더 만연한 내면화 행동은 사회적 위축, 두려움, 미성숙, 부끄러움, 우울, 통제에 대한 과도한 갈망, 자해, 폭식증, 거식증과 같은 자기 주도적인 증상의 발전으로 종종 특징된다. 내면화 행동은 자주 숨겨 있거나 가려 있다(Gearheart, Mullen, & Gearheart, 1993; Hunt & Marshall, 1994; Smith & Luckasson, 1995). 학령기 아동들 사이에는 비교적 드물기는 하지만, '장애'인 것 같은 행동적 · 정서적 반응의 기저가 될 수 있는 다양한 정신적 · 심리적 조건들이 있다. 일부는 불안, 외상 후 스트레스 장애Post Traumatic Stress Disorder: PTSD, 강박장애Obsessive Compulsive Disorder: OCD, 조울증, 정신분열증을 포함한다.

행동장애

행동장애로 인하여 '정서장애'로 분류되는 사람은 일반적으로 많은 모호한 요인에 의해 결정된다. 사회, 학교, 교사들은 아동과 성인들에게 허용 가능한 행동과 기대를 위한 표준을 설정하고, 개인의 연령, 주변 환경의 특징, 행동이 발생하는 조건과 같은 상황은 권위를 가진 사람들이 행동의 적절함을 판단하는 방법에 영향을 미친다(Smith & Luckasson, 1995). 어떤 사람에게 방해가 되는 것이 또 다른 사람에게는 독립적이거나, 유머가 있거나, 적절하거나, 창의적인 것으로 보일 수 있다. 장애 분류에 있어 이와 같은 주관적인 범주의 문제와 관련하여, 이성적이고, 고의적이며, 의사소통적으로 도전적인 행동을 보이는 아동과 나이에 적절하거나 상황적으로/문화적으로 밀접한 근거가 없이 공격적이거나 반응적인 것 같은 행동을 하는 아동을 구분하는 것이 중요하다(Ferguson, 2001). 반항장애Oppositional Defiant Disorder: ODD와 품행장애Conduct Disorder는 행동장애와 관련된 두 가지 진단들이다.

행동장애를 가진 것으로 확인된 학생은 긍정적인 개인 간 관계를 확립하거나 친사회적 행동에 참여함으로써 자신의 환경에 대처하는 방법을 배우는 것을 도울 수 있도록 고안된 지원과 안내가 필요할 것이다. 통합교육의 목표는 학생의 건강한 행동을 발전시키는 것을 지원하기 위한 환경을 제공하고, 학생의 자존감을 향상시키고, 학생으로 하여금 학업 목표들에 도달할 수 있도록 하는 것이다.

상식적 접근들

의사소통과 사회적 상호작용에 영향을 미치는 장애들은 광범위하고 다양한 접근 요구, 손상, 정신적 조건들과 관련이 있다는 것은 명백하다. 그러나 상식적 접근들의 집단화는 의사소통과 상호작용의 방법들에서 특별한 주의가 필요한 사람들의 통합 학교 경험을 촉진하기 위해 유용한 유사한 태도적 · 환경적 고려 및 편의들과 관련이 있다.

(1) 다른 사람들에게 수용, 인내, 공감을 연습시키고 가르치라

앞서 진술한 것처럼, 인간의 다양성은 정상적이다. 외모, 감각, 의사소통 방법들에서의 차이를 인정하는 것과 함께, 학생과 교사들은 사람들이 사람, 사물, 사건들에 서로 다르게 관련되어 있으며, 어떤 사람은 감각적 자극, 집단 환경 또는 권위적 교수에 특이하게 또는 극적으로 반응한다는 것을 알아야 한다. 필요하다면, 이와 같은 방식의 반응은 차이의 이해와 수용을 키우기 위하여 솔직하게 다루어져야만 한다. 학급 구성원은 친구를 불편하게 할 수 있는 소음이나 행동 또는 상호작용의 유형에 대하여 알고 있어야 하며, 다른 친구에 대하여 존중과 공감을 보여 주듯이, 이러한 것들을 피하도록 도와주어야 한다. 역으로, 학급 구성원은 또한 서로를 지원하고 환영하는 상호작용의 방법을 연습하는 것을 배우고 격려받아야 한다. 이러한 것들은 학급 구성원 간에 공동체 의식을 형성하는 데 필수적이며, 전체를 더 나은 방향으로 이끌도록 다 같이 노력하는 것이다.

장애학생은 수업 방해 또는 성인 지원의 중심에 더 자주 있을 수 있으며, 학급 구성원은 방해하는 사건이 발생하는 동안 인내하는 것을 배워야 한다. 예를 들어, 교사는 자해 또는 공격적 행동을 하는 학생의 경우에서처럼 극적인 방해를 어떻게 다루어야 할지에 대하여 마음속으로 계획하고 있어야만 한다. 일반적으로, 두 명 또는 그 이상의 학교 전문가들은 이러한 유형의 행동의 위험에 있는 학생을 포함하는 교실에서 이용 가능하며, 성인이 모든 학생의 안전과 보안을 관리할 것을 다루는 계획은 어떠한 사건이 발생하기 전에 동의되어야만 한다. 사건이 발생한 후, 학생은 발생한 것에 대하여 반응하고 토의할 기회를 제공받아야 한다. 의사소통을 개방적이고 솔직하게 유지하는 것은 두려움과 낙인을 줄일 수 있고, 모든 학생이 방해와 예기치 않은 현상에 대응하는 것을 배우는 기회를 제공해 줄 수 있으며, 적절할 때 이들이 도울 수 있는 방법들까지도 개발할 수 있다. 학업 학습은 학교에서 필수적이지만, 다양한 세계에서 존중하면서 공존하는 방법을 배우는 것 또한 그러하다. 불쾌한 사건을 토의하기 위한 개방된 절차를 채택하는 것은 장애와 관련된 방해에만 제한된 것이 아니며, 괴롭힘, 욕설, 집단 따돌림, 학교에서 흔한 다른 갈등의 이슈를 다루는 유용한 방법이 될 수 있다. 통합학급에서 타인에 대한 수용, 인내, 공감을 기르도록 공유된 경험의 측면들을 다루는 경우는 교육과정의 방해로 여겨져서는 안 되며, 교육과정의 한 가지 중심적인 부분으로 여겨져야 된다.

(2) 많은 의사소통 방법을 받아들이고, 가르치고, 격려하라

학급 구성원 모두에게 개인이 의사소통하는 많은 방식을 확실히 설명하고, 학생 및 전문가가 어떻게 의사소통 판, 보조 또는 보완 공학 또는 수화를 가지고 상호작용할지를 배우도록 도와주어라. 덧붙여서, 학급 구성원이 ASL 통역사 또는 의사소통 촉진자와 같은 전문가가 이러한 방법을 사용하는 사람과 의사소통하는 것을 도울 수 있도록 하며, 편안하게 질문할 수 있도록 확실히 하여라. 수용을 구축하기 위해, 다양한 준비로서 의사소통의 많은 기회를 제공하라. 예를 들어, 학급 교수에 포함되는 일대일 대화, 대집단 · 소집단 의사소통을 위한 시간을 확실히 하며, 쉬는 시간, 점심 시간, 다른 비교수적 시간 동안 사회적 대화를 장려하라. 일부 학생의 교수 목표는 사회적 관계에 참여하는 것과 관련이 있을 수 있으며, 사실 정서 및 행동 장애, 자폐증으로 명명된 학생에게는 꽤 일반적인 것이다.

수용을 가르치고 의사소통하는 것에서의 많은 방법을 촉진하는 것에 있어 보청기, FM 수신기, 보완 체계와 같은 보조 공학을 사용하는 학생들로 하여금 이러한 것들의 사용을 장려하는 것이 중요하다. 그러나 아동이 자신에게 익숙해질 때 놀림, 타인의 호기심, 낙인의 반응으로 공학을 거부하는 것 또한 매우 일반적인 것이다. 성인은 아동이 어떻게 반응하는지를 파악함으로써 공학을 거부하게 되는 이유에 민감하게 반응해야 한다. 가족에게 그들이 선호하는 반응을 물어보는 것은 필수적인 것이며, 심지어 공학 그 자체가 가지고 있는 문제들을 드러내는 것이 도움이 될 수 있다. 교사는 적어도 학생이 배터리를 교체하고 문제를 해결해야 하는 일이 발생할 경우 학생을 도울 수 있도록 공학이 어떻게 작동되고 조작되는지에 대하여 기본적인 숙지를 하고 있어야 한다.

(3) 대화의 속도를 늦추고, 주제 사이에 잠시 멈추고, 번갈아가며 하라

대화의 속도를 늦추는 것은 언어의 의미를 처리하는 것에 시간이 필요하거나 교수에 반응하는 데 장시간의 시간이 필요할 수 있는 입술을 읽는 학생이 이해하는 것을 향상시킬 수 있으며, 정확한 ASL 해석을 지원하기 위해 필요하다. 덧붙여서, 대화의 속도를 늦추고 더 주의 깊게 듣고자 하는 의지는 참여에 있어 의사소통의 어려움을 경험하는 급우들을 위해 환영적인 상황을 제공한다. 예를 들어, 언어장애 학생은 평소보다 더 느리게 말할 수 있으며, 만일 학급 구성원들이 대화는 천천히 진행하고 서두를 필요가 없다는 사실을 수용해 준다면, 이는 화자를 더 편하게 만들 것이다. 학생과 교사는 침착하고 편하게 있으며, 주의 깊게 청취하고, 다른 사람이 대화하는 것을 좋아해 주는 사람이 되어야 한다. 언어장애를 가진 급우가 이야기를 한 후에 잠시 멈추는 것 또는 전달자가 칠판 또는 다른 방법들을 사용하는 것은 이러한 학생이 자신의 생각을 마치도록 확실하게 할 수 있다. 마찬가지로, 아이디어 사이에서 멈추는 것은 다른 사람이 끼어들거나 새로운 주제를 제공하는 자연스러운 순간을 제공한다. 달리 말하자면, 이야기하는 동안 번갈아가면서 하고, 또 다른 사람에게 순서를 주도록 노력하는 것은 '뛰어드는 데' 더 많은 시간이 필요한 사람들을 위해 필요할 수 있다. 잠시 멈추기와 번갈아가기는 언어의 의미를 처리하는 데 시간이 필요하고, 말을 발음하고 분명하게 표현하는 데 어려움을 가지는 아동, 보완 의사소통 또는 통역자를 이용하는 아동, 사회적 단서를 해석하는 데 도움이 필요한 아동, 걱정을 가진 아동, 오랫동안 정숙을 유지하는 데 어려움을 가지는 아동에게까지 관련이 있다. 대화하는 데 적절한 시간이 주어진다는 것을 확신시켜 주는 것은 모두가 대화에서 환영받고 행동적인 갈등들을 줄일 수 있다.

(4) 정중한 의사소통 실천을 모델링하고 가르치라

정중한 의사소통적이며 상호적인 실천에 대한 직접 교수 또는 명시적 교수는 행동적인 어려움 또는 자폐 학생의 긍정적인 참여를 지원할 수 있을 것이며, 교실 공동체 전반을 향상시킬 수 있다. 주제는 앞서 기술한 번갈아 하기, 잠시 멈추기를 포함할 수 있으며, 또한 대화 시작하기, 대화 끝내기, 주제 바꾸기, 몸짓 읽기, 또는 초대 거절하기와 같은 다른 관례들을 다룰 수 있다. 집단 내에서 말하고 듣는 것에 대한 기대 역시 정중한 사회적 상호작용에 대한 직접 교수의 한 가지 부분이 될 수 있다. 말에 대한 접근을 제공하고 의사소통장애를 가진 사람을 지원하기 위한 다른 구체적인 실천은 다음과 같다.

이야기와 질문은 대화 상대방에게 이루어져야 하며, 이러한 것은 통역자나 다른 촉진자가 대화 방법을 중재할 때도 마찬가지다. 통역자나 촉진자는 담화자가 자신을 쳐다보지 않더라도 불쾌하지 않을 것이다. 정중한 의사소통은 또한 청자의 요구에 주의를 기울이는 것을 포함한다. 비록 화자의 존중이 자신이 이야기하는 사람을 바라보는 것으로서 전달될 수 있지만, 의사소통의 상대방이 화자가 아닌 통역자나 촉진자를 바라볼 필요가 없을 것이라는 것을 이해하고 수용하는 것이 중요하다. 말을 이해하는 주요한 또는 보충적인 방식으로서 입술을 읽는 사람에게 존중을 보여 주는 방법에 대한 주의가 이루어져야 한다. 신체, 얼굴, 입의 위치는 이해되거나 안 되는 것 사이의 차이를 만들 수 있다. 화자는 광원 a light source이 밝은 빛 앞의 얼굴을 어둡게 하거나 모호하게 하기 때문에 광원 앞에 직접적으로 서 있는 것을 피해야 한다. 독화를 하는 사람을 정면으로 마주하고, 이들의 눈 높이에 서 있거나 앉아 있는 것이 최선이다. 옆이나 뒤로 방향을 바꿀 때, 입 앞에 책과 종이, 손을 위치시키는 것을 의식하라. 껌을 먹거나 씹는 것을 피하는 것 역시 권장할 만하며, 콧수염 또는 턱수염을 가진 교사는 얼굴의 털이 종종 입을 보기 어렵게 하고, 독화를 어렵게 할 수 있다는 것을 알아야 한다. 이러한 것은 교사가 반드시 면도를 해야 한다는 것을 제시하는 것은 아니지만, 자신을 이해시키기 위해 보다 면밀한 주의를 기울일 것을 제안하는 것이다. 마지막으로, 평소보다 명확하고 약간 더 큰 소리로 이야기하는 것이 도움이 될 수 있다는 것은 중요하다. 그러나 소리를 지르거나 너무 과장되게 이야기하는 것은 이해하는 것을 더욱 힘들게 만드는 입술의 왜곡을 유발할 수 있기 때문에 피해야 한다.

언어적 비유창성(즉, 말더듬)을 가진 학생을 멈추게 하거나, 교정하거나, 방해하지 말고, 대화하는 동안 말더듬 또는 블록(덩어리)을 통해 회피하거나 너무 빨리 이동하려고 애쓰는 것은 좌절과 불안을 증가시키고, 의사소통을 더욱 어렵게 만들 수 있기 때문에 자연스럽게 할 수 있는 대로 말할 수 있도록 격려하라. 화자/대화자의 선호도가 명백하게 알려지지 않는 한, 다른 사람은 비록 표현자가 어려움을 가질 수 있어도, 비록 청자가 생각이 끝난 것 같다고 꽤 확신하더라도 문장을 마치거나 의사소통의 의미를 가정해서는 안 된다. '수신인'은 그 사람에 대하여 틀릴 수 있으며, 어떤 사람이 자신의 목소리에 대한 권리를 거부당하는 것은 그저 무례한 것이다. 덧붙여서, 다른 사람이 말더듬는 사람에게 반응하는 방식은 이러한 사람의 말에 영향을 미칠 수 있다. 좋은 태도를 사용하고, 그 사람의 말을 끝까지 듣고, 대화를 떠나거나 끝내기 위한 변명들을 찾는 것을 피하고, 언어장애에 대하여 요청받지 않은 충고를 하는 것을 피하는 것이 중요하다(Johnson, 1956; Carlisle, 1985; Maloff & Wood, 1988; Lessen, 1994).

화자에게 반복할 것을 요구하는 것은 완전히 허용되는 것이며, 반복하거나 명확하게 하는 것에 대한 요구는 정중히 이루어져야 한다. 명확하게 하는 것은 바꿔 말하기, 간단하게 하기 또는 확장하기를 의미한다. 반복하는 것은 다시 말하는 것을 의미한다. 비록 반복하기나 반복된 것을 듣는 것은 시간이 걸릴 수 있지만, 초기 대화의 전체에 주의를 기울여야 한다. 비록 한 문장 또는 생각이 더 적은 단어들로서 명확해질 수 있지만, (특히, 다른 사람은 완전한 의사소통을 받아들이는 혼합된 집단에서) '희석된' 대화에 참여하기를 원하는 사람은 거의 없다. 사실, 입술을 읽는 학생은 고립된 것보다는 맥락적인 것에서 단어의 내용이나 의미를 파악하는 것이 더 쉽다. 마지막으로, 학습자는 교수적인 대화를 완전하게 이해할 자격을 가지고 있으며, 따라서 명확하게 하는 필요성과 반복 사이를 구분하는 것은 교수에서 필수적인 것이다.

(5) 긍정적인 사회적 상호작용에 있어 환경적인 장애물을 인식하고 줄이라

불필요한 소리나 소음 공해를 줄이기 위해 노력하라. 대부분은 공기 중에 있는 소음과 소리가 감소할 때 듣기 편하며, 난청 학생은 전화, 라디오, 바깥에서의 교통 소음과 학교 복도에서의 소음을 포함하여 다른 소음의 원인들로부터 멀어질 때 더 잘 들을 수 있다. 듣는 것이 필수적이지 않을 때(즉, 독립적 작업이나 읽는 동안), 일부 학생은 소음을 줄이는 헤드폰을 착용하거나, 보청기를 끄거나, 더 조용한 장소로 이동하는 것을 선호할 수 있다. 소리를 줄이는 헤드폰, 또는 음악이 흐르는 헤드폰은 소리에 민감한 학생들이 시끄러운 교실이나 학교에서 편안함을 느끼도록 지원해 줄 수도 있다. 방해가 되는 소음이나 소리의 원천에 대하여 모든 사람이 더 의식하는 것이 권고되며, 창의적인 해결을 발견할 수 있는 기회를 제공해 줄 수 있다. 학생은 만일 자신이 무의식적이거나 반복적으로 소음을 만들고 있다면, 자폐 또는 농 학생에게 많은 방해를 끼칠 수 있음을 상기할 필요가 있다. 움직일 때 바닥을 긁는 의자의 고통스러운 교실 소음을 줄이기 위한 해결은, 예컨대 가구에 (두꺼운 천의) 펠트 피트felt feet를 적용하거나, 심지어는 이러한 것을 덮기 위해 '안을 뺀' 테니스공을 사용할 수 있다.

자리 배치는 학생들에게 적절해야 하며, 프로그램의 목표를 성취할 수 있도록 유도해야 한다. 방해되는 행동을 가끔 보이는 학생은 적절한 행동 모델을 하는 교사나 또래와 상호작용을 가장 잘하기 위해 배치되어야 하며, 또래 도움의 원천들이 될 것이다. 추가적으로, 학생은 편히 느낄 수 있는 충분한 공간을 제공받아야만 한다. 아동들 간에 공간을 만드는 것은 공격 또는 보복적 행동으로 이르게 할 수 있는 밀기, 밀치기, 또는 다른 접촉들을 제거하는 데 도움이 될 수 있다. 그러나 타인과 가까이 있을 때 존중하면서 상호작용하는 방법을 가르치는 것 역시 유익하다. 결국, 삶에 있어 타인과 가까이 있는 것을 피하는 것은 불가능하다. 학교는 행동하는 방법을 배우고, 타인의 개인 공간을 존중하고, 갈등을 다루는 것을 배울 수 있는 훌륭한 상황이다. 만일 분리가 우리의 유일한 반응이라고 한다면 기회는 잃을 것이다.

사회적 상호작용과 관련된 장애들은 상호작용 방법들뿐만 아니라 상호작용의 접근과도 관련이 있다. 학교 배치와 환경들이 매우 다양한 아동에게 우호적이라는 것을 확실하게 하는 것은 상호작용을 가능하게 만들 수 있다. 다른 아동에 대한 아동의 접근을 방해할 수 있는 환경적 장벽은 빛, 온도, 심지어 많은 학생과 교사가 당연히 생각하는 대화 및 이동과 관련이 있다. 특히 형광등의 불빛은 많은 사람에게 두통과 불편함을 유발할 수 있으며, 많은 오래된 큰 건물과 학교 교실은 좋은 환경적 통제를 가지지 않을 것이다. 모든 장애물을 제거하는 것은 가능하지 않지만, 이러한 것들을 의식하고 가능하다면 이러한 것들을 줄이고, 통합된 대안을 가지는 것은 통합을 촉진할 수 있고, 따라서 많은 개인의 사회적 상호작용을 촉진할 수 있다. 밝은 창문 근처에 있거나 책상 백열등을 설치하는 것은 형광등의 영향을 줄일 수 있다. 가능할 때 빛을 희미하게 하거나 이들을 끄는 것 역시 도움이 될 수 있다. 모든 수업을 에어컨이 설치된 방으로 이동하거나 매우 더울 때 작은 선풍기의 사용을 허락하는 것은 많은 사람에게 환영받을 것이며, 불편함에 대하여 낮은 한계를 가진 학생에게 필요한 편의일 것이며, 자폐 또는 정서/행동장애 학생에게도 마찬가지일 것이다. 마지막으로, 휴식을 제공하는 것을 확실히 하고, 휴식을 가지는 것을 허락하고, 예컨대 이질적인 소규모 집단이 어울리거나, 일하거나, 점심을 먹을 수 있도록 통합적인 학교 환경을 촉진하는 데 도움이 될 수 있는 대안적이면서 덜 시끄럽거나 덜 빽빽한 환경을 제공하라.

(6) 긍정적인 집단 상호작용을 위한 학급 활동과 일과를 구성하라

활동의 속도, 대화, 교실에 있는 아동들에 의해 만들어진 많은 명시적 · 암묵적 요구들은 학교의 사회적 환경에서 기대되는 것으로 상호작용하기 위해 많은 정보와 심지어 협상해야 할 더 많은 규칙이 있음을 의미한다. 아동과 성인은 일반적으로 경험을 통해 많은 다양한 상황에서 행동의 다양한 기대와 규칙을 배운다. 우리가 참여하기를 원하는 새로운 상황을 만날 때, 우리는 주변 사람들의 행동을 관찰하고 채택한다. 성인 및 다른 아동처럼 집단에서 더 많은 경험을 가진 구성원은 행동과 상호작용에서 적절하고 기대되는 방식들로 실행할 수 있도록 모델로서 역할을 하거나 초보자를 명시적으로 안내할 것이다. 나이, 사회적 행동 및 권위와 관련된 가족 관습, 학교 또는 다른 집단 활동의 이전 경험은 아동이 새로운 학급에 합류할 때 알고 따를 준비가 되어 있는 사회적 규칙과 기대의 유형에 영향을 미친다.

긍정적 집단 상호작용을 촉진하기 위해, 모든 학급 구성원은 학급 일과와 기대를 배울 충분한 기회를 가져야 하며, 이러한 것들은 대화에 대한 순서를 가지기, 질문하기, 도움을 요청하기, 화장실 가기, 휴식을 가지기, 학습 자료에 접근하기를 위한 절차, 그리고 손을 들기, '좋은' 언어를 사용하기, 다른 사람이 말할 때 조용히 있기를 종종 포함하는 행동 규범과 관련된 규칙, 또한 아침 조회, 숙제 검토, 자료를 치우기, 교실에 들어가고 나가기, 주의를 끌기, 한 가지 활동으로부터 또 다른 활동으로 바꾸기와 같은 특정 유형의 반복적 활동 참여를 위한 지도를 포함할 것이다. 규칙을 어기는 것을 막기 위해 교사는 규칙 위반의 유형, 학생이 어김으로써 예상되는 결과들—일반적으로 처벌—을 명시할 수 있다. ABA와 동일한 계통에 있는 긍정적 강화에 의존하는 행동주의 접근은 바람직한 행동을 형성하기 위한 전략으로 사용될 수 있다. 예를 들어, 자리에 바르게 앉아 있는 모든 학생의 이름을 부르면서 체계적으로 칭찬하기 (그렇지 않은 학생에게는 하지 않기) 또는 말할 것이 있을 때 손을 올리는 학생의 좋은 행동을 적어 놓기가 있다. 이상적으로, 앉아 있지 않거나 손을 올리지 않는 학생은 비록 이러한 접근은 간접 교수의 이해 여부에 크게 달려 있지만, 성인의 칭찬을 받기 위해 시작할 것이다. 교사는 다른 사람이 '숨겨진' 의도를 이해한다고 가정해서는 안 된다. 토큰 경제와 행동 차트를 포함하는 체계들은 개별 학생 또는 전체 학급이 사전에 결정된 바람직한 행동을 위해 (황금색 별, 놀이 돈, 또는 체크 표시와 같은) 토큰들을 획득할 수 있고, 이후 몇 가지 일반적 보상, 말하자면 상품, 특권 또는 파티를 위해 이러한 것들을 교환할 수 있도록 함으로써 구조를 제공한다.

그러나 체계적인 강화 방법을 고려하기 전에 어떤 사람이 일과와 기대를 배우고 준수하기 위해서는 이러한 것들을 이해하고 수행할 수 있고, 관련된 상황에 참여하고자 하는 욕구가 필요하다는 것을 기억하는 것이 중요하다. 집단 이해를 높이기 위해, 성인과 학생들은 학급 절차, 규칙, 지시를 협력적으로 개발해야만 한다. 이러한 것은 집단 참여의 측면이 모두에게 타당하고, 사용되는 언어는 학급의 모두가 이해할 수 있다는 것을 확실하게 할 수 있다. 학급 구성원들, 특히 성인은 실수로부터 배우고 배우는 것이 학교와 삶의 일부임을 기억하는 것이 중요하다. 모든 연령 또는 능력/장애 상태에 있는 개인이 규칙들의 목록 또는 하루에 이루어지는 절차-개발을 토대로 즉시 학급의 모든 일과들과 기대들을 배우고 순응할 것으로 기대하는 것은 비이성적이다.

새로운 환경에서 처음 며칠 또는 몇 주에 처벌을 개시하거나 '황금색 별'을 주는 것을 거부하는 것은 개인이 마치 자신이 이미 실패했거나 좌절했다고 느낀다면 바람직한 사회적 행동을 악화시킬 수 있으며, 참여하고자 하는 학생의 의욕을 짓누르는 확실한 방법이다. 학생은 배우기 위하여 시간과 긍정적인 안내를 제공받아야 하며, 일과와 기대에 참여할 수 있어야만 한다.

수업 활동의 유형과 주제는 학생의 사회적 행동에 엄청난 영향을 미친다. 각각의 활동에 대한 교수가 제공되어야 하며, 교사 또는 학급 구성원들은 모두가 경청하고, 이해하며, 준수하기 위한 능력을 확실하게 하는 것이 중요하다. 대화 및 쓰기에서 교수를 제공하는 것, 이해를 명확하게 하는지 확실하게 하는 것, 복잡한 과제를 나누는 것은 도움이 될 수 있다. 몇 가지 명확하게 하는 질문들은 활동을 시도하기 전에는 발생하지 않을 것이므로, 성인은 학생이 과제에 참여할 때 지시 및 명확히 하는 것이 필요하다는 것을 예상해야 한다. 수업 주제에 관한 학생의 참여와 동기를 고려하는 것은 문제가 되는 사회적 행동을 감소시키는 데 있어서도 필수적이다. 교사는 학생의 연령과 기술에 적합한 도전적이고 흥미로운 교육과정을 제공해야 한다. 흥미롭고 성공을 제공하는 활동에 참여하는 학생은 도전적인 행동을 훨씬 덜 나타낼 것이다. 활동과 일정은 변화와 다양성, 능동적인 것과 수동적인 것, 소집단과 전체 학급에서 개인적으로 발생하는 것을 제공해 주어야 한다. 다양한 교수 기법, 운동 및 다른 과외 활동, 컴퓨터와 같은 흥미로운 재료와 자원은 학생 관심을 불러일으키고 유지하도록 돕는다. 또한 교육용 프로그램은 학생의 요구, 기술 수준, 학습 양식에 적절해야만 한다. 학생의 삶과 관련이 있고 친숙한 아이디어 또는 경험과 관련된 주제를 제공하는 것은 참여를 구축하기 위해 언제나 추천된다.

긍정적인 사회적 상호작용을 위한 수업을 구성하는 것에 있어서 마지막 주목은 일정과 사회적 절차와 관련이 있다. 수업 활동의 일관된 흐름을 가지는 것과 다른 사람과 일하는 것에서 특정한 절차를 수행하는 것은 예측 가능한 활동을 요구하는 학생을 지원하고, 한 가지 활동에서 또 다른 활동으로 변하는 것에 대하여 주의를 받을 필요가 있고, 좌절을 관리하기 위하여 행동에서의 시간적 한계를 아는 것으로부터 혜택을 받을 수 있으며, 다른 사람과 상호작용하는 것을 도와줄 수 있다. 자폐인은 종종 일과에서의 변화에 저항하며,

걱정 또는 편집증을 경험하는 사람은 새로운 상황에 대하여 불편해할 것이다. 자신이 특정 주제나 활동에 얼마나 오랫동안 참여해야 하는지를 정확하게 아는 것은 좌절에 대하여 낮은 인내심을 가진 학생을 지원할 수 있다. 불쾌한 어떤 것을 참는 것은 종료 시점이 알려질 때 더 쉬울 수 있으며, 활동의 끝에 대하여 주의를 가지는 것은 일을 마무리하지 않은 채 그만두는 것을 싫어하는 학생을 도울 수 있다. 마지막으로, 일부 학급 구성원은 건강과 관련된 요구, 보충적인 치료, 또는 학업 지원을 위해 예정된 시간에 수업을 떠날 필요가 있을 것이다. 일관되고 예측 가능한 일정을 가지는 것은 많은 학생에게 편안한 환경을 만들 수 있으며, 만일 이들이 수업을 떠나게 된다면 놓칠 수 있는 경험의 양과 종류를 줄일 수 있다. 임박한 변화에 대하여 적응하거나 준비할 필요가 있는 학생에게 사전 지식이나 정보를 제공하는 것은 도움이 될 수 있다. 예를 들어, 학생 또는 학급은 자신들이 매일 설정한 수업 일정을 가지고 있을 것이다. 활동의 임박한 끝과 시작에 대하여 주의를 받고, 끝과 시작을 카운트다운하라. 또는 변경을 나타내기 위하여 그림으로 된 일정을 표시하거나 다루어라. 또 다른 관점에서, 만일 개인이 너무 빠르게 이동하면 고통을 가질 수 있기 때문에 자신의 속도에 맞춰 일할 수 있을 것이다.

협동학습 또는 협력작업을 결합시키고 상호 협력을 지원하는 구체적인 사회적 절차를 가르치는 것은 바람직하고 생산적인 집단 상호작용을 구축하기 위해 높이 추천된다. 협동학습은 일반적으로 학생들이 함께 일하는 것으로부터 배우는 소집단 활동에서 이루어진다. 전체 결과 또는 과정과 관련된 특정 역할과 과제는 모든 구성원이 참여하고 혜택을 받기 위하여 구체적으로 하는 것이 자주 권장된다. 잘 고안된 협동학습 경험의 혜택으로는 학생이 지원적인 공동체로서 교실의 민주적인 비전을 실행함과 함께 적극적이어야 하기 때문에 학교 활동에 가장 잘 참여하는 형태를 제공하는 것으로 자주 찬사를 받는다 (Johnson & Johnson, 1999; Slavin, 1999). 협동학습의 본질은 역할-정의적인, 그리고 의도적인 사회적 상호작용을 결합하는 것이기 때문에, 이러한 것의 구조들은 상호작용하는 데 도움이 필요한 학생에게 지원적인 것이며, 더 적은 수의 사람과 함께 일하는 것에 더 잘 참여하게 하고, 상호작용의 명백한 규칙으로부터 혜택을 받는 학생에게 지원적이다.

(7) 바람직하지 못한 상호작용에 대해 공손하면서 유의미한 개별 중재를 실천하라

학생이 왜 처음에는 (또는 항상) 교실과 학교에 있는 사회적 환경의 규칙을 지키지 않으려 하는지에 대하여 매우 많은 이유가 있다. 청소년의 발달 시기는 세상에서 자신의 위치 및 정체성을 정의하기 위하여 규칙과 사회적 규범을 '시험'하고자 하는 구성원의 요구에 의해 사실상 정의되며, 성인과는 다른 방식으로 옷을 입고 대화하고, 성인에 도전하며, 또는 학교 내외에서 성인 생활의 규칙에 대하여 반항함으로써 종종 달성된다. 대부분의 청소년은 결국에는 학교에 참여함으로써 얻고, 따라서 일반적으로 자신이 학교에 접근하도록 허락하는 규칙을 지키며 권위적 인물들과의 갈등을 피한다. 그러나 일부 아동과 청소년은 자신이 학교에 참여하는 것으로부터 얻는 것이 없거나 그렇게 느끼고, 고의적이든 아니든 학교, 수업, 권위를 피하려는 행동에 참여할 것이다.

학교 수업에서 발생하는 대다수의 바람직하지 못한 행동은 사소한 것이며 타인을 짜증나게 할 수 있지만, 계획된 중재의 필요성을 나타내지는 않는다. 긍정적인 안내나 '규칙들'을 상기시키는 것이 일반적으로 이루어질 것이며, 갈등이 발생한 경우에는 대화를 위한 시간 또는 진정시키기 위한 시간의 확장이 이루어질 것이다. 비우호적으로 행동하거나 반응할 것 같은 아동·청소년을 위해 수용과 이해를 제공해 주는 것은 인간의 미덕이지만, 단순히 일진이 사나울 수 있거나 극적일 수 있지만 또래 갈등의 고통에 개입되는 것은 일반적으로 심각하지 않은 것이다. 갈등과 바람직하지 못한 행동은 모든 학교 상황에서 발생하는 것이며, 이들을 해결하는 데 도움이 되는 즉각적인 조처들은 다음과 같다.

① 많은 학생이 때때로 간과할 수 있는 학급 규칙을 상기할 수 있도록 큰 소리로 주목하게 하는 것은 학급에서 계속 허용될 수 있다.

② 지시에 순응하지 않는 경우, 학생이 지시에 반응할 충분한 시간을 주고 있는지 확인하고, 이들을 설득하거나 지시를 반복하기 전에 올바로 할 수 있는 기회를 허락하라. 예를 들어, "왜 우리가 우리 공책을 치우지 않지?" 또는 "나는 우리 공책을 치워야 할 시간이라고 생각해."라고 말하는 것은 "모두들 공책을 치워주세요."라고 말하는 것과 똑같은 것이 아니다. 첫 번째 것은 실제로 질문하는 것이고, 두 번째 것은 언급하는 것이고, 단지 세 번째 것만 실제로 지시하는 것이다.

③ 일부 부정적인 행동은 무시되는 것이 최선이다. 의도적으로 눈 맞춤을 피하거나 학생의 행동을 못 본 체함으로써, 교사는 행동을 부채질하기보다는 낙담시킬 것이다. 잘못된 행동을 하는 학생은 교사를 시험하려고 할 것이다. 행동을 무시함으로써, 교사는 학생에게 시간을 주고 걱정이나 분노를 줄일 수 있는 기회를 준다. 물론, '계획적인 무시'의 전략의 적용은 언제나 상황에 달려 있다. 만일 학생이 자신이나 타인을

해칠 것 같으면 행동을 절대로 무시해서는 안 된다.

④ '신호 체계'를 개시하라. 많은 교사는 원치 않는 또는 수용할 수 없는 행동에 대하여 학생이나 학급 전체에 경보하기 위하여 미리 협의된 신호를 사용한다. 이러한 신호들은 교실 불을 껐다 켜기, 손을 들게 하기, 자기 의자에 앉아 있기, 손가락을 입술에 대기, 또는 바람직하지 않은 행동을 통제할 필요를 지적하기 위한 다른 몸짓들을 사용하는 것을 포함할 것이다. 그러나 신호는 일반적으로 작은 사건이 커지는 것을 막기 위하여 위반 행위의 초기 단계 동안 가장 효과적임을 기억하라.

⑤ 개별적인 반대 또는 거절 행위는 은밀히 그리고 조용히 다루어져야만 한다. 교사는 학생에게 다가가서 조용하게 다루거나, 또는 학생에게 비공개적인 다른 공간에서 만나는 것을 물어보라. 이러한 경우들에 있어 다음과 같이 대처할 수 있다.

- 바람직하지 않은 행동은 교사의 인식이 정확하고 학생은 문제를 이해하고 있음을 확실히 하기 위하여 명확하게 기술되어야 한다. 방해는 재빠르게 그리고 다른 활동 중에 발생하기 때문에, 학생이 교사에 의해 언급된 정확한 문제에 대하여 불확실해하는 것이 드문 것은 아니며, 또는 교사가 실수할 수도 있다(Vavrus & Cole, 2002).
- 학급과 교사가 상황을 더 좋게 만들기 위해 할 수 있는 것이 무엇인지를 학생에게 직접 질문해야 한다. 교사가 학생을 도울 수 있는 간단한 대화만으로도 학생이 그 자리에서 행할 수 있는 합리적인 변화에 도달하도록 도울 수 있다.
- 교사는 학생이 진행 중인 활동을 이해하고 참여할 수 있는지를 확실히 해야 한다. 학생은 활동에 압도당할 수 있고, 도움을 요청하는 것에 대하여 당황하거나 속상해할 수 있다.
- 학생은 다시 시작하거나 침착하도록 잠시 쉬었다가 다시 시도할 기회를 제공받아야만 한다. 목적은 도움 또는 설명을 요청하거나, 갈등의 대상을 공유하거나, 손을 들거나, 또는 존중할 만한 언급 또는 실례되는 언급에 대한 질문을 공유하는 것이 될 수 있다. 반복된 수행의 의미는 필수적이며, 다시 시도하도록 기회를 제공하는 것은 학생에게 처벌로서 계속해서 일과를 반복하도록 요구하는 것과는 다르다.
- 활동에서의 본질에 대한 변화를 제공하거나 학생의 관심을 바꾸는 것은 도움이 될 수 있다.

- 학급 전체가 처벌받는 것에 대한 '책임'을 개별 학생이 가져서는 결코 안 된다. 학급 전체가 한 가지 또는 많은 바람직하지 못한 행동에 대하여 '지불'할 것을 요구하는 위협이나 처벌을 피하라. 이러한 유형의 실천은 개인과 성인 간의 적대감을 더 많이 증가시킬 수 있으며, 학생 간의 갈등과 분노를 만들 수 있다.

반복되는 바람직하지 않은 행동, 격렬하거나 해로운 행동의 경우에는 평가와 중재 계획이 필요할 수 있다. 행동은 의사소통의 한 가지 형태이며, 학생은 감정을 표현하거나 통제하기 위하여 '행동을 취할' 것이다. 행동의 일반적인 의사소통적 목적은 좌절, 분노, 불편함, 또는 어려움을 표현하는 것, 관심을 추구하는 것, 어떤 사람이나 행동을 피하는 것, 도움이 필요한 것을 포함한다. 가장 쉽고 빨리 수행되는 평가는 행동의 이유를 파악하기 위하여 학생과 함께 대화하는 것으로 구성되는 개방적인 의사소통을 통해 이루어질 수 있다. 일단 이유가 확실해지면, 필요를 표현하기 위한 대안적 방법이 제기되거나 분노나 절망에 대응하기 위한 전략들이 가르쳐질 수 있다. 몇 가지 대응 전략은 다음의 것들을 포함한다.

- 도움을 요청하기
- 일과로부터 휴식을 가지기
- 평정을 회복하기 위하여 숫자 세기 또는 호흡 운동하기
- 절망스러운 과제를 재미있는 과제에 끌어들여서 교대로 하기
- 평정을 회복하기 위하여 그 자리를 잠시 떠나 있기

학교 수업에서 학생은 다른 교과, 활동, 환경, 사람들에 놓여 있다. 많은 가능성이 학생으로 하여금 이러한 것들을 회피하는 행동을 이끄는 불편한 상황을 만들 수 있다. 상황을 회피하기 위해 행해지는 행동을 감소시키기 위해서는 다음과 같이 한다.

- 학생은 어떻게 하면 상황이 개선될 수 있을지에 대하여 질문받아야 한다.
- 노력은 상황이나 주제와 관련하여 학생의 능력과 재능을 강조하기 위하여 이루어져야 한다.
- 교사는 과제가 이해될 수 있고 감당할 수 있음을 확실히 해야 한다.

- 도움은 학생이 활동에서 확신을 얻을 때까지 제공되고 유지되어야만 한다.
- 학생이 활동이나 설정에 대한 확신 또는 인내를 얻고 집단에 돌아올 수 있도록 과제의 임시적인 대안 설정이나 형식을 제공하는 것을 고려해야 한다.
- 징계 결과를 다루는 것이 활동이나 환경에 참여하는 것보다 더 바람직하다고 느낄 수 있다는 것을 고려하라. 예를 들어, 교사는 학생이 교장실을 벗어나기 위해 행동을 반복하거나 악화시키는 방법을 재빠르게 배울 것이기 때문에 발생되어진 상황이나 환경에서의 갈등을 다루어야만 한다.

비록 관심을 받고자 하는 욕구가 학교와 교실 상황에서 문제되는 것처럼 자주 기술되지만, 타인으로부터 확인을 필요로 하고 집단에서 자신의 존재와 소유를 주장하는 것은 병적인 것이 거의 아니다. 소속감을 느끼지 않는 아동·청소년은 바람직하지 못한 방식으로 자신의 존재를 '발표'하고자 할 가능성이 더 높다. 소속감을 예시하고, 부정적인 관심 추구 행동들을 정중하게 감소시키기 위한 몇 가지 도움이 되는 방법은 다음과 같다.

- 사적 인정과 공적 칭찬으로 모든 개인의 장점을 확실히 강조하라. 그러나 칭찬이 진솔하고 의미 있어야 하는 것이 필수적이다. 만일 동일한 것, 모든 것, 또는 열정 없이 너무 자주 제공된다면, 개인은 인정받는다고 느끼지 않을 것이다.
- 개인이 학급에 기여하고 이러한 기여를 인식할 수 있는 방법들을 제공하라.
- 도움이 필요할 수 있는 학생에게 사전에 찾아가거나, 가까이 가거나, 주의를 가지라.
- 적절할 때 긍정적 관심을 제공하고, 학생이 '잘 하고 있다'는 것을 알아챌 수 있는 상황을 만들라.
- 부정적인 행동이 학생이 추구할 수 있는 대중적 관심의 결과가 되지 않도록 대화함으로써 사적으로 그리고 빨리 방해를 다루라.

⑥ 학생이 수용 가능한 방식으로 '울분을 표출하도록' 허용하는 프로그램을 제공하라. 학습 활동은 원치 않는 행동을 자극할 수 있는 긴장과 고갈로부터 안도를 제공해야만 한다. 방해되는 행동을 보이는 학생은 자기통제를 회복하기 위하여 화와 좌절을 배출할 기회가 필요하다. 아동은 또래 친구 또는 교사에게 터놓고 자신의 개인적 감

정을 표현할 기회를 가져야 한다.

⑦ 직접 교수와 지원을 제공하라. 학생은 때때로 프로그램의 일부 측면에 대하여 대처할 수 없기 때문에 교실에서 문제가 발생한다. 만일 이러한 것이 발생한다면, 학생과 직접 과제에 관한 일과를 하는 것과 같이 특정한 도움은 학생이 어렵다고 생각하는 것을 쉽게 만들 것이다. 교사는 학생의 잘못된 행동보다는 아동이 당면한 학습 문제를 극복하도록 가르치는 것에 초점을 맞추어야 한다.

⑧ '교사 접근성'을 제공하라. 교사는 잠재적 문제를 감지하는 경향이 있으며, 이러한 때에 교사의 물리적 가까움은 학생이 자신의 행동을 통제하는 것을 돕도록 할 것이다. 교사는 만일 학생이 교사의 가까움 및 지원으로부터 안심을 끌어낼 수 있다면 스트레스적인 상황에서의 폭발을 피할 수 있을 것이다. 교사는 학생에게 자기통제, 자기개념 강화, 현장격려의 모델을 제공할 수 있다.

⑨ 교사는 환경에서의 변화를 유용하게 예상하거나 허용할 수 있다. 만일 아동이 자신의 환경에서 문제를 나타낸다면, 자기통제가 돌아올 때까지 이러한 환경을 바꾸는 것이 도움이 될 것이다. 제어가 어려운 행동을 개선하고 아동이 '그것을 극복'하도록 돕는 것이 강조되어야 한다.

⑩ 긍정적 행동을 강화하고 보상하라. 보상으로 바람직한 행동에 대하여 타인의 인식과 감사를 전달할 수 있으며, 이러한 것은 아동이 '좋은 일을 유지하도록' 격려할 수 있다.

⑪ 위협과 비난을 피하라. 방해하는 행동을 보이는 일부 아동은 비난을 거부로 해석한다. 행동과 개인을 언제나 분리하라. "나는 네가 하는 것을 좋아하지 않지만, 나는 여전히 너를 좋아한다." 그러나 행동의 결과를 확고히 진술하는 교사는 아동이 자기통제를 보유하도록 도울 것이다. 바람직한 학생 행동에 대한 '긍정적 확인'은 긍정적인 자기 개념을 형성한다. 긍정적인 또래 행동들에 대한 주의를 가지는 교사는 적절한 역할 모델링을 촉진한다.

학업 수행에 영향을 미치는 장애들

학교는 역동적인 사회적 장소이며, 학교에서의 참여와 학습에서의 장벽이 학급 구성원의 사회적 행동 및 상호작용과 관련이 있는지 또는 학습자가 학급 교수를 인식하고 반응하는 방식 간의 차이에 기인하는 것인지 여부를 정확하게 결정하기란 종종 어렵다. 학교에서 기대되는 학업적 과제에 대하여 잘 수행할 수 있는 학습자의 능력은 교수가 제공되는 사회적 환경 및 방식과 마찬가지로 자신의 특별한 능력 및 이전의 경험과 많은 관련을 가진다. 여기서 제시하는 학습과 지적/인지적 장애로 확인된 학생들을 위한 상식적 접근들은 IEP에 나열된 제공에서 자주 특정하고 있는 편의와 주로 관련이 있다.

학습장애

IDEIA에 따르면, 학습장애는 평균 또는 평균 이상의 지능을 가진 개인이 정보를 수용하고 보유하고 표현하는 방식에 영향을 미치는 영구적인 장애이다. 학습장애로 간주되는 학생은 특수교육 서비스를 제공받는 가장 많은 수의 아동을 구성하고 있다. 학습장애의 생물학적 근거는 알려지지 않았으며, 진단 절차 및 이러한 범주하에 특수교육으로 배치되는 유색 학생의 수의 불균형에 대해 많은 비판이 제기되고 있다(Blanchett, 2006; Ferri & Connor, 2005; Losen & Orfield, 2002). 학습에서의 다양성은 자연스러운 것이며, 장애 진단이 가파르게 늘고 있다는 점은 아동에게 학습장애가 유행한다고 보기보다는 학교에서의 실천이 중요함을 보여 주는 것이다(Harry & Klingner, 2005; Reid & Valle, 2004). 학습장애의 본질에도 불구하고, 학습장애를 가진 것으로 간주되는 학생은 읽기, 이해 및 철자 쓰기, 수학 계산, 조정, 기억과 회상, 구어기술과 같은 일반적 영역들의 일부 또는 전부에 대한 지원을 받음으로써 혜택을 받을 수 있다. 어떠한 사람도 이러한 어려움 모두를 경험하지 않을 것이다.

학습장애에 대한 대중적인 인식은 지난 10년 동안 증가하였으며, 교사는 일반적으로 이 주제에 대하여 훨씬 더 많은 정보를 가지고 있다. 그러나 학습장애 학생은 교사 및 급우들로부터 오랫동안 게으르고 완고하고 '멍청하다'고 오인되어 왔다(Shapiro & Margolis, 1988). 이러한 범주는 달리 설명할 수 없는 학습적인 어려움의 많은 유형을 포괄하는 것이기 때문에, '전통적' 특징들의 목록을 작성하는 것은 문제가 있다. 더 나아가서, 학습은 언제나 상황에서 발생하며, 어떤 사람이 특정 기술을 얼마나 잘 수행하는지는 내용에 대한 자신의 관심과 이전 경험, 요구되는 수행의 유형과 강하게 관련이 있다. 예를 들어, 어떤 학생의 수행은 과제가 소설을 읽는 것인지 또는 설명문을 읽는 것인지, 질문에 답하고 반응을 쓰는 것인지 또는 의견을 토의하는 것인지에 달려 있을 것이다. 학습에 어려움을 가지고 있는 것처럼 보이는 아동을 지원하기 위한 방법들은 교수적 연습과 자료가 시각적 변별, 기억, 순서, 전경-배경 인식, 시각 운동 조정, 청각 변별, 공간 감각, 또는 추상적 추론에 대하여 애쓰는 사람들에게 얼마나 잘 접근할 수 있도록 하는지에 대한 관심을 포함한다.

상식적 반응들

학습장애 학생들을 지원하기 위한 최선의 방법은 유연해지는 것이다. 학습장애는 개개인이 차이가 있으며, 종종 당면한 상황 및 과제에 따라 동일한 사람에게도 다르게 영향을 미친다. 일상적인 활동에 있어 융통성이 도움이 되는 것처럼, 교수적 실천에 있어 융통성은 도움이 된다. 다음의 제안들은 교사가 학습장애 학생을 지원하기 위한 교실 환경을 만들려고 시작하는 것을 도울 수 있는 것들이다.

① **다양한 형태로 가르치라.** 교실 교수와 지시가 다양한 형태로 전달되는 것을 확실히 하라. 예를 들어, 큰 소리와 글로 지시를 제공하고, 정보와 과제를 발표하고 반응하도록 많은 방법을 제공하라.

② **유연한 작업 환경을 제공하라.** 학생은 산만함을 감소시키기 위해 고안된 장소에서 독립적 활동을 함으로써 혜택을 받을 것이다. 예를 들어, 만일 학생이 원한다면, 열람석을 갖춘 열람실이나 책상은 도움이 될 수 있다. 반대로, 학생은 아이디어가 다양한 사람들을 통해 나타나고 생각될 수 있는 짝 또는 집단에서 더 잘 배울 수 있다.

③ **개인에 대하여 알아가라.** 모든 학생과 개인적 수준에서 의사소통을 하고 특별한 요구에 대하여 주의를 가짐으로써 학급에 긍정적인 분위기를 만들어라. 학생을 잘 아는 것은 교사로 하여금 개별화된 지원을 발전시키고, 학생이 도움을 요청하고 새로운 아이디어를 제시하기에 편안한 관계를 만들 수 있다.

④ **의미 있는 일을 할당하라.** 모든 학생은 의미 있는 일을 제공받아야만 한다. 심지어 대체 과제를 제공할 때도, 일하는 것은 주제에 있어야 하며 적절하게 도전적이어야만 한다.

⑤ **학생 질문을 다루라.** 교사는 호기심을 가진 학생으로부터의 다음과 같은 질문에 대하여 솔직하면서 정직하게 다루어야만 한다.

- 저 친구는 왜 게으르고 집중하지 않나요?
- 저 친구는 왜 저렇게 서투른가요?
- 저 친구는 왜 수학 시간에 계산기를 사용하는 것이 허용되고 우리는 그럴 수 없나요?
- 우리는 왜 저 친구보다 더 많은 숙제를 해야 하나요?
- 저 친구는 왜 저렇게 조잡한 글을 쓰면서 좋은 성적을 받나요?

이러한 유형의 질문들에 대한 답변을 거부하는 것은 학생들 사이에서 의심을 살 수 있으며, 단지 특수교육이나 특별한 요구를 이유로 가리키는 너무 간결한 대답은 낙인에 이르게 할 수 있다. 이러한 것들을 피하기보다는 오히려, 이러한 유형의 질문은 학급에 장애와 다양성 또는 공평함에 대한 더 넓은 아이디어를 토의할 기회를 준다. 한 가지 접근은 평등과 형평성의 개념을 개념화하는 것이다. '평등'은 모든 사람이 똑같이 대우받는 것을 의미하며, '형평성'은 모든 사람이 자신이 필요한 것을 가지는 것을 의미한다(Welch, 2000).

⑥ **보충적인 정보와 조직자organizer들을 제공하라.** 학습장애 (그리고 많은 다른) 학생은 보충적인 교수 지침, 개요, 도식 조직자가 제공된다면 더 잘 배울 것이다. 예를 들어, 핵심을 발전시킬 여유가 있는 날에 다루어질 3~4개의 주요 핵심 목록들은 주요 아이디어에 관심을 집중하는 것을 도울 수 있다. 각 단위의 작성된 개요는 또한 도움이 될 수 있다. 채우기 위한 공간 또는 필기를 위한 격자판grid과 같은 정보를 조직하기 위한 틀을 제공하는 것 또한 도움이 될 수 있다.

⑦ **분명하고 정리된 재료들을 제공하라.** 과제 유인물과 읽기 자료들은 간결하며, 간단한 형식을 가진 분명한 글꼴을 가지고 있어야만 한다. 지시사항은 눈에 띄는 곳에 위치해야만 한다.

⑧ **학생들이 성공할 수 있도록 설정하라.** 학생이 성공할 것 같은 수업의 측면에 학생의 참여를 초대하라. 학생이 반응을 준비할 수 있도록 미리 토론 질문 또는 도전적인 문제를 제공하는 것은 확신과 참여를 구축하도록 도울 것이다.

⑨ **공학을 사용하라.** 읽고, 쓰고, 공부하며, 노트를 작성하고, 과제나 시험에 반응하기 위하여 다른 유형의 공학을 어떻게 사용하는지를 배워라. 학생이 수업 시간 또는 수업 이외에 이러한 것들을 사용하는 것을 환영하고 허락하라.

⑩ **시간에 너그러워지라.** 학습장애 학생이 가질 수 있는 가장 큰 지원 가운데 한 가지는 읽기를 위한, 과제나 시험을 마치기 위한, 또는 단순히 당면한 과제를 생각하기 위한 추가 시간과 같은 시간이다. 학생의 일이 가능하면 적게 방해받을 수 있도록 사전에 추가 시간을 제공하기 위한 준비를 해라.

⑪ **자아개념을 고려하라.** 학교는 학업 요구에 어려움을 가지는 학생들에 대하여 매우 불쾌해하거나 사기를 꺾을 수 있다. 학습장애 아동을 돕는 중요한 요소는 강하고 긍정적인 자아 이미지를 구축하는 것이다. 이해하는 환경, 정직한 칭찬, 성공과 진전을 불러들이는 과제를 제공하는 것은 학습에서의 확신을 구축하는 것을 도울 수 있다.

지적장애

지적장애를 가진 것으로 간주되는 학생은 적응행동 및 IQ를 토대로 진단된다. 앞에서 상세하게 논의된 것처럼, 양쪽 영역은 매우 주관적이며, 사회적 맥락과 환경에 관련 있다. 그러나 적응행동 측면에서 평가될 몇 가지 일반적인 영역은 다음과 같다.

① **사회적 행동**은 다음과 같은 것들을 포함한다. 대인관계기술, 상호작용 및 놀이, 갈등 해결 및 사회적 단서와 신체적 언어 해석하기

② **지적 · 학업적 수행**은 다음을 포함한다. 기억, 학습 속도, 추상적 개념, 새로운 상황에 학습된 정보 적용하기

③ **말과 언어 발달**은 다음을 포함한다. 말의 표현, 어휘, 의미의 뉘앙스에 대한 이해

상식적 반응들

지적장애는 경도에서 최중도에 이르는 범주로 진단된다. 따라서 지적장애의 경험은 엄청나게 다양하다. 학습장애 학생과 일하는 것처럼, 가르치고 교수하는 것에서의 융통성과 개인을 알아가는 것은 중요한 지침이다. 다음의 추천들은 또한 교육자들을 안내할 수 있다.

① **능력을 추정하라.** 예를 들어, 대화에 참여시키고, 선택, 나이에 적절한 자료, 활동을 제

공하라.

② **가르치고, 재교육하고, 강화하라.** 새로운 개념 또는 기술을 가르칠 때 반복, 연습, 강화를 위한 기회와 지원을 제공하라.

③ **보충 자료들을 제공하라.** 도움을 제공하고, 기억하고, 좌절을 피하기 위하여 격려하고 보충 자료를 제공하라. 예를 들어, 곱셈표, 어휘 단어 목록, 재빠른 자료표 등이 있다.

④ **정확하고 상세히 하라.** 인지장애 학생은 추상적으로 추론하는 것에 어려움을 가질 것이며, 이러한 것은 개념과 교수에서의 연결을 만드는 것을 어렵게 할 수 있다. 과제를 완수하기 위하여 내용과 교수에 대한 구체적인 세부 사항을 제공하는 것은 큰 도움이 될 수 있다. 하나의 활동으로부터 또 다른 활동으로 학습의 이동을 지원하기 위해 실제적인 경험을 제공하는 것은 지식과 기술을 이해하고 보유하는 것을 또한 도울 수 있다.

⑤ **학교와 일정에 대한 오리엔테이션을 제공하라.** 학생은 학교 사무실, 보건교사, 사물함, 식당, 미술실, 음악실, 실험실 등을 찾는 데 도움을 받을 수 있다. 학교 일정과 일과들 또한 도움이 될 수 있다. 동일한 일정을 가진 또래들 간의 관계와 협력들을 촉진하는 것은 모든 학생으로 하여금 자신이 가기 원하는 곳에 갈 수 있는 것을 보장해 주는 좋은 방법이 될 수 있다.

⑥ **기대들을 적절하게 하라.** 지적장애 학생은 빈약한 자기 이미지와 좌절에 대한 낮은 인내를 가질 위험이 있다. 빈약한 자기 이미지의 발전은 부적절하게 요구하는 과제에 대한 반복적인 실패와 관련이 있을 수 있다. 범주의 다른 쪽으로, 학생들이 너무 쉬운 과제에 자주 놓여 있을 때, 이들은 도전에 저항하고 좌절에 대하여 낮은 인내심을 발전시킬 것이다. 양쪽 상황은 어떤 사람이 일반적으로 다른 사람으로부터 너무 많은 도움을 받아온 과거의 패턴에 기초하여 할 수 없는 것처럼 행동하거나 자신들이 해야 하는 것에 대하여 타인을 기다리는 학습된 무기력에 이르게 할 수 있다. 학생이 합리적으로 도전적이고 의미 있는 과제를 제공받고 학습하기에 충분한 지원을 제공받지만, 이들이 자기 효능감을 개발하는 것을 실패할 정도로 너무 많아서는 안 된다는 것은 중요하다.

⑦ **관계들을 촉진하라.** 지적장애 학생의 빈약한 자기 이미지의 또 다른 근원은 사회적 고립감과 관련이 있다. 특히 청소년기 동안, 사회적 행동과 언어가 어린아이처럼 보일 때 또래 관계를 형성하는 것이 어려울 수 있다. 교사는 상호작용을 수업 지도의 한

부분으로 만듦으로써 긍정적 사회관계를 장려할 수 있다. 협력 학습과 다른 유형의 집단 작업은 학생들이 서로를 알아가도록 도울 수 있으며, 관계와 우정을 형성할 기회들을 제공할 수 있다.

결론

장애인 간에는 너무나도 많은 다양성이 있으며, 마찬가지로 학교에 있는 장애학생을 가장 잘 지원할 수 있는 실천은 다양하다. 이번 장에서 제공하는 정보는 단지 전문적 실천의 시작점에 불과하다. 교사는 이러한 정보를 이질적이거나, 두렵거나, 좋아하지 않을 것처럼 보일 수 있는 장애와 조건들을 이해하는 데 유용한 것으로써 볼 수 있도록 격려받는다. 시작하는 실천은 교육적 실천에 대하여 통합적으로 생각하는 초기 방법을 제기하는 것이다. 아동은 개인이지 명칭이 아니라는 것을 기억하는 것이 필수적이다. 학생을 효과적으로 환영하고 교육하는 방법을 배우기 위한 최선의 방법은 이들과 관계들 구축하는 것을 통해서 구체적인 지식을 가지는 것이다.

제3부

교육과정 및 통합교육

제7장

학생 다양성에 대한 접근: 개요

우리는 대중매체와 교육 연구를 통해 현재 미국 학교가 직면하고 있는 어려움과 교육개혁에 대한 이야기를 쉽게 접할 수 있다. 많은 뉴스와 연구는 학생의 다양성에 대해 교사가 직면하는 어려움으로 설명한다. 학생의 다양성과 관련되어 자주 등장하는 주제는 도시 학교개혁urban school reform과 특수교육개혁special education reform이다. 이러한 주제들은 도시 학교에 다니는 학생 혹은 특수교육대상자가 경험하는 어려움과 학생의 다양한 요구를 충족시켜야 하는 학교가 겪는 어려움을 나타낸다. 이 외에도 학생 다양성과 관련하여 자주 등장하는 주제는 이민 가정의 학생 및 영어를 모국어로 하지 않는 학생의 요구, 성 평등에 대한 우려, 학생의 다양한 학습적 요구 등이 있다. 이렇게 학생의 다양성을 종류와 원인에 따라 분류하기 시작하면 끝이 없을 뿐 아니라, 학교교육의 개선 방안을 마련하는 것이 불가능한 과제처럼 느껴진다. 학생 다양성을 범주화하는 방식의 기본 가정은 교육평등을 위한 노력이 기존의 관심 주제에 새로운 관심 주제를 추가하는 부과적인 과정이라는 것이다. 이 장에서는 학교가 지금까지 학생 다양성에 대응해 온 많은 방식이 사실은 굉장히 유사하다는 것을 설명하고자 한다. 시대에 따라 여러 집단과 그들의 요구에 대한 다양한 지식과 교수법이 개발되었지만, 일반교육과 타인Others을 위한 교육 사이의 간극은 좁혀지지 않고 있다. 이러한 간극을 인식하는 것은 중요하다. 이를 통해 우리는 통합교육이란 학생 다양성에 대한 여러 방법을 병합하는 것이 아니라 모든 학생이 공동으로 경험하는 장벽 자체를 없애는 것임을 인식할 수 있다.

칼 캐슬Carl Kaestle(1976)은 미국 공교육이 신교도 문화의 지배, 자본주의의 발전, 대의 민주주의에 대한 희망과 관련된 사회적 요구 및 가치와 결부되어 발전되어 왔다고 설명한다. 공교육은 근면, 절제, 개인주의, 개인 발전, 공익 등의 가치를 근간으로 하는 도덕성을 기를 수 있는 원동력으로 인식된다. 이러한 인식은 학교교육의 관행 및 교육과정의 전통에서 드러난다. 예를 들어, 학업 성취는 학생의 개인적인 노력의 결과로 간주되며, 능력 사회에서의 지위와 직결된다고 인식된다. 교육과정의 목표는 이 사회가 서구 사상과 기독교 가치의 성취를 통해 진보해왔다는 것을 가르치는 것이다. 즉, 학교는 주권sovereignty이 아닌 민주주의를 근간으로 하는 공익을 지향하는 미국 사회 건립자들의 꿈을 이어가기 위해 학생에게 습관과 가치를 가르치는 기관이다.

1830년대에 발전한 보통학교common school는 농촌 사회의 변화로 인해 새롭게 정의된 성인기의 생활을 준비시키기 위해 설립되었다. 도시의 학교는 문화 결핍이 있다고 추정되는 이민 가정 및 유색인종 아동을 지배 문화에 동화시키고자 하였다. 시각장애, 청각장애, 지적장애 등의 학생을 대상으로 설립된 기관은 직업훈련과 일상생활 활동에서의 자조능력의 습득을 목표로 하였다. 미국 재건 시대의 남부 지역에서는 "학교교육이 좋은 노동력에 악영향을 미치고 있으며" 따라서 "노동자가 문맹이거나 기껏해야 반문맹 정도 되는 것이 최선"(Anderson, 1988, p. 149)이라는 지주들의 믿음에 따라 공적 자금이 흑인학교에서 백인학교로 옮겨갔다. 이러한 맥락에서 남부의 흑인 공동체는 그들만의 교육 체계를 세우기 위해 노력했다. 일반적으로 교육은 지배 문화의 가치, 지식, 기술을 계승하는 역할을 수행하였다.

역사가와 철학자의 보고에 따르면, 20세기 초 미국에서 산업화와 도시화가 진행되면서 학교의 출석률이 높아졌고, 그 결과 학교는 현재와 매우 유사한 체계를 갖추게 되었다. 아동 노동법의 도입뿐 아니라 교육이 이민자 아동에게 미국의 가치를 가르치는 데 있어 중요한 역할을 한다는 여론은 학교에 입학하는 아동의 수와 다양성의 증대를 가져왔다. 산업화와 자본주의의 영향으로 학교 내에서도 효율성이 강조되었다. 프레데릭 테일러Frederick W. Taylor는 산업 발전을 위해 직업의 단순화를 강조한 아이디어와 실제를 개발하였다. 그는 작업 속도와 생산성에 대한 근로자의 책임을 강조하는 작업 체계를 구축하고 작업 공간과 작업 흐름workflow을 조직하였다. 테일러주의Taylorism라고도 불리는 과학적 효율성scientific efficacy은 교사가 교육 내용을 효율적으로 전달하는 기술자로서의 역할을 해야 한다고 보았다. 이때, 학생은 하나의 '제품'이었다. 학교는 학생들을 연령별 또는 수준별로 나누었고, 벨을 사용하여 교실 간의 이동을 통제하였다. 교사는 교수 시간 및 학생의 학습 결과에 대한 책무성 평가를 받기 위해 그들의 업무를 문서화했다(Rees, 2001). 교육 내용의 학습을 위한 단계를 체계적으로 나누고 각 단계를 효율적으로 가르치기 위한 교수 방법을 개발하였다. 학교는 잘 기름칠한 기계의 이미지를 모델로 삼았다. 20세기 초반에 발전한 기술적 합리주의technical rationalism와 과학적 효율주의는 현재까지도 교육에 막대한 영향을 미치고 있다.

민주주의의 기틀을 마련하기 위해서 자본주의, 신교도, 인지적 합리주의와 연관된 가치와 지식을 가르치겠다는 학교교육의 목표는 과학적 효율주의와 결부되었다. 이것은 미국 사회에 존재하는 소외와 배제의 문제를 그대로 반영하는 학교 체계의 구축이라는 결과를 낳았다. 문화적으로 결핍되고, 따라서 경제 및 사회에 공헌할 수 있는 잠재적 가능성이 더 적다고 추정된 학생은 범주화되었고 분리되었다. 즉, 학교교육에 대한 지금의 지배적인 관점은 백인성Whiteness과 연관되는 문화우월성의 가치와 중립적인 교육 철학으로 인식되는 기술적 합리주의의 결합으로 형성된 것이다. "교육과정, 학교체계, 그리고 교수적 실제가 도덕적이고 효율적이며, 과학적 발전을 통해 구축되었다."라는 기본 가정은 학교에서 경험하는 학생들의 어려움이 개인의 문제라는 관점을 강화한다. 이러한 관점에서 학생들이 보이는 다양성은 해결해야 할 문제로 인식된다.

공교육 통합을 향해

19세기 후반, 학교에 다니는 것이 보편화됨에 따라 공립학교는 주로 백인 아동의 공간이 되었으며, 흑인 아동과 장애 아동을 위한 분리된 학교가 설립되었다. 초기의 특수학교는 시각장애, 청각장애, 시청각장애 학생을 대상으로 이동 및 의사소통 기술을 주로 가르쳤다(Wright, 1999). 특수학교는 남학생을 위한 직업 교육, 여학생을 위한 가정 기술, 기본적인 학문 기술 등을 가르쳤다. 재건 시대에 남부의 흑인 아동은 흑인 공동체가 설립한 학교에 다녔다. 흑인 아동을 교육하는 데에는 다양한 철학이 존재했다. 흑인 중심의 경제를 발전시키기 위한 무역과 직업 창출을 위한 교육, 그리고 백인 문화가 지배하는 지적·경제적 구조로 진입하기 위한 교육이라는 상충되는 두 관점이 존재했다(Anderson, 1988).

감각 및 지적 장애를 가진 일부 아동은 사립학교에 다녔지만, '부진아backward children'를 위한 공립학교 내의 특수학급이 20세기 초반에 생겨났다(Franklin, 1994). 일반학급에서 또래를 따라갈 수 없는 학생을 위해 별도의 교실이 마련되었고, 이것은 어려움을 겪는 학습자가 자신만의 속도로 학습하여 다른 학생을 따라 잡아서 일반 학급에 다시 참여할 수 있도록 돕는 학습 공간으로 인식되었다. 이러한 교실 안에서 일부 장애학생은 직업 교육이나 생활 기술에 초점을 맞춘 교육과정에 따라 학습하였다. 장애학생에게 제공하는 학교 교육의 경험은 장애의 유형이나 정도, 교육적 배치의 종류, 아동의 미래에 대한 예측과 같은 다양한 요인에 따라 달라졌다. 동시에, 흑인이 설립한 학교뿐만 아니라 인종적으로 분리된 공립학교도 세워졌다. 이는 모든 학생은 동등한 권리를 가지지만 인종적으로 분리되어 학습할 수 있다는 1986년의 플레시 대 퍼거슨*Plessy v. Ferguson* 판결에 따른 것이었다. 흑인 아동이 다니는 학교는 분리정책을 지지하는 남부에 위치해 있었으며 대부분 자원이 부족하였다. 인종적으로 분리된 학교 간의 자원 차이는 지속적으로 존재하였다. 인종적으로 분리된 학교가 경제 불평등과 인종차별주의를 반영할 뿐 아니라 악화시킨다는 것을 인정한 1954년의 브라운 대 교육위원회*Brown v. Board of Education* 판결은 인종 분리 교육을 양산하는 모든 정책과 관행을 종식시키고 통합을 달성하기 위한 대책을 세울 것을 명령하였다.

학교라는 곳은 시민 사회와 경제적 진보에 기여할 수 있는 사람을 기르기 위해 효율적인 작업이 이루어지는 기관이라는 관점은 1950년대에 더욱 강화되었다. 20세기 중반의 사상가들은 학교가 냉전에서 승리할 미래의 리더를 양산하기 위해 가장 재능 있는 사람을 식별하고 분류하기 위한 경쟁의 장이라는 아이디어를 발전시켰다(Rickover, 1957). 높아진 학습 기대에 부응하지 못하는 학생은 '학습장애'라는 새로운 범주로 분류되었다. '문화 결핍'이라는 명칭은 흑인 학생에게 붙여졌으며, 학업 성취도 검사를 통해 학생은 '추정된 잠재력'에 따라 각기 다른 학급으로 분류되었다. 학생들은 대학 준비 학급, 실업 학급, 단순 기술 습득 위한 학급 등으로 분류되어 배치되었다. 수준별 교육 체계뿐 아니라, 일반교육 및 특수교육의 이중 체계는 학교를 통합하기 위한 노력에도 불구하고 인종적 분리를 유지시키는 수단으로서의 역할을 하였다. 과거에 인종적으로 분리된 학교에 재학했던 흑인 학생은 심리적 · 사회적 · 문화적 · 인지적 '결핍'이라는 이유로 또 다시 분리되었다.

20세기 중반에는 특수교육의 실천에 있어서 모순이 드러나기 시작했다. 학습장애라는 새로운 범주에 속한 아동의 특성을 이해하고 교육적 요구를 충족시키려는 백인 부모의 노력과 특수교육이 흑인 아동에 미치는 부정적인 영향이 동시에 발생했다. '정신지체' '문화 결핍' '정서장애'로 분류된 학생은 대부분이 흑인이었고, 이들을 위한 특수학급은 인종적인 분리를 위한 공간으로 변질되었다(Ferri & Connor, 2005). 흑인과 유색인종 아동의 지적 · 문화적 열등감에 대한 주장, 그리고 장애 아동의 무능함에 대한 암묵적 가정은 일반학급에서의 그들의 분리와 배제를 합리화하는 다양한 실제를 만들어 냈다. 학교는 학생들이 겪는 학교에서의 어려움을 그들의 의료적 · 인지적 · 문화적 결핍으로 설명하고, 이에 대한 해결책으로 학생들을 범주화하여 분리된 곳에서 차별화된 교육을 제공하였다. 그러나 역설적이게도, 이러한 실제는 학교라는 곳이 민주적이며 평등한 기관으로 인식될 수 있도록 하였다(Skrtic, 1991).

오늘날 공교육은 학생의 대학 진학 및 취업 준비를 학교의 책무라고 본다. 교육은 세계의 지식 경제 내에서 미국의 지위를 지킬 수 있는 사람, 그리고 개인적인 부의 획득을 통해 개인적인 이익을 거두는 동시에 숙련된 노동력으로 국내의 이익에 보탬이 되는 사람을 양성하는 수단으로 여겨진다. 따라서 공통 교육과정을 강조하고 주정부 및 연방정부 차원의 평가를 통해 학업 성취를 증명해 보이는 것에 중점을 두는 현 상황은 불가피하다. 이러한 맥락에서 교사는 교육의 조건으로 간주되는 동시에 교사교육은 비난과 희망의 대상으로 인식된다(Kumashiro, 2012). 현재 공교육은 경제, 문화, 인종적 평등을 위한 투쟁이 이루어지고 있는 논란의 장이다. 비판인종이론critical race theory을 지지하는 학자들(Harris, 1993; Ladson-Billings, 2009)에 따르면, 교육 성과라는 것이 졸업장과 학위 취득으로 특징지어지는 현 상황에서 학교교육은 재산 혹은 소유물의 한 형태이다. 대학이나 취업 준비를 교육의 목표로 보는 일반적인 견해에 따르면, 학교교육에서 성과라는 것은 특권으로의 접근과 연결된다. 학교에서 획득하는 실적(예: 성적)을 통해 구축되는 위계 구조는 자본주의 사회에서 자원 및 지위의 불평등한 분배를 정당화한다. 그러나 래슨-빌링스Ladson-Billings와 테이트Tate(1995)는 유색 인종 학생이 주로 다니는 학교의 불평등한 재정 상태와 사실상의 분리 교육이 양질의 교육과정과 교수에 대한 유색인종 학생들의 접근성을 제한한다고 주장한다. 장애비판인종학dis/ability critical Race studies 학자들(Annamma, Connor, & Ferri, 2013)은 인종차별주의와 장애차별주의가 문화에 너무나 깊숙하게 침투해 있기 때문에 장애학생과 유색인종 학생이 학교에서 어려움을 겪는 것은 너무나 당연한 것이라고 주장한다. 이들이 백인 비장애 또래와 비교하여 교육적 진보가 더딘 것은 장애, 문화, 가난,

인종과 관련된 사회적 문제인 것이다. 교육에 있어서 통합을 지향한다는 것은 교육불평등이 불가피한 것처럼 보이게 하는 학교교육과 학생에 대한 기본 가정 자체를 바꾸는 것이다.

타인을 위한 교육

미국 공립학교의 체계와 교육과정은 기술적 합리주의와 백인 문화, 그리고 인지적 합리주의라는 서구의 이상을 최우선으로 하는 가치 적재적인value-ladden 맥락 안에서 형성·개발·발전되었다. 유색인종 학생, 눈에 띄는 손상을 가진 학생, 영어를 모국어로 사용하지 않는 학생은 이러한 틀에 부합하지 않았다. 이러한 틀에 부합하지만 어려움을 보이는 학생에게는 장애라는 명칭을 붙였다. 타인Others이라는 범주에 포함된 학생을 가르치기 위해 지금의 교정교육remedial education, 특수교육, 타 언어를 사용하는 학생을 위한 영어교육, 다문화교육과 유사한 교육 프로그램이 활성화되었다. 이는 학교가 타인이라는 범주에 속한 학생에게 어떻게 대처하는지를 보여 준다. 1987년 슬리터Sleeter와 그랜트Grant는 『다문화교육을 위한 선택을 만들기Making Choices for Multicultural Education』(Sleeter & Grant, 2007)에서 다문화교육 연구 분류 체계를 처음으로 제시하였다. 그들은 유색인종 학생과 그 밖의 타인 범주의 학생들을 대상으로 하는 교육 연구와 실제를 다섯 가지 범주로 나누어 설명한다. ① 소수집단 학생들의 동화와 효과적인 학업 성취를 강조하는 관점, ② 다른 문화에 대한 이해와 관용을 통해 소수집단에 대한 차별과 편견을 제거하고 궁극적으로 주류집단과 소수집단의 관계를 개선하는 것을 강조하는 인간관계 접근법, ③ 인종, 민족, 계층, 성별 등과 같은 특정한 소수집단이 겪는 억압을 탐구하는 단일 집단 접근법, ④ 모든 학생에게 동등한 교육기회를 제공하여 평등과 다원성을 증진하려는 다문화교육 관점, ⑤ 평등과 정의를 강조하면서 궁극적으로 사회구조와 제도를 개혁하려는 사회재건주의적 관점이 이러한 것들이다. 이 다섯 가지 범주는 소위 일반학생으로 인식되는 집단과 타인 범주로 분류된 학생 집단을 위한 교육 간의 관계에 대해 인해할 수 있는 유용한 틀을 제공한다. 다섯 가지 범주에서 드러나는 것은 우리가 일반교육이라고 칭하는 '특권의 원circle of privilege'을 유지하려는 의지, 타인 범주에 속한 학생들을 그 원 안에 넣거나 빼려는 시도, 또는 원의 경계를 넓히거나 아예 없애려는 노력과 관련된 교육의 역사이다.

우리는 다문화교육 및 특수교육의 역사와 실제를 근거로 타인을 위한 교육과 관련한 다양한 접근 방식에 대해 설명하고자 하며, 이를 위해 네 가지 접근법을 도출하였다. 이는 ① 다름에 대한 개인적 접근, ② 사회적 실천으로서의 다원주의pluralism, ③ 교육과정의 실천으로서의 다양성 ④ 해방liberation을 위한 교육학이다. 이 중 일부는 발리에리Baglieri(2016)에서 설명되었다. 먼저, 완전히 통합적인 접근은 존재하지 않는다는 사실을 인식하는 것이 중요하다. 이는 모든 교육적 실제가 권력과 특권의 맥락 안에서 만들어지기 때문이다. 통합교육이라는 개념과 관련하여 각각의 접근 방식에 대해서 설명하고자 한다.

다름에 대한 개인적 접근

다름에 대한 개인적 접근은 학생들 간의 차이에 대응하기 위해 가장 널리 사용되어 온 것이다. 이 접근법은 학습에서 어려움을 보이는 개별 학생의 특성을 설명하는 것에 중점을 둔다. '다양한' 혹은 '문화적으로 다양한' 학생의 요구를 충족시키는 방법과 학생 다양성이 야기하는 어려움에 대처하는 방법에 대한 설명은 넘쳐난다. 많은 교육 연구가 학생들의 다양한 '학습 방식'에 따른 교육적 요구 또는 장애와 관련된 특수한 교육적 요구를 강조한다. 이러한 교육 접근법의 목표는 개별 학생의 독특한 교육적 요구를 정확히 파악하고 이러한 요구에 부응하는 교수 방법을 개발하는 것이다. 다름에 대한 개인적 접근은 일반 교육과정 자체의 변화를 추구하지 않으며, 보충 또는 교정을 위한 교수법을 일반 교육과정에 추가하여 특정 개인이나 집단의 요구를 충족시키고자 한다.

개인적 접근의 기본 철학은 '다양한' 학생과 '다루기 힘든' 학생들을 지배문화에 동화시키려는 교육 목표에서 드러난다. 여기서 지배문화란 사회적으로 영향력 있는 집단에 의해 향유되는 문화로, 학교라는 공간을 규정지을 뿐 아니라 대학 및 그 이후의 직업 생활에 대한 기대를 특징짓는다. 학생은 지배문화 안에서 수용될 수 있도록 표준 영어로 말하고 쓰는 능력의 습득과 행동 및 외모의 정상화를 강조되어 진다. 또한 기본적인 학문 기술, 교정을 위한 수업, 특정 기술을 가르치기 위한 교육과정 등이 강조되어 진다. 통합교육 맥락에서 개인적 접근은 개별화된 교수의 필요성을 강조하고, 특정 집단의 학생이 가진다고 추정되는 교육적 요구를 충족시킬 수 있는 교육 자료나 교수법을 강조한다. 기술 합리주의의 영향은 이러한 개인적 접근 방식, 그리고 전통적인 특수교육과 일부의 문화감응교수방법cluturally responsive teaching에 명백히 나타난다.

전통적인 특수교육은 장애학생을 위해 교육 프로그램을 개별화하는 방식에 초점을 두고 있다. 장애학생이 내용 중심의 교육과정에 참여할 수 있도록 지원하기 위해 기본적인 학업 기술이나 교정 지도를 처방한다. 그러나 푸가치Pugach와 와거Warger(1996)는 이러한 접근 방식이 '비교육과정적acurricular'이라고 지적한다. 전통적인 특수교육은 개별화된 교수가 장애학생의 일반 교육과정에의 참여를 도모할 수 있다는 희망을 바탕으로 개별화에만 중점을 둔다. 특수교육의 비교육과정적 실제는 학습에 대한 환원적reductive 관점, 즉 학생은 절차적 단계에 따라 과제를 수행하기 위해 세분화된 각각의 기술을 먼저 습득해야 한다는 관점을 근간으로 한다(Heshusius, 1989). 이러한 관점에서 일반교육 또는 통합교육에의 접근성은 학생의 '준비도readiness'에 입각한다. 즉, 학생이 학문적 · 정서적 · 행동적으로 일반교육의 장에 들어갈 '준비'가 되었는지 여부에 중점을 둔다.

슬리터Sleeter와 그랜트Grant(2007)의 다문화교육 다섯 가지 범주 가운데 첫 번째 범주인 소수집단 학생의 동화와 효과적인 학업 성취를 강조하는 관점은 이러한 개인적 접근 방식을 취하였다. 대부분이 유색인종, 저소득층 자녀로 이루어진 대상 학생에게 영어 수업을 제공하고 교정 지도를 하거나 또는 이들을 낮은 학업 수준의 교실로 이동시킨다. 이는 일반학급에 장애학생을 들여보내기 위해 학생의 준비도 여부를 확인하는 특수교육의 실제와 유사하다. 문화감응교수는 널리 알려진 개념이다. 이 개념은 학생들이 학교에서 성공적인 경험을 하기 위해서는 학교 담론을 학습해야 하는데, 학생의 언어 및 문화적 경험과 인종적 정체성은 학교 담론을 학습하는 데 있어 중요한 역할을 한다는 가정을 근간으로 한다. 문화감응교수는 현 교육과정 및 교수 방법이 백인 중산층의 경험을 통해 구축된 특정 방식의 앎, 의사소통, 행동 양식에 가치를 부여한다는 것을 보여 주는 사회학, 심리학, 교육학 연구 결과에 근거한다. 즉, 문화감응교수란 타인으로 인식되는 학생들이 높은 학업 성취를 보이기 위해서는 그들의 경험과 지식이 존중되어야 할 뿐 아니라 그들의 교육 활동에 중심이 되어야 한다고 보는 교육적 접근이다. 표준 영어를 가르치고 지배 문화를 반영하는 학업 기술을 가르치는 것은 백인 중심의 앎, 의사소통, 행동 양식이 현 사회에서 지배적인 위치에 있다는 '현실'에 대한 인식을 바탕으로 한다. 타인 범주의 학생이 문화감응교수의 수혜자라는 사실은 이러한 교수법이 결국 개인적 접근 방식 범주에 포함된다는 것을 보여 준다. 학생의 경험과 정체성을 지배 문화와 관련하여 다양한 형태의 자본을 습득하기 위한 자원으로서 보는 문화감응교수는 철학적으로 볼 때 분명한 동화정책주의자assimilationist 개념이다.

통합교육과 관련지어 살펴보면, 개인적 접근은 특수교육의 실제 뿐아니라, 개별화 및 차별화된 교수가 '모든' 학생에게 유익한 것이라는 담론에 영향을 미쳤다. 개별 학생의 문화, 학습 방식, 흥미, 선호도 등의 다양성이 식별되어야 하며, 이는 일반 교육과정에서 학업 성취를 증진시킬 수 있다는 시각이 점차 커지고 있다. 개인적 접근에 있어서 통합교육을 위한 노력은 각 학습자의 교육적 요구와 교수 전략 간의 격차를 줄이는 기술 합리주의적 노력을 의미한다.

사회적 실천으로서의 다원주의

다문화교육과 통합교육 관련 연구에 드러난 두 번째 접근법은 다원주의Pluralism를 사회 집단 간의 긍정적인 관계를 구축하는 요인으로 인식하는 것이다(Sleeter & Grant, 2007). 이 접근법은 타인에 대한 이해가 평화를 도모하고, 다양성에 대한 긍정적인 인식 및 가치 부여에 기여한다고 본다. 인종이나 장애와 관련한 비분리정책desegregation은 함께 사는 삶이 타인에 대한 고정관념을 갖지 않는 미래 세대를 양성한다는 주장에 근거한다. 사회적 실천으로서 다원주의를 지향하는 교육은 타인 범주에 속한 학생이 통합된 교육으로 혜택을 얻을 수 있다고 본다. 이는 타인 범주의 학생이 일반 교육과정에 접근할 수 있기 때문이며, 또한 또래 학생을 모델링할 수 있기 때문이다. 이러한 관점에서 일반 학생은 타인에 대한 관용 및 수용을 연습할 수 있는 기회를 제공받을 수 있다. 일반 교육이 백인 학생과 비장애학생의 전유물이라는 담론 안에서 인종적 통합과 장애학생의 통합교육이 지지받는 것은 이러한 관점의 영향이다.

장애학생의 통합을 위한 초기의 노력은 시간제 통합에 집중되었다. 이는 시간제 통합을 통해 장애학생이 '주류'교육에 참여할 수 있고 사회적 이점을 누리는 동시에 발달적으로 적합한 교수를 따로 받을 수 있다는 이유 때문이었다. 1986년 매들린 윌Madeline Will이 개발하고 미국 교육부에서 추진한 일반교육주도운동Regular Education Initiative: REI은 분리된 특수교육환경이 장애학생의 교육에 있어 가장 효과적이라는 관점에 문제를 제기한다(Stainback & Stainback, 1996). 이와 관련하여 통합 및 특수 교육 전반에 대한 개혁이 필요하다는 입장의 사람들과 개혁에 대해 조심스러운 입장을 취하는 사람들 사이에서 치열한 논쟁이 전개되었다(Andrews et al., 2000; Paul & Ward, 1996). 논쟁의 요점은 ① 통합을 시민권 및 사회에서의 학교 역할에 대한 인본주의적 관점과 연관 지어 도덕적인 의무로 인식해야 하는지 여부(Gallagher, 2001), ② '완전통합'으로 나아가기 전에 장애학생이 통합교육으로 부터 긍정적인 성취를 나타낸다는 연구 결과를 기다려야 하는지 여부이다(Kavale, 2002).

사실 많은 사람은 오랫동안 특수교육으로 인한 재정적 · 인적 자원의 소모에 대해 우려를 표시했고, 이에 따라 대중 사이에서 IDEA에 대한 활발한 공방이 펼쳐지고 있었다. 신문 기사에 나타난 대중의 인식을 분석한 라이스Rice(2006)는 '우리 대 그들'의 담론 형성에 대해 다음과 같이 서술한다.

> 특수교육의 조기 개입은 장애학생을 다른 학생과 구분되는 존재로 자리매김한다. [장애학생이 일반학생과 다르다는] 인식과 이러한 인식의 지속적인 반복을 통해 … '특수교육'은 의심과 분노의 대상이 된다. 이러한 담론 안에서 교육은 '승자'와 '패자'가 있는 제로섬 게임이다. 즉, 특수교육대상과 일반학생 간의 경쟁구도인 것이다.
>
> (p. 38)

통합교육 및 일반교육주도운동은 '우리 대 그들' 간의 구분을 심화시켰다. 학교란 학생들 사이의 경쟁을 위한 공간이라는 인식에 근거하여, 많은 사람은 교사가 장애학생에게 쏟는 시간의 양이 증가할수록 비장애학생이 희생해야 한다는 것에 우려를 표했다. 뿐만 아니라 '통합된' 학생을 위해 또 다른 교육과정을 개발해야하는 것이 일반교사의 책임인지의 여부에 대한 논란도 있었다(Yell & Drasgow, 1999).

적법 절차에 대한 권리를 바탕으로 IDEA에 의거한 최소제한환경LRE 및 통합이라는 개념에 대한 법원의 추가적인 해석이 이루어졌다. 옐Yell과 드래스고우Drasgow(1999), 카베일Kavale(2002)이 지적한 것처럼, LRE에 대한 IDEA의 언어는 의도적으로 모호하며, 통합이라는 불분명한 개념을 도출하였다. 이는 개별화교육지원팀이 학생들의 개별 요구를 충족시키고 법의 의도를 실천하는 데 있어 혼란을 가중시켰다. 통합을 지지하는 초기의 주장은 사회성 기술의 개발을 위해 중도장애학생이 일반학급에 통합되는 것이 중요하다는 것이었다. 일반교육주도운동의 원칙은 학생들이 보이는 차이와 관계없이 모든 학생은 다른 점보다 같은 점이 더 많다는 것이었다. 대중은 인종 및 장애 차별이 없는 세계를 향해 나아가기 위해 자유진보주의의 분위기 속에서 장애학생의 통합을 지지했다. 통합을 다원주의적인 사회적 실제로 보는 관점에서 볼 때 사람들 간의 차이는 객관적이며 중립적인 것이다. 1980년대 후반에 장애인을 지칭하기 위해 사람 우선 언어(예: 장애인disabled people이 아니라 장애를 가진 사람people with disability)를 사용하자는 운동이 일어났고, 이는 인종차별문제와 관련하여 '색맹적color-blind' 접근을 취하는 것과 같은 맥락에서 이해될 수 있다. 잘 사는 흑인 가족을 보여 주었던 〈코스비 가족 만세The Cosby Show〉(Cosby, 1984-1992)와 다운증후군을 가진 고등학생으로 크리스 버크Chris Burke를 캐스팅한 〈인생은 흘러간다Life Goes On〉(Braverman, 1989~1993)와 같은 유명 TV 프로그램은 진보적인 사회에서 동등한 삶의 기회를 갖는 것이 가능한 것임을 믿고 싶은 대중의 관심을 보여 준다.

학교에서 통합교육은 조화로운 집단 간의 관계를 위한 노력 또는 이를 보여 주는 예시로 간주되었다. 그러나 사회적 다원주의가 주목하지 않은 것은 장애 또는 유색인종 학생이 통합으로 인해 겪는 손실이다. 예를 들어, 흑인 아동이 버스를 타고 백인 학교에 통학하면서 흑인 공동체와 흑인 교사들과의 긴밀한 관계를 잃었다. 또한 앞서 언급했듯이, 이들은 교정 중심의 교육과 특수교육을 통해 낮은 수준의 교육과정을 따르게 되었다. 통합되어진 장애학생은 비장애학생과의 물리적 거리는 좁혀졌지만 일반 교육과정에서 배제되는 경우가 대부분이었으며, 이는 학습에 대한 낮은 접근성과 더욱 심각해진 장애 낙인효과라는 결과를 가져왔다(Miller, 2001). 다원주의를 **사회적** 실천으로 특징짓는 접근법은 '함께 삶'을 강조하지만, 평등의 문제를 시간이 지남에 따라 또는 개인의 노력을 통해 해결 가능한 것으로 치부하는 억압적인 체계 자체에 대해 인식하지 못한다.

학교교육과정에 있어서 인간의 다양성에 대한 정보를 추가하는 것은 모든 학생의 교육과정 및 학교 경험을 풍부하게 하고 향상시키는 것으로 여겨진다. 다문화교육에서 뱅크스Banks(1993)의 '기여 및 추가적 접근법Contributions and Additive approaches'과 스타인버그Steinberg와 킨첼로Kincheloe(2009)의 '자유다원주의적 실제liberal and pluralist practices'는 이러한 사회적 다원주의 관점을 드러낸다. 유색인종, 장애인, 여성, 동성애의 정체성을 가진 사람, 다른 소수 집단의 주목할 만한 업적과 공헌을 나타내는 자료를 교육과정에 추가함으로써 모든 학생이 다양성에 대해 공감하고 긍정적인 가치를 부여할 수 있다고 인식된다. 인식 개선 활동과 문화 및 정체성 자존감 행사, 또는 특별한 역사를 기념하는 달(예: 흑인 역사, 여성 역사) 등은 사회적 다원주의에 근거한 교육과정의 예이다.

스타인버그와 킨첼로(2009)는 자유 다원주의적 접근이 유색인종 학생에게 통합적인 교육 경험에 제공했다고 보지 않으며, 대신 "다름을 이국화exoticize하며 세계 경제에서 경쟁할 사람들이 반드시 알아야 하는 지식으로 자리매김하였다."(p. 4)라고 주장한다. 즉, 특별한 이벤트를 통해 다양성에 긍정적인 가치를 부여하려고 한다면, 백인 서구 사회에서 전통적으로 계승된 지식과 특별한 기념이나 및 인식을 필요로 하는 역사와 경험 사이의 경계가 더욱 공고해질 뿐이다. 스타인버그와 킨첼로(2009)의 두 번째 견해는 사회적 다원주의 안에서 타인에 대한 공감능력을 키우고 다양성에 대한 지식을 습득하기 위해 고안된 기념행사나 인식개선 관련 학습은 사실 백인 학생과 비장애학생에게 혜택을 준다는 것이다. 교육과정에 다문화 관련 내용을 추가하고 이중 언어 교육을 실시하는 것은 세계화된 경제에서 경쟁력을 증대시킬 수 있는 지식 및 기술과 연결되므로 타인 범주의 학생뿐 아니라 모든 학생에게 이득이 되는 것으로 볼 수 있다. 이러한 관점에서 지금까지 장애학생 교육과 관련되었던 협력교수, 개별화 교수, 특정 유형의 교수 전략 및 교수적 수정 등의 실제가 사실은 모두에게 이익이 된다는 담론이 형성된다. 예를 들어, 다양한 교수학습 접근법을 활용하는 것 자체가 '질 높은 교수'라는 말은 많이 사용된다. 이것은 벨Bell(1980)의 '이익 접점interest convergence'이라는 개념과 연결된다. 타인 집단의 조건을 개선하려는 노력은 지배집단의 이익과 특권에 기여하는 것으로 보이는 경우에만 허락된다. 그 결과, 지배 문화에 내재된 권력 관계를 유지할 수 있는 정책이 수립되며, 타인 집단의 이익과 목표를 향한 진보에는 제동이 걸린다.

통합교육을 사회적 실천으로서의 다원주의로 개념화하면 모순이 일어난다. 사회적 실천으로서의 다원주의는 다양성을 무시하는 동시에 부각시키며, 이는 위험한 결과를 초래한다. '다양성'을 지녔다고 간주되는 학생을 통합하고 학생의 문화 및 신체적 차이 등을 인식하는 교육과정을 개발하려는 노력 자체는 수용과 관용의 가치를 반영하며, 이는 가치 있는 노력처럼 보인다. 그러나 다름이라는 것이 이색적 또는 이질적인 것으로 부각될 수 있으며, 따라서 일반 교육에 있어서 장애학생의 배제와 소외는 심화될 수 있다. 사회적 다원주의와 관련된 교육적 실천은 모든 사람이 다르다는 사실을 강조하여, 그 결과 장애, 인종, 성별 및 문화에 대한 차별적 인식을 중립화하는 것을 목표로 한다. 사회적 다원주의가 '다르다는 것이 정상'이라는 논리 안에서 공동의 기반을 찾고 '함께 삶'을 추구하지만, 동시에 인종차별주의나 장애차별주의의 효과에 대해서는 소극적으로 대응한다. 사실 다문화교육이 초기에는 유색인종 학생의 역량강화empowerment를 위한 지식 실천으로 규정되었으나, 주류화됨에 따라 백인의 특권을 유지시키기 위한 실천으로 전락되었다고 비판받는다.

사회적 실천으로서의 다원주의가 다문화교육 및 장애 통합의 가치를 강조하고 증대시킬 수 있는 실천 가능한 철학을 제공한다는 것은 분명히 사실이다. 사회적 다원주의는 다문화교육 및 통합교육과 관련하여 학교 현장에서 가장 많이 접할 수 있는 관점이다. 비판적인 견해가 존재하지만 사회적 다원주의는 교실을 통합하고, 다양성 요인을 고려한 교육과정의 개발에 공헌하였다.

교육과정 실천으로서의 다양성

동화정책주의자assimilationist를 근간으로 하는 사회적 실천으로서의 다원주의는 다문화주의와 통합을 타인이 주류 문화에 수용되고 공헌할 수 있는 하나의 실천 양식으로 개념화한다. 세 번째 접근법인 교육과정 실천으로서의 다양성은 인간의 다양성을 사회적 지식의 생성과 진보를 위한 생산적인 원동력으로 개념화한다. 이 접근법은 지식의 생성을 다양한 세계관과 경험이 공존·합치·대치하는 역동적인 과정으로 본다. 다양성을 교육과정 실천으로 보는 접근법은 슬리터와 그랜트(2007)의 다문화교육 관점, 즉 지식 생성을 다양성 증대를 위한 노력으로 보는 통합적 실천과 연결된다. 뱅크스(1993)는 교육과정에서 드러나는 권력 관계에 중점을 두는 '지식의 구성knowledge construction'이라는 개념을 설명한다. 학교교육과정의 지식 구성에 있어서 변화를 유도하기 위해 우선적으로 필요한 것은 학교교육과정이 역사적 사건에서 다양한 사람을 어떻게 묘사했는지, 예컨대 노예제도와 민권법은 미국 흑인의 경험을 어떻게 규정하는지에 대해 살펴보는 것이다. 지식 구성에 관심을 둔다는 것은 유럽의 탐험과 식민지화와 같이 상반되는 이야기가 존재하는 사건에 대해 다양한 관점을 고려해야 한다는 것을 의미한다. 이와 유사한 접근법을 장애학에서도 찾아볼 수 있다. 미셸Mitchell, 스나이더Snyder와 웨어Ware(2014)는 장애인의 관점에서 지식의 구성을 이해하고자 하는 '교육과정 불구론curricular cripistemologies'을 제시한다. 이는 장애를 문제로 인식하지 않고, 정체성과 경험의 핵심이자 가치 있는 위치Position로 이해할 수 있는 관점을 제공한다. 교육과정 실천으로서의 다양성 접근 방법을 지지하는 사람들은 학교에서 타인 범주에 속하는 학생의 경험, 지식, 앎의 방식을 인정하고 수용하는 탈식민주의적anti-colonial 교육방법을 구안하고자 한다.

이 접근법에서 교육과정 내용에 대해 고민하는 것은 교육과정이 학생의 정체성 형성 및 사회에서의 그들의 지위에 대한 인식에 미치는 영향에 대해 면밀히 살피는 것을 의미한다. 뱅크스(1993)와 어센티Asante(1991)는 교육과정에서 문화적 내러티브를 변화시키는 방법에 대해 설명한다. 코너Conner와 발리에리Baglieri(2009)는 롱모어Longmore와 움만스키Umansky(2001)의 『새로운 장애의 역사The New Disability History』, 미첼과 스나이더(2000)의 『내러티브 보정장치Narrative Prosthesis』 등에 드러난 장애에 대한 비판적 접근법을 설명한다. 다문화 및 장애학 연구에서의 주장은 ① 차이를 가시화하고, ② 타인화된 사람들의 경험을 지배 문화에의 예속이 아닌 저항으로 인식할 수 있도록 학교에서 가르치는 지식 구조에 '다양성'을 삽입해야 한다는 것이다. 다시 말하면, 교육과정 내용은 학습자로 하여금 역사와 문학이 문화, 경험, 지리, 의식 안에 존재하는 다양성에 의해 규정되고 발전되었다는 사실을 이해하도록 할 수 있다는 것이다.

교육과정 실천으로서의 다양성을 개념화하는 접근법은 학생이 백인, 유럽, 비장애인 중심의 역사와 문화적 규준norms을 근간으로 하는 권력 문화와 비교하여 자신의 정체성과 지위를 어떻게 경험하는지에 대해 중점을 둔다. 이 접근법은 전통적인 교육과정의 변화가 학생이 학교 안에서 포용되는 과정 자체의 변화를 가져올 수 있다고 본다. 교육과정의 개혁은 다문화교육 버전 중 하나인 '비판적 다양성과 다문화주의'를 목표로 하며(Steinberg & Kincheloe, 2009), 이는 뱅크스(1993)의 변형 및 사회적 접근transformation and social action approaches과 연관된다. 통합교육과 관련된 이 접근법의 목표는 학교에서 가치를 인정받는 앎의 방식의 범위를 넓히는 것이다. 이와 관련된 교육방법의 예는 비판적 다문화주의critical multiculturalism, 문화유지교육학culturally sustaining pedagogy, 교육에서의 보편적 설계universal design in education 등이다.

비판적 다문화주의는 슬리터와 그랜트(2007)의 다문화 사회정의교육multicultural social justice education이라는 개념과 관련이 있다. 다문화 사회정의 교육은 교육과정 및 교육방법의 다양화를 지향하며, 이는 지속적인 비판적 성찰을 수반하는 '언제나 진행 중인' 프로젝트임을 인식한다. 비판적 다문화주의와 비판적 장애학은 특정 관점을 지배적인 위치에 자리매김한 권력관계의 본질에 대해 면밀히 살펴본다. 이러한 관점에서 지식의 구성은 권력 문화를 인식하고 이에 대해 성찰할 수 있는 이데올로기를 적극적으로 생성하는 과정이다. 이러한 관점에서 교육의 목표는 불평등에 대해 인식하고 문제 해결을 위해 행동함으로써 사회정의를 구현하는 것이다.

문화유지교육학 및 교육에서의 보편적 설계는 통합교육에 대한 탈식민주의적 접근을 동화주의적 접근과 구분하기 위해 제안된 교수법이다. 탈식민주의는 동화주의와 구분되는 개념이다. 그러나 교육 연구와 학교 현장에서 탈식민주의적 접근과 동화주의적 접근은 중첩되기도 한다. 예를 들면, 문화감응교육학 실천가들은 글로리아 래드슨-빌링스(1995)와 루이스 몰Luis Moll, 소니아 니에토Sonia Nieto, 케롤 리Carol Lee 등의 탈식민지주의 관점에 동의하며 지지한다. 그러나 많은 문화감응교육학 실천가는 탈식민주의 관련 아이디어를 동화주의 관점에서 해석하며, 권력 관계 자체에 대한 비판의식 없이 권력 문화 또는 권력 언어의 습득만을 강조한다(Ladson-Billings, 2014). 이들은 문화감응을 하나의 전략으로 사용하지만, 비지배문화 유산의 발전 및 유지를 가능하게 하지 않는다(Paris, 2012). 또한 교육에서 보편적 설계는 학교에서의 다양성 인정 및 수용을 위한 일반 교육의 개혁을 목표로 하는 통합 교수 전략으로 인식된다(McGuire, 2014; Glass, Meyer, & Rose, 2013). 그러나 많은 경우에 보편적 설계는 개별화 교수 방법의 일환으로 소개되며, 따라서 학생 다양성이 야기하는 문제를 해결하기 위한 효율적인 방법으로 홍보된다. 많은 실천가는 보편적 설계를 다양성 포용의 가치와 연결 짓지 않으며, 대신 전통 교수 방법과 관련된 학생의 요구를 관리하고 조직하는 하나의 전략이라고 이해하고 지지할 뿐이다. 이러한 측면에서 볼 때 보편적 설계는 장애차별주의를 철폐하는 것에 한계를 갖는다(Mitchell, Snyder, & Ware, 2014). 문화유지교육학 및 보편적 설계와 관련된 탈식민주의적 노력이 변질되고 있다는 사실을 통해서 우리는 같은 용어를 사용하는 교육적 실천이라도 언제나 같은 목표와 이상을 가지는 것은 아니라는 것을 알 수 있다.

문화유지교육학과 보편적 설계는 학교에서 전통적으로 문제시되어 온 학습자의 앎의 방식과 행동 양식이 가지는 가치를 강조한다. 이 두 교수법은 학생이 긍정적인 자아상을 형성하고 집단 정체성을 가지도록 지원할 수 있는 교육 자료 및 교수 전략을 개발하는 것을 강조한다. 이때, 학생들과 그들의 경험을 이러한 교육적 실천의 중심에 둔다. 다양한 문해력을 지원하고 개발하며, 문해력을 표현하는 다양한 방식에 가치를 부여함으로써, 학습자가 다양한 앎의 방식을 습득하고 학습에 적극적으로 참여할 수 있도록 한다. 교육과정과 교수 방식을 확장하면, 학생이 학교에서 갖는 경험 자체가 달라질 수 있다. 예를 들어, 학생은 수화 또는 스페인어 수업에서 글자 중심이 아닌 시각적 문해력을 강조하는 학습을 할 수 있다. 또한 인종 및 장애와 관련된 다양한 관점이 가치 있는 학습 내용으로 인식될 수 있다. 이러한 맥락에서 다양한 유형의 지식, 경험, 앎과 행동 방식은 하나의 대안으로 인정받을 수 있으며 포용될 수 있다. 이러한 교수법은 타인 범주의 학생이 긍정적인 정체성을 형성하고 학업적 성공을 경험할 수 있도록 지원한다. 교육과정 실천으로서의 다양성은 부가적인 또는 보상적인 접근 방법과는 다르게 학교에서 억압받아 온 유색인종, 장애 및 다른 소수 집단에 소속된 학생의 목표와 요구를 그 중심에 둔다. 이 관점에서 통합교육은 타인 범주에 속한 학생이 가질 것으로 추정되는 교육적 요구를 충족하여 권력

문화에 수용되거나 동화시키는 것을 목표로 하지 않는다. 이 관점에서 통합교육이란 모든 학생의 참여를 장려하는 문화 안에서 무엇이 학습할 가치가 있는 것인지에 대한 담론 자체를 변화시키는 것이다.

해방교육학

앞서 학교 공간을 설명하기 위해 '특권의 원Circle of Privilege'이라는 은유metaphor를 사용하였다. 즉, 학교라는 '원'의 가운데에는 일반교육의 특권이 위치해 있고, 백인 및 비장애인 중심의 규범성normativity은 원의 경계를 결정한다. 다름에 대한 개인적 접근법은 능력 있는 학습자들을 특권의 원 안에 진입시키는 것을 목표로 한다. 사회적 실천으로서 다원주의는 벤 다이어그램과 같이 여러 원을 접합시킨다. 이를 통해 원과 원 사이의 교차 지점은 만들어질 수 있지만 원의 중심은 보존된다는 한계점이 있다. 교육과정 실천으로서 다양성은 모든 학생을 포용하기 위해 그러한 원의 경계를 확대하고자 한다. 이러한 접근법들은 인종, 장애, 인종차별주의, 장애차별주의 간의 관계에 대해 각기 다른 관점에서 인식하고 비판하지만, 교육의 진보라는 공동의 목표를 갖는다. 이들은 학교라는 기관을 통해 특권에의 접근을 확장시키고자 한다. 통합교육에 대한 또 다른 접근법은 그러한 원 자체를 해체하는 것이다. 탈학교론deschooling과 비판교육학Critical Pedagogy을 지지하는 사람들은 학습과 학교교육 간의 관계에 대해 재개념화한다. 이 두 접근 방식 간에 차이가 존재하지만, 이들은 공통적으로 자본주의와 산업화된 사회에서 학교교육이란 지배층의 자본 증대에 공헌할 수 있는 순종적인 인간을 양성하는 수단임을 지적한다. 탈학교론 또는 비판교육학을 지지하는 사람들은 학습이 인간의 해방을 가능하게 하며, 따라서 자본주의가 차단했던 희망, 욕구, 인간 경험에서의 가능성을 열 수 있다는 관점을 형성한다.

해방교육학liberatory pedagogy은 프랑크푸르트 학파Frankfurt school의 비판이론critical theories을 반영한다. 프랑크푸르트 학파는 마르크주의 철학을 통해 자본주의 이데올로기를 설명한다. 비판인종이론critical race theory(Ladson-Billings & Tate, 1995)과 유물론적 장애 이론materialist theories of disability(Oliver, 1999)은 사회 계층 사이에 존재하는 착취적인 관계를 지적한다. 이러한 관점에서 사회 계층은 경제적 권력에 의해 규정되어 왔고, 인종차별주의와 장애차별주의로 인해 자연화된naturalized 위계관계를 통해서 유지 및 강화되었다. 아남마Annamma, 코너Connor와 페리Ferri(2013)는 장애비판인종학Dis/Ability Critical Race Studies: DisCrit을 사용하여 인종차별주의와 장애차별주의는 밀접한 연관성을 가지므로, 학교에서의 불평등 문제를 어느 한 측면에서만 이해하고 해결하려는 것은 불가능하다고 주장한다. 유색인people of color은 과거에 민주주의에 참여할 능력이 부족하다고 여겨졌고, 생물학적 결정론에 근거하여 노예제도의 대상으로 간주되었다. 현 교육 체계 안에서 흑인 학생이 제대로 교육받지 못한다는 것은 잘 알려진 사실이다. 현 교육 체계에서도 지속적으로 나타나는 가난과 특권 박탈의 패턴을 설명하기 위해 인종차별주의와 장애차별주의를 함께 고려하는 것이 중요하다. 장애의 의료모델은 장애를 개념화하기 위해 생물학적 결정론에 근거한다. 즉, 어떤 육체는 노동 및 민주주의에 참여하는 데 부적합하다는 담론을 사용하여 장애를 설명한다(Erevelles, 2000). 러셀Russell(1998)은 자본주의가 '인간의 가치를 노동력과 동등한 것으로 여기는 관점'을 생성하였다는 것을 지적하며, 이를 통해 장애와 사회에 대한 관점을 보다 복잡화한다. 이 사회에는 경제적 특권이 박탈된 사람에게 먼저 가난이라는 굴레를 씌우고, 그다음에는 가난의 원인을 교육에서의 개인적 실패로 돌리며, 마지막으로 가난한 사람들에게 더 낮은 가치를 부여하는 체계가 존재한다. 많은 장애인이 이러한 체계의 덫에 걸린다. 이러한 관점에서 학교는 이데올로기적 기관으로서의 역할을 수행한다(Althusser, 1971). 다시 말하면, 학교는 자본주의의 계층 체계가 야기하는 불평등 및 권리 박탈을 합리화시키는 역할을 담당한다.

번창하는 경제를 꿈꾸는 투자자들은 교육 여건을 향상시키고 싶어 한다. 이는 학교가 구축하는 특권의 원에 많은 학생이 접근할 수 있도록 교육시켜서 보다 많은 인력을 확보하고 더 많은 소비자와 투자자를 길러내기 위해서이다. 러셀(1998)은 장애 권리disability right에 있어서의 진전은 부유한 장애인, 즉 그러한 투자가 가능한 장애인에게 큰 혜택을 가져다주었다는 것을 지적하였다. 반면, 많은 장애인의 예속된 지위는 계속 유지된다. 올리버Oliver(1999)는 학교와 사회가 특정 학생을 불능화disablement하며, 이는 경제적 이익을 위한 착취로 이어진다고 비판한다. 특수교육, 재활, 의료기관, 이 외에도 손상과 장애를 관리하는 무수한 서비스는 장애인의 교육적 · 경제적 소외를 이용하고 이를 자본주의의 번영을 위한 수단으로 삼는다.

학교개혁에 대한 신자유주의적neoliberal 관점은 교육문헌과 대중매체에서도 나타난다. 신자유주의 학교 개혁을 지지하는 사람들은 사회 집단 간의 학업 성취도 차이와 유색인종 및 낮은 계층 사람이 주로 거주하는 지역에서의 낮은 교육의 질을 지적한다. 이들은 보통 수준 이하를 유지해 온 교육의 역사를 개선하기 위해서 공공 서비스 대신 민간 부문 단체들이 학교를 설립하고 경영할 수 있어야 한다. 이들은 학부모들이 사립 또는 공립학교 중에 선택할 수 있어야 한다고 강조한다. 솔트만Saltman(2007)과 콜린스Collins(2015)는 재난 자본주의disaster capitalism 개념을 사용하여 신자유주의 교육 개혁의 논리를 비판한다. 솔트만(2007)은 미국, 특히 미국의 도시 지역과 다른 나라 간의 학업 성취도 차이를 대대적으로 보도한 대형 뉴스 헤드라인에서 강조하는 공교육 실패에 대한 담론을 지적한다. 콜린스(2015)는 2005년에 발생한 허리케인 카트리나가 야기한 대규모 홍수와 도시 제방의 실패를 계기로 신자유주의가 뉴올리언스에 미치는 영향에 대해 묘사한다. 미국에서 시행되고 있는 표준화 검사standardized testing는 인종 집단 간의 학업 성취도의 격차를 보여 준다. 이러한 수치는 소수 인종의 학생을 담당하는 학교가 얼마나 제 역할을 하고 있지 못하고 있으며, 따라서 학교라는 공간은 '재난 영역'임을 강조하는 담론을 생성한다. 경제적 이익의 기회를 창출하기 위해서 학교교육의 발전의 필요성이 강조된다. 비판이론가들은 유물론적 분석을 통해 학교교육이 자본주의 번영에 어떠한 공헌을 해 왔는지 지적한다. 장애차별주의와 인종차별주의는 사회적·경제적 계층화를 가져왔으며, 동시에 그러한 계층화를 합리화시켜 온 역사적 산물이다.

탈학교론

비판이론은 학교, 자본주의, 경제 및 정치적 권리박탈 간의 관계를 분석한다. 비판인종이론, 장애에 대한 유물론적 비판, 장애비판인종학은 인종차별주의와 장애차별주의가 이러한 관계 안에서 어떻게 작동하는지 심층적으로 분석한다. 교육과정 실천으로서 다양성을 개념화하는 관점은 이러한 관계가 교육과정의 개혁을 통해 변화할 수 있다고 본다. 그러나 비판이론가들은 교육기관이 자본주의 맥락에서 벗어날 수 없다고 본다. 학교는 학생들을 분류하고 순위매기는 기본적인 기능 자체에서 벗어날 수 없다는 입장이다. 학교를 포함한 모든 사회적 기관은 사람의 몸과 마음을 의존적인 상태로 만든다고 주장한 이반 일리치Ivan Illich(1971)와 같은 학자도 있다. 탈학교론deschooling을 지지하는 그의 주장은 학교교육과 학습의 차이를 강조한다. 일리치(1971)에 따르면, 학교교육은 사람들로 하여금 꿈을 추구하거나 창의적일 수 없도록 하며, 제도적인 삶이 요구하는 역할 또는 기대에 충실하도록 가르친다. 일리치(1971)는 다음과 같이 서술한다.

> 학교는 사람들이 계획된 세계에서 도구로서 살아갈 수 있도록 교육시킨다. 즉, 학교는 사람들을 그들이 만든 덫에 걸리도록 하는 주요 수단이다. 각 개인이 이 세계의 게임에서 각자 맡은 역할을 적절한 수준으로 수행할 수 있도록 학교교육이 이루어진다. 냉혹하게도, 우리는 이 세상을 건설하고 관리하며, 또한 멸망하도록 교육한다.
>
> (p. 47)

우리는 학교교육을 통해서 사전에 계획된 무언가를 습득하는 것이 학습이라고 배웠다. 다시 말해서, 우리는 표준화된 교육과정이 학교라는 기관에 의해 잘 전달되고 관리되는 것이 최선이라고 믿게 되었다. 그러나 해방적 관점에서 학습이란 공동체 속에서 소속감, 목적, 기능 등을 찾는 것이다. 일리치에게 학습이란 모든 사물과 사람이 교육과정을 구성할 수 있고 교사의 역할을 수행할 수 있다고 보는 환경 안에서의 적극적인 참여를 의미한다.

일리치(1971)에 따르면, 학습은 학생이 반드시 알아야 하거나 수행해야 하는 것을 가르칠 때 이루어지는 것이 아니라, 그들이 하고 싶고 알고 싶은 것을 따라 성장할 때 이루어지는 것이다. 탈학교론은 학교교육과 학습이라는 개념이 동일하지 않다는 것에 대한 인식을 의미하며, 아동의 자연스러운 일상적인 삶의 맥락에서 발생하는 학습적 경험을 추구하는 것을 강조하는 존 홀트John Holt(1964, 2004)의 학교교육폐지unschooling와도 연관된다. 이 두 관점에서 가정과 지역사회는 개인이나 집단이 지식과 경험을 구성할 수 있도록 돕는 자원 및 연계망을 제공함으로써 학습을 가능하게 하는 역할을 할 수 있다. 일리치(1971)는 이것을 가능하게 하려면 다음의 요건이 충족되어야 한다고 설명한다.

① 현재 개인과 교육 기관이 교육적 가치에 대한 행사하는 통제를 제거함으로써 사물에 대한 접근을 개방하는 것
② 요청에 따라 가르칠 수 있는 자유를 보장함으로써 기술의 공유를 개방하는 것
③ 현재는 사람들을 대변한다고 주장하는 기관에 의해 독점되고 있는 능력인 모임을 소집하고 개최하는 권한을 개인에게 돌려줌으로써 비판적이고 창의적인 자원을 개방하는 것
④ 직업이 가지는 역할 기대에 부응해야만 하는 의무로부터 개인을 해방시키는 것—이는 개인이 그의 동료의 경험을 통해 배우도록 하고, 스스로 선택한 교사, 안내자, 조언자, 치료자를 믿을 수 있는 기회를 제공함으로써 이룰 수 있다. 사회에서의 탈학교화는 현 세계 질

서의 안정과 국가들의 안정에 근간이 되고 있는 경제, 교육, 정치 사이의 구분을 불명확하게 만들 수 밖에 없다.

(p. 44)

이러한 관점에서 학습의 가치가 있는 것은 학교기관에 의해 제한되고 규정된 무언가가 아니다. 학생은 자신의 주변에서 이용 가능한 것과의 교류를 통해 또는 지역사회에서의 참여를 통해 학습할 수 있다. 탈학교론과 학교폐지론이 가장 중요하게 여기는 것은 학생이 놀이 또는 자신이 선택한 활동에 참여하는 과정에서 드러나는 관심사와 학습 행위를 인식하고 이를 학습의 기회로 삼는 것이다. 탈학교론과 학교폐지론은 아동이 지역사회 맥락 안에서 자기주도적 학습을 하는 것에 중요한 가치를 부여한다. 요약해 보면, 탈학교를 지지하는 사람들은 타인을 이해하고 돌보며, 관계를 맺고, 생산적인 역할을 수행하는 등의 지역사회 중심의 삶의 방식을 선호하며, 이러한 경험은 제도에 의해 생성되는 것이 아니라 자기주도적으로 일어날 때 그 의미가 있는 것이라고 주장한다.

비판교육학

교육에서 다양성과 통합과 관련되어 가장 많이 사용되는 이론 중 하나인 비판이론은 억압적인 이데올로기의 변화를 추구하며 교육 기관의 부패한 권력으로부터 사람을 해방시키는 것을 목표로 한다. 파울로 프레이리(1970)가 『피억압자의 교육학Pedagogy of the Oppressed』에서 설명한 바와 같이, 프락시스praxis라고 부르는 성찰과 행위의 순환 과정을 통해서 자신과 다른 사람을 변화시키는 교육으로서 비판교육학이라는 개념을 정립하였다. 비판적 프락시스는 학습을 지식의 습득과 축적이라고 개념화하는 은행 저금식banking model 교육, 즉 학습자를 채워지기를 기다리는 빈 그릇이라고 보고, 그들에게 정보와 아이디어를 기탁하는 방식의 교육을 거부한다. 은행 저금식 교육의 특징은 교사가 학습자에게 억압적인 권력을 행사한다는 것이다. 이러한 유형의 교육은 이 사회에서 탄탄하게 구축된 권력 문화를 학습자에게 전수한다. 학습자를 '깨어나게' 하기 위해서는, 맥신 그린Maxine Greene(1971, 1977)이 말한 것과 같이, 단순히 억압적인 교수를 통해 학생에게 지식을 전수하는 것이 아니라 인간 경험을 해석함에 있어서 풍부함과 복잡성을 경험할 수 있는 기회를 제공해야 한다. 비판교육학에서 본질적으로 중요한 것은 억압자와 피억업자 모두가 불의injustice 안에서 손상을 입는다는 인식이다. 많은 사람은 학습이 가져오는 희망과 긍정적인 효과에 대해 깨닫지 못한다. 비판교육학 실천가들은 학습 공동체에서 모든 구성원이 교사도 될 수 있고 학생도 될 수도 있음을 강조한다. 불의의 본질을 이해할 수 있고 불의의 철폐를 위해 행동할 수 있는 환경 안에서 구성원은 의미 있는 지식과 경험을 가질 수 있다. 비판교육학은 학습을 일회성의 문제해결 과정이 아니라 순환적인 과정으로 본다. 비판교육학 관점에서 권력의 불균형은 피할 수 없으나 개인 또는 집단 간의 협력을 통해 권력이 순환할 수 있는 환경을 조성할 수 있고, 이를 바탕으로 사회정의를 추구할 수 있다. 이 관점에서 평등의 상태에 도달하는 종점은 존재하지 않는다. 평등 및 사회 정의의 실현을 추구하는 것은 노력을 통한 끊임없는 투쟁이라는 것이 비판교육학의 전제이다.

비판교육학에서 개인은 사회적 · 정치적 · 역사적 · 경제적 맥락에 영향을 받는 존재인 동시에 그러한 맥락을 구성할 수 있는 존재이다. 피터 맥라렌Peter Mclaren(2003)은 다음과 같이 설명한다.

> 학교교육에 대한 양방향적인 사고를 할 때, 우리는 학교가 억압의 공간이기도 하지만 해방의 공간임을 알 수 있다. 이러한 사고는 학교가 단순히 계층 관계를 재생산하며 세뇌를 통해 욕심 많은 어린 자본주의자를 양성해 내는 곳이라고 주장하는 정통 마르크스주의자의 과한 결정론적인 입장에 대항한다.
>
> (p. 70)

비판교육학 지지자들은 탈학교론과는 달리 교육에서 희망을 찾는다. 비판교육학 지지자들은 "학교를 단순히 특정 지식을 주입하고 사회화하는 장소가 아닌 학생 역량강화를 도모하고 자기 변혁을 유도하는 문화적 공간"(McLaren, 2003, p. 70)으로 재구성할 수 있다는 가능성을 믿는다. 이 관점에서 학습이란 학생이 정의와 통합을 향해 역량강화를 강화하고 행동할 수 있도록 자신과 사회 간의 상호 관계에 대해 이해하는 과정이다.

비판교육학을 지지하는 교사는 타인 범주에 있는 학생을 배제하는 교육과정과 교육실제가 무엇인지 면밀히 조사하여 이를 변화시킴으로써 통합적인 환경을 구성하고자 한다. 비판교육학이 다른 접근법과 다른 점은 학습에 참여하는 모든 구성원이 면밀한 분석 및 행동에 적극적으로 참여한다는 사실이다. 특히 학생은 지식과 경험을 생성해 내는 자원으로서의 역할을 하며, 성찰적 학습reflexive learning에 참여한다. 학생과 교사는 학교 및 외부 세계에서의 삶 · 희망 · 경험을 공유하고, 이를 통해 문제 제기를 하며, 문제를 이해하고, 변화를 이끌기 위해 협력한다. 교육과정은 이러한 과정 중에 생성된다. 교육과정을 개발하기 위해 교사와 학생이 적극적으로 협력하는 것은 비판교육학의 중요한 특징이다. 많은 비판교육가는 자신이 교육과정 및 교수에 있어서 어떠한 역할을 하는지 평등 또는 불평등과 관련지어 성찰하며, 통합을 향해 무엇을 하는지 성찰한다. 교육과정 실천으로서 다양성을 개념화하는 접근법 역시 교사의 비판의식 및 성찰을 강조한다. 그러나 이 접근법의 문제점은 학생의 비판의식을 고취하기 위해 은행 저금식 교육방식으로 학습 내용을 전달한다는 것에 있다. 비판교육학에서 학습은 학습자들이 공동으로 문제를 제기하면서 시작한다. 비판교육학에서 학습자는 문제를 인식하고 분석할 뿐 아니라 행동한다. 비판교육학이 내포하는 것은 학교교육이 가지는 급진적인 가능성이다.

다양성과 통합: 실천적 이론

이 장에서는 다양성에 대한 네 가지 접근법에 대해 알아보았고 이를 통해 통합교육과 관련된 역사와 다양한 교육실제의 저변에 깔린 가정에 대해 이해할 수 있었다. 통합교육을 위한 실천적 이론을 개발하는 것에서 중요한 점은 학생 다양성에 대한 접근법에 따라 교사의 역할이 어떻게 달라지는지 이해하는 것이다. 개인적 접근법과 사회적 실천으로서의 다원주의 접근법에 따르면, 교사는 학생의 개인차를 이해해야 하며, 특별한 교육적 요구를 지닌 학생을 위한 교수 전략을 습득해야 한다. 이러한 관점에서 통합교육에 대한 책임은 전적으로 교사에게 달려 있다. 교사는 준비 또는 훈련 기간 동안 다양한 교수 전략을 배워야 하며, 현장에 투입된 이후에는 학습에 대한 책임을 가져야 한다. 개인적 접근법과 다원주의 접근법은 특수한 지식을 가진 교사들이 서로 협력하여 개별 학생의 요구에 적합한 지원을 제공할 것을 강조한다. 교육과정 실천으로서의 다양성 접근법에서 교사는 모든 학생에게 의미 있고 접근성 높은 교수를 계획하고 준비할 책임이 있다. 그러나 교육과정 실천으로서의 다양성 접근법은 학습자 유형에 따른 교수전략을 강조하지 않는다. 다만 모든 학생이 학습에 적극적으로 참여할 수 있는 기회를 제공하기 위해서 교사의 성찰을 강조한다. 특수한 지식 및 기술의 습득보다는 특정 상황 안에서 드러나는 학생의 요구에 민감하게 반응하는 것이 더욱 중요하다. 해방교육학에서 교사의 역할은 완전히 다르다. 교육과정을 구성하고 가르치는 것에 대한 책임은 교사에게만 있는 것이 아니다. 성인과 아동은 함께 배우고 함께 성장할 수 있다. 이 접근법은 교수와 학습은 완전히 구분되는 것이 아니라고 가정하며, 따라서 교사는 모든 것을 알고 있어야 하는 존재가 아니다. 대신 교사의 역할은 교수-학습 과정에 대해 면밀히 성찰하고, 자신의 실수에 대해 살펴보며, 끊임없이 시도하는 것이다. 장애학과 다문화교육은 해방교육학에 영향을 미친 주요 학문이며, 개별 주체들에게 관심을 갖고 공동의 역사 안에서 그들의 정체성을 유지하는 것을 강조한다. 인종차별주의와 장애차별주의를 인식하고 철폐하고자 노력하는 것이 이 두 학문의 핵심이다. 통합교육에 대한 장애학 관점은 교육과정 실천으로서의 다양성 접근법뿐 아니라 해방교육학과 밀접한 관련성이 있다. 장애학은 통합교육을 위한 교사의 역할에 대해 다음의 세 가지를 강조한다. 첫째, 교사는 다양성과 평등 관련 문제에 대해 끊임없이 학습해야 하는 동시에 모든 지식은 완전하지 않다는 것을 인식해야 한다. 둘째, 통합교사는 학생과 그 가족에게 세심한 주의를 기울여야 하며, 이를 통해 학교에 대한 그들의 희망이 무엇인지 알아야 한다. 교사는 교육계획을 수립하고, 교수 및 평가를 실천하는 과정에서 학생과 그 가족의 목소리를 적극적으로 반영해야 하며, 이들과 협력해야 한다. 마지막으로, 교사는 교수설계 및 교육과정 내용을 목적 달성을 위한 '수단'이 아닌, 통합교육 실천을 위한 '과정'으로 인식해야 한다. 다음 장에서는 협력, 수업설계, 교육과정실천에 대한 방향을 제시한다.

제8장

협력적 계획 및 실제

아동의 교육과 관련된 많은 사람이 있다. 학생, 가족, 교사, 다른 학교 전문가들은 학습자가 학교에서 긍정적 · 생산적인 경험을 할 수 있도록 협력할 수 있다. IDEIA는 장애학생에게 최소제한환경[LRE]에서 무상의 적절한 공교육을 보장하며, 협력적 계획 및 실제의 필요성을 명시한다. 장애학생의 교육에 있어서 협력의 역사는 가족 및 학교 구성원들의 긍정적 · 부정적 이야기, 생산적이거나 비효과적인 경험으로 가득 차 있다. 협력을 방해하는 장벽을 인식하고 이를 줄이려고 노력한다면 장애학생을 위한 교육 계획 및 실제는 한 걸음 진보할 수 있다.

전문가 담론에 대한 비판적 고찰

학교에서의 가족참여는 교육연구에서 지속적으로 다루어지는 주제이다(Booth & Dunn, 1996; Epstein, 2001; Fan, Williams, & Wolters, 2012; Grolnick & Slowiaczek, 1994). IDEIA는 장애학생의 가족이 교육 계획에 참여해야 한다는 것을 명시한다. 학부모는 특수교육 자격여부를 평가하기 위한 의사 결정 과정에 참여해야 하며 매년 개별화교육프로그램

Individualized Education Plan: IEP을 개발하는 팀의 구성원이다. 장애학생의 부모참여를 당연한 것으로 보는 인식도 존재하지만, 부모참여를 불편하게 바라보는 시각도 존재한다(Lareau, 1996; Valle, 2009). 장애 권리 관점에서 가족참여를 지원하고 양성하는 중요한 이유는 가족 구성원이 장애 아동과 함께 또는 그를 대신하여 권익을 옹호할 필요성이 성인기까지 지속될 수 있기 때문이다. 사회 구조와 담론은 장애 권리를 보장받고 차별에 대해 보호받기 위한 가족들의 노력에 지대한 영향을 미치며, 학교는 장애학생의 가족이 처음으로 경험하는 기관이다. 학교는 장애학생의 가족에게 보다 지지적인 환경을 제공함으로써 그러한 구조와 담론의 기초를 알려줄 수 있다. 또한 가족은 장애 아동과의 깊은 경험을 바탕으로 교육계획 수립에 기여할 수 있는 통찰력과 지식을 제공할 수 있다.

통합교육을 위한 기본적인 고려사항은 학교 계획 수립에 대해 학생과 그 가족이 자신들의 생각 · 정보 · 욕구 등을 공유하도록 지원하고, 이를 진지하게 받아들이는 것이다. 학교 전문가는 학교에서 어려움을 겪는 학생을 이해하고 지원할 수 있는 풍부한 지식을 제공한다. 교사 및 다른 학교 전문가들은 교육과정 및 교수에 대해 연구하고, 아동과 많은 시간을 함께 보낸다. 전문가의 기여가 필수적이지만, 학생과 그 가족도 전문가로 인식되고 대우받아야 한다. 예를 들어, 팸 스티브스Pam Steeves(2006)는 자신의 아들 매튜Matthew와의 삶에 대해 다음과 같이 이야기한다. "매튜와 가까이 살면서 나는 매튜가 재미있고 즉흥적인 방법으로 이 세상과 의사소통하고 이 세상에 참여하며 기여한다는 것을 알게 되었다."(p. 107) 스티브스(2006)는 매튜에 대한 자신의 경험을 토대로 학교 전문가들이 토니Tony라는 고양이 인형에 대한 아들의 애착을 보다 잘 이해할 수 있도록 도왔다. 매튜는 11세가 되던 해 전학을 갔고, 새로운 학교의 교사는 고양이 인형 토니에 대해 우려를 표했다. 그녀는 교사와의 전화 통화에 대해 다음과 같이 회상한다.

> 교사가 매튜에 대한 몇 가지 칭찬을 한 후에 고양이 인형 토니에 대한 '문제'를 언급하였다. 외부의 시선에서 보았을 때 이 고양이를 방어하는 것이 상당히 이상하게 보인다는 것을 잘 알지만, 나는 다른 관점을 제공해야만 했다. 나는 토니가 매튜에게 무엇을 의미하는지에 대한 내부적인 관점을 제시했다. 토니는 매튜가 강해지도록 도와주었고, 토니는 매튜를 위해 항상 같은 자리에 있었고, 토니는 유쾌하고 다른 사람을 웃게 만들 수 있었고, 매튜 또한 함께 웃기고 웃을 수 있음을 이야기했다. 매튜는 다른 아이들과 간절히 어울리고 싶어 했고, 그것

을 가능하게 하는 수단이 필요했다. 토니는 그러한 수단을 제공했다.

(p. 109)

매튜는 결국 학교에서 토니를 가지고 있을 수 있었다. 스티브스는 다음과 같이 설명한다.

> 매튜는 단순히 장애 아동이 아닌, 상황에 적응하는 방법을 알아내려고 노력하는 사람으로 자기 지위를 변화시킬 수 있었다. 매튜에게 토니는 그러한 변화를 이끌 수 있도록 도움을 주는 존재였다. 토니가 학급 안에서 매튜와 다른 친구들 간의 공동의 기반을 만들었기 때문에 매튜는 학급에 참여할 수 있었다.
>
> (p. 109)

학부모들의 이야기를 듣고 자녀에 대한 그들의 생각에 집중하는 것은 그 학생이 누구이고, 학교에서 어떠한 요구와 욕구를 지니는지 이해하는 데 필수적이다.

대부분의 사람은 교육 계획 및 결정에 있어서 가족참여가 중요하다는 것에 동의하지만, 협력에 대한 학부모들의 인식을 조사한 많은 연구는 학부모들의 부정적인 경험을 보고하고 있다(Reiman, Beck, Coppola, & Engiles, 2010). 학부모가 가지는 부정적인 감정의 원인은 일반적으로 다음과 같다. 학부모는 회의에서 사용되는 전문적인 용어에 혼란을 느낀다. 또한 학부모는 학교 전문가들이 자신들을 교육 계획 과정에 포함시키지 않는다고 인식하며, 자녀에 대한 부정적인 이야기가 주를 이루는 회의에 참석하고 싶지 않다고 느낀다. 특히 자기 자녀가 학교에서 어려움을 겪는 것에 대해 자신들이 비난받는 느낌을 받을 때 더욱 그러하다(Reiman et al., 2010; Valle & Aponte, 2002; Hale, 2008). 이러한 문제는 영어 이외의 언어를 사용하는 가정에서 더욱 두드러진다(Kalyanpur & Harry, 1999; Lo, 2008; Salas, 2004). 회의 참여를 가로막는 장벽으로는 회의 일정이 직장 또는 다른 자녀의 양육과 겹치거나 학교까지 이동 수단이 없는 것, 영어 이외의 언어를 사용하는 가족에게 낮은 질의 통역이나 번역 서비스를 제공하는 것 등이 있다(Kalyanpur & Harry, 1999; Rogers, 2002). 문화적 상호 호혜성cultural reciprocity과 사람 중심 계획person-centered planning의 두 가지 이론적 틀은 보다 긍정적·생산적인 협력을 도모할 수 있는 지침을 제시한다.

문화적 상호 호혜주의

장애인 옹호자와 연구자들은 장애의 의료모델이 장애 관련 직업 종사자들을 장애 및 장애인 치료에 대한 '전문가'로 위치 매김 했음을 주장한다. 칼리안퍼Kalyanpur와 해리Harry(2012)에 따르면, 특수교육 문화 안에서 장애 관련 종사자들의 전문성은 의심없이 받아들여지며, 교육적 실제에도 영향을 미친다. 특수교육 문화, 즉 전반적인 학교 문화를 반영한 하위문화는 교수를 각 교육적 요구에 대한 객관적 · 과학적인 접근이 존재하는 기술적 합리주의의 실천이라고 가정한다. 장애와 관련하여 의료모델이 보편화되었고, 그 결과 교사는 손상을 교육적 중재가 필요한 주된 요구need라고 인식한다. 장애학생을 위한 전통적인 교육 계획은 아동이 보이는 문제를 강조하였고, 따라서 직접적인 교정 지도를 담당하는 전문가에게 의존하였다. 장애학생이 보이는 문제를 교정하기 위해서 그 학생이 보이는 특수성이나 가족이 제공하는 정보를 활용하기 보다는 해당 장애 범주에 대한 기존의 지식을 활용하였다. 칼리안퍼와 해리(2012)는 특수교육 문화가 장애를 객관적이고 중립적인 개념으로 나아가게 한다고 설명한다. 그러나 리만Reiman과 그의 동료들(2010), 발레Valle와 아폰테Aponte(2002), 댄포스Danforth와 스미스Smith(2005), 랄바니Lalvani(2012)가 지적한 것처럼, 가족의 관점에서 보면 학교에 존재하는 장애에 대한 담론은 장애학생을 부정적이고 비인격적으로 묘사하고, 가족의 경험과 이해를 평가 절하한다. 첫째, 양육은 감정과 관계의 깊이로 특징지어지는 경험이며, 이는 학교 담론이 강조하는 객관성과 대조적이다. 둘째, 의료모델에 따른 장애에 대한 관점은 가족이 자신들의 문화나 종교적 전통에 따라 이해하는 장애와 동일하지 않을 수 있다.

아동에 대한 학교 담론과 가족의 인식 간의 갈등뿐만 아니라, 특수교육의 언어 역시 생산적이며 동등한 관계를 형성하는 데 장벽이 될 수 있다. 숙련된 전문가는 임상 언어를 사용함으로써 그의 전문성을 표현하고 주장한다. 특수교육 담론은 약어(예: IEP, LRE, LD, ABA 등), 완곡어법(예: 특수한 교육적 요구), 전문용어(예: 특수학급에의 배치, 일대일 중재, 전환, 지원반 등)로 가득 차 있다. 외부인이 이해하기 어려운 특수교육 실제에 대한 설명도 존재한다. 예를 들어, '12대 1 환경' 또는 '이 학생은 12대 1에 갈 수 있다.' 등의 표현은 한 명의 교사가 12명의 학생을 담당하는 유형의 학급 또는 해당 학생이 그러한 유형의 학급에 배치될 수 있다는 것을 의미한다. 특수교육 평가 및 계획을 위한 회의에 참석하는 비전문가는 당연히 이러한 대화에 혼란감을 느낄 수 있다. 또한 학부모는 장애나 교실 유형,

교수 수정 등에 대한 직접적인 언어 대신 완곡어법이 사용될 때, 그것이 함축하는 의미를 알아차리지 못할 수 있다. 특수교육 언어의 사용은 명확한 의사소통에 방해가 될 뿐 아니라 가족을 외부인으로 위치 매김한다. 많은 학부모는 장애 아동을 출산하거나 학교에 입학시킴으로써 특수교육 과정에 들어서게 된다. 이때, 학부모들은 교사 및 다른 전문가들과 교육 문제에 대해 논의하는 과정에서 보다 높은 지위를 획득하고자 특수교육 담론을 배우기 위해 애쓴다(Lalvani, 2012). 백인 문화, 표준 영어의 사용, 높은 사회적 지위와 관련된 권력 문화 안에서 이미 특권을 누리고 있는 가족은 특수교육에서 제공받는 추가 자원의 혜택을 통해 자신의 특권을 확인하는 법을 배운다(Brantlinger, 2003; Hale, 2008). 더 적은 특권을 지니거나 또는 권력 문화 밖에 위치한 가족은 자녀에게 부여된 억압적인 강요로서 특수교육을 경험할 가능성이 크다(Blanchett, 2006; Collins, 2003; Rogers, 2002). 그러나 많은 연구는 특권층 여부에 상관없이 많은 가족이 전문가와의 관계를 지지적supportive이기보다는 전투적combative인 것으로 인식하고 있음을 보고한다(Rogers, 2011).

장애 아동의 가족을 위한 자리를 마련하는 것은 문화적 상호호혜cultural reciprocity의 관계적 절차를 통해 가능해진다(Kalyanpur & Harry, 2012). 특수교육 전문가는 교육적 실제에서 권위적인 위치에 있으므로, 문화적 호혜 관계를 구축하는 것은 교사 교육에서부터 시작되어야 하고, 아동 및 그 가족과 협력하는 과정에서의 반성적 실천으로 이어져야 한다. 전문가들은 다음 사항을 실천할 수 있다.

① 평가적인 자세가 아닌 개방적인 자세를 가지고 개인, 문화, 종교가 장애의 개념화 및 장애인에 대한 대우에 미치는 영향에 대해 인식하고자 노력한다.
② 상호 이해와 존중의 자세를 가지고, 상충되거나 혹은 공동의 아이디어 및 목표에 대해 개별 가족과 지속적으로 대화한다.
③ 상호작용에 영향을 줄 수 있는 인종, 문화, 사회 계층, 성별, 언어 및 젠더와 관련된 고정관념에 대해 인식하려고 노력하며, 가족과의 협력하는 과정에서 편견을 줄이기 위해 노력한다.
④ 전문가보다는 파트너, 책임자보다는 지지자와 조력자로서의 지위를 갖는다.
⑤ 가정과 학교 맥락 간의 차이를 고려하여 양육 및 학교교육에 대한 다양한 관점에 대해 이해하려고 노력한다.
⑥ 전문 용어에 대해 인식하여 다음에 대해 노력한다. 첫째, 완곡어법과 불필요하게 복

잡한 언어를 제한한다. 둘째, 모든 구성원이 참여를 위해 필요한 언어와 개념을 배울 수 있는 기회를 가질 수 있도록 한다. 즉, 불필요한 혼란을 야기하는 언어의 사용을 제한하고 중요한 용어를 설명한다.

문화적 상호 호혜주의를 실천하기 위해 가장 중요한 것은 특수교육의 전문가 담론이 중립적·객관적이지 않다는 것을 인식하는 일이다. 특수교육에 있어서 전문가 담론은 의료 모델과 연관되며, 다른 의미 체계와 마찬가지로 주관적일 뿐 아니라 가치 적재적value-laden이다. 장애와 교육에 대한 많은 관점이 존재하며, 학생과 그 가족과 협력할 때 다양한 관점을 모두 고려하고 존중해야 한다. 상호 이해를 위해 노력하는 것은 교육에 참여하는 모든 사람의 역할과 기여에 대해 가치를 부여하는 관계 구축의 첫 걸음이다.

사람 중심의 계획

사람 중심의 계획person-contered planning이란 장애에 대한 의료적 내러티브의 탈중심화를 추구하는 동시에 개인과 교육 계획에 대한 총체적이고 맥락적인 이해를 위해 노력하는 실천 양식을 의미한다. 사람 중심의 계획은 개인 고유의 정체성, 욕구, 관계 및 삶의 맥락에 대한 깊은 이해를 근간으로 한다. 사람 중심의 계획은 장애인권의 관점과 연결되며, 긍정적인 장애 정체성과 자기옹호를 장려하는 목적을 가진다. 긍정적인 장애 정체성disability identity은 손상 및 장애를 무시하거나 없애려고 하는 것이 아니라 장애란 문제가 있는 것으로 인식되는 문화 안에서 자기다움을 인정하고 자신의 가치를 인식하는 것이다(Johnson, 2005; Linton, 2007; Muragami, 2009; Valente, 2011). 자기결정self-determination은 본인의 삶의 과정을 주도하기 위한 적극적이고 의미 있는 참여를 뜻한다. 반면, 자기옹호self-advocacy는 한걸음 더 나아가 장애인이 자기결정력을 갖춤으로써 자기결정을 방해하는 차별적 요인을 인식할 수 있어야 한다는 것을 강조한다. 장애 공동체에서 자기 옹호는 의사소통 및 표현을 위한 기술의 개발과 같이 기능적인 것으로 인식되기도 한다. 그러나 자기옹호는 장애인을 무능한 존재로 보는 일반적인 시각에 대해 대응하는 정치적인 활동으로 진화되어 오고 있다. 사람 중심의 계획을 설명하는 많은 관점, 지침, 프로토콜이 존재하며, 이들이 장애 정체성과 자기 옹호에 대해 갖는 관심의 정도는 다양하다.

행동계획 만들기Making Action Plans, 축약하여 MAPS라고 불리는 것은 1989년 오브라이언

O'Brien, 포레스트Forest, 스노우Snow, 피어포인트Pearpoint와 하스베리Hasbury에 의해 처음 개발되었다. MAPS는 교육 계획을 개발하기 위해 가족 구성원, 친구, 전문가로 구성된 집단이 모여 한 개인의 정체성, 희망, 요구에 대한 총체적인 그림을 그릴 수 있는 프로토콜을 제공한다. MAPS 촉진자는 교육계획 대상자가 본인의 과거, 꿈과 희망, 두려움에 대해 기술하도록 안내하며, 다른 구성원은 그 대상자가 말하는 것을 큰 종이에 영역별로 기록하여 모든 사람이 볼 수 있도록 한다. 다른 참여자들도 작성된 내용에 아이디어를 추가함으로써 토론에 기여할 수 있다. 대상자를 설명하는 또 다른 두 영역에 대해서도 기록한다. 그 중 하나는 '이 사람은 누구인가?'라는 영역이며, 그 대상자의 정체성과 관련된 내용을 포함한다. 나머지 하나는 '요구'라는 영역이고, 집단 전체가 다른 모든 영역의 아이디어를 검토하고 통합하여 이 영역의 내용을 작성한다. 즉, '요구'라는 영역은 반드시 대상자의 꿈을 실현시키고 동시에 두려움을 유발하는 요인을 줄일 수 있는 내용을 포함해야 하며, 이는 대상자의 과거와 정체성을 고려하는 것이어야 한다. 대상자와 그의 가족 구성원들은 MAPS 참여자와 촉진자를 선택하며, 이를 통해 본인이 교육 계획 과정을 주도하고 있음을 느낄 수 있어야 한다. MAPS 절차는 IEP나 전환계획과 같은 형식적인 교육 계획을 개발하기 전에 사용될 수 있도록 고안되었다. 이러한 유형의 모임은 교육 계획의 절차에 대해 이해하기 쉽게 하며, 대상 학생에 대한 공동의 이해를 구축할 수 있는 공간을 마련할 수 있다.

학교와 가족 간의 관계 구축

상호 호혜주의는 MAPS와 같이 협력적인 교육 계획 프로토콜의 목적과 절차에 영향을 미치는 하나의 틀framework로 사용될 수 있다. MAPS는 학생, 학생의 가족, 학교 전문가가 자신의 생각에 대해 명확히 표현할 수 있도록 하며, 서로의 생각의 공통점 및 차이점에 대해 인식할 수 있도록 한다. 더 나아가, 상호 호혜주의적 태도는 모든 관점이 인식되고 고려될 수 있도록 한다. 교사가 학생의 가족과 긍정적이고 생산적인 관계를 구축할 수 있는 다양한 방법이 존재한다.

MAPS와 같이 공식적인 과정이 계획되기 이전에 학생의 가족과 관계 형성을 시작하는 것이 좋다. 학년 초에 가족에게 연락을 하여 교사 자신에 대해 소개하고, 아동에 대한 가족의 경험, 생각, 희망을 듣도록 한다. 이를 통해 교사는 아동의 성공 경험, 관심사, 학교

밖의 삶에 대한 이야기를 들을 수 있다. 교사가 이른 시기에 가족과의 의사소통을 시작하는 것은 관계 형성에 있어 긍정적인 역할을 하며, 특히 추후에 갈등이나 문제가 발생했을 때 보다 쉽게 연락을 취할 수 있다.

가족에게 교사의 연락처와 연락 가능한 시간을 알려 주는 것이 좋다. 어떤 가족은 이메일 주소 혹은 전화번호 등의 특정 연락 수단을 편하게 생각하지 않거나 제한된 접근성으로 인해 사용하지 못할 수 있다. 두 가지 이상의 연락 수단을 제공하는 것은 양방향의 소통을 소중하게 생각한다는 것을 표현하는 방법이다.

대부분의 학교는 가족이 교사를 만나고 학교를 방문할 수 있는 기회를 제공한다. 그러나 가족이 교실을 방문할 수 있는 날짜나 시간을 연장하는 것이 중요하다. 이는 학교가 명시한 날짜 혹은 시간에 학교를 방문하기 어려운 가족을 배려하는 방법이다.

정기적으로 학급 신문을 발행하거나 소셜미디어 포스팅을 통해 학급의 일상을 알리는 것은 가족과의 긍정적인 관계 형성에 도움이 될 수 있다. 학생이 학급신문 발행 또는 소셜미디어 포스팅에 적극적으로 참여하여 어떠한 내용을 포함시킬지에 대해 결정하고 글을 직접 쓸 수 있도록 하는 것도 유용한 아이디어이다. 관련 지식, 경험, 아이디어를 가지고 있는 가족 구성원들이 있다면, 그들을 교실로 초대하여 강연을 듣거나 현장학습을 추진하기 위한 도움을 받을 수 있다. 그러나 무엇보다 중요한 것은 접근성을 높이기 위해 다양한 방식으로 정보를 전달해야 한다는 것이다. 예를 들어, 텍스트 중심의 블로그를 사용한다면, 번역이나 스크린리딩 기능을 사용하거나 테크놀로지를 활용하기 어려운 가족을 위해 인쇄물을 함께 제공하여 접근성을 높일 수 있다.

'집에 전화하는 것'을 학생을 위협하기 위한 수단으로 사용해서는 안 된다. 가족과 교사 간의 의사소통은 가끔 일어나는 벌의 수단이 아니라 지속적인 관계 구축의 과정으로 인식되어야 한다. 학생의 부정적인 행동이나 수행과 관련해서만 의사소통이 이루어질 때, 가족 참여는 줄어든다(McNeal, 2012). 즉, 교사는 학생의 문제를 알림으로써 가족 참여를 유도하려는 의도를 가질 수 있지만, 이러한 행위는 원래 의도와는 다른 결과를 낳는다. 교사가 지속적으로 학생의 성공과 성취에 대해 의사소통 할 때, 교사-가족 간의 만족스러운 협력 관계를 형성할 수 있다.

교사와 학교가 학생 및 가족과의 긍정적이고 생산적인 관계를 도모할 수 있는 많은 방법이 있다. 그러나 어떤 유형의 협력 관계를 추구해야 하는 것이 좋을지 알기 위해 해당 지역사회에서 단서를 얻는 것은 중요하다. 협력을 위해 다양한 노력을 해야 한다는 것을 인식하는 것 역시 중요하다. 어떤 가족은 학교와의 긍정적인 교류를 경험해 보지 못했을 수 있다. 그러나 가족과의 관계를 구축하는 것은 학생에게 큰 도움이 된다. 학교와 가정 간의 협력이 갖는 이점은 매우 크다.

개별화교육프로그램의 개발

학생, 가족, 전문가 사이에 공동의 이해관계를 발전시키기 위해서 관계를 구축하고 협력하는 것은 교육적 계획과 실제에 있어서 중요한 목표이다. 협력을 방해하는 요소를 인식하고 이를 해결하기 위해 장기적인 노력을 하는 것은 개별화교육프로그램IEP 개발 과정이 모두에게 만족스러운 것이 될 수 있도록 한다. 학교가 학생에게 LRE 안에서 적절한 교육을 제공하는 방법을 문서화한 IEP는 IDEIA의 핵심 내용이다. IEP는 학생, 가족, 학교 간의 계약이며, 각 개별 학생의 교육 목표와 목표 달성의 기준, 진보와 성취를 위해 필요한 특수교육 서비스를 명시한다. IEP는 다음의 사항을 반드시 포함해야 한다.

- 아동의 현재 교육적 수행 능력 수준에 대한 기술(장애가 아동의 학습 및 학교생활에의 참여에 미치는 영향에 대해 설명할 수 있어야 함)
- 아동이 일반교육 과정 내에서 교육적 진보를 가능하게 할 수 있는 측정 가능한 교육 및 기능적 장단기 목표에 대한 기술
- 장단기 목표를 향한 진보가 어떻게 평가될 것인지에 대한 기술
- LRE 요건을 충족시키는 교실 환경, 아동에게 제공될 특수교육 서비스 및 보조적 지원에 대한 기술
- 이동이 해당 주州 또는 학교 수준의 평가에 참여할 수 있도록 지원하기 위해 필요한 수정 사항 및 대안 방안에 대한 기술
- 교육 프로그램의 시작일과 진보를 평가하기 위한 평가 방법에 대한 기술
- 16세 이상의 학생일 경우에, 졸업 후의 삶으로의 **전환**을 지원하기 위한 목표 및 교수 내용에 대한 기술

IEP는 IEP팀이 협력하여 개발해야 한다. IEP팀은 ① 부모 또는 보호자, ② 적어도 한 명

의 특수교육 교원 또는 서비스 제공자, ③ 아동이 일반 교육에 참여하거나 참여할 가능성이 있는 경우에, 일반 교육 교원, ④ 학군school district 대표자, 일반 학교 행정가, ⑤ 교육 평가의 결과를 해석할 수 있는 개인, 일반 심리학자 또는 면허를 소지한 교육 평가자, ⑥ 학부모 또는 학교의 재량에 따라 아동을 지원할 수 있는 지식과 경험을 가진 사람, 마지막으로 가장 중요한 구성원인 ⑦ 학생을 포함한다. IDEA는 '적절한 경우라면 언제든지' 학생 본인이 개별화교육지원팀의 구성원으로 참여할 수 있다고 명시한다.

IEP는 모든 개별화교육지원팀 구성원들의 전문지식과 참여를 바탕으로 개발되어야 한다. 학교는 최소한 1년에 한 번 회의를 열어서 아동의 진도 및 계획을 검토해야 하고 차기 연간 IEP를 수립해야 한다. IEP는 모든 구성원의 합의하에 수립되며, 학부모 및 보호자는 서명을 통해 IEP 실행에 대해 동의한다. IEP를 읽고, 그 안에 명시되어 있는 장기·단기 목표, 제공되는 서비스, 평가 방법 및 계획표, 수정 사항 등에 대해 숙지하고 실천하는 것은 특수교육 서비스를 받는 아동을 담당하는 모든 교사와 직원의 의무이다. IEP의 실행을 위해 모든 구성원이 협력하는 것은 중요한 일이다. 앞서도 언급했듯이, 그러한 관계를 구축하는 것은 IEP 회의 이전에 이루어져야 한다. IEP는 협력의 시작점이 아니라 협력의 결과물이어야 한다.

협력적 IEP 회의

IEP 회의를 모든 사람에게 더 긍정적·생산적으로 만들기 위해 전문가가 활용할 수 있는 많은 방법이 있으며, 그중 하나가 MAPS 절차이다. 건설적인 분위기는 IEP 회의 중의 상호작용뿐 아니라 회의 이전의 준비 기간을 통해서도 만들어진다. 회의 스케줄을 잡기 위해 가족에게 날짜 및 장소에 대한 다양한 선택 사항을 제공하는 것이 바람직하며, 이것은 가족 구성원의 직장 업무나 기타 책임 사항을 고려했다는 것을 나타내기 때문이다. 교사 및 다른 전문가들의 일정을 확인하여 회의 도중 시간에 대한 압박을 받지 않도록 하는 것 역시 중요하다. 가족 참여자가 회의에 참석할 수 있도록 교통수단을 제공하는 것은 IDEIA 내용에 포함되어 있다. 가족 참여자에게 교통수단을 제공하는 것은 호의가 아닌, 의무라는 사실을 명확히 공지함으로써 협력에 대한 학교의 의지를 전달할 수 있다. 영어 이외의 언어를 사용하는 가족의 경우 높은 질의 번역 또는 통역 서비스를 보장해야 한다.

한 연구에서 학부모들은 회의 전에 IEP 양식을 제공받는 것이 회의를 준비하는 데 있어 유용하다고 주장한다(Simon, 2006). 변경 사항이 있을 경우, 사전에 연락을 취해 가족 참여자가 회의 당일 당혹감을 느끼지 않도록 해야 한다. 협력 과정은 가족 참여자가 회의에 참석할 수 있도록 돕고 참여할 준비를 할 수 있도록 지원하는 것에서부터 시작된다.

회의 날짜가 다가오면 개별화교육지원팀 구성원 간의 협력과 동등한 참여를 위한 방법에 대해 미리 계획하는 것이 유용하다. 예를 들어, 크로거Kroeger, 레이볼드Leibold와 라이언Ryan(1999)은 IEP 회의를 교육 계획의 협력 과정으로 보는 비전을 제시하고, 학생과 그 가족이 IEP 회의에 보다 쉽게 접근할 수 있는 방침을 제안한다. 회의 진행자는 학생 당사자를 포함한 구성원들의 적극적인 참여를 위해 회의 시작 전에 다양한 참여 구성방식과 시간표를 마련할 수 있다. 시각적 단서는 모든 구성원이 회의에 지속적으로 집중할 수 있도록 도울 수 있다. 학생의 강점, 재능, 어려움, 교육적 요구 등에 대한 참여자들의 지식을 기록하기 위해 칠판, 화이트보드, 차트 등의 도구를 사용할 수 있다. 기록된 사항을 검토하고, 교육적 요구에 우선순위를 매기며, 목표 달성을 위해 학교가 학생을 지원하는 최선의 방법을 함께 결정함으로써 학생의 목표와 욕구에 대한 공동의 비전을 구축해야 한다. 회의 진행자의 역할은 모든 구성원의 적극적인 참여를 유도하는 것이다. 즉, 구성원들이 서로를 이해하며, 다른 구성원들의 일정을 존중하고, 의사결정을 서두르지 않도록 하는 것이 회의 진행자의 역할이다.

회의 내용에 대한 모든 구성원의 이해를 최대화하고 모두가 참여할 수 있는 절차를 제공할 수 있는 프로토콜을 갖는 것은 협력과 상호 존중을 촉진한다. 이와 같은 프로토콜은 IEP에 대한 의견 불일치를 해결할 때에도 사용할 수 있다(Mueller, 2009). 중립적인 회의 진행자를 배치하고 정중한 의사소통을 위한 기본 원칙을 설정하면 보다 생산적인 대화를 유도할 수 있다. IDEIA가 명시한 바와 같이 IEP 분쟁이 일어난 경우에 공식적인 중재 절차를 밟아야 한다.

학교는 바쁜 곳이며, 학교 전문가는 대부분 많은 학생을 맡고 있기 때문에 언제나 시간이 부족하다. 학교에서 인력 및 자원은 언제나 부족하다. 이러한 제약 때문에 많은 경우에 IEP 회의가 급하게 이루어지며, 협력이 아닌 형식적인 절차로 보이는 경우가 많다. 이미 완성된 것처럼 보이는 계획을 가족 참여자에게 제시하여 서명을 요구하는 경우, 그리고 가족과 학생이 그저 전문가의 설명에 고개를 끄덕이는 경우에 IEP 회의는 형식적인 절차로 전락된다(Fish, 2008). 이러한 유형의 IEP 회의에서 가족은 처음부터 협력 과정에 참여하기보다는 이미 완성된 계획을 일부 수정하도록 요청하는 역할을 할 수밖에 없다. IEP 회의가 진정한 협력의 공간이 되기 위해서 협력이 이루어질 수 있는 여건이 만들어져야 한다. 학교 전문가는 교육 프로그램에 대한 가족과 학생 당사자의 생각과 제안에 대해 귀 기울여야 한다. 학교 행정가는 특히 시간과 지원을 제공하여 교사와 다른 학교 전문가들이 가족 및 학생과 관계를 형성하고 협력할 수 있는 여건을 마련해야 한다.

학생 주도의 IEP 회의

가족과의 협력이 중요한 일이라면, 학생을 IEP 과정에 포함시키는 것은 필수적인 일이다. MAPS는 학생을 교육 계획의 중심에 놓는다. 학생에게 자신과 관련된 IEP 회의에 참석하도록 조언해야 하며, 연간 검토 회의에서 리더의 역할을 할 수 있도록 지원해야 한다(IDEIA, 2004; Mason, McGahee-Kovac, & Johnson, 2004; Martin et al., 1996). 학생은 IEP 회의의 목적과 절차에 대해 배우고, 자신이 가지는 교육 진도 및 장기 · 단기 목표에 대한 생각을 표현할 수 있도록 격려받아야 한다. 모든 연령의 학생은 IEP 회의에 참여할 수 있다. 메이슨Mason, 맥가히-코박McGahee-Kovac과 존슨Johnson(2004)은 다음과 같이 설명한다.

> 교사들은 어린 연령의 학생보다 고등학생을 개별화교육지원팀의 리더로 준비시키는 것을 더 가능성 있고 손쉬운 것으로 인식한다. 그러나 우리는 6세 학생들을 대상으로 학생 주도의 IEP 회의를 개최했던 경험이 있다. 물론 사용할 수 있는 용어가 다르고, 학생이 부담해야할 책임의 정도가 다르다. 그러나 아동에게 중요한 것이 무엇인지에 대해서 묻고 이를 근거로 교육 목표를 수립하며, 이 과정에서 아동이 의사결정의 리더의 역할을 한다는 것은 동일하다 (p. 22).

일부 전문가와 가족은 학생의 어려움에 대해 이야기하는 IEP 회의에 학생 본인을 참여시킨다는 아이디어에 우려를 표하기도 한다. 학생이 본인의 약점을 들으면서 화를 내거나, 이로 인해 전문가들이 불편한 감정을 느낄까 봐, 혹은 학생이 본인의 장애에 대해 알지 못하게 하기 위해서 학생을 IEP 회의에 참여시키는 것에 반대하는 여론이 있다. 학생 당사자를 IEP 회의에 포함해야 하는 이유는 학생을 배제해야 한다는 주장의 근거에서 명백히 드러난다. 전문가는 솔직하고 정중한 방법으로 학생에 관해 이야기하는 법을 배울 수 있다. 학생은 자신에게 영향을 미치는 장애에 대해 알 권리가 있으며, 그에 대해 부끄러움을 느끼지 않도록 해야 한다. 학생이 스스로를 옹호하고 교육 계획에 있어서 역할을 수행하는 방법을 배움으로써 학생은 장애 권리에 있어서 가장 중요한 독립성과 자기결정의 가치를 습득할 수 있다.

학교 전문가와 가족은 학생이 IEP 회의에 일찍부터 참여하도록 하고, 학생에게 그 과정에 대해 설명하며 학생 참여를 지원할 수 있다. 학생의 참여를 지원하기 위한 다양한 프로그램과 안내지침이 있다. 마틴Martin, 마샬Marshall, 맥슨Maxson과 제르만Jerman(1996)이 개발한 자기주도 IEPSelf-Directed IEP는 학생에게 IEP 회의에 관해 가르치고 학생이 IEP 회의를 주도하는 데 필요한 기술을 개발하기 위해 활용할 수 있는 다양한 재료를 포함하는 프로그램이다. 학생은 IEP 회의에 참석함으로써 자신의 능력에 대한 타인의 인식을 이해할 수 있을 뿐 아니라 교육의 방향을 스스로 결정할 수 있는 힘을 기를 수 있다.

IEP 회의는 오랫동안 장애학생의 가족에게 부정적인 감정을 유발하는 공간이었다. 그러나 이를 원래 의도에 맞게 협력적인 공간으로 만들기 위해서는 학교 전문가의 노력이 필요하다. 가족 및 학생이 IEP 절차에 긍정적인 공헌을 할 수 있다고 인식하는 것이 첫 단계이다. 그들의 참석과 참여를 유도하기 위한 계획을 수립하는 것이 두 번째 단계이다. 회의 안에서의 협력 및 존중의 관계를 형성하기 위한 절차를 수립하는 것이 세 번째 단계이다. 적극적이고 유연한 자세로 협력하는 것은 모든 참여자에게 유익한 일이다. 학생이 본인의 교육 계획 수립에 참여하고 자신의 요구와 욕구에 대해 적극적으로 알리고 옹호함으로써 장애 권리 및 장애학의 주요 목표에 한 걸음 더 가까이 갈 수 있다.

전문가 협력의 중요성

교사는 학생 및 가족과 협력하는 것 이외에도 다른 학교 전문가들과도 함께 일해야 한다. 다른 학교 전문가들과 지속적으로 상의하며, 협력적인 계획 및 교수에 적극적으로 참여하는 것은 장애학생의 요구를 완전히, 일관되게, 총체적으로 충족시키기 위해 필수적이다. 협력의 이점은 학생의 요구를 가장 잘 충족시킬 수 있는 특정 전문 지식을 공유하는 것 뿐 아니라, 친근하고 만족스러운 업무 환경을 조성할 수 있도록 관계를 구축하고 유지하는 데 있다. 협력을 위해서는 전문가 간의 상호작용에 대한 기준을 따라야 한다. 교사는 모든 구성원을 존중해야 하며 교실 구성원이나 자문가consultant로 대우해야 한다. 함께 일하는 경우, 전문가 팀의 구성원들을 학급의 모든 학생과 성인에게 소개해야 한다. 가능하다면 특정한 날에 대한 학급 일정 및 교수 계획을 함께 수립할 수 있다. 최소한 교수 내용 및 서비스 제공에 대한 정보를 서로 공유해야 한다. 학교 전문가들은 각자의 역할을 수립하고 어떤 종류의 교육이나 지원이 이루어지는지 또는 필요한지에 대해 함께 논의함으로써 장애학생에게 가장 적절한 지원을 제공할 수 있어야 한다. 가장 일반적인 유형의 전문가 협력은 다음과 같다.

상담 및 지원의 역할

특수교사는 IDEIA가 명시한 서비스 연속체에 따라 다양한 환경에서 여러 종류의 교육적 서비스를 제공한다. 보조적 지원은 특수교사가 흔히 지원실이라고 불리는 공간에서 개별 또는 소집단의 장애학생과 일하는 형태를 의미한다. 특수교사는 학생에게 다른 환경에서 제공되는 일반 교육과정에 대한 지원을 제공하거나 또는 기본 교육과정을 제공한다. 보조적 지원은 전체 학급, 소집단 또는 개별 환경 안에서 이루어진다. 어떤 환경이든 간에 특수교사는 자신이 맡은 학생의 다른 교사들과 함께 일해야 한다. 특수교사는 다른 환경에서 드러나는 교육적 요구 및 성취에 대해 인식하고, 학년 수준의 교육과정에 대해 이해하며, 해당 학생에 대한 본인의 경험을 공유함으로써 다른 교사들을 지원할 수 있다.

협력교수

협력교수collaborative teaching는 일반적으로 일반교사 한 명과 특수교사 한 명이 한 교실에서 장애 및 비장애학생을 함께 가르치는 교수 형태를 의미한다. 협력교수는 통합교육과 가장 밀접한 관련이 있는 전문가 협력 유형이다. 협력교수가 이루어지는 학급에서 학생은 두 교사에게 지원받을 수 있는 이점을 누릴 수 있다. 뿐만 아니라 학생들은 서로를 지원할 수 있다. 협력교수의 이점을 극대화하기 위해 교사는 다음의 사항을 실천해야 한다.

- 학급의 모든 학생을 잘 알아야 하며, 장애 유무와 관계없이 모든 학생과 함께 일해야 한다.

- 교육과정 및 교수의 계획을 함께 수립해야 하며, 이를 위해 두 교사가 각자 가지는 경험과 전문성을 활용할 수 있는 방법을 활용해야 한다. 통합교육과정을 계획하기 위한 아이디어는 제9장에서 설명한다.
- 각 교사가 교실 안에서 어떠한 책임을 가지며 어떠한 역할을 수행해야 하는지에 대해 충분히 협의해야 한다.
- 장애 유무와 상관없이 모든 학생을 대상으로 형성평가 및 총괄평가를 실시해야 한다.

요약하면, 두 명의 교사는 동등한 지위와 책임을 가지고 하나의 팀으로 일한다. 협력 교수는 통합교육을 실천하기 위한 유용한 전략 중 하나이다. 어떻게 교실을 구조화하고, 각자의 역할과 책임을 결정하며, 효과적인 계획 및 교수에 대한 실제를 구축하는지 등에 대한 다양한 아이디어는 이미 많이 개발되어 있다.

전문가 및 관련 서비스

학교는 학습, 건강, 학교 및 교수에의 접근성과 관련한 요구를 충족시키기 위해 다양한 전문가를 고용한다. 관련 서비스는 IDEIA에 명시되어 있으며, 학교 건강 서비스부터 언어치료, 심리 및 가족 상담까지 다양하게 포함한다. 모든 전문가는 개별 학생 또는 학생 집단과 협력한다. 일반적으로 교실 환경 밖에서 서비스를 제공하는 풀 아웃pull-out, 꺼내기 형식과 교실 안에서 서비스를 제공하는 푸시 인push-in, 밀어넣기 형식이 존재한다. 많은 학교에서 볼 수 있는 일반적인 유형의 전문가와 서비스는 다음과 같다.

특수교육 보조인력

학급 안에서 교수-학습 과정을 지원하기 위해 특수교육 실무원과 보조교사를 배치할 수 있다. 개별 학생은 보조교사의 지원을 받거나 일대일로 배치된 특수교육 실무원의 도움을 받을 수 있다.

언어치료사

언어치료사는 언어 사용 능력 개발과 관련하여 도움이 필요한 학생과 협력하는 전문가이다. 언어치료사는 영어 외의 언어를 사용하는 학생에게 영어를 가르치는 전문 교사와는 다르다.

청능사

청능사는 청력을 진단 및 평가하고, 청능 훈련을 하는 청각 전문가이다. 청력 보조도구, 증폭기, 또는 인공와우의 사용과 관련하여 교사와 학생을 교육하고 지원한다.

통역사

IDEIA에 따르면, 학생은 자신이 사용하는 모국어로 평가받을 권리가 있다. 통역사는 영어 이외의 언어를 사용하는 학생의 평가 과정에 참여하며, 교육 계획을 수립하기 위한 회의에서 가족을 지원한다. 수화를 사용하는 학생이 있는 경우, 수화 통역사가 교실에 상주할 수 있다.

상담사 및 심리학자

학교는 다양한 유형의 정신 건강 서비스 및 치료 서비스를 제공할 수 있다. 학생은 개별적으로 또는 소집단으로 상담이나 치료를 받을 수 있다. 정신건강 상담사, 상담 심리학자, 학교 심리학자는 자격증을 지닌 정신건강 전문가이며, 상담교사와는 다르다. 학교 심리학자는 개별화교육지원팀의 구성원이며 진단 및 평가 과정에 참여해야 하고 치료나 상담을 제공한다. 상담사와 심리학자는 자신이나 타인에게 위험을 야기할 수 있는 위기 상황을 제외하고 학생과 가족 이야기에 대해 비밀 보장의 의무를 가진다. 그러나 동시에 다른 전문가들과의 협력과 의사소통을 통해 학생의 심리사회적 발달을 지원해야 한다.

사회복지사

사회복지사는 개별화교육지원팀의 구성원이며, 학생과 가족에게 서비스를 제공한다. 사회복지사는 학생과 가족을 대상으로 그들의 삶의 질을 향상시킬 수 있는 사회적 자원 및 사회망에 연결해 준다. 사회복지사는 더 나은 거주 환경이 필요한 가족을 관련 기관과 연결시켜 주고, 학생을 잠재적인 고용주와 연결시켜 주거나, 학생이 가정 폭력이나 가정에서의 방치를 경험할 때 이에 대한 지원을 제공한다.

작업치료사

작업치료사는 신체, 운동, 감각 손상이 있는 학생이 삶의 다양한 활동에 완전히 참여할 수 있고 독립성을 가질 수 있도록 상담과 교육을 제공한다. 작업치료사는 물리적인 환경을 진단하고, 수정하며, 적응 기구를 제공한다. 또는 학교 과제나 삶의 다양한 활동에서 학생의 독립성을 증진시키기 위한 훈련을 제공한다. 예를 들어, 작업치료사는 학생의 독립적인 쓰기 활동을 지원하기 위해 연필 보조도구를 제공하고, 연필 잡는 방법을 연습시키거나 타이핑과 같은 대안적 방식으로 글쓰기를 할 수 있도록 훈련시킬 수 있다. 작업치료사나 보행 전문가는 지체장애 또는 시각장애 학생이 목발이나 흰 지팡이를 사용하여 물리적 환경과 교섭하는 방법을 가르치거나 음식을 먹고, 옷을 입고, 요리하는 등의 삶의 활동을 수행할 수 있는 방법을 지원한다. 작업치료사의 또 다른 역할은 학생과 협력하여 사회적 상호작용 및 놀이 기술, 환경에서의 감각 자극에 대응하는 전략 등을 개발하는 것이다.

물리치료사

물리치료사의 역할은 작업치료사의 역할과 겹칠 수 있다. 물리치료사의 주요 업무는 학생의 신체 기능을 최대화하기 위해 근력을 강화시키고 신체를 효율적으로 사용하는 방법을 개발하고 가르치며 향상시키는 것이다. 학교에서 물리치료는 신체적 손상에 적응하기 위해서 근력 향상과 기술 습득이 필요한 학생에게 제공될 수 있다.

건강 전문가

정신건강 전문가나 정신과 의사가 건강 전문가 범주에 포함될 수 있으나, 일반적으로 건강 전문가란 생리적 요구와 관련하여 도움을 제공하는 간호사나 특수 보조원을 가리킨다. 예를 들어, 간호사는 뇌전증이 있는 학생에게 약을 복용시킨다. 특수 보조원은 섭식 혹은 배변 활동과 관련한 요구가 있는 학생을 지원한다.

지금까지 관련 서비스는 교실 밖에서 제공되는 경우가 대부분이었다. 즉, 치료사는 개별 학생 또는 소집단의 학생을 다른 장소로 데려가서 교육이나 치료를 제공하며, 그런다음 학생들은 원래 학급으로 돌아온다. 이러한 풀 아웃 모델은 고도로 집중된 환경 안에서 전문화된 교육을 제공하는 것으로 인식되어 왔다. 그러나 이러한 모델에 대한 비판 역시 존재한다. 첫째, 교실 밖으로 이동하여 관련 서비스를 받은 학생은 원래 학급 안에서 이루어지는 교육활동을 놓칠 수밖에 없다. 학생은 중요한 교육 내용을 배우지 못하거나 사회적 경험을 놓쳐서 추후에 보충학습을 통해 또래를 따라잡아야 한다. 이는 수업 활동과 관련하여 다른 학생들과의 격차를 벌린다. 둘째, 고립된 상황에서 학습한 기술은 일반화되기 어렵다. 예를 들어, 어려운 단어를 이해하기 위해 특정 읽기 전략을 사용하는 것은 사회과 지문을 읽을 때 가장 필요할 수 있다. 연필을 쥐는 능력은 수학에서 중요할 수 있으며, 좌절감 또는 화 등의 감정을 조절하기 위해 전략을 활용하는 것은 감정이 실제로 일어나는 그 상황 안에서 가장 잘 사용될 수 있다. 이러한 한계점 때문에 관련 서비스가 교수가 일어나는 교실 안에서, 즉 통합적으로 제공되어야 한다는 인식이 증대되고 있다. 관련 서비스가 교실 안에서 제공될 때, 전문가 간의 협력은 더욱 필요해진다. 모든 전문가는 서로의 목표에 대해 인식해야 하며 여러 목표를 통합하기 위해 노력해야 한다.

결론

'한 아이를 키우려면 온 마을이 필요하다.'라는 아프리카 속담은 협력교수의 필요성을 잘 드러낸다. 가족과 전문가 간의 협력은 학생의 성장에 중요한 역할을 한다. 협력은 통합교육을 실천하는 데 있어서 필수적이다. 효과적인 의사소통과 파트너십을 방해하는 요인이 존재할 수 있지만, 교사가 타인과의 긍정적인 관계를 구축하고 유지할 수 있는 많은 방법 또한 있다.

제9장

통합교육을 위한 교수설계

교수설계instructional design란 교육자가 교수-학습 활동을 구성하는 것을 의미한다. 학습 방법을 이해하기 위해서는 학생에게 제공되는 학습목표, 학습자료, 학습경험에 대한 고려가 필요하다. 교수설계를 위해 우리가 내리는 의사결정은 학습이론에 근거하고 있으며, 공교육의 세부적인 가치들과 연관되어 있다. 다시 말해 우리는 학생이 학습내용을 배우도록 지원할 수 있는 방법과 민주주의 사회에서 다른 사람과 함께 살아가는 방법들을 가르치기를 희망한다. 이 장에서는 통합교육 현장의 학습 가치와 이론들의 개관으로 시작한다. 그리고 통합적인 교수설계를 위한 틀을 구성하는 것으로서 학습 상황에서의 보편적 설계의 적용에 대해 소개하고자 한다.

규범적 실천에 저항하기

규범의 개념은 복잡한 인간의 삶이나 경험에서의 실제라기보다는 일종의 통계적인 가정이다. 모든 인간은 외모, 재능, 흥미에서 차이가 있기 때문에 교육 현장에서는 다양성이 보장되어야 한다. 통합교육의 핵심적인 생각은 규범이 지닌 편협한 개념적 해석에 의문을 제기하는 것이다. 우리는 규범을 정하고 그에 따라 명칭을 붙이고, 어떤 사람은 하찮은 존재로 여기며, 기대에 준하는 사람에게는 호의를 베푼다. 통합교육 현장의 원칙은 삶과 학습에서 '정상적인' 방법을 추구하는 신념과 실천에 저항하는 것이다. 대신에 통합교육은 학교에서 가치 있게 여겨지고 포용될 수 있는 폭넓은 경험을 추구한다.

대다수 교육자의 경험에는 일반교육과 특수교육을 병행하는 전통적인 체계가 뿌리 깊게 배어 있어 '일반적인' 환경에서 경험할 수 있는 모든 종류의 학습에서 창의적이고 폭넓게 생각하는 것을 억제한다. 마찬가지로, 모든 아동이 하나의 교육과정에 따라 동일한 방법으로 학습하는 것은 그동안의 학교 수업이 강력하고 오래도록 지속해 온 방식이기는 하지만 통합교육에 적합한 것은 아니다. 우리가 '정상적'인 것과 '비정상적'인 것이라고 생각하는 것에 대한 성찰과 더불어 통합교육에 대해 생각하는 것은 모든 아동의 전인적 성장을 강조하는 학교교육에 대한 신념과 이미지를 변화시키는 것으로부터 시작한다.

교육자는 규범적인 관행에 저항하기 위해 다양한 문화와 경험에 관한 지식과 이해 속에 본질적으로 내재된 가정이 무엇인지 파악하기 위한 방편으로 현재의 교육과정과 교수 실제를 비판해야 할지도 모른다. 비판적인 참여는 문화적 특권과 주변성에 대한 인식을 바탕으로 교육과정에서 중심이 되어 온 것들, 예컨대 백인, 능력, 이성주의, 남성성, 백인계 유럽인의 언어와 문화를 탐구하는 것을 요구한다. 다문화교육과정을 준비하는 것은 다양한 관점을 제공해 주는 자료와 학생이 영향력 있는 문화에 대한 비판점을 개발할 수 있는 학습과정, 자신과 다른 사람의 전통과 정체성을 학습하고 수용하고 지속하기 위한 수집 활동에서 시작될 수 있다. 그러나 보다 비판적인 실제에 다가가기 위해 교육자는 즉각적인 교수-학습 상황에 주의를 기울여야 한다. 교육철학과 수업의 조직에는 학생, 교사의 기여와 요구를 가시적으로 드러내고 이 둘에게 영향을 주는 교육과정에 대한 폭넓은 아이디어가 필요하다.

민주주의 학교교육은 학습자가 대화를 공유하고 다른 사람과 함께 일하며 민주주의 사회의 적극적인 구성원으로 성장하도록 하는 교육과정과 관련된 교육 개념 및 철학이다. 교육자이자 교육이론가인 존 듀이John Dewey(1916)의 기본서인 『민주주의와 교육Democracy and Education』은 다음과 같이 기술하였다.

> 민주주의는 정부 형태 그 이상이다. 이것은 주로 삶과 관련된 방식의 하나이며 경험과 소통하는 통합의 방식이다. 민주주의에 참여하는 개인의 수가 늘어남에 따라 각 개인은 다른

> 사람의 행동에 반응하는 자신의 행동을 알아야 하고 다른 사람의 행동에 대해 생각하기 위한 의견과 목적을 지녀야 하는데, 이것이 그들의 활동 속에서 중요하다고 여겨 왔던 계층, 인종, 국가적 영역의 장벽을 무너뜨리고 서로를 동등해지도록 한다.
>
> (p. 87)

다른 한편, 민주주의는 공동체의 구성원들이 자신의 세상과 행동을 다른 사람과 협력하여 구성하기 위한 삶의 방식이다. 많은 개인과 대화, 공유된 행동에 참여하는 것은 상호 호혜적인 목적들로 다가가기 위한 행동이 무엇인지 고려하도록 하는 관점과 경험을 가지도록 한다.

민주주의 학교교육에서 통합적 교육과정과 비판적 다문화주의의 관계는 강력하다. 오일러Oyler(2001)는 학생이 학교교육과정을 통해 민주주의에 참여할 수 있는 방법을 배우기 위한 네 가지 고려사항을 제시하고 있다.

> ① 모든 학습자의 강점들을 찾기
>
> ② 전체 수업, 균일한 수업 형식을 넘어 확장시키기
>
> ③ 유연한 집단화 전략들을 활용하기
>
> ④ 협력적인 문제해결 강화하기
>
> (p. 29)

처음 세 가지 제안은 전통적인 교수-학습 방식들을 변화시키는 것이다. 교육자는 하나의 문제만을 바라보지 않고 강점들을 찾으며, 교사 중심으로 모든 것을 배워한다는 가정 대신 비슷한 수준의 동료들과 다양한 집단화와 형식들을 사용할 것이다. 네 번째 제안은 협력적 문제해결을 강화함으로써 학생이 학습영역을 제안하는 데에 있어 중심적인 역할을 해볼 수 있는 기회를 제공한다. 학습을 위한 기초로서 문제 확인과 해결을 사용하는 것은 학생을 생생한 체험으로 이끌어 깊이 있고 의미 있는 맥락들을 제공하며, 자신과 공동체의 지식을 생성하여 힘의 불평등과 관계에 대한 이해를 확장시킨다.

모든 연령의 학생들은 현실 세계를 탐구하기 위한 문제들을 발견할 수 있다. 학습자의 아이디어를 통합하고 교육과정에 홍미를 집중시키는 것은 민주주의적 과정 그 자체에 참여하는 경험을 제공한다. 예를 들어, 오일러(2001)는 레이첼이라는 학생이 유목민과 현대

사회의 집 없는 사람 간의 유사성이 무엇인지 궁금해하자 고대 유목민의 생활을 묘사하며 생각해 보게 하였다. 이러한 학습과정은 학생이 현대 사회의 문제점을 이해하기 위해 대중매체의 최근 뉴스와 지역사회 자료들을 조사하도록 만들었다. 이와 유사하게, 슐츠Schultz(2008)는 4학년 학생들에게 지역 시청이 자신들의 다 허물어져 가는 학교를 보수하거나 교체하는 것에서 실패한 것에 대한 연례 조사를 실시하도록 하였다. 이 수업에 참여한 학생들의 영향을 받아 이 문제에 대한 시민의 집단적인 활동이 시작되었고, 새로운 학교 건립을 위한 청원은 적극적인 캠페인으로 이어지게 되었다. 학생들은 문제의 원인에 대한 자료들과 문헌을 통해 정치적인 과정과 대중매체 분석을 학습하였으며, 고민하고 공부하는 시민으로서 포럼에 적극적으로 참가하였다.

많은 이들 가운데 오일러(2001)와 슐츠(2008)는 학생이 교육에 있어 민주적 과정에 참여하는 것의 영향력에 대해 언급하여 왔다. 학습과정으로서 학생에게서 확인된 흥미와 문제가 학습과정에 포함되었을 때, 슐츠의 수업에 참여한 학생이 언급하였듯이, 우리는 실제로 이러한 것을 중요하게 여기고 참여하게 된다. 그리고 우리는 오일러(2001)의 에세이에 등장한 레이첼처럼 학생이 학습한 내용을 다른 사람들과 대화하고 공유하면서 그것에 참여한 것의 이로운 점들을 나누게 한다. 문해력 측면에서 학생의 학문적 기술 발달은 거의 손상되지 않는다. 슐츠가 언급한 것처럼, 학생의 '눈부신spectacular' 성장은 개인적으로 의미 있는 교육과정을 통해 가능하다. 듀이(1916)의 말을 빌려 마무리하자면, 민주주의 사회는 다음과 같다.

> 사회적 관계 속에서 개인의 흥미를 끌어주고 무질서로부터 사회적 변화를 지키기 위한 통제적 성향을 지니게 해야 한다.
>
> (p. 99)

통합교육은 학생이 자신의 경험을 통해 실제적인 문제 해결에 참여함으로써 가장 잘 발전된다. 문화나 개인의 능력을 반영하여 새롭게 개정된 교육과정이 필요하기보다는 상황-특정적인 문제를 제공하고 학습을 위한 통합적인 환경을 제공하는 것에서 시작해야 한다. 집단적인 문제해결의 본질은 자연스럽게 과제의 확산을 제공하여 다양한 참여 방법, 다른 사람들로부터 배우는 기회, 간학문적인 내용과 영역의 지식과 학문적 기술의 발달을 가능하게 한다.

학습 이론들

민주주의 학교교육을 위한 기반은, 이것이 비록 학습과 발달에 관한 심리학적-인지적, 사회적 이론들에 의해 지지되고 있음에도 불구하고, 주로 적극적인 정치적 참여에서의 이상ideal들과 관련 있다. 구성주의는 학습과 발달 이론의 일종으로 20세기 초 스위스 심리학자 장 피아제Jean Piaget에 의해 처음으로 거론되었다. 피아제는 인지적 발달을 위한 아동의 놀이의 중요성을 설명하고 이해하는 것에 관심을 두었다(Fosnot, 2005). 구성주의의 근본적인 원리는 아동의 경험을 통해 지식을 생성하는 것, 즉 학습이다. 자연적인 현상과 감각을 통해 수집된 정보를 통해 세상을 경험함으로써 아동은 어떻게 이것들이 작용하고 무엇을 의미하는지 '이론들'을 생성하고, 이러한 이론들이 지식으로 정립되기 위해 '시험한다.' 아동이 생성하고 이해하는 이론과 지식은 각기 다른 인지적 능력이 발달되고 보다 많은 경험이 누적될수록, 그리고 형식적 지식을 포함한 다른 종류의 지식에 접근할수록 사실상 변화하는 것이다.

구성주의가 적용된 교육과정과 아동의 요구에 초점을 둔 교수는 경험 또는 행동을 통해 학습된다. 아동이 적극적으로 학습현상에 참여할수록 자신의 고유한 관점으로부터 나타나는 아이디어를 생성할 수 있으며, 그 이후의 경험 속에서 기존에 형식화된 개념이나 이론을 시험해 볼 수 있다. 예를 들어, 아동은 적거나 많은 양의 블록을 쌓아 보고 그 양과 숫자를 맞춰 보면서 **덧셈**의 의미를 학습할 수 있다. 아동이 양의 증가를 보고 느낄 수 있다면 그들은 덧셈이 양의 증가를 의미한다는 것을 이해할 수 있다. 구성주의적 접근에서 학습은 경험을 통해 현상에 대한 이해를 발달시키는 데에 있어 아동에게 숫자나 기호와 같은 추상적인 것보다는 같은 구체적인 것(즉, 블록 쌓기)을 제공한다.

교육과정과 교수활동에 관한 구성주의적 접근들은 학습자를 중심으로 지식을 생성하는 것에 초점을 맞추기 때문에 통합교육에 적합하다. 우리 모두는 우리가 새로운 아이디어를 접하고 학습할 때에 영향을 미치는 다양한 경험과 선험적인 지식을 가지고 있기 때문에 아동은 각기 다른 방법과 속도로 지식과 이해를 습득할 것으로 기대된다. 일반적으로 구성주의적인 교육 접근에는 '직접적hands-on' 학습, 발견식 학습, 개발자인 마리아 몬테소리Maria Montessori의 이름에서 유래된 몬테소리 방법, 이탈리아 지역명에서 유래된 로지오-에밀리아Ressio-Emilia 방법이 있다(Fosnot, 2005).

러시아 심리학자 레브 비고츠키Lev Vygotsky(Vygotsky, 1986)의 사회구성주의 이론은 구성주의 이론과 유사하다. 사회구성주의가 학습자가 동기를 형성하고 언어와 같이 지식을 생성하기 위한 도구들을 습득해 나가는 사회적 · 문화적 맥락에 더욱 중점을 두고 있음에도 불구하고 두 가지 이론 모두는 학습자에 의해 지식이 적극적으로 구성된다는 점을 전제로 하고 있다. 비록 비고츠키가 피아제와 동시대에 아이디어를 개발시켰음에도 1960년대 자신의 저서가 영어로 번역되기 전까지 비고츠키의 이론은 상대적으로 서구 사회에 덜 알려졌다. 가장 분명한 것은 교육 현장에서 사회구성주의의 영향으로 **견습**apprenticeship이라는 학습 개념이 등장하였다는 점이다. 이러한 관점에서 아동은 특정 활동에 보다 경험을 많이 지닌 구성원과의 적극적인 참여를 통해 학습한다. 교실에서는 더 많은 경험을 가진 사람은 교사 또는 다른 학생일 수 있다. 활동에 대한 숙련 정도에 따라 세 가지 기본적인 성장 단계들이 구분될 수 있다. **초보** 단계에서는 활동을 관찰하고 모방하며, **의존** 단계에서는 활동의 지원을 받으며 몇 가지 측면을 성취할 수 있고, **독립** 단계에서는 활동에 전적으로 참여할 수 있으며 비슷한 종류의 과제를 직접 적합하게 수행할 수 있다.

사회구성주의의 세 가지 개념은 현대적 접근과 교수 방법을 정련시키는 것에 있어 지대한 영향을 미치고 있다.

- **근접 발달 영역**Zone of Proximal Development: ZPD: 아동이 독자적으로 행할 수는 없지만 도움을 받는다면 도달할 수 있는 기술이나 과제의 범위를 의미한다. 이 영역에 도달하기 위해 교육과정의 목적과 목표가 구성되어야 한다. 거의 대부분의 수업 기반 평가는 학생의 요구를 수용하여 ZPD를 결정하기 위한 목적으로 실시된다.
- **비계**scaffolding: 핵심 기술을 학습하기 위한 필수적인 지원을 제공함으로써 초보적인 견습생으로서 아동이 보다 경험이 많은 '전문가'가 되기 위한 발판이 되는 과제나 활동이다. 비계 학습은 구조물에서의 발판과 유사하다. 구조물을 만드는 작업을 할 수 있도록 내부의 견고함을 만들기 이전에 외적인 지지대를 만들어 주는 것이다. 모방이나 시범을 통해 과제나 활동에 참여하는 방법을 알려 주는 것이 비계의 초기 유형이다. 안내된 실천을 제공하거나 활동의 단계별로 학습자를 이끄는 것도 비계의 한 방법이다.
- **중재**mediation: 초보자가 전문가로부터 학습한 맥락과 방법이다. 예를 들어, 사회적인 맥락에서 기술이 학습되고 학습자에게 자료가 제공되며 수업에서 언어와 언어의 양

식이 각각의 간접적 · 중간적 힘에 의해 제공되는데, 이것은 사실상 학습과정에 영향을 미친다. **문화적 중재**는 사람이 언어, 사고, 행동을 사용하는 방법을 학습하는 데에 문화가 엄청난 영향력을 발휘한다는 점을 알려 준다. 다양한 문화의 구성원들은 각기 다른 가치를 지니고, 상호작용하고 생각하고, 지식을 습득하는 방식 또한 다르다. 교수-학습에서의 **사회문화적 관점**은 교육에 문화적 중재를 적용할 것을 강조한다. 콜린스Collins(2003)는 간단명료하게 "사회문화적 관점은 각자가 서로를 구성하는 방법을 이해하기 위해 환경과 개인의 교차점을 탐구할 것을 제시한다."(p. 3)라고 기술한다. 장애의 사회적 모델은 이러한 관점에서 파생된 것이다.

학습 활동들을 효과적으로 구성하기 위해 학생과 교사의 선행 경험들이 과장되어서는 안 된다. 일반적으로 학습자가 대상이나 다른 사람과 어떻게 상호작용하는지, 교실에서의 중재적 힘과 어떻게 상호작용할 수 있는지에 주목하는 것이 중요하다. 다양한 범위의 능력을 수행하고 다양한 배경지식과 경험을 가지고 있는 학생이 공유된 활동에 참여함으로써 서로에게서 배운다는 개념은 이상적인 민주주의 학교교육과 긴밀하게 연관되어 있다. 유도식 탐구guided inquiry(Burns, 2005; Palincsar, 1998)와 협력학습cooperative learning(Gutierrez, Baquedano-Lopez, Alvarez, & Chiu, 1999; Johnson & Johnson, 1999)을 포함하여 학생들의 ZPD와 비계의 실천, 사회문화적 학습이론과 긴밀하게 연관된 교수 방법들을 포함하여 무수히 많은 교수 방법이 권장된다.

교육에서의 보편적 설계

구성주의와 사회구성주의는 학습을 수업에서 제공하는 사회적 맥락과 함께 문화와 개인의 선행적 지식에 영향을 받는 역동적인 과정으로 특징짓는 이론들을 제안하였다. 장애학생을 지도하는 과정에서 이러한 접근들을 지지하면서 증가하고 있다(Morocco, 2001). 이상적인 민주주의 학급은 학교 경험에서 다양성의 가치를 인식하고 반응하며 민주주의 사회 속에서 상호작용하고 영향력을 줄 수 있는 지식, 기술, 태도를 함양하는 것을 목표로 한다. 교육에서의 보편적 설계는 다양한 교육 현장에서 이러한 목표들에 부응하기 위한 광범위한 기준틀을 제공한다.

교육과정 개발과 교수 실제를 위한 보편적 설계의 틀은 건축가이자 휠체어 사용자인 로널드 메이스Ronald Mace(Mace, Hardie, & Place, 1990)에 의해 개발되었다. 초기의 **보편적 설계**Universal Design: UD는 기능적이고 우아한 물리적 환경을 조성하기 위해 제안되었다(McGuire, Scott, & Shaw, 2006). 메이스와 그의 동료들은 UD를 하나의 철학으로 간주하고 접근이 아닌 공동체로 개념화하였다. UD를 규정하는 7가지 원리로는 ① 공평한 사용, ② 사용 시 융통성의 제공, ③ 간단하고 직관적인 설계, ④ 모두가 인식 가능한 정보 제공, ⑤ 오류에 대한 포용, ⑥ 최소한의 신체적 노력 요구, ⑦ 접근과 사용을 위한 크기와 공간 제공이 있다(Connell et al., 1997). 예를 들어, 보편적으로 설계된 빌딩은 많은 계단 대신에 완만한 경사로 이루어진 출입구와 휠체어 경사로가 특징일 것이다. 이런 방식의 설계는 많은 사람이 공간을 최대로 사용할 수 있도록 하고 두 개의 출입구를 만드는 것보다 미적으로 쾌적할 수 있다. 교육에서 UD는 모든 학생이 지닌 독특한 특징과 요구들에 따라 계획, 교수, 학습의 개념화하는 과정에서 동일한 방식으로 우아함과 기능성을 구하고자 한다.

초기 개발자들은 보편적 설계의 생각들을 교육에 적용하려고 하였다. 실버Silver, 버크Bourke와 스트레혼Strehorn(1998), 보우Bowe(2000)은 **보편적 교수설계**Universal Instructional Design: UID의 개념을 발전시켰다. 맥과이어McGuire, 스콧Scott과 쇼Shaw(2006)도 메이스와 동료들이 구축한 UD의 원리를 가져와 보편적 교수 설계Universal Design of Instraction: UDI 틀을 개발하였다. UDI는 교육을 위해 7가지 원리가 어떻게 해석될 수 있는지 다루면서 학습자 공동체와 학습 분위기라는 두 개의 원리를 추가하였다. 버그스탈러Burgstahler(2009)의 UDI에 대한 설명에서는 ①교실 분위기, ② 상호작용, ③ 물리적 환경과 산출물, ④ 전달 방법, ⑤ 교육자료 및 공학, ⑥ 피드백, ⑦ 평가, ⑧ 편의시설이라는 8가지 범주를 제공하고 있다. UDI 틀은 교실 분위기를 "다양성과 통합에 대한 존중과 같이 높은 가치를 반영하여 현장에 적응하는 것"(Burgstahler, 2009)으로 주목하고, 학생공동체가 "학생 간, 교사와 학생 간의 상호작용과 의사소통을 증진시키도록" 노력해야 하며, "수업은 따뜻한 분위기에서 통합적으로 설계되어야 한다."(McGuire, Scott, & Shaw, 2006, p. 170)라고 보았다. 특히 분명한 것은 UDI가 통합의 가치와 공동체, 사회 정의 실현에 기반을 두고 있다는 점이다.

응용특별공학센터Center for Applied Special Technology: CAST는 1984년부터 공학을 통한 다양한 접근 방법을 연구해 온 비영리 단체이다. 오퀴스Orkwis와 맥레인McLane은 1998년에 **보편적 학습 설계**Universal Design for Learning: UDL의 개념을 도입하였다(McGuire, Scott, & Shaw, 2006). 이들은 교육에서 공학의 발전을 활용하여 접근을 개방할 수 있고, 보다 다양한 학생이 일반

교육과정에 접근할 수 있도록 만드는 계획을 발표했다. 일례로, 왜 학교는 문자, 디지털, 오디오 버전의 교재를 제공하지 않는가, 왜 학생들은 직접 손으로 적는 것 대신 질문에 답하거나 누군가가 말하는 것을 듣고 받아 적어야만 했는가, 왜 학교는 수업을 위해 가능한 많은 방법이 있다는 것을 고려하지 않는가 등이다. 이때부터 CAST의 연구자들은 UDL의 개념을 발전시켜 수업을 위한 하나의 틀로 널리 인식되도록 하였다. UDL은 교수설계를 위한 하나의 방향으로 학생의 다양성을 예측하고 교육의 시작점에서 학생들의 다양성을 주목해야 하는 학교의 책무성을 확인하는 것을 목적으로 한다(Rose & Meyer, 2002). 「고등교육기회보장법Higher Education Opportunity Act: HEOA」에서 UDL은 "장애학생과 영어능력이 부족한 학생을 포함하여 모든 학생들"(HEOA, 2008)의 높은 성취 기대를 위해 적합한 편의시설들을 제공하는 방법으로 추천되었다. 가장 최근에는 「모든학생성공법Every Student Succeeds Act: ESSA」(2015)에 풍부한 문해력 교수를 위해 UDL이 포함되었다.

UDL을 위한 CAST의 틀에는 두 가지 중심 요소가 있다. 첫째, CAST는 UDL을 과학적으로 타당한 틀로 보고 있다. 창립자는 "실험과 뇌영상 기법"(Glass, Meyer, & Rose, 2013, p. 100)에 관한 분석연구가 각기 다른 감정과 훈육 상황에 따라 사람과 사람간의 신경학적 활동의 다양한 형태를 설명해 준다고 지목하였다(Rose & Meyer, 2000; 2002; Meyer, Rose, & Gordon, 2014). 이들은 이에 따라 학교가 교육적 접근에서 유연성을 제공해야 한다고 주장하였다. 교육학의 이와 같은 '뇌 기반' 생각의 두 번째 요소는 유연성이 학습과 관련된 특수한 뇌 신경망을 활성화시키기 위해 만들어진다는 것이다. 로즈Rose와 메이어Meyer(2000)는 학습하는 동안 활성화되는 뇌의 영역들과 연관성을 가지며, 학교교육과정에 있어 장애학생들의 접근을 막는 세 가지 주요 방해물을 식별하였다.

① 자료 및 교수의 **대표**representation 양식
② **표현**expression 양식이나 학생들이 학습을 수행할 수 있었던 방법
③ **참여**engagement 양식이나 학생들이 학습에 참여한 방법

CAST가 주장하고 있는 교육학의 세 가지 요소 각각은 다양한 학습자 집단들의 광범위한 요구들을 이해할 수 있게 해준다. 이전에 제시한 학습이론들과 관련하여 독자는 교실의 사회적 맥락에서 각 요소들이 중재력과 관련되어 있다는 점을 기억해야 할 것이다.

일반교육과정에 장애학생을 포함하여 자료와 실행들을 수정하거나 조정하기 위한 방

법을 찾는 것은 특수교육에서는 매우 흔한 일이다. 큰 활자 자료를 제공하고, 디지털 문서를 사용하고, 교재를 조절 · 수정하는 것은 교실 자료들에 쉽게 접근하도록 하는 방법들이다. 학생으로 하여금 학습 중에 의사를 표현할 수 있는 다양한 방법으로 컴퓨터, 워드 프로세서나 보완대체의사소통 장치와 같은 공학을 사용할 수 있도록 해야 한다. 장애학생은 일반교육과정에 접근하여 더 많은 것을 배울 수 있으며, 구별된 교육과정이 필요하지 않다. 교육과정에 접근하는 실천적 방식으로서 통합으로의 변화는 특히 극심한 장애를 겪는 것으로 여겨진 학생을 고려하는 통합의 변화를 의미한다. 예를 들어, 웨마이어Wehmeyer(2006)는 통합의 첫 번째 목표는 학교와 '주류'에 들어가도록 하는 것이고, 두 번째 목표는 협력지도와 같은 통합적 환경을 통해 장애학생들을 지원하여 교육 현장을 개선시키는 것이라고 보았다. 세 번째 목표는 일반교육과정에의 접근을 증진시키고 수업을 통한 학생의 성취와 발전을 추구하는 것이다. 이러한 목표가 분명하지 않다면, 오일러(2001)가 "전체 수업, 천편일률적인 수업 형태를 넘어"(p. 29) 확장하라고 조언한 것처럼, 하나로 통일된 것이 가장 좋다는 방식의 수업 계획 및 교수 모델one-size-fits-most model에서 벗어나는 것이 중요하다.

장애학생을 위해 일반교육환경에 대한 접근성을 높이기 위한 편의시설과 수정사항을 제공하는 것은 필수적이며, 이는 IDEIA와 교육 문헌에서도 더욱 강하게 요청하고 있다. 그러나 이러한 방식으로 교육과정 계획을 개념화하는 데에는 한 가지 주의사항이 있다. 일부 학생은 학습과정에 참여하기 위해서는 '추가적인' 편의시설이나 수정사항들이 필요하다는 관념이 그들을 구분하고 낙인찍을 수 있다는 것이다. 다시 말해, 그렇지 않다면 '정상적인' 학습 과정에 있어 보충적인 접근을 제공하는 것을 '일반교육' 학생과 '특수한' 것으로 간주되는 요구를 가진 학생으로 아동들을 구분한다. 불행히도, 별도의 수정사항과 편의시설이 필요한 학생은 이로 인해 규정되고 낙인받게 될 수 있다. 더욱이 학생에게 이러한 것들을 지원하는 일은 교사에게 '추가적인' 일로 여겨질 수 있다. 그러므로 교육과정을 고정된 실제로 여기고 '특수한' 편의시설과 수정사항을 만들어야 접근이 가능한 것으로 인식하기보다는 처음부터 다양한 요구에 따라 유연하게 바뀔 수 있는 것으로 보는 것이 유용하다. 이러한 사고방식은 학생이 곤란함을 겪고 나서야 교육과정을 새롭게 개정하는 것에 비해 학생의 다양성을 가정하고 예측할 수 있게 한다.

UDL을 활용한 교수는 다양한 가능성을 제공하는 방법으로 지도하는 것을 개념화하는 것과 동일한 것이다. 학습자를 다양한 수업 자료, 의사소통, 경험, 기회를 통해 이로움을 얻는 존재로 가정하고 수업을 계획하는 것은 학습이론에서 가장 강조되었던 원리를 제대로 준수하는 것이다. 더욱이 학생의 다양성을 고려하고 그들의 학습능력을 예측하여 수업을 계획하는 것은 학생이 한 번쯤은 겪을 수 있는 처음의 실패를 줄여 준다. 스푸너Spooner, 베이커Baker, 해리스Harris, 알그림-델젤Ahlgrim-Delzell과 브라우더Browder(2007)는 일반교육 또는 특수교육 분야의 교육자가 될 대학생과 대학원생들을 대상으로 UDL을 소개하는 워크숍을 개최하며 다음과 같이 제안하였다.

> 보편적으로 설계된 개념은 교사가 차후에 수업을 수정하는 것보다 수업 계획을 수정하는 데에 걸리는 시간을 줄여 줄 것이다. 일이 벌어지기 이전에 수업을 설계함으로써 UDL의 요소들을 활용하여 모든 학생을 고려할 수 있으며, 교사는 모든 학생을 적극적으로 포함하여 보다 교육과정을 잘 가르칠 수 있는 기회를 갖게 된다. 이 연구의 참여자들은 사후검사에서 주어진 20분간 수업 계획을 완수하고 장애학생을 포함하여 모든 학생을 위해 수업을 수정하는 데에 20분의 시간 동안 수업 계획을 만들어 냈다.
>
> (p. 114)

UDL을 활용한 교육과정 및 교수는 학습자가 학습에 잘 참여할 수 있도록 이미 많은 방식으로 설계되어 왔으므로 교사는 새로운 날, 새로운 순간에 이를 활용할 수 있다. 피샤Pisha와 코인Coyne(2001)의 표현처럼, UDL은 수업설계에 있어 "시작부터 영리해지도록"(p. 197)한다.

UDL의 실제

UDL의 틀을 사용하여 교수설계를 개발하기 위해서는 학생의 학습 기회에 영향을 미치는 ① 교육과정 계획하기, ② 자료 및 교수 방법 개발하기, ③ 교수 평가 및 향후 수업을 위한 교수 반성과 같은 세 가지 요소에 대한 관심이 요구된다.

교육과정을 계획하기

학생에게 제시된 학습 주제와 기술을 이해하기 위해서는 고려해야 할 많은 요인이 있다. 일부 학교는 학습 범위와 순서 또는 학습주제와 교사에게 요구되는 교수기술에 관한 교육과정 지도를 사용한다. 또 다른 학교는 학습 주제가 담긴 교재를 포함한 프로그램과 수업자료 세트를 사용한다. 미국에서는 각 주州들이 학생이 습득해야 할 지식과 기술을 제시한 학습표준과 교과별 핵심 교육과정을 제공한다. 표준화된 교육과정에는 발달기준이 제시되어 있으며, 초등학교, 중학교, 고등학교의 마지막 학년인 4학년, 8학년, 12학년에 평가를 가지게 된다. 동일 연령의 모든 학생이 가진 홍미가 기준에 부합할 수 있음에도 자연스럽게 나타나는 학생의 다양성과 학교의 특성, 학교 밖 경험의 차이로 인해 학생은 비현실적인 목표 속에서 단순한 목표를 목적으로 하게 된다. 통합교육을 위해 보다 유용한 개념은 주州에서 개발한 지침에 따르고 학습경험을 제공하기보다 모든 학생에게 각자가 지닌 목적을 향해 발전해 갈 수 있는 충분한 기회를 주는 것이다.

전체 수업을 위한 교육과정을 계획할 때에는 일관적인 목적과 개인적인 목적의 두 가지 목적이 있어야 한다. 현대 학교에서 대중화된 **차별화교수**differential instruction는 이러한 교육과정 계획을 보여준다. 그러나 이 용어는 1959년 도널드 듀렐Donald Durrell과 동료들에 의해 사용되어 왔다. 존 듀이 또한 1938년에 구성주의적 교육과정 개발의 중요성을 강조하면서 학생 개인의 요구, 삶, 홍미를 반영해야 한다고 주장하였다. 교육 현장에서 교육법을 구분하는 것이 관심 많은 주제임에도 불구하고, 가르침은 학생의 요구와 능력에 부합할 때 가장 발달할 수 있다는 아이디어는 공통적이다. UDL 틀에 따라 교육과정을 계획한 사례를 설명하기 위해 현재의 교육적 언어를 반영하고 있는 현대문학의 사례를 가져오고자 한다.

교육과정에 있어 일관성의 개발

교육과정에 있어 일관성은 오랜 기간 동안 수업과 관련된 개념들의 모음을 발전시켜나가는 것으로 확보된다. 이러한 것들은 (앞서 언급한 슐츠의 2008년 연구에서 기술된) 몇 주부터 몇 달 혹은 1년까지 걸릴 수 있는 학습 단위들로서 전형적으로 조직되어진다. 교육과정을 단위들로 조직하는 것은 인간이 새로운 정보를 학습하는 자연스러운 방법을 지지해 준다. 우리는 이미 알고 있는 것을 기반으로 새로운 지식을 쌓는다. 만약 학생이 일정 시간이 지날 동안 특정한 개념의 중점적 기초 주위에서 많은 아이디어를 제시한다면 그들은 장기간의 이해를 위한 지식을 보다 체계적으로 조직할 수 있다. 더욱이 중심 개념에 관한 연구는 보다 많은 시간을 요구하고 학생이 이해를 증진시킴에 따라 많은 경험을 제공할 수 있는 가능성을 지니고 있다.

오노스코Onosko와 요르겐센Jorgensen(1998)을 비롯한 많은 학자는 통합교육과정의 계획이 탐구를 위한 중심 단위 주제 혹은 문제를 확인하는 것부터 시작하기를 제안한다. 이때의 주제나 문제는 학생의 삶과 연관되어야 있어야 하며, 그들의 선험적 지식과 경험들을 확인할 수 있도록 해야 한다. 해결해야 할 문제나 조사해야 할 주제에 대한 설명을 제시하는 것은 새로운 학습을 위한 방향을 설정하기 위해 기존의 알고 있는 것들이 무엇인지 브레인스토밍할 수 있는 학습 맥락을 제공하고, 이를 통해 문제해결을 위한 아이디어를 생각하고 만들어 내며, 결과적으로 주제에 대해 깊이 이해할 수 있도록 한다. 문제해결과 주제 탐구에는 많은 방법이 있기 때문에 모든 학생은 자신의 수준에 맞게 탐구에 참여할 수 있다. 빅 아이디어와 핵심 질문은 교사가 학습 문제와 주제를 제시하는 방법을 도와주는 두 가지 개념들이다.

빅 아이디어는 학생이 자신의 교육과정을 여러 번 돌아볼 수 있는 개념적 조직체계이다(McTighe & Brown, 2005). 빅 아이디어를 결정하기 위해 맥티그McTighe와 브라운Brown(2005)은 개념적 조직을 이해하기 위해 주州에서 제공하는 '열려 있는' 교육과정 기준을 제안했다. 사회학과 관련하여 '빅 아이디어'의 예시로 이민을 논한다면, 이것은 사람이 다양한 이유로 이동하는 것, 경제적 기회, 자유로움 또는 무엇인가로부터의 탈출로 정의될 수 있다(McTighe & Wiggins, 2004). 빅 아이디어는 다양한 교과와 학문에 넓게 적용될 수 있을 것이다. 일례로, 이민자에 초점을 두지 않고 '이동'을 주제로 한다면, 동물의 이주도 포함할 수 있을 것이다. 먹이와 휴식처를 구하고 보다 좋은 기후를 찾는 것이 이들의 이동의 원인이 될 수 있다. 더욱 포괄적으로, 이동에 대한 탐구는 각 동물이 다양하게 이동하는 방법을 조사하는 것도 포함할 수 있다. 움직임 기술과 접근에 대하여 탐구하는 기회들은 쉽게 장애와 관련된 학습으로 결합할 수 있으며, 지체 또는 중복 장애 아동이 내용 영역 학습에 대하여 대처하거나 추구할 수 있도록 일하게 할 수 있도록 이동 목표들을 확실히 다룰 수 있다.

핵심질문은 학생이 개념적 이해에 도달하기 위해 탐구해야 할 문제 혹은 이슈를 포착하게 한다. 이들은 질문 형식으로 빅 아이디어를 쓰게 될 것이다. 예를 들어 **'전 세계 사람들은 어떻게 살게 될까?'** 혹은 **'인간의 경험은 어떻게 형태가 변하게 될까?'**처럼 말이다. 핵심질문들의 특징은 다음과 같다.

① 학생들을 탐구자로 만든다.
② 단순히 답만 말하게 하지 않고 생각하게 한다.
③ 모험심과 탐구와 답의 재미를 느끼게 한다.
④ 모든 학생이 답할 수 있다.
⑤ 학생이 다양한 학문과 지식의 영역을 연결 짓게 한다.

(Jorgensen, 1996, p. 224)

이러한 두 예시처럼 학생이 자신의 다양하고 개인적인 삶과 경험을 학습과 연결 지을 수 있는 기회는 많다. 학생은 자신의 움직임 방식이나 이동해 온 장소 또는 가족이 이동해 온 역사를 생각해 보게 될 것이다. 이들은 교통수단, 역사 속의 집단 이동, 다른 조직의 움직임 등을 조사해 볼 것이다. 빅 아이디어를 공유하고 개념을 조직하는 것은 개별화된 교육과정을 위한 많은 가능성을 제공한다.

핵심개념, 빅 아이디어, 핵심질문은 학생이 규정한 문제에 대한 흥미, 주州 교육 표준, 학교에 의해 제공되는 다른 주제와 영역에 따라 발전될 수 있다. 교사는 각 교육과정의 자료를 고려해야 할 것이다. 예를 들어, 교사가 주나 학교에 의해 제시된 넓은 개념의 주제를 제시했다면, 학생의 참여나 질문에 따라 이를 재구성해야 할 것이다.

계획단계에서의 개별화 교육과정

교사는 학습단위의 일관성과 주제와 관련된 활동을 정하기 위한 문제, 주제, 빅 아이디어, 핵심질문들을 개발할 때, 개별 학생이 빅 아이디어를 얼마나 이해하고 있는지 고려해야 한다. 위긴스Wiggins와 맥티그McTighe(1998)는 『설계를 통한 이해Understanding by Design』 틀에서 백워드 계획의 과정을 기술하고 있다. 백워드 계획은 끝에서부터 시작한다. 학생의 학습을 지원하기 위한 최종 목표에 대해 생각하는 것이다. 통합적 설계를 위한 백워드 계획은 교사가 학생들 주제에 다가가 본질적으로 학습에 참여할 수 있는 많은 방법을 고려하도록 요구한다. 최종 산출물 혹은 수행은 교사들이 **궁극적인 프로젝트** 또는 결과물이라 불리는 학생의 학습을 평가하는 것을 도와주고 초기에 제시된 빅 아이디어와 핵심 질문과 직접적으로 연관되어야 한다.

> 평가는 단순히 정보나 정형화된 모델을 기억해 내는 것이 아니라 학생이 이해한 것을 설명할 수 있도록 해야 한다. 이해는 실제에 적용, 근거를 바탕으로 주장을 구성하고 설명하는 것, 중요한 논의와 논쟁적인 주제에 관한 관점의 분석, 다른 사람의 입장을 고려한 감정의 표현, 학생의 반성 · 수정 · 재고, 정련시키는 능력의 발달을 포함하는 자기반성 등의 다양한 형태로 가장 잘 드러난다.
>
> (McTighe & Brown, 2005, p. 236)

'이동'의 사례로 돌아가서, 학업 성취에 다다르기 위한 다양한 아이디어는 학습자의 요구와 맞을 수 있다. 누군가는 지도를 만들기 위한 목표를 세우고 사람들의 살아가는 많은 장소를 기록할 것이고, 다른 누군가는 날짜, 원인에 따른 움직임 유형, 이동해 온 곳의 문화적 · 지리적 특징을 포함하여 지도를 더욱 복잡하게 만들 것이다. 또 다른 누군가는 가족사나 개별적인 이동 유형과 방법에 주목할 것이다. 수업을 문제 해결자와 탐구자로 이루어진 전체로 간주했을 때, 교육과정 계획의 시작부터 매우 다양하게 나타날 학업 성취를 상상해 보는 것이 학생들의 전체적인 참여와 기여 속에서 적극적이고 실질적인 탐구를 이끌어낼 수 있을 것이다.

수업자료와 교육방법 개발하기

일단 단위 주제, 빅 아이디어, 학업 성취의 가능한 범위들이 제시되면, 매 수업을 위한 교수 방법은 순서대로 진행된다. 일반적인 수업 지침에서는 중점적인 주제나 문제와 매 수업이 연결되어 학생들이 궁극적인 결과를 만들어 내는 데 유용한 활동을 할 수 있도록 제시하고 있다(Onosko & Jorgensen, 1998; Tomlinson & McTighe, 2006; Wiggins & McTighe, 1998). 이러한 점은 교사가 (그리고 학생들이) 주제를 탐구하기 위해 무엇을 고민해야 하는

지 생각해 보게 한다. 일반적으로 고려할 영역들은 다음과 같다.

① **학업 영역 지식의 증가**: 주제와 관련된 문학과 다른 정보미디어의 접근; 새로운 학습 영역의 어휘와 상징 학습; 모델을 활용한 실험이나 조사를 위한 관찰 수행; 학교 밖 '전문가'와의 협업; 또는 지역사회에서 실제 사례와 학습 영역 탐색

② **정보 접근 기술의 발달**: 읽기와 다양한 종류의 교재를 위해 유용한 읽기 전략; 자료의 탐색; 면담; 관찰; 듣기; 지도, 그래프, 차트를 읽기; 또는 다른 다양한 종류의 데이터

③ **아이디어 탐구 방법의 개발**: 협업과 토론; 조사와 실험; 일반 및 특수 영역(수학/컴퓨터 체계)의 분석적 · 비판적 사고와 반성

④ **학습된 지식과 기술의 수행 방법 개발**: 쓰기, 말하기, 워드 프로세싱, 수학 알고리즘 표시, 차트 및 그래프 표시(및 시험); 시각 예술, 연극 및 음악 공연, 다양한 미디어 아트 및 컴퓨터 관련 표현 방식(예: 프레젠테이션 소프트웨어 및 웹 페이지)

자료집은 학습계획, 자료, 지도방법들에 대한 아이디어를 풍부하게 담고 있다. 통합교육과 차별화교수의 목적에 부합하는 방법과 수업자료에 관한 아이디어를 제공한다.

자료들

UDL의 주된 취지는 표현 방식의 장벽을 줄이기 위해 다양한 재료를 제공하는 것이다. 수업자료가 여러 형식을 갖도록 하는 것도 다양화의 한 가지 방법이다. 예를 들어, 읽기 자료를 제공할 때 텍스트 버전, 큰 활자 텍스트 버전, 컴퓨터에서 소리 내어 보거나 읽을 수 있는 디지털 형식, 오디오 버전, 점자 버전을 사용하는 것이 유용하다. 이상적으로, 이러한 자료들은 누구나 쉽게 사용할 수 있도록 동시에 획득될 수 있다. 필요에 따라 다양한 요구를 가진 학생을 준비시키는 것은, 이용 가능한 자료가 수업을 지원하기에 충분하지 않을 때 발생할 수 있는 좌절과 장벽을 줄여 준다. 다양한 형식을 사용할 수 없거나 습득할 수 없는 경우, 교사는 모든 학생이 교재에 접근할 수 있도록 전체 수업을 큰 소리로 공유하거나 개별적으로 짝을 지어 읽도록 할 수 있다. 읽을 수 없는 학생을 포함시키기 위해 유사한 방법이 사용될 수도 있다. 브라우더Browder 등(2008)은 "공유된 문학을 통한 삶의 질과 독자로서의 독립성 증대"를 포함한 "문해력 향상을 위한 두 가지 주요 결과"(p. 3)를 제

시하고 있다.

다양한 형식의 텍스트를 제공하는 것 외에도, 수정된 텍스트를 제공하는 것 역시 적절하고 도움이 될 수 있다. 구입 가능한 수정 텍스트들의 한 가지 예로 요약본이 있다. 이러한 것들은 주요 줄거리 요소, 등장인물, 그리고 필수적인 줄거리를 포함하는 자료들의 축소판이다. 문학과 신화의 '고전들'은 다양한 버전으로 쓰이거나 정교함의 수준을 달리하여 재판되어 이용이 가능하다. 교육자 또한 확실히 텍스트 자료들을 수정하여 만들 수 있다. 학생은 주요 주제나 중심 아이디어만 보이는 페이지의 사본이나 개별적인 교육목표를 위해 관련 부분을 표시한 텍스트를 제공받을 수 있다. 수정된 텍스트를 제공하는 것은 학생이 압도적 과제로 좌절하지 않고 대화와 수업 활동에 참여할 수 있게 해 주고, 교실에서의 지원을 받을 수 없을 때 숙제나 개별적인 학습에 유용하다.

공유된 자료의 다양한 또는 요약 버전을 제공하는 것 외에도, 교육자는 다양한 형태의 유사한 정보를 제공하고 다양한 문화와 사람과 관련되고 통합되는 많은 종류의 자료를 수집하거나 찾아야 한다. 이러한 종류의 자료는 탄탄한 주제와 단위 계획을 위해 필요하다. 풍부하고 세밀하며 다양한 자료가 있다면 다양한 수업 구성원들의 참여도와 흥미가 높아진다(Onosko & Jorgensen, 1998). 통합교육에서의 노력은 모든 학생이 학교의 문화와 조직적인 삶을 확인하고 연결할 수 있는 배움의 맥락을 만드는 것에서 가장 잘 고안된다(Wotherspoon & Schis, 2001에서 인용된 Dei et al., 2000 참조). 워더스푼Wotherspoon과 쉬셀Schisel에 따르면, 통합적인 학교교육은 다음과 같다.

> 학교에서 무시되거나 공식적인 수업자료로 간주되지 않는 비공식적 학습 자료나 장애와 삶의 역사를 가진 개인의 존재와 같은 사회적 · 문화적 자료를 통합하여 제시한다(Livingstone, 1999).
>
> (2001, p. 332)

다시 말해, 자료들을 찾을 때, 인적 자원, 지역사회 단체, 그리고 학습 주제와 관련될 수 있는 모든 종류의 가능한 경험들을 고려하는 것이 유용하다. 일반적으로, 교사는 많은 수준과 유형의 텍스트(소설, 잡지 기사, 그림책, 교재), 학습용 주제와 정보, 웹사이트 및 실습 자료를 제공할 수 있다. 학생은 자신에게 가장 흥미로운 모든 자료를 선택할 수 있으며, 다양한 형태의 정보를 습득하는 경험을 얻을 수 있으며, 공부하는 동안 학습을 풍부하게 확장하고 검토할 수 있다. 밴 가더렌Van Garderen과 위터커Whittaker(2006)는 "학군이나 교실의 이질성에 상관없이 모든 학생은 세계 사회에서 활동할 수 있도록 다양한 집단의 역사와 경험을 배워야 한다."(p. 13)라고 강조하고 있다.

마지막으로, 정보의 자료들이 다양해지고 수정될 수 있는 것처럼, 과제, 수업노트 및 수업 시간에 제공되는 다른 자료도 변경이 가능하다. 읽기 자료나 어휘사전, 계산기, 그래픽 자료(차트, 벤 다이어그램, 개념 지도)와 같은 보충자료 및 보조지원들도 학생의 이해와 참여를 돕는 접근 방법들이다. 학생을 위해 다양한 자료와 보조도구를 제공하여 수업을 진행할 수 있는 가능성은 무한하며, 교사는 이러한 것들에 대하여 알고 있을 때 개별 학생이 필요로 하는 것을 가장 잘 도출할 수 있다. 보충자료를 수정하고 개발하기 위한 아이디어를 담고 있는 수업자료는 풍부하다. IDEIA는 학생의 IEP에 제시된 수정사항이나 공간의 제공은 보장하지만, 자료들의 보충적이고 다양한 버전들이 IEP를 가진 학생에게만 제공될 수 있다는 근거는 없다. 모든 학생에게 UDL 교육과정에서 이용할 수 있는 다양한 자료들과 실제로 혜택을 받을 수 있는 기회가 제공된다면 많은 학생을 위한 학습을 극대화시킬 수 있다.

UDL 방법들

교수학습을 위해 선택되는 방법들은 교수기술, 탐구 방식, 학습 성과에 따라 많이 결정된다. 또한 통합교육을 위한 민주주의 이상의 교육 철학은 수업에서 다루어진 질문의 종류와 방식에 상당한 영향을 미친다. 예를 들어, 토론에 참여하는 것은 학생에게 자신의 생각을 명확하게 제시하고, 다른 사람의 의견을 인정하며 듣고, 다른 사람의 생각과 기여를 명확하게 하고 통합할 수 있는 방법을 배우도록 요구한다(Palincsar, Magnusson, Collins, & Cutter, 2001). 사회문화적 학습이론에서는 학생이 경험 많은 학생을 모델링함으로써 그들의 생각과 행동을 배우는 활동에 참여할 수 있도록 지원한다. 또한 구성주의 이론에서는 학생이 아이디어를 만들 수 있도록 진정한 경험을 통한 상호작용의 필요성을 강조한다. 이에 대한 이해를 돕기 위해 맥티그와 브라운(2005)은 다음과 같이 제안하고 있다.

> 학생은 교훈적인 가르침을 통한 수동적인 변화보다 자신이 목적적이고, 활동적이고, 탐구적인 가르침과 학습 활동에 참여할 때 가장 잘 배운다. 학생이 학습과정의 중심에 있을수록

이들이 원하는 결과를 이해하고 숙달하는 정도가 커지게 된다.

(p. 236)

유도식 탐구, 협동학습과 같은 교육방법들은 통합교육에 있어 매우 적합할 수 있다(Morocco, 2001; Palinsar, Magnusson, Collins, 2001).

유도식 탐구는 학생에게 조사해야 할 문제와 의견을 공유하고, 학문 분야의 이해를 위한 지침을 얻을 수 있는 대화식 사회적 토론의 장을 제공한다. 즉, 학생은 자신의 아이디어를 개발할 수 있고 교사를 포함한 집단에게 제시되어 추가적인 질문, 명확화, 조사를 통해 내용 영역의 지식으로 정제된다. 교사의 역할은 학생이 학습의 개념을 개발 · 실험하고 질문을 통해 생산적인 방향으로 갈 수 있도록 학생의 사고와 행동을 지도하고 기술과 지침에 관한 직접적인 교육을 제공하는 것이다. 협력 학습은 일반적으로 학생들이 함께하는 학습 활동을 통해 배우는 것을 의미하며(Johnson & Johnson, 1999), 유도식 탐구의 필수적인 구성요소이다.

모로코Morocco(2001)는 유도식 탐구방법을 계획하기 위해 ① 진정한 과제, ② 인지적 전략, ③ 사회적 중재, ④ 구성주의적 대화라는 네 가지 광범위한 고려사항을 제시하였다.

① **진정한 과제**: 진정한 과제는 학생들에게 개념이나 현상을 조사하기 위해 조작할 실제 상황 및/또는 실제 자료를 제공한다. 다음과 같은 몇 가지 실제 시나리오가 있다.

- 갈 곳을 조사하고 경로를 파악하고 마일리지와 비용을 계산하여 여행을 준비한다. 상상의 여행을 계획하는 것도 꽤 매력적일 수 있지만, 가장 실제적인 과제는 현장학습을 가는 실제 계획을 세우는 것이다.
- 현재의 사회 문제를 조사하고, 행동을 위한 아이디어를 제안하며, 자원봉사에서 공무원과의 대화에 이르기까지 모든 일에 관여한다. 학생의 일상 경험에 가까울수록 더 실제적이다.
- 면적, 부피, 둘레 등 기하학적 기술을 계산하는 수학적 문제는 학생들이 방을 페인트로 칠하거나 정원을 설계하거나 건물을 지을 계획을 세우는 시나리오를 통해 제시한다. 과학 실험과 실험실 연구에서는 관찰하기 위한 현상과 제조할 물질을 제공하도록 설계된다.

② **인지적 전략**: 인지적 전략을 다루는 것은 학생이 과제를 완료하는 데 관여하는 단계나 사고 과정을 가르치는 것과 관련이 있다. 유도식 탐구를 통해 교사는 학생이 말하고 공부하는 것에 자연스럽게 나타나는 바람직한 사고와 말하는 방법을 듣고 강화시킬 수 있다. 예를 들어, 학생은 교육목표를 강조한 특정 아이디어나 상호작용 방법을 공유하도록 요청받을 수 있다. 또한 교사는 학생이 더 깊이 이해할 수 있도록 인지 전략을 직접적으로 가르칠 수도 있다. 수학에서 인지 전략을 가르치는 일반적인 사례는 학생이 주어진 문제에서 중요한 정보와 중요하지 않은 정보를 구별하도록 돕는 것에서 발견된다. 학습자가 문제에 직면할 때, 교사나 다른 학생들은 문제가 되고 있는 질문, 질문에 대답하는 데 유용해 보이는 정보, 유용하지 않은 정보를 식별하기 위한 단계별 과정을 통해서 그것들을 이끌 수 있다. 종종 학생이 질문에 답하기 위해 숫자를 다루는 방법을 이해할 수 있도록 조작적 키워드가 강조된다(예: '함께'는 보통 덧셈을 말한다).

또 다른 문서화된 인지 전략은 거의 모든 종류의 콘텐츠를 다루고 있는 텍스트의 읽기 이해와 관련된 상보적 교수reciprocal teaching이다(Lederer, 2000; Palincsar & Brown, 1984; Slater & Horstman, 2002). 상보적 교수는 독자가 읽는 동안 공유된 의미를 얻기 위해 적극적으로 토론하는 일련의 전략을 제공한다. 첫째, 집단은 일반적인 텍스트의 선택사항을 읽는다. 그다음 선택적으로 표시한 질문을 생성하고 답변을 시도한다. 그런 다음 독자는 선택을 가장 잘 이해하기 위해 명확하게 할 필요가 있는 문제를 제기한다. 그리고 이를 요약한 뒤 마지막으로 다음 문장에서 일어날 수 있는 일을 예측한다. 텍스트의 다음 부분을 읽고 이 과정을 반복한다. 이 네 가지 단계는 전체를 연습하겠다는 목표하에 각각을 떼어 가르칠 수 있다. 궁극적으로 상보적 교수는 세분화되고 정확한 이해를 얻기 위해 본문의 질문, 명확화, 요약 및 수정의 기술을 명확히 하고 대화와 공유의 의미를 강조한다.

③ **사회적 중재 및 ④ 구성주의적 대화**: 학습은 상호작용의 과정이며 개인과 집단이 공통의 이해를 개발하는 아이디어의 교환이 일어난다. 유도식 탐구에서 집단 토론을 통한 아이디어와 제안의 공유는 학생의 개념 이해와 질문의 구체화를 돕는다. 앞의 예에서 교사는 각 단계의 방향과 설명을 제공하고, 학생들이 전체 학급과 함께 단계를 연습할 때 소규모 집단의 학생들을 지도한다. 이러한 방식은 모든 사람이 학습에 참여하고 연습할 기회를 증가시킨다. 학생들은 연습을 통해 서로를 위한 모델로 행동

하고 자료에 대한 이해와 전략적으로 능력을 습득한다. 이 방법에서 학생은 필수적으로 구성적인 활동에 참여하는 방법을 연습하고 배울 수 있는 기회를 갖는다. 대화나 의사소통을 위한 인지적 전략의 지침이 제공될 수 있는 것과 같이, 아이디어를 공유하고 듣는 전략도 체험의 맥락 속에서 직접적으로 가르치고 실행할 수 있다.

일상적인 수업이 구성될 수 있는 많은 방법들이 있으며, 학생이 참여하는 활동의 종류는 수업의 흐름을 좌우할 가능성이 있다. 예를 들어, 매들린 헌터Madeline Hunter(1982)는 비계를 통합한 7단계 직접교수 수업 계획을 제시했는데, 이는 인지적 전략을 도입할 때 유용할 수 있다. 읽기와 쓰기를 가르치는 워크숍 모델에는 '작은 수업mini-lesson'의 개념이 추가된다(Calkins, 1986). '작은'이라는 표현에서 학생들의 적극적인 참여와 탐구와 대화를 위한 시간을 강조하여 수업 내용의 전달 또는 직접교수의 특징을 갖고 있다. 여기에서는 직접교수와 탐구 기반 학습의 균형을 위해 수업 계획을 구성하는 데에 유용한 다섯 가지 학습 구성 요소를 제공한다.

- **사전 지식이나 선행학습의 활성화**: 학생은 그날의 학습목표와 관련된 지식과 경험을 생각하고 공유하거나, 학습과 관련된 사전 학습을 검토하거나, 활동에 대한 기대를 높이기 위한 '관심 끌기' 활동이나 아이디어를 제공받을 수 있다.
- **작은-수업**: 학생은 특정한 인지적 · 사회적 전략에 관한 교육을 제공받는데, 이는 학생이 그날의 학습 활동을 성공적으로 이끌거나 진행 중인 탐구과정을 보다 발달시킬 수 있도록 한다. 또한 학습영역과 관련된 새로운 정보도 제공받을 수 있다.
- **이해 수준의 확인과 학습 지침 제공**: 학생은 새로운 개념이나 전략에 관한 모델의 적용을 지도받을 수 있다. 학생은 다른 학생의 학습에 대한 역할 · 관찰 · 의견을 제시할 수 있고, 교사나 또래가 제안한 대로 따를 수도 있다. 학생이 수업의 목적과 과정을 이해할 수 있도록 명확한 지시와 설명을 제공하는 데 주의를 기울여야 한다.
- **상호 학습**: 학생에게는 새로운 학습을 연습하고, 탐구를 시작하거나, 연구를 계속할 수 있는 실제적 과제나 문제가 제공된다. 이 시간이야말로 이상적으로 학생들이 함께 학습하는 시간이다. 교사는 지시사항을 이해하고 토론을 심화시키기 위해 질문을 던지거나 이상적인 어휘 사용을 지도하기 위해 집단 사이를 돌아다닐 수 있다. 학생들이 상호적으로 학습할 수 있게 되면 교사는 개별 학생과 대화를 나누거나 소규모 집단에 추가적인 지도나 강화 효과를 제공할 수 있다.

- **공유와 반성**: 유도식 탐구에서 학급 공동체는 모든 구성원이 서로를 통해 배우고 전체 학급의 성취에 기여할 수 있는 배움의 공동체로 여겨진다. 소규모 집단이나 학생 개인은 하루의 학습과 활동에 참여하거나 더 큰 그룹의 토론이나 학습에 참여할 수 있다. 이때 광범위한 개념에 대한 이해가 강조될 수 있다. 또한 교사는 추후 수업에서 강조될 수 있는 이해, 전략 및 개념에 주목해야 한다.

학습단위와 유도식 탐구 모델을 계획할 때 전체적인 틀은 궁극적인 프로젝트를 성취하기 위한 빅 아이디어, 개념, 그리고 교수에 의해 제공되어야 한다. 작은 수업의 주제는 학생의 요구와 관심, 학생들이 학습해야할 구체적인 기술과 관련될 수 있다.

유도식 탐구와 워크숍 모델이 통합교육 현장에서 권장되는 몇 가지 이유는 다음과 같다. 첫째, 학생은 학습공동체에서 공동의 문제나 주제에 관해 학습한다. 주어진 빅 아이디어, 개념, 본질적인 질문, 탐구들은 다양한 종류의 정보를 함께 사용하는 방법의 필요성을 제기한다. 모든 사람이 개별적인 목표를 연구하면서 주제를 지향하는 학습방식으로 수업에 참여할 수 있다. UDL 용어들 중에서 유도식 탐구와 워크숍 모델은 수준별 학습 참여 방식을 제공한다. 톰린슨Tomlinson(1999)이 차별화 교육에 대해 설명한 것처럼, 학생이 연습하고 배우는 과정을 다양화할 수 있다. 예를 들어, 어떤 집단은 인터넷 검색을 하거나, 다른 집단은 다큐멘터리를 보거나 교재를 읽는 등 공동의 주제에 대한 정보를 검색하기 위해 협력할 수 있다. 모든 구성원은 다른 정보 출처로부터 정보를 제공받을 수 있다. 특정 집단이나 학생들은 관련 단어나 그림을 수집하여 정보를 시각적으로 표시하고, 다른 집단은 정보에 대한 보고서를 작성하고, 웹 사이트를 개발하고, 발표 자료를 만들 수 있다. 각 구성원은 개별적으로 학습할 수 있지만 공동의 목표를 향해 함께 학습할 수도 있다.

둘째, 학생들은 유사한 개념과 주제를 연구하고 있기 때문에 서로의 학습을 지원하고 심화할 수 있다. "학생은 분산된 전문지식을 갖고 사용하는데"(Mariage, Paxton-Buursma, & Bouck, 2004, p. 541), 이는 학생들이 서로 다른 비중과 다양한 수단을 통해 이해와 능력을 개발할 것임을 의미한다. 토론활동에 참여하는 것은 모든 개인에게 학습 비계로서 작용할 수 있는 몇 가지 '모델'을 제공한다. 마찬가지로 개방적인 교육은 새로운 아이디어와 이해를 위한 무한한 기회를 제공하고, 학생이 경험과 교육을 받는 동안 그들에게 가장 익숙한 방법으로 상호작용할 수 있게 한다. 이는 문화적으로 지배적인 상호작용 방식의 개발과 더불어 학생의 학습 방식을 평가할 수 있게 해준다(van Garderen & Whittaker, 2006; Gutierrez, Baquedano-Lopez, Alvarez, & Chiu, 1999; Mariage, Paxton-Buursma, & Bouck, 2004; Reid & Valle, 2004).

셋째, 학습단위를 계획하는 것은 지속적인 학습을 위한 맥락 속에서 학습과정을 심화시킬 수 있다. 학생이 더 많은 시간을 관련 영역에 할애하여 뒤쳐진 느낌 없이 이해하거나 과제를 완료할 수 있도록 한다.

마지막으로, 학생들의 상호 학습은 교사가 소규모 집단이나 집중적인 교육을 필요로 할 때 활용할 수 있는 구조를 제공한다. 특정한 기술 교육을 위해 동질적인 특성과 집단과 이질적인 특성의 집단을 교대로 조합하면 교사와 학생들을 유연하게 지원할 수 있다. 이러한 집단화를 위한 아이디어는 다음과 같다.

- 학생 집단은 결과물에 대한 관심에 의해 만들 수 있다. 예를 들어, 시각적인 작품을 만들고 싶어 하는 모든 학생은 아이디어를 공유하고, 작업을 초안하고, 자료를 공유하고, 제품을 만들고, 구조적인 비판을 위해 함께 공부할 수 있다. 기술 수준과 예술 작품의 제작 경험이 다양하다고 가정할 때, 동료들은 서로가 없는 것보다 더 나은 제품을 개발하기 위해 서로를 지원할 수 있다. 예술 강사나 예술전공 학생은 이 집단의 기술을 발전시킬 수 있는 훌륭한 교실 방문자가 될 것이다.
- 서로를 지원하기 위한 명확한 목적으로 광범위한 능력과 능력을 갖춘 학생을 모으기 위해 학생 집단을 만들 수 있다. 역할은 학생의 참여를 적절히 체계화하고 성공 가능성을 높이기 위해 능력, 과정 또는 결과에 의해 할당될 수 있다.
- 선호도나 관심에 따라 학생 집단을 만들 수 있다. 이러한 집단화는 학생들의 참여를 증가시키거나 관계와 우정의 구축을 지원할 수 있다.
- 학생은 특정 교육 필요성에 따라 분류할 수 있으며, 교사가 가장 쉽게 사용할 수 있는 비계 교육을 제공할 수 있다. 이러한 분류와 그에 따른 집중 교육은 풍부한 교육활동에 참여하기 위해 지원이 필요한 학생에게 제시될 개념이나 기술을 다시 살펴보는 데 도움이 된다.
- 교사는 소집단을 최대한 활용할 수 있으며, 정기적으로 집단을 변경하고 과제의 복잡성을 변경함으로써 집중적인 교육을 할 수 있다. 예를 들어, 소규모 학생 집단에 대한 집중적인 교육이 필요한 경우 진행 중인 활동을 계속하도록 하거나 편안한 작업을

수행하도록 다른 집단을 지정할 수 있다. 이러한 것들은 체계적이고 생산적인 수업으로 학생들의 요구를 반영하여 균형을 유지하는 데 도움이 된다.

- 대부분의 인지 전략 지침은 모두에게 유용할 것이다. 학생이 개별적 학습을 위한 전략을 적용하여 발전하도록, 적절한 수준의 과제를 제공하기 위해 수업자료와 교육방법을 차별화할 수 있다.

학생들에게 상호 학습 방법을 가르침으로써 전체 집단, 소규모 집단, 개별적 교육을 조합할 수 있는 시간을 만들 수 있을 뿐만 아니라 학생을 경쟁력 있는 분야에서 교사나 지도자로 배치할 수 있다. 모든 종류의 학생들에게 적용될 수 있는 공식이나 이상적 균형은 없다. 차별화 교육을 위한 사고과정이 혼란스러울 수 있다. 그러나 집단화에 대한 다음과 같은 사고방식, 학생의 강점, 인지 및 사회적 기술의 가르침이 시작되어야 한다. 유도식 탐구를 위한 일반적인 지침 외에도, 협력학습을 지원하기 위한 많은 지침과 도구가 있다. 일례로, 존슨Johnson과 존슨Johnson(1999)은 다음과 같은 공동 학습 활동 설계를 위한 요소를 제시하였다.

- **긍정적 상호 의존**: 과제를 완료하기 위해서는 모든 구성원이 기여해야 한다. 긍정적인 상호 의존성을 지원하기 위해 학생은 특정한 역할을 선택하거나 배정받을 수 있다. 이는 학습과정과 결과 측면에서 관련될 수 있다. 예를 들어, 학습을 공유하는 과정에서 시간 관리자, 자료 관리자, 기록자 및 진행자가 있을 수 있으며, 교재에 표시된 내용, 개요, 글쓰기 구성 요소를 기반으로 시각적 표현, 설명, 글쓰기를 수행하도록 지정할 수 있다.
- **개인적 책임**: 집단에 대한 개인의 기여도를 인정하고 평가해야 한다. 학생들의 역할을 배정하고 각자의 기여 부분을 설명해 달라고 요청하는 것은 모든 구성원의 참여를 이끌어낼 수 있다.
- **면대면 장려 상호작용**: 집단 활동은 학생들이 추구하는 바를 증진시킬 수 있는 방식으로 상호작용하도록 해야 한다. 예를 들어, 직소는 집단의 개별 구성원들이 과제의 다른 측면을 학습해야 할 때 모든 집단의 구성원이 서로 공유 · 설명하고 다양한 측면을 이해하도록 하는 것이다. 또한 모든 회원은 공유된 문제를 해결하기 위해 자신의 학습을 사용해야 한다는 것이다. 어느 경우든 학생은 과제를 완료하기 위해 상호작용

해야 한다.

- **사회적 기술**: 학생이 주어진 지침과 가르침을 존중하고 원활한 상호작용하는 것이 중요하다. 사회적 기술에 대한 직접적인 교육을 제공하고 지속적으로 강화하여 의사소통에 대한 긍정적인 인식을 제공하는 것은 민주적 교육의 중요한 가치이며 협력적 학습을 위해 필요한 것이다. 학생들이 서로 존중하며 원활하게 상호작용하는 방법을 개발하는 데 시간이 걸리더라도, 학생들에게 서로 함께 일하도록 가르치는 시간을 갖도록 하는 것은 통합교육의 목표에 부합하는 것이다. 상호 존중이라는 일반적 규범을 확립하는 것 외에, 개념적으로 의미 있는 대화를 하기 위한 전략을 가르치는 것은 유도적 탐구 공동체의 중요 원칙이다. 학생은 다른 학생들이 기여한 바를 인정하는 법을 배울 수 있다. 아이디어를 제기하고, 질문을 형성하고, 명확히 하며, 서로의 아이디어를 기반으로 할 수 있다.
- **집단화 과정**: 학생과 교사들이 공유 작업에 대한 가치를 개발하고 집단 작업의 성공 요소를 평가함에 따라 협력 학습이 구축되고 강화될 수 있다. 집단 학습에는 집단별 활동의 과정과 개선 가능한 영역을 구분할 수 있는 시간과 토론이 포함되어야 한다. 사실, 이러한 반성과 학습은 추후의 작은 수업이나 다음의 집단 활동을 위한 목표를 확인하는 방법이 될 수 있다.

협력 학습 경험은 장애학생과 비장애학생 간의 차이와 대인관계에서의 반응을 더욱 많이 수용할 수 있도록 할 수 있다. 협동적인 경험을 통한 직접적인 접촉과 상호작용은 학생을 일차원적인 편견에서 서로에 대한 다차원적 시각으로 이동시킬 수 있다. 교사는 학생들이 협동적으로 배우도록 하고 서로 가치 있게 행동하도록 격려함으로써 편견을 줄이도록 도울 수 있다. 실천적인 협력은 자발적인 협력으로 이어지고, 편견과는 정반대에 서게 한다. 장애학생에게 비장애인 또래와 협동하여 학습하도록 하는 것은 긍정적인 상호작용의 유형을 만들어 낸다. 생산적인 학습경험을 촉진하기 위한 지침을 제시하면 다음과 같다(Yuker & Block, 1979).

① 비장애학생과 장애학생의 상호작용은 도움을 주기보다는 협력을 바탕으로 해야 한다. 이 부분에 대해 가르쳐야 한다. 장애가 있건 없건 간에 많은 학생이 상호작용하기 위해 필요한 능력이 부족하다. 그러므로 교사는 협동심을 가르칠 필요가 있다.

② 비장애인 학생과 장애인의 상호작용은 경쟁적이기보다는 협조적이어야 한다. 협동 학습과 같은 기술은 집단의 학습 성취를 강조하고 경쟁을 덜 강조함으로써 자신감을 심어 주고 학생들이 그들의 잠재능력을 성취하도록 유도하여 자존감을 길러 준다.

③ 비장애인 학생과 장애학생의 상호작용은 서로에 대한 긍정적인 태도를 유도하기 위해 친밀해야 한다.

④ 비장애인 학생과 장애학생 사이의 교호작용은 수시로 이루어져야 한다.

⑤ 비장애학생과 장애학생의 상호작용은 이들을 동등하게 만드는 환경에서 이루어져야 한다. 장애학생은 주류로 진입한 '방문객'으로 취급되어서는 안 되며, 다른 학생들처럼 그 교실에 속한 학생으로 취급되어야 한다.

협동 학습은 학생들 사이의 접촉을 증가시키고, 그들에게 공통되는 유사성의 기반을 주고, 함께 즐거운 활동을 하도록 하고, 그들이 공동의 목표를 향해 학습할 수 있도록 격려한다. 이러한 경험은 장애에 대한 고정관념에 반하는 우정과 오래 지속될 수 있는 인상을 줄 수 있다. 협동학습의 중요한 심리적 성과는 그것이 자부심과 자신감에 미칠 수 있는 긍정적인 효과에 있다. 학생의 깨달음은 그들이 삶의 실망을 견딜 수 있게 하고, 자신감 있는 의사결정자가 될 수 있게 하며, 궁극적으로 행복하고 생산적인 개인이 되도록 해준다.

평가 및 반성적 실제

평가

평가는 학생 및 그들의 요구에 가장 잘 맞는 계획 및 교육설계를 지원하기 위해 그들의 학습 활동에 대해 탐색하는 것을 포함한다. IEP 개발은 평가 과정을 포함하며, 일상 업무에 유용한 개인에 대한 연구와 분야를 기술하는 하나의 도구이다. IEP 목표에 참여하는 것 외에도, 교사가 특정 교육환경과 특정 학업 단위와 관련하여 학생을 평가하는 것이 필수적이다. 예를 들어, 평가를 안내하는 질문은 다음과 같다. **주안**Juan**은 움직임 학습을 통해 어떠한 이득을 얻을 것인가?** 혹은, **섀넌**Shannon**의 IEP 목표는 움직임 학습에서 어떻게 달성될 것인가?** 평가의 전반적 목적은 위의 네 가지 영역에 관한 학생들의 능력을 측정하는 것이다.

다시 말해, ① **학생은 학습 분야에 대해 어떤 정보를 알고 있는가? ② 학생이 정보에 접근할 수 있도록 하는 기술은 무엇인가? ③ 학생은 어떤 방식으로 탐구할 수 있는가? ④ 학생들은 어떤 형태로 자신의 학습을 수행하거나 설명할 수 있는가?** 이러한 질문에 대한 일반적인 답을 바탕으로, 교사는 학생의 강점을 강조하는 아이디어를 발전시킬 수 있다.

계획 수립에 대한 평가는 여러 가지 형태를 취할 수 있다. 학생의 의견을 가져오는 것이 계획 평가를 시작하는 가장 간단한 방법일 것이다. 학생의 관심사, 학습 강점 및 사전 지식을 파악하기 위한 다양한 조사, 도구 및 방법을 사용할 수 있다. 학생 관심도 조사 및 집단과 개인의 관심에 관한 간단한 토론을 진행하는 것도 학습 영역을 위한 정보를 제공하는 데에 사용할 수 있다. 학생이 지난 몇 년 동안 참여했던 학교생활의 종류를 물어보는 것은 학생에게 친숙하고 성공할 가능성이 높은 활동이 무엇인지 이해하는 데에 도움을 줄 수 있다. 학생과의 대화를 위한 몇 가지 질문을 제시하면 다음과 같다.

- 작년에 가장 좋아했던 과목은 무엇이었나요?
  - 그 수업에서 또는 그 과목에서 어떤 종류의 공부를 했나요?
  - 작년부터 이 활동에 대한 예를 들어 보았나요?

- 작년에 잘 배웠다고 생각되는 것은 무엇인가요?
  - 그것을 배우기 위해 어떤 공부를 했나요?

가능하다면, 학생의 과거 교사와 무엇이 성공적이었는지에 대해 이야기하고 학생들과 어울릴 수 있다면, 어디에서부터 수업 계획을 시작할지에 대한 훌륭한 아이디어를 받을 수 있을 것이다.

학생이 이미 알고 있는 것에 대한 생각을 갖는 것은 또한 일일 수업을 계획하는 데 매우 도움이 된다. KWL 차트는 원래 학생이 읽기 자료에 더 깊이 관여하고 이해하는 데 도움이 되는 도구로 개발되었다(Ogle, 1986). 이후 학생의 사전 지식 평가, 이해관계 파악, 연구 단위 전반에 걸쳐 진행 상황을 계획하기 위해 자주 사용되는 전략이 되었다. KWL은 현재 내가 알고 있는 것What I Know, 내가 알고 싶은 것What I Want to Know, 그리고 내가 학습한 것What I Learned을 의미한다. KWL 차트를 작성하려면 각 열에 대해 하나의 머리글이 있는 3열 차트를 작성한다. 그 다음 차트에 지정된 학습 영역과 알고자 하는 내용을 입력한다. 그러면 교사와 학생들은 함께 공부할 영역을 결정하는 방법을 알게 된다. 수업에서 제안된 영역(및 기타 영역)을 학습할 때, '학습된' 열을 작성하여 수업 성취도를 역동적으로 표시할 수 있다.

학생에게 직접 질문하는 것 외에도, 학생의 학습장면을 관찰하고 검토하는 것은 학생이 편안하게 여기는 영역과 요구사항을 파악할 수 있는 또 하나의 간단한 방법이다. 수업 초기에 제안할 수 있는 사항은 학생이 친숙한 주제에 관한 다양한 열린 과제를 주고 관찰하는 것이다. 아마도 가장 친숙한 주제는 자기 자신일 것이며, 교사와 학급 친구들이 서로를 알 수 있게 하는 활동을 통해 학기를 시작하는 것을 강력히 추천한다. 예를 들어, 학생이 여름, 전날 밤 또는 주말에 무엇을 했는지 표현하는 작품을 만드는 것은 친숙한 과제를 제공하는 방법이다. 학생들은 최근의 경험을 표현하기 위해 글을 쓰거나, 그림을 그리거나, 잡지에서 사진을 선택할 수 있다. 학생들이 어떤 형태에 끌리는지 주목하면서 그들이 가장 편하게 할 수 있는 학습의 종류가 무엇인지에 관한 안목을 제공할 수 있다. 학습 예시는 학생들과 그들의 경험에 대한 귀중한 정보를 제공할 수 있을 뿐만 아니라 학생의 강점과 요구를 제안할 수 있다. 또한 교사는 많은 진단 도구를 사용하여 ZPD를 결정할 수 있다. 수업 계획에서 학생이 할 수 있는 것과 실제 학습맥락에서 도움 받을 수 있는 것이 무엇인지 민감하게 파악하는 것이 가장 도움이 된다.

평가는 성공 가능성이 가장 높은 학습 활동의 종류에 대한 광범위한 아이디어를 얻는 데 유용하지만, 사회문화이론에서는 학생의 학습 성취를 위한 맥락의 중요성을 강조한다. 학생은 실제 문제 시나리오의 맥락에서 '견습'과 같이 적용할 수 있는 모델을 가지고 있을 때 더욱 정교한 지식과 기술을 수행할 수 있다. 연초 또는 학년 초에 한 번 평가하는 것을 상상하기보다는, 매일 개별 학생의 진행 상황과 하나의 단위로 나타나는 다양한 활동에 참여하도록 하는 것이 유용하다. 이러한 노력은 교사가 학생이 가장 잘 수행하는 주제나 종류의 활동을 기록하고 반복할 수 있게 해 준다.

UDL 교육방법과 차별화교수법에서 최종적으로 고려해야 할 사항은 학생이 배우는 방법, 즉 표현 방식에 변화를 주는 것이다. 이미 앞 장에서 언급했듯이, 주제와 관련된 지침과 학습 활동을 계획하는 것은 수업에서 학생 개인이 공동의 목표를 가지고 학습할 수 있는 다양한 목표를 제공한다. 앞서 설명했듯이, 학생은 다양한 목표를 위해 학습할 수 있다. 이에 관해 라이즈버그Reisberg(1998)는 다음과 같이 지적한다.

> 자기도움, 개별 활동, 사회 및 학습 능력 영역에 목적, 목표 및 학습 활동을 주입하는 것은 교사의 상상력과 후속 계획에 의해서만 제한된다. 어떤 기술과 지식은 다른 것보다 더 특정한 주제와 적합하고 더 효과적으로 관련되어 있다. 그러나 교사는 세심한 계획과 개발을 통해, 일반교육 교실에서, 장애학생이 필요로 하는 많은 학습목표를 다룰 수 있다.
>
> (pp. 276-277)

수행 기반 평가는 학생이 실제적인 맥락에서 수행할 수 있는 것을 바탕으로 학생의 성장을 측정하는 방법을 의미한다. 복잡한 과제에서 학생을 평가하고 기술을 적용하는 가장 일반적인 방법은 루브릭rubric과 과제 체크리스트를 사용하는 것이다. 지시문은 보통 수행 수준이나 질qualities을 설명하는 다양한 기준과 함께 핵심역량이 나열한 격자 형태를 띠고 있다. 과제 체크리스트는 학생 과제의 일부로 포함하거나 수행해야 하는 구성 요소 또는 과정들의 목록이다.

이상적으로, 학생은 유사한 학습과정에서의 성취 상황을 측정하기 위해 같은 지시문을 사용할 수 있다. 예를 들어, 에세이 쓰기를 위한 지시문은 다양한 종류의 에세이를 위해 사용될 수 있지만, 논문, 세부사항의 지원, 구조, 양식, 편집과 같은 일반적인 요소를 명시한다. 내용 영역의 지식과 개념 이해를 측정하기 위해 빅 아이디어, 핵심 개념, 핵심 질문에 따라 지시문을 개발할 수 있다. 다양한 학습결과의 유형은 그 안에 나타난 내용과 개념의 범위와 깊이에 따라 평가될 수 있다. 지시문은 학생에게 가장 적합한 능력의 범위를 식별하고 기술함으로써 학문적 · 사회적 또는 다른 기술을 위한 학습목표를 개발할 수 있다. 왜냐하면 지시문은 다른 수행 수준이나 특질에 대한 상세한 설명을 제공하기 때문에, 학생에게 개선 방법에 대한 구체적인 피드백을 제공한다. 평가는 단순히 성적이나 수준을 제공하는 대신, 교육을 안내하고 향후 수업의 목표를 제공할 수 있다. 이는 교사나 학생 모두에게 유용하다. 지시문과 서술적 수행평가는 다른 학생과의 비교나 표준에 제시된 수행을 강조하기보다는 개인의 성장에 초점을 맞춘다.

반성적 실제

가르치는 일은 공유된 학습 속에서 공동이 참여하는 데에 영향을 미치는 다양한 요인이 있기 때문에 역동적이다. 모든 학급의 학생은 삶 속에 나타나는 사건, 분위기, 좋고 나쁜

일에 영향을 받는다. 또한 주제, 선험적 지식 및 학급 구성원의 경험, 활동의 특성, 제공된 수업자료, 집단 구성원 등 많은 요인이 개별 또는 집단이 특정 일의 학습 활동에 어떻게 반응할 것인지에 영향을 미친다. 보편적이고 차별화된 교육을 계획하는 것은 학생에게 성공과 성장을 제공하기 위해 수업의 잠재력을 최대화할 수 있지만, 계획의 수준으로는 교실에서 일어나는 모든 변화를 설명할 수 없다. 그러나 교사는 교수계획의 효율성을 높이는 데 도움이 되는 실천에 참여할 수 있다.

학생은 시간이 지남에 따라 생각하고 말하는 방법을 다시 돌아보고 연습할 기회를 가지면서 성장한다. 학생이 시간이 지나면서 유사한 과정에 참여하고 유사한 현상에 직면함에 따라 개념적 이해는 발전하고 깊어진다. 심층 학습은 하루 혹은 하나의 경험에서 '발생'하는 것이 아니다. 그러므로 교사는 학생이 개념을 복습해 달라는 요구에 낙담해서는 안 된다. 사실, 학습 단위의 계획에는 시간이 흐름에 따라 비계 설정을 통해 지속적으로 학습에 참여하는 학습자의 요구가 강조된다. 그럼에도 교사는 개선될 수 있는 수업 설계의 요소에 주목하여 반응할 필요가 있다. 평가는 학생의 성장과 발전을 측정하는 것뿐만 아니라 교사의 교육과 수업설계의 발전에도 적용된다.

교사는 후속 수업 계획에 정보를 제공하기 위해 시간을 들여 교수활동을 고려하고 반성하는 것이 바람직하다. 분명히 하루의 사건들에 대해 생각하고, 잘 되거나 안 되고, 안 되는 것에 대해 지적하며, 학생 활동에 반응하는 것은 교사가 수업을 수정하기 위해 학생의 학습에 대한 안목을 기르는 방법이다. 하지만 긴 하루 동안의 수업 후에, 학생에 대한 지식과 효과적 · 비효과적인 교수과정을 알려 줄 수 있는 세부사항은 기억 속에 사라질 것이다. 교수활동에 관한 반성의 첫 번째 단계는 교수활동의 세부사항을 기록하고 수단을 개발하는 것이다. 강의하는 동안 또는 수업 직후에 메모를 하거나, 필기나 음성 일지를 보관하거나, 수업의 비디오 또는 오디오를 주기적으로 녹화하는 것은 실제 교수활동에 대한 자세한 설명을 작성하는 방법으로 사용될 수 있다.

코르타겐Korthagen(1999)은 반성을 "경험, 문제 또는 기존 지식이나 통찰력을 구조화하거나 구조화하는 정신적인 과정"으로 정의하고 있으며, 교사에게 지속적인 반성과 평가를 포함하는 ALACT 과정을 제공한다. 나선형으로 설명되는 ALACT 모델은 반성적 실제 단계의 약자이다. 단계별로 제안되는 질문은 다음과 같다.

① **행위(A)**Acting: 교수 상황에서 고려해야 할 주요 질문은 다음과 같다.

- 무엇을 달성하고 싶었는가?
- 특별히 주의하고 싶은 것은 무엇이었는가?
- 무엇을 시험하고 싶었나?

② **행위의 반성(L)**Looking bank on the action: 행위의 자세한 내용 기록하기

- 구체적인 사건은 무엇이었는가?
- 내가 무엇을 원했는가?
- 내가 무엇을 생각했는가?
- 기분이 어땠는가?
- 내가 무엇을 했는가?

③ **핵심적 측면에 대한 인식(A)**Awareness of essential aspects: 흥미나 문제의 핵심 사항 알아차리기

- 이전 질문에 대한 답변 간의 연결 사항은 무엇인가?
- 상황/학교 전체가 미치는 영향은 무엇인가?
- 그것이 나에게 무엇을 의미하는가?
- 문제점 또는 긍정적 발견은 무엇인가?

④ **대안적 행위 방법 만들기(C)**Creating alternative methods of action: 문제 해결 또는 반복, 효과적인 실천

- 어떤 대안을 찾아야 하는가? 내가 발견한 긍정적인 부분을 이용하는 방법은 무엇인가?
- 각각의 장점과 단점은 무엇인가?
- 다음에 무엇을 하기로 결정하였는가?

⑤ **시도(T)**Trial: 새로운 아이디어를 시도해 본다 그 과정은 나선형으로 행위 단계로 돌아간다.

(p. 197)

이러한 열린 설계를 통해 교사는 특정한 사건이나 학생의 도전을 설명하거나 오랜 시간 동안 서술적 설명을 쓰는 것을 목적으로 할 수 있다. 많은 것이 기록될수록 학습 과정은 더 풍부하고 포괄적일 수 있다. 어려운 상황이 닥쳤을 때 이전에 일어난 사건과 상호작용이 영향을 미칠 수 있다는 것을 기억하는 것이 중요하다. 그러므로 특정 사건이 일어나기 전에 설명하는 능력을 개발하는 것은 보다 나은 안목과 인식을 제공할 수 있다.

ALACT 모델은 매우 유연하다. 이 과정은 열린 탐구를 위해 사용될 수 있다. 즉, 교수활동에 대한 안목을 얻기 위한 행위를 설명하고, 특정 관심 영역을 탐구하는 데 사용될 수

있다. 예를 들어, 맥티그와 브라운(2005)은 반성적 교수를 다음과 같이 설명하고 있다.

> 반성적 교수는 교육 내용과 성취 기준과 관련 학생의 발전 과정에 대한 진단과 지속적인 평가를 요구한다. 이 과정을 통해 교사는 기술과 지식의 격차를 줄이고, 개별 학생이 보여 준 강점, 흥미, 개인적인 학습 목표를 수용한다.
>
> (p. 237)

ALACT 모델은 계획된 교육 내용과 성취 기준과 관련하여 개별 학생의 발전 과정을 설명하고 반성하는 데에 사용될 수 있다. 교사는 특히 학생이 수업에서 빅 아이디어를 발전시킬 수 있는 방법으로 '돌아보는' 것을 선택할 수 있다.

또한 ALACT는 개인적이거나 협력적인 반성과 행위를 위해 사용할 수 있다. 특히 협력적 교수 상황에서 교사는 각각의 수업 양상을 묘사할 수 있고, 함께 협력하여 핵심적인 측면에 대한 인식을 얻고, 대안적인 방법을 찾아 시도할 수 있다. 아이디어를 창출하기 위해 다양한 통찰력과 원천을 갖는 것은 매우 이로운 일이다.

UDL 및 차별화교수를 지원하는 연구

UDL의 효과와 차별화교수를 지원하기 위한 연구가 증가하고 있다. 사회문화, 구성주의 이론뿐만 아니라 뇌 기반 학습과 다중지능이론과 같은 현대의 학습이론은 교수에 대한 접근법으로 차별화를 지지한다. 예를 들어, '뇌 기반 교수'를 지지하는 사람들은 편안한 학습 환경, 적절한 수준의 도전, 연관성을 통해 개념에 의미를 부여하는 활동이 인지적 과정을 가능하게 한다고 제안한다(Tomlinson & Kalbfleisch, 1998). 린치Lynch와 워너Warner(2008)는 차별화교수를 뒷받침하는 연구들을 검토하였다.

> 패트리샤 호지Patricia Hodge(Subban, 2006)는 차별화교수를 받은 학생들이 수학점수에서 더 높은 점수를 받았다는 것을 발견했다. 맥아다미스McAdamis(2001)는 차별화된 교육이 학년 내내 성적이 낮은 학생들의 시험 점수에서 상당한 향상을 가져왔다고 보고했다. 다른 연구에 따르면, 시험 점수의 개선 외에도 학생의 참여가 증가하였다. 존슨Johnsen(2003)은 차별화교

수기술이 학생들의 흥미를 끌며 자극한다는 것을 발견했다. 린다 아파너Linda Affanner의 연구(Subban, 2006)에서는 차별화교수 기술을 사용한 교사가 교육적 효과를 경험하고 새로운 교육적 접근방법을 기꺼이 시도하는 것으로 나타났다.

(p. 11)

차별화교수를 지지하는 것 외에도, 개념적 이해를 개발하고 학생을 능동적인 대화에 참여시키기 위한 교육과정 계획 수립의 장점이 잘 확립되어 있다. REACH 프로젝트(장애학생의 개념적 학습을 조사하는 다년간 연구)는 대화의 역할과 영향을 성공적으로 입증해 주었다. 모로코Morocco(2001)는 다음을 설명한다.

특수교육에 관한 일부 연구는 구성적인 대화가 장애학생들의 학습에 미치는 영향에 초점을 맞추고 있다. 예를 들어, 우드워드Woodward와 백스터Baxter(1996)는 학생들이 수학의 개념적 이해를 높이기 위한 방법으로 장애가 있는 청소년들과 교사의 대화에서 질문하는 전략을 탐색하였다. 에체바리어Echevarria(1995)는 히스패닉 장애학생들을 위한 개념적 이해 중심 교육과정에서 전략적 교수법으로 대화를 성공적으로 포함시켰다. 팔린사르Palinsar, 마그누손Magnusson, 마라노Marano, 포드Ford와 브라운Brown(1998)은 학생들이 과학 실험에서 얻은 증거들을 종합하기 위해 대화의 역할을 설명했다.

(p. 9)

교실기반 학습에서 모로코와 힌딘Hindin(2002)은 학생이 토론에 적극적으로 참여함으로써 이룬 학습에 대해 설명한다. 학생들은 모델링과 비계를 적용한 언어 실습을 하면서 다른 사람의 생각을 깊이 이해할 수 있었다. 이들은 다음과 같이 관찰했다.

학생들은 자신의 주장을 밝히고 자세히 설명하며, 다른 견해를 반박하고 주장을 뒷받침하는 논거를 제시함으로써 문학에 대한 해석을 협의할 수 있는 능력의 발전을 보여 준다. 이 네 명의 학생은 정확한 표현을 요구함으로써 언어에 대해 세심한 주의를 기울이는 것의 가치를 얼마나 이해하고 있는지 보여 준다.

(p. 156)

또한 학생은 열린 형태의 토론을 통해 자신의 삶에 대한 지식을 통합할 수 있기 때문에, "문학에서 주인공이 선택한 것을 더 잘 해석하고 가설을 세울 수 있었고," 이것은 "그들의 이해를 깊게 했다."(p. 156) REACH 프로젝트에서 교사, 학생 및 연구자에 의해 행해진 연구는 유도식 탐구와 통합교육에서 학습공동체의 개념을 뒷받침한다. 즉, 교육에 참여하고 학습을 깊게 하며 인지적 · 사회적 전략을 개발하고 학생의 기여와 경험을 활용하는 활동을 지원할 수 있도록 많은 열린 기회를 제공해야 한다.

UDL이 학생의 학습 기회와 어떤 관련이 있는지를 조사하는 것 외에도, 연구자들은 UDL을 반영하는 교육실제의 유형을 계속해서 명확히 하고 있다. UDL의 다원적 실천은 학습자 중심의 접근방식을 설명하고, 개인의 학습 특성을 보완하는 것을 목표로 하며, "뇌 기반"(Katz & Sugden, 2013; Kurtts et al., 2009) 접근들을 포함한다. UDL에 대한 신고전주의 접근법은 차별화교수, 학생의 선택과 개인별 맞춤화를 강조한다(Edyburn & Edyburn, 2012; Jimenez, Graf, & Rose, 2007; Kurtts, Matthews, & Smallwood, 2009; Lieberman, Lytle, & Clarcq, 2008; Meo, 2008). UDL에 대한 사회정의 접근 방식은 학습자가 문제를 제기하고 대화를 나누고 문제를 해결하기 위한 협력적 학습 경험을 강조한다. 이상적으로, 학습자는 다양한 관점과 학습 방법을 공유 목표를 지향하는 상황에서 다른 사람과 함께 배우는 것을 목표로 노력한다. 사회 정의로서 UDL를 실천하는 데에는 비판적 교육과정 접근, 교육과정 이질론(Mitchell, Snyder, & Ware, 2014), 비판적 다문화주의, 비판적 교육학(Kozleski & Thorius, 2014; Waitoller & Artilles, 2013) 등이 포함된다. 표준 영어 교재와 대화에 좁게 초점을 맞추기보다는 여러 문헌의 개발에 관심을 갖는 것 또한 UDL에서의 사회 정의적 관점의 특징이다(Flores, 2008; Glass, Meyer, 2013). 세 번째 접근방식은 세부적인 중재를 통해 UDL을 검토한다. 이 틀은 학습자에게 학습 활동에 접근하는 명시적이고 직접적인 전략을 제공하는 것을 강조하며, 일반적으로 교육 목표 또는 인지적 과정을 요구하는 과제 또는 내용분석을 통해 도출된 단계별 과정을 제공하여 학습과 관련되도록 한다. 중재적 틀에서 UDL은 비계를 활용한 디지털 읽기자료와 도구(Dalton et al., 2011; Hall, Meyer, & Rose, 2012; Proctor et al., 2011; Rappolt-Schlichtmann et al., 2013), 비계를 활용한 디지털 게임(Marino, 2009; Marino, Black, Hayes, & Beecher, 2010; Marino et al., 2014), 다중 모드와 멀티미디어 강의(Kennedy, Thomas, Meyer, Alves, & Lloyd, 2014; King-Sears et al., 2015)를 포함한다.

교육 현장에서 UDL의 실제가 미치는 영향에 대한 연구는 아직 초기 단계에 있다. UDL

이 학생 참여에 긍정적인 영향을 미친다는 점, 그리고 UDL이 통합교육에 효과적이라는 근거가 증가하고 있다. 예를 들어, 카츠Katz와 서던Sugden(2013)은 UDL 실천에 관한 사례 연구를 수행했는데, 이 사례에 참여한 교사의 답변에서 소외될 위험이 있는 학생들이 다음과 같은 경험을 할 수 있다는 점을 강조하였다.

> 이 프로그램은 심각한 행동을 해 왔던 우리 반 아이의 인생을 바꾸었다. 그는 아마 다음 학기에 특별한 프로그램으로 옮겨갔을 것이다. 그는 지금 수업에 참여하고 있고 '학습가족들'과 함께 하길 원한다.
>
> (Katz & Sugden, 2013, p. 17)

다이몬드Dymond 등(2006)은 인지장애학생들에게 UDL을 시행하여 긍정적인 영향을 주는 것을 목격했던 교사들이 이러한 통합적 경험이 더 많은 학생들에게 제공될 수 있기를 희망했다고 비슷하게 보고했다. 그들은 "재설계 과정을 거치지 않은 학생들은 학습에 의미 있게 참여하지 않았다."는 점에 우려를 나타냈다. 교사들은 "[UDL] 재설계의 결과를 관찰했을 때 두 과목 간의 차이를 보고 이를 받아들이는 데 어려움을 겪었다."(p. 305)

학생 참여를 조사하는 것은 UDL을 연구하는 사람들의 공통 관심사이다. 킹-시어스King-Sears 등(2015), 마리노Marino 등(2014), 코르터링Kortering, 맥크라논McClannon과 브라지엘Braziel(2008), 홀Hall 등(2015), 디몬드 등(2006), 그리고 카츠(2013) 등을 UDL에 근거한 교육과정을 수행하는 동안 높은 수준의 학생 참여를 보고하고 있다. 예를 들어, 마리노 등(2014)의 보고서는 다음과 같다.

> 학생들은 수업 중에 서로 소리치고 환호하며 가족과 게임 경험을 공유하는 것을 묘사했다. … 또한 그들은 과학적 내용과 새로운 방식으로 상호작용하면서 심도 깊은 이해를 했다고 보고했다.
>
> (p. 97)

그러나 학생들의 참여와 심도 깊은 이해에 대한 자기 보고에도 불구하고, 학습에 관한 측정 결과에서는 많은 학생에게 UDL 설계가 효과적임을 보여 주지는 않는다. 마리노 등(2014)은 "시험 점수가 향상되지 않을 경우 왜 학생과 교사들이 UDL 장치에 그렇게 긍정적으로 반응하는가?"(Marino et al., 2014, p. 97)라고 질문하면서 향후 UDL 연구에서 제기될 수 있는 중요한 문제를 지적했다. 그러나 라폴트-슐리크트만Rappolt-Schlichtmann 등(2013)은 "UDSN을 사용한 학생들에게 나타나는 지속적 관심과 높은 흥분 수준"은 "학습능력과 자율성의 생성"(p. 1221)을 반영할 수 있으며, 이는 학생이 학업을 유지할 수 있는 장기적인 이점을 제공할 수 있다.

학습공동체와 협동학습을 지지하는 연구들은 특히 장애학생을 위한 학교 경험을 개선하는 것과 관련이 있다. 통합을 실현하는 데 유용한 전략에 관한 연구가 얼마 동안 진행되었지만, 장애라는 수식어가 붙은 학생과 그렇지 않은 학생 간의 긍정적인 사회적 상호작용은 자연스러운 결과가 아니었다. 1980년 기너Guinagh는 대부분의 '주류' 아동들은 그들의 또래들과 소박하고 계획되지 않은 사회적 접촉을 통해 정규 수업을 시작하고, "더 나은 친구가 되는 것을 돕는 것은 교육의 중점적인 부분이 아니다"(p. 2)라고 밝혔다. 존슨과 존슨(1980)은 장애학생을 적절한 지원과 준비 없이 주류로 만드는 것은 매우 해로울 수 있다는 것을 발견하였다.

> 장애학생을 정규 교실에 배치하는 것은 기회의 시작이다. 그러나 모든 기회와 마찬가지로, 그것은 상황을 더 악화시킬 위험과 상황을 더 좋게 만들 가능성을 가지고 있다. 만약 일이 잘못되면, 장애학생들은 낙인지어지고 고정관념을 통해 보여지며 거절당할 것이다. 설상가상으로, 이들은 무시되거나 애완동물을 대하듯이 온정주의적 보살핌을 받을 수 있다. 그러나 만약 일이 잘 된다면, 비장애학생과 장애학생 간에 진정한 우정과 긍정적인 관계가 발전할 수 있다. 필요한 것은 교실 환경에서 수용 과정이 어떻게 작용하는지, 그리고 그들이 정규 교실에 함께 다닐 때 장애학생과 비장애학생 간의 긍정적인 관계를 형성하는 것을 돕는 특정한 교육 전략에 대한 이해이다.
>
> (p. 10)

주목할 것은 협력과 우정의 기회를 제공한다는 측면에서 학습공동체에 대한 관심이 더 많아졌다는 것이다.

협동학습(학생들이 주로 말과 행동을 하는 소규모 집단 활동)과 같은 기술은 집단 성취를 강조하고 자신감을 구축하고 학생들의 잠재력을 이끌어냄으로써 경쟁심을 약화시킨다. 슬라빈Slavin(1990)은 다음과 같이 말했다.

> 협동학습 방법은 사회적 개입이기 때문에, 사회적 효과를 제공해야 한다. 긍정적인 집단 간 관계에 대한 기준은 우정 형성이나 화합과 같이 널리 인정된 선행과 유사하다. … 이러한 것들은 접촉, 유사성의 수용, 즐거운 활동에 참여하는 것, 그리고 같은 목표를 지향하는 개인들의 협력이다. 공동학습은 학생 간의 접촉을 증가시킨다. 그들에게 집단의 일원이라는 기초적인 유사성을 주고, 함께 즐거운 활동을 하고, 공동의 목표를 향해 학습하도록 한다. 따라서 학생들 사이에 긍정적인 영향을 증가시킬 것이라는 가정을 분명히 할 수 있다.
>
> (p. 49)

그러나 반 더 클리프Van der Klift와 쿤Kunc(1994)은 우정이 상호 존중과 상호주의에서 발전한다는 점을 상기시킨다. "우정은 도움을 제공하는 것과 동일하지 않다."(p. 393)

비록 아동은 서로 협력해서 서로 돕는 것을 배울 수 있고 배워야 하지만, 모든 아동은 다른 사람들로부터 도움을 받고 받아들일 기회를 갖는 것이 중요하다. 학생들 간의 협력을 강조할 때에는 교육적 측면 등을 고려해서 가르친다. 나딩스Noddings(1994)는 또한 학습에서의 인간관계의 중요성에 대해 초점을 두고 있다. 학생들이 서로 지속적이고 의미 있는 방법으로 서로 지원하고 상호작용하는 교육적인 방법을 제공함으로써, 교사는 서로 보살핌으로 이어지는 관계를 촉진한다. 교사가 긍정적인 언어와 차이에 대한 태도를 본보기로 삼을 때, 학생들은 역시 그들의 또래 관계를 발전시키는 데에 이를 적용하는 것으로 확인되었다. 대화적이고 교육적으로 차이점을 탐구하고 포용하는 교실 담론은 학급의 관계를 증진시키고, 학생을 더 큰 차이에 대한 이해로 이끌 수 있다.

결론

25명 이상의 학생이 있는 교실 상황을 고려할 때 개별 학생을 가르치는 것은 힘든 과정일 것이다. UDL에서 시작된 교육적 실천은 학습 경험의 가능성에 대한 전체론적인 개념을 바탕으로 개인의 이점에 초점을 두는 것에서 공동체 전체의 이점으로 전환하고, 이미 결정된 학습결과를 평가하는 것으로부터 열린 탐구를 통해 해석된 결과를 평가하는 것으로 전환되도록 강조한다. 학습자는 많은 가능성이 제시될 때, 과제가 성취될 수 있는지 아닌지에 대한 정보를 제공하는 맥락의 다양한 변화와 상호작용할 준비가 되어 있다. 교사는 상황에 따라 때로는 놀라운 방법으로 자신을 보여 주는 학습자의 강점을 바탕으로 평가하고 계획할 수 있다.

연구는 사회문화적 틀이 모든 학생의 학습을 효과적으로 지도하고 지원한다는 것을 보여 준다. 학생들은 서로 지원하고 학습 모델로 기능하는 협력 관계를 형성할 수 있는 기회를 제공하는 교육 방식을 사용함으로써 새로운 능력과 새로운 능력의 개발을 연습하고 장려하기 위한 여러 모델과 지침을 받을 수 있다(Gindis, 1999). 학습공동체에 참여할 수 있는 다양한 기회를 제공함으로써 학생의 학습은 사회적이면서도 개별화되며 현재 학습 이론에서 선호하는 방법인 지식과의 상호작용을 통해 강화된다. 모델의 사용은 다양한 참여 방법을 허용하고 장려하며 또한 교실과 사회의 차이 가치를 강화한다(Gardner & Hatch, 1989). 이를 통해 교실 공동체 내에서 차이가 정상적으로 재구성된다. 사폰-셰빈Sapon-Shevin(2000/2001)이 설명한 대로, 교육자는 "교실의 문제로서 다양성에 대한 논의를 넘어 자연스럽고 불가피하며 바람직한 차이의 개념화로 전환하여 교사와 학생을 위한 지도와 학습 경험을 동시에 풍부하게 할 수 있다."(p. 35)

제10장

장애를 고려한 교육과정 설계

통합학교와 지역사회를 개발하고 유지하기 위해, 학생과 교사들은 자신들을 변화를 이끌어내는 대리인으로 볼 수 있으며, 기꺼이 고정관념과 억압적 · 차별적인 행동에 맞서고 도전할 수 있다. 장애차별주의ableism는 장애를 가진 사람에 대한 체계적인 차별이며, 인종차별, 성차별, 이단주의와 유사하다. 미국시민권위원회United States Commission on Civil Rights는 20여 년 전 "많은 사람이 장애인은 장애로 인한 선천적인 제한으로 인해 사회적 · 경제적 혜택을 받지 못했다고 인식하고 있다. 그러나 정부 각 부처의 당국자들은 편견과 차별이 장애인이 직면하고 있는 불이익의 주요 원인이라고 결론지었다."(Bell & Burgdorf, 1983, p. 17)라고 보고한 바 있다. 다른 '-주의-ism'와 마찬가지로, 장애차별주의는 특권과 불이익의 관계에서 행해진다. 장애인은 교육, 고용 그리고 다른 생활 활동에 참여할 수 없거나, 참여하기를 원하지 않는다는 가정 때문에 불이익을 받는다. 반면, 장애인으로 규정되지 않거나 장애인으로 보이지 않는 사람은 오히려 이득을 본다. ADAAA는 장애인이 업무, 교육 및 기타 생활 활동의 참여를 위한 합리적인 숙박시설의 제공을 요구하지만, 일부 고용주 및 기업은 장애인 노동자나 소비자의 기여보다는 그들이 추정한 부담에 초점을 맞추고 있다. 장애인을 위한 시민권 실현을 위한 한 가지 조치로서 교육자는 학습자가 장애에 대한 고정관념을 광범위한 장애 경험에 대한 지식과 이해로 대체하기 위한 노력을 기울일 수 있다. 또한 장애인에 대한 편견과 차별에 대한 인식을 증진시키기 위해 장애인 차별주의에 대한 비판적 이해를 발전시킬 수 있다.

장애를 포함하도록 다양성 중심의 교육과정을 확대하는 것은 다문화교육이 만들어 낸 경로를 따를 수 있다. 피부색, 여성, 모호한 정체성을 가진 사람의 작품을 선보이는 것은 인간의 경험에 대한 다양한 관점과 목소리를 인식하는 것에서 중요하다. 편견, 차별, 다양한 관점 또는 특정한 사회 집단 정체성의 개발을 직접적으로 논의 · 분석하는 것 또한 모든 주제 영역에서 중요하다. 이러한 탐구를 촉발할 수 있는 질문의 예는 다음과 같다. 장애의 관점에 따라 어떻게 인간 게놈에 대한 연구가 다르게 인식되는가? 장애권이 제정되고 저항된 다양한 방법은 무엇인가? 작가의 경험과 정체성이 그들의 창조적인 작품에 어떤 영향을 미칠까?

장애에 대해 학생을 교육시키고 다양성 교육과정의 일부로 다루는 것이 자명한 것일지라도, 동정이나 공감을 증가시키는 것에 초점을 맞춘 '인식' 활동보다 차별과 장애인 차별주의에 대한 비판적 관점은 흔히 찾아보기 어렵다. 장애인 차별주의에 도전하기 위한 교육과정을 설계하면 일부 인식 활동이나 특별한 스포츠의 날처럼 장애를 일회성 이벤트 이상으로 고려할 수 있다. 학교에서 반장애인차별주의 행위에 대한 관심이 지속적으로 진행되어 학생이 고정관념, 편견, 차별을 인식하고 다양한 생활 방식에 노출되도록 해야 한다. 장애에 대한 학습은 대부분의 모든 분야와 주제 영역에서 핵심역량과 함께 이루어질 수 있다. 모든 연령대는 장애와 능력주의에 대해 의미 있는 방법으로 배울 수 있다.

교육과정 내용의 다양화

장애에 대한 연구는 학교교육과정에서 일반적으로 다루어지는 많은 과목 영역을 강화할 수 있다. 장애에 대한 정보를 제공할 때는 '특별한' 수업이나 단위를 제공하는 대신 적절한 내용의 요점을 제공하는 것이 가장 좋다. 이 책의 앞 장들에서는 특히 사회, 문학, 매체 연구에서 내용 영역 교육과정을 심화시키기 위한 노력을 알릴 수 있는 장애인과 장애인에 대한 풍부한 정보와 사고 방법을 제공하였다.

장애인은 항상 존재해 왔지만, 이들은 종종 우리가 알고 있는 역사에는 없다. 장애가 알려지면, 그것은 탐구되어야 할 문화의 한 측면으로서가 아니라 개인적인 비극이나 모욕으로 묘사된다(Baynton, 2001). 장애학에서의 역사학자들은 대신에 장애는 "역사적 연구의 중심에 있다. 그 자체로 공부할 가치가 있는 주제이자 학자들에게 인간관계를 이해하기 위한 새로운 분석 도구를 제공할 것"(Kudlick, 2003, pp. 2-3)이라고 제안한다. 사회 연구에서, 역사 연구는 다른 시대와 문화에 있는 장애인에 대한 지식을 포함할 수 있다. 과거 문명에서 일상생활과 지배에 대한 연구에 장애인의 역할과 경험을 통합하는 것은 완전한 지식에 기여하고 장애가 항상 인간의 경험의 일부였다는 것을 전형적으로 보여 준다. 현대 역사, 특히 시민과 인권을 위한 다른 운동을 연구할 때, 「전장애아교육법The Education for All Handicapped Children's Act」「재활법 504조」「미국장애인법」과 같은 법을 포함시키는 것이 유용하다. 장애 권리와 장애인 차별주의는 일부 학교가 성차별과 인종차별의 문제를 탐구하는 것과 같은 방식으로 탐구 주제가 될 수 있다. 배경 정보에는 '장애' '고정관념' '편견' '차별' '낙인' 등의 용어의 의미가 포함될 수 있다. 장애인 차별주의는 분명히 학습주제로 다루어질 수 있다.

과학, 기술, 공학에 대한 연구는 장애에 대해 생각할 수 있는 다양한 기회를 제공할 수 있다. 다큐멘터리인 〈자유의 기계Freedom Machines〉(Stobie & Cole, 2004)와 〈FIXED: 인간향상의 과학/소설The Science/Fiction of Human Enhancement〉(Brashear, 2013)은 각각 장애인과 장애인의 삶에 대한 기술의 영향에 초점을 맞추었다. 건설 작업에서는 보편적 설계에 대한 아이디어를 제품 및 건물 개발에 활용할 수 있다. 학생은 설계 과제로 장애와 관련된 작품을 만들 수 있다. 장애 및 생명윤리와 관련된 연구는 생물학, 철학 수업을 위한 최신의 적절하고 풍부한 내용을 담고 있다. 체육과 교육과정은 다양한 몸을 가진 사람들이 신체적 능력을 보여 주고 경험하는 방법을 강조할 수 있다. 장애인 올림픽 선수의 경기력과 기술은 신체 건강한 선수의 성취와 함께 제시될 수 있다. 학교교육과정의 틀에 장애를 통합적으로 구성하는 것은 이미 진행되고 있는 주제의 관점이나 측면에 그것을 추가함으로써 성취될 수 있다. 그러나 장애와 장애인 차별주의에 대한 비판적 분석은 내러티브 분석으로서 더욱 정교한 접근을 요구할 수 있다.

문학 분석(소설)

문학을 공부하는 것은 플롯(줄거리) 개발, 성격 묘사, 상징성 그리고 장애와 관련된 이미지를 고려할 수 있는 무수한 기회를 제공한다. 예를 들어, 피들러Fiedler(1996)에 따르면,

리처드 3세Richard III 에 대한 셰익스피어의 성격묘사는 "이후에 나타난 수많은 불구가 있는 악당을 위한 원형"(p. 41)을 제공했다. "리처드의 기형은 그의 악의에 찬 욕망과 불가분의 관계에 있다."(Thurer, 1980, p. 13) 문학 분석에는 유용하지만, 디어링Dearing(1981)은 다음과 같이 지적하고 있다.

> 리처드 3세는 유능한 군인, 숙련된 정치인이자 능력 있는 군주였으며, 2년이라는 짧은 그의 통치 기간 동안 여전히 현대 영국에서 여전히 많은 훌륭한 법을 제정할 수 있었다. 비범한 체력과 지적 능력을 가진 유일한 사람으로 역사 속에서 그를 인정해 줄 수 있었다. 물론, 그 신화에는 리처드가 악의 화신이었고, 잔인하고, 냉혹한 악당이었고, 비참하고 파괴적인 지도자였으며, 날카로운 이빨을 가지고 태어났으며, 기괴한 예감이 있었다는 것도 포함되어 있다. 그는 예리한 두꺼비, 독이 있는 거미, 사나운 멧돼지라고 비난받았다. 사실 그의 한쪽 어깨가 다른 쪽 어깨보다 약간 더 높은 것은 주로 검을 들었던 팔이 발달되었기 때문인 것으로 보인다. 그의 동시대의 초상화는 잘생기고 다소 금욕적인 표정을 보여 준다.
>
> (pp. 32-33)

따라서 셰익스피어가 정신적 · 영혼적 추악함을 상징하기 위해 문학적 기형, 즉 비뚤어진 몸의 비뚤어진 정신으로 신체적 기형을 사용한 것이 명백해졌다. 셰익스피어는 장애인이 아닌 왕의 모습을 왜곡함으로써 신체적 장애에 대한 독자의 부정적 인식을 이용하여 인격의 사악한 면을 강조하였다(Rogers, 1978).

멜빌Melville 또한 비뚤어진 성격을 상징하기 위해 장애를 이용했다. 『모비 딕Moby Dick』에서 흰 고래에게 다리를 잃은 아합Ahab은 병적이고 강박적인 복수를 다짐하고 자신과 그의 선원들을 희생시킨다. 크리에겔Kriegel(1982)은 다음과 같이 관찰하였다.

> 멜빌의 선장 아합은 단순한 장애를 가진 것이 아니라, 흰 고래에 의해 찢겨나간 자신의 다리에 형이상학적 감각으로 깊이 '빠져들었다.' 그의 부상은 그의 자아 그 자체가 되었다.
>
> (p. 18)

독자들이 갖게 될 아합에 대한 두려움은 아합의 상처에 대한 묘사로 한층 더 고조되는데, 이스마엘이 한밤중에 아합의 나무다리가 갑판을 가로질러 앞뒤로 두드리는 소리를 들었다고 묘사할 때(Biklen & Bogdan, 1977), 아합의 흉터는 머리 아래에서 시작하여 몸의 길이까지 확장되었다(Margolis & Shapiro, 1987).

마찬가지로, 비클렌Biklen과 보그단Bogdan(1977)은 스티븐슨Stevenson의 고전『보물섬Treasure Island』에서 발견된 장애를 묘사하고 있다. 이 책의 첫 페이지를 나타내는 공포와 서스펜스를 일깨우는 것에서 주요 요소는 장애인인 블랙 독Black Dog과 블라인드 퓨Blind Pew이다. 전자는 "두 손가락을 원하는 얼굴이 창백한 남자"로 소개되었다. 이 작은 장애는 두 번째 남자가 빌리 본즈Billy Bones를 위험지역으로 이끄는 "등이 구부정하고 눈이 없는 생명체"라고 묘사될 때 분위기를 형성한다. 게다가 기다란 존 실버Long John Silver가 좋은 사람으로 소개될 때에는 그가 나무로 다리를 가지고 있다는 사실에 대한 가벼운 언급만 있었다. 나중에 그의 배신이 드러났을 때, 그의 '나무' 다리에 대한 설명은 불길하고 흉측하게 제시된다(p. 7).

미첼Mitchell과 스나이더Snyder(2001)는 장애는 "성격 묘사의 주요 특징이자 기회주의적인 은유적 장치의 사용"(p. 47)이라고 지적한다. 갈랜드 톰슨Garland Thomson(1997)은 문학적 플롯이 장애를 가진 등장인물의 전형적인 표현을 통해 어떠한 효과를 얻는지 다음과 같이 질문한다.

> 만약 독자가 그를 편집증 있는 복수의 화신이 아닌 평범한 사람으로 보도록 했다면 아합은 어떻게 효과적으로 표현되었을까? 그의 장애가 그 초월적인 의미를 잃게 된다면? 만약 아주 작은 팀Tiny Tim이 가끔 버릇없고 정상적인 아이로 묘사된다면, 작은 팀이 야기한 순수한 연민은 어떻게 될까? 따라서 수사적 기능이 발휘되면 장애를 가진 등장인물과 독자 사이의 관계를 바꿀 수 있다. 장애가 있는 등장인물이 실제 장애인이 행동하듯이 낙인을 찍는 상황에 대응한다면, 이러한 수사적 효력은 약화되거나 상실될 것이다.
>
> (pp. 11-12)

로즈마리 갈런드 톰슨, 데이비드 미첼, 샤론 스나이더와 같은 문학 분석가들은 종종 학교에서 공부되는 고전문학 작품에서 장애의 역할을 검토하는 것의 중요성을 제기하고 있다.

문학과 태도의 함양

학생이 비판적 · 현대적 문학 분석에서 장애를 인식하며 참여하도록 하는 것 외에도, 교사는 학생이 읽는 작품에서 전달되는 메시지를 고려할 수도 있다. 특히 고전문학은 가치를 전달하고, 해석을 제공하고, 풍자의 형식을 가르치며, 이해와 행동을 위한 모델을 제공한다(Baskin, 1975). 고전에 담긴 메시지는 존중과 명성을 얻고 있으므로 장애인이 깊이 뿌리내리고 있는 복잡한 편견을 극복하는 것을 두 배로 어렵게 만든다(Margolis & Shapiro, 1987). 그러나 마골리스Margolis와 샤피로Shapiro(1987)는 다음과 같이 강조하였다.

> 이 주제에 대해 절대 금지하거나 검열할 것이 아니라 메시지가 효력을 잃도록 상징에 관해 논의하고 설명해야 한다. 문학이 장애에 관한 도덕적 의미에 대한 설명 없이 가르쳐질 때, 장애를 가진 사람들은 뿌리 깊은 편견을 극복하는 것이 어렵다는 것을 발견할 수 있다.
>
> (p. 21)

따라서 선입견을 담고 있는 자료를 검열하는 대신에 교사는 그것을 고정관념을 상쇄하기 위한 객관적인 교훈으로 사용할 수 있다. 이것은 앞서 제시한 바와 같이 학생에게 연민의 대상, 병든 환자, 인간이하의 유기체, 불멸의 존재, 즉 위협이나 악을 포함하여 장애와 관련된 고정관념과 그 고정관념이 담긴 표현을 식별하도록 가르쳐 줌으로써 성취될 수 있다.

문학 및 관련 역사의 맥락에 관한 간학문적 탐구는 역사, 문학, 사회문화적 이해의 틀 속에 내재된 것에 대한 이해를 향상시킬 수 있다. 예를 들어, 1937년 존 스타인벡John Steinbeck의 고전『생쥐와 인간Of Mice and Men』은 장애와 그 역사에 대한 연구의 기회를 제공한다. 등장인물 레니는 우생학 시대에 번진 유전적 쇠퇴와 사회적 붕괴에 기여하는 사회적 위협으로서 지적 장애인의 관점을 보여 준다. 카너Kanner(1964)는 이러한 이미지의 본질을 다음과 같이 포착했다.

> [1900년대 초에는] 정신장애인은 문명에 위협적인 존재, 가정의 구제불능, 학교의 부담, 성적으로 문란하고, 정신박약자의 자손, 범죄자, 빈곤, 범죄, 질병의 전파자로 간주되었다.
>
> (p. 88)

또한 대통령 직속 정신지체위원회President's Committee on Mental Retardation(1977)는 1912년 우생학 운동 기간 동안 '문제 있는 사람들'의 치료법을 안내한 세 가지 흥미로운 '신념의 법칙'을 제공하였다.

> 첫째, 통제 불가능하고 충동적인 잔인함과 위험한 공격성의 위험은 항상 있는데, 특히 그들이 성인이 되었을 때 가장 온화한 정신박약자에서도 그러하다. 그들은 본질적으로 폭력적이다.
>
> 둘째, 정신박약인은 범죄와 비행을 발생시키기 쉬우며, 범죄자의 큰 비중을 차지한다. 그들은 옳고 그름을 구분하지 않기 때문에, 그들은 원시적이고 반사회적인 행동이 지배적인 경향이 있다.
>
> 셋째, 정신박약인 중 특히 여성은 그들이 통제할 수 없는 비정상적인 강한 성욕을 가지고 있다. 그들은 퇴폐적이고 번식력이 왕성하다.
>
> (pp. 138-139)

『생쥐와 인간』에 관한 연구 주제로서 종종 제기되는 조지가 레니를 죽이는 것이 정당화되었는지에 대한 도덕적 고민은 스타인벡 시대의 장애에 관한 관점을 통해 생동감 있고 활기차게 다루어질 수 있다. 또한 시간의 흐름에 따른 장애의 관점, 현대적인 관점에서 장애인의 '안락사' 및/또는 현대 범죄 정의 체계에서 장애인의 위상 변화에 대해 논의하는 것은 학교에서 학제 간 학습을 강화할 수 있다.

장애를 가진 등장인물의 특징을 다룬 문학 작품들은 많은 학교에서 제공되는 전통적인 교재뿐만 아니라 현대 작품에서 점점 더 많이 나타나고 있다. 학교교육과정에서 점점 더 많이 등장하는 작품으로는 마크 해던Mark Haddon의 『한밤중에 개에게 일어난 의문의 사건The Curious Incident of the Dog in the Night-Time』(2003), R. J. 팔라시오Palacio의 『아름다운 아이Wonder』(2012), 수잔 누스바움Susan Nussbaum의 『좋은 왕과 나쁜 왕: 소설Good Kings Bad Kings: A Novel』(2013) 등 세 편이 있다. 이러한 작품들의 해석은 장애인으로서의 정체성과 경험을 가진 등장인물의 관점을 탐구할 수 있는 가능성을 지닌다. 이 세 편 모두는 단지 상징으로 존재했던 장애에 대한 묘사를 넘어서 줄거리와 관점에 대한 다면적인 접근을 제공하고 있다.

마골리스와 샤피로(1987)는 문학 연구의 일환으로 장애를 검토하기 위한 몇 가지 권고사항을 제공했다. 일부 지침에는 다음과 같은 것들이 포함될 수 있다.

① 장애인을 소개하고 설명하는 발췌문을 주의 깊게 검토한다.

a. 각 형용사, 구, 표현이 어떻게 반응을 자극하는지 설명한다.

b. 저자가 장애를 가진 사람에게 부여하는 긍정적이고 부정적인 특징들의 수를 세어 본다.

(Margolis & Shapiro, 1987, p. 20)

② 학교에서 부여된 전형적인 읽기자료와 더불어 의도적으로 장애가 있는 책들과 고정관념과 장애에 도전한 사람들의 경험을 묘사하는 소설, 드라마, 시 및 논픽션의 작품을 읽는다.

③ 학생들에게 장애인 등장인물에게 장애가 없을 경우 책을 다시 쓰게 하고, '이 책의 이야기에 어떤 영향을 미치는가?'를 토론하게 한다. (또한 장애인 등장인물의 관점에서 이야기를 다시 쓸 수 있다.)

마골리스와 샤피로의 연구(1987, p. 20)에서 채택된 다음 질문들은 논의를 위한 출발점을 제공한다.

① 등장인물의 장애를 어떻게 설명할 것인가? 저자가 그것을 구체적으로 명시하고 있는가 아니면 암시적으로 표현하고 있는가?

② 저자는 장애를 가진 등장인물을 설명하기 위해 어떠한 특정 단어를 사용하는가? 장애에 대한 묘사가 얼마나 현실적인지와 사람들이 장애 유형을 경험할 수 있는 다른 방법은 무엇인가?

③ 이 책은 언제 작성되었는가? 장애에 대한 태도는 그것이 쓰인 시간과 어떻게 관련되어 있는가? 이 책에서 사용되는 태도와 언어는 현재 사회와 어떻게 비교되는가?

④ 어떤 장애의 고정관념이 묘사되어 있는가?

⑤ 장애가 있는 등장인물은 사람 또는 문학적 장치(예: '비틀린 몸 속의 비뚤어진 정신' 또는 '불행한 사건의 예언자')로 묘사되고 있는가? 그리고/또는 이 책의 전체적인 주제는 장애에 의존하는가?

⑥ 등장인물들 사이의 관계는 어떻게 묘사되고 있는가? (예: 장애인은 종종 문학에서 신체 건강한 인물과의 관계에서 불쌍한 '일을 당하는 사람'으로 묘사됨)

⑦ 어떠한 환경과 맥락에서 장애가 있는 등장인물이 묘사되는가? (예: 분리되거나 통합된 맥락)

⑧ 왜 작가가 이 등장인물을 장애인으로 만들기로 결정했다고 생각하는가?

⑨ 그러한 묘사나 서술적 표현들이 독자가 장애에 대해 느끼는 방식에 어떻게 영향을 준다고 생각하는가?

장애 및 장애경험을 탐구할 기회를 제공하는 아동·청소년을 위한 문학을 찾는 많은 방법이 있다. 예를 들어, 전미도서관협회The American Library Association는 슈나이더 가족 책 수상Schneider Family Book Award를 통해 홍보되는 '장애경험에 관한 아동 도서'의 참고 문헌을 제공한다. 다른 많은 목록은 장애 특정 웹사이트와 다른 문학 목록에서 찾을 수 있다. 교재를 고르는 것과 같이 그 책이 학습 목적을 얼마나 잘 보완하는지 고려하는 것이 중요하다. 학습자가 문학을 통해 장애인의 시각과 경험을 감상할 수 있도록 노력하면서, 우리는 교사가 주로 정보를 제공하는 활동 대신에 장애와 장애경험을 포함하는 이야기와 이야기를 제공하는 활동을 선택할 것을 권고한다. 다시 말해서, 우리는 장애에 접근하는 것을 제안한다. 예를 들어, 줄거리, 설정, 성격묘사 등을 연구하기 위해 광범위한 문학적 목적과 특징에 대한 기회에 기여하는 작품을 통해서이다. 장애에 관한 교훈적인 표현으로 꾸며진 허구의 작품으로 소설을 고르는 것이 더욱 좋다. 다음은 추천 소설 목록이다.

* 어린이를 위한 주제

Bell, C., Lasky, D., & Amulet Books. (2014). *El Deafo.* New York, NY: Abrams.

Cottin, M., Faría, R., & Amado, E. (2008). *The black book of colors.* Toronto, Canada: Groundwood Books.

Elliott, R. (2010). *Just because.* Oxford: Lion Hudson.

Ely, L., & Dunbar, P. (2004). *Looking after Louis.* Morton Grove, IL: Albert Whitman.

Herrera, J. F., & Cuevas, E. (2004). *Featherless.* New York, NY: Children's Book Press, an imprint of Lee & Low Books Inc.

Polacco, P. (1998). *Thank you, Mr. Falker.* New York, NY: Philomel Books.

Stryer, A. S., & Dodson, B. (2007). *Kami and the yaks.* Palo Alto, CA: Bay Otter Press.

Tingle, T., & Clarkson, K. (2010). *Saltypie: A Choctaw journey from darkness into light. El Paso,* TX: Cinco Puntos Press.

Willems, M. (2010). *Can I play, too?* New York, NY: Hyperion Books for Children.

* 청소년을 위한 주제

Chambers, A. (2012). *Dying to know you*. London: Bodley Head.
Draper, S. M. (2010). *Out of my mind*. New York, NY: Atheneum Books for Young Readers.
Haddon, M., & Rogers D. Spotswood Collection. (2003). *The curious incident of the dog in the night-time*. New York, NY: Doubleday.
Nussbaum, S. (2013). *Good kings bad kings: A novel*. Chapel Hill, NC: Algonquin Books.
Palacio, R. J. (2012). *Wonder*. New York, NY: Random House.

문학 분석(논픽션)

자서전과 회고록을 읽고 학생의 자신의 삶과 경험에 대한 글쓰기에 참여시키는 것은 모든 수준의 공부를 위한 전형적인 학교교육과정의 일부이다. 학생은 그림책, 자신의 삶과 경험을 표현한 삽화 작품, 전기, 이야기, 사진 에세이, 멀티미디어 작품을 만들 수 있다. 전기나 자서전 쓰기에 관한 수업 계획은 장애인의 그림책과 자전적 이야기를 포함할 수 있는 좋은 기회를 제공한다. 프리드버그Friedberg, 뮬린스Mullins와 수키엔닉Sukiennik(1985)은 문학은 지속적으로 정보를 제공하고 개인의 태도와 발전에 영향을 미치는 강력한 수단임을 다음과 같이 입증하고 있다.

> 논픽션은 검증 가능한 진실성의 독특한 힘을 지니고 있으며, 장애인에 대한 전기, 회고록, 개념, 정보를 담은 책은 특별한 효과를 준다. 아동은 장애에 대한 편견 없이 태어나지만, 자신과 현저한 차이가 있는 사람들을 만날 때, 그들은 자신의 개인적인 반응뿐만 아니라 사회적인 태도에도 영향을 받는다. 장애를 가진 사람을 섬세하고 정직하게 묘사하는 책은 제한된 경험을 확장시키고, 걱정을 다루는 데 불쾌감을 주는 자료에서 비롯된 걱정을 완화시킬 수 있으며, 문제를 해결하고 어려움 속에서도 좋은 삶을 살 수 있는 방법을 제시한다.
>
> (p. ix)

따라서 장애 문제를 연구하기 위한 유용한 방법은 장애인이 쓴 다양한 회고록, 에세이, 웹 로그를 읽고 평가하는 것이다. 학생들이 다양한 장애경험이 담긴 작품을 읽도록 하는 것은 고정관념을 상쇄시켜 준다. 장애 아동의 경우, 다른 사람의 이야기를 읽는 것이 긍정적인 자아 개념을 발전시키려는 그들의 노력을 지원할 수 있다. 코카스카Kokaska와 브롤린

Brolin(1985)은 독서요법의 개념을 다음과 같이 제공한다.

> 장애인이 자신의 어려움을 이해하도록 돕는 수단은 한계를 지닌 등장인물을 마주하고 삶의 도전에서 성공하는 문학작품을 보도록 하는 것이다. 이 과정의 핵심은 책을 읽는 신체적 행동을 제외하고, 개인이 성격이나 상황을 파악하고, 문학으로부터 통찰력을 습득하고, 그것들을 자신의 상황에 적용했을 때 나타난다. 이를 통해 자신의 상황에 대한 관점과 자신감을 증가시키는 잠재적인 문제해결 행동을 늘릴 수 있다. 이러한 관심은 장애를 가진 작가의 많은 문학 작품이 인쇄에 들어갔다는 점에서 도움을 지지받고 있다.
>
> (p. 136)

글라인들러Grindler, 스트래튼Stratton과 맥케나McKenna(1997)는 독서요법이 아동에게 미치는 영향에 관한 다섯 가지 연구결과를 열거했다.

> ① 독서요법은 어린이 공포의 감소와 관련된 긍정적인 태도 변화를 야기할 수 있다.
> ② 토론과 함께 활용되는 듣기 및 읽기는 그 이상의 태도를 바꿀 수 있다.
> ③ 독서요법은 자기개념의 긍정적인 변화를 이끌 수 있다.
> ④ 독서요법은 특정 상황에서 사용할 수 있는 전략 지식을 제공한다.
> ⑤ 책은 아동이 문제를 해결하는 것을 돕고 이러한 목적을 위한 책의 유용성을 깨닫는 데에 유용할 수 있다.
>
> (p. 7)

독서요법으로 활용할 논픽션 도서 읽기 과제를 지정할 때 교사는 다음과 같은 11가지 질문을 고려하여 책을 선택할 수 있다.

① 누가 이 책을 썼으며, 어떤 목적으로 이 책이 작성되었는가? (예: 회고록/자서전, 정보 제공 또는 교육, 유사한 경험을 가진 다른 사람에 대한 지원 또는 영감, 성인, 청소년 또는 아동)
② 장애의 본질은 무엇이며, 어떻게 발생하였는가?
③ 장애는 저자의 교육, 가정생활, 친구, 직업에 어떤 영향을 미쳤는가?

④ 장애의 결과로 저자는 어떤 문제에 직면하였는가?
⑤ 저자의 업적, 기여, 목표 및 희망은 무엇인가?
⑥ 이 책의 메시지는 무엇이며, 장애와 관련된 고정관념이나 비유는 어느 정도로 표현되었는가?
⑦ 언어와 용어는 존중적이고 최신의 것인가?
⑧ 이 책은 장애와 관련된 경험을 이해하는 다양한 방법을 제공하고 있는가?
⑨ 의미 있고, 목적에 부합하며, 현실적인 내용을 담고 있는가?
⑩ 저자와 같은 맥락에 있는 사람에게 이 책이 독서요법적 측면에서 유용한가?
⑪ 이전에 몰랐던 장애 경험에 대해 무엇을 알게 되었는가?

학생에게 독서요법적 가치에 근거하여 독서 과제를 제시할 때, 다른 작가들이 쓴 2~3권의 책들을 읽어서 경험과 주제를 비교하고 대조할 수 있다. 저자의 접근방식, 감정, 관점 및 태도를 비교하고 대조하는 6가지 질문은 다음과 같다.

① 어떠한 주제에 동의하는가?
② 어떠한 주제에서 다른가?
③ 저자가 공유하고자 하는 의견과 중요한 이슈는 무엇인가?
④ 저자는 경험을 공통으로 가지고 있는가? 어떤 경험이 독특한가?
⑤ 의료모델에 대한 저자의 관점은 어떠한가?
⑥ 저자는 명명하기와 언어표현에 대해 무엇이라 표현하는가?

대중매체 연구

뉴스, 정치만화, 대중매체, 인터넷, 텔레비전 프로그램들을 공부하는 것은 학생이 비판적 사고능력을 발전시키도록 가르치기 위해 멀티미디어 자료를 통합적으로 활용하는 훌륭한 방법이다. 다양한 정보의 출처를 이해하고 해석하는 것은 현대의 미국을 특징짓는 '정보 사회'를 항해하기 위한 필수 조건이다. 장애 권리에 관련된 개인과 단체들은 대중매체가 장애 문제와 이야기를 다루는 편향된 방식에 대해 점점 더 비판하고 있다. 이러한 불평들 중에서 두드러진 것은 품위 없는 언어, 부정확한 표현, 편견, 고정관념이 담긴 표현,

그리고 윤리적인 실수들이다. 대중매체는 오랫동안 비극, 연민, 관용, 용감하고 고무적인 투쟁의 메시지를 전달하기 위해 장애를 사용해왔다. 장애인은 심각한 문제를 다루었기 때문에 주목을 받는 경우가 거의 없었다(Haller, 2010). 소셜 미디어의 확산과 장애인이 직접 만드는 작품에 대한 접근성의 증가는 대중이 접근할 수 있는 장애 관련 미디어의 다양화를 가져왔다. 즉, 뉴스 주제에서 다양한 관점을 찾는 것은 인터넷 콘텐츠 접근의 성장을 통해 더욱 쉬워졌다.

교사는 다음과 같은 방법으로 신문, 잡지, 텔레비전 프로그램, 영화, 정치 만화 및 기타 대중매체 및 소셜 미디어에 의해 영속되는 장애인의 부정적이고 부정확하며 고정관념적인 이미지에 도전할 수 있다.

① 왜곡되고 부정확하거나 방향이 잘못된 현재의 사례를 확인하고 토론하며, 학생은 자신의 생각, 사고 과정 및 속성을 탐구하는 교육방법을 사용하여 안전하게 자신의 편견을 발견하고 인식하지 못했던 부분을 발견할 수 있도록 한다.
② 장애 권리 및 뉴스 기관의 사람들을 초청하여 언론 보도 이슈를 논의한다.
③ 뉴스 보도 내용을 분석 및 평가하고 결과를 명시적 기준과 비교하는 지침서를 조직하고(예: 이 이야기는 장애가 있는 사람이 직면한 주요 문제를 무시하는가?), 장애인과 관련된 잡지를 검토하는 것은 고유의 관점을 지니게 해 준다.

새로운 대중매체 분석

협동학습을 적극적으로 활용할 수 있는 교육활동은 뉴스 매체를 분석하는 것이다. 중·고등학교 수준의 교사는 지속적으로 학생의 마음에 이미 내재되어 있는 편견에 맞서고 있고, 학생이 이미 가지고 있는 믿음을 검토하는 것은 고정관념에서 벗어나기 위한 첫 번째 단계이다. 다음은 장애인의 신문, 잡지 및 TV 방송 내용을 분석하고 평가하여 교육단위를 조직하기 위해 학생이 학습결과를 명시적인 기준과 비교해야 한다. 신문과 잡지에서 장애인의 고정관념을 검토하는 것은 각 학교의 수준에 따라 다를 수 있지만, 모든 경우에 있어 고정관념에 맞서 싸우는 것은 가정을 검토하고 문제를 논의하며, 사회적 부당성에 비판적으로 대응하는 것을 의미한다. 예를 들어, 교사는 다음과 같은 아홉 가지 질문을 뉴스 기사를 분석하기 위한 기준으로 사용할 수 있다.

① 이 이야기는 장애인이 직면하는 주요 이슈를 무시하고 있는가?

② 이야기는 장애뿐만 아니라 개인의 능력도 정확히 반영하고 있는가?

③ 적절한 용어를 사용하고 있는가?

④ 사람 중심의 언어를 사용하는가? ('장애인 유권자disabled voters?' 대신 '장애를 가진 유권자 voters with disabilities'로 사람들을 기술하고 있는가?)

⑤ 장애는 죽음보다 나쁜 운명보다 긍정적으로 묘사되고 있는가? ('재앙' '환자' '고통'과 같은 단어가 나타나는가?)

⑥ 장애는 이야기에 불필요하게 나타나는가? (사람의 장애는 이야기와 관련이 없지만 언급되었는가?)

⑦ 장애인을 묘사하는 데에 감상적 용어나 대중적 용어가 사용되었는가? ('씩씩한' '용감무쌍한' '감격적인' '특별한' '용감한'과 같은 단어가 사용되는가?)

⑧ 장애는 장벽을 극복하고 도전하는 것이 표현되어 있는가? ('그녀의 장애에도 불구하고' '그녀는 장애를 극복하였다'와 같은 용어가 사용되었는가?)

⑨ 용어는 정확한가? ('다운증후군Down syndrome' '장애인을 위한 주차parking for disabled persons' '접근 가능한 좌석accessible seating?' 대신에 '다운증후군Down's syndrome' '핸디캡 주차handicapped parking' '장애인 좌석disabled seating'과 같은 용어들이 사용되고 있는가?)

시사 만화 분석

교사가 반차별주의 교육과정을 추구할 때 다뤄야 할 또 다른 중요한 대중매체는 정치나 시사만화에서 매우 흔히 사용되는 부정적인 장애 이미지이다. 이러한 이미지는 다음과 같은 장애에 대한 고정관념들에서 나온 관용어와 은유를 만들어 냈다.

- 귀담아듣지 않다Turning a deaf ear
- 레임 덕Lame duck
- 무서워서 마비가 되다Crippled by fear
- 눈감아주다Blind to the situation

시사 만화가들은 작가가 말로 표현하는 것을 그림으로 나타낸다. 이들은 시각적 은유와 관련된 기호적 언어로 일한다. 만화의 가치는 아이디어에 대한 즉각적인 설명에 기초한다. 이것은 사실 누군가나 어떤 것에 대한 직접적인 공격이 될 수 있으며, 한눈에 복잡한 문제를 단순한 이미지로 줄여주어 메시지를 전달한다. 이는 매우 집중된 방식으로 의미를 전달하는 능력을 가지고 있다.

시사만화는 지배적인 집단과 소외된 집단 사이의 **힘**의 관계에 초점을 맞추고 있기 때문에 **정치적**이다. 그들은 풍자와 은유를 사용해 그들이 믿는 악습, 어리석은 것을 경멸한다. 시사만화의 가장 중요한 요소인 과장, 유머, 조롱은 종종 무력함과 무능함을 상징한다. 대상을 휠체어에 앉히거나, 검은 안경을 쓰고 지팡이를 짚거나 목발을 짚는 것은 종종 이것을 묘사한다. 정치 만화를 해석하기 위해서는 다음의 다섯 가지 이슈를 다루어야 한다.

① 만화가에게 전달하고자 하는 문제 또는 요점은 무엇인가?
② 만화가의 관점이나 동기는 무엇인가?
③ 과장 및 시각적 상징성의 사용은 장애를 부정적인 특성으로 묘사하고 있는가?
④ 만약 그렇다면, 만화가의 상징이 무엇을 의미하는 것인가?
⑤ 만화가가 요점을 표현하기 위해 사용할 수 있는 다른 기술은 무엇인가?

반차별주의적 환경을 만들기 위해서, 교사와 학생들은 시사만화에서 교묘하게 장애인을 전형적 인물로 표현하는 이미지를 인식하고 논의할 필요가 있다. 이는 비판적 사고를 발달시키고 편향된 이미지를 드러내는 데에 필요하다.

미디어 워치를 조직하기

어떤 수준에서든 미디어 워치 캠페인media watch campaign만큼 학생들이 더 빠르게 참여할 수 있는 협동학습 교수기술은 없다. 이러한 캠페인은 학생들이 신문과 잡지에 의해 의도하지 않게 장애인에 대한 이해를 증가시키면서 협동적으로 잘못된 인식을 바로잡도록 도울 수 있다. 또한 이 캠페인을 통해 비판적 독서, 사고력 향상과 장애인에 대한 개선된 태도를 얻을 수 있다. 대중매체에서 장애인의 이미지는 종종 피상적이거나 편견에 의한 것이기 때문에, 교사에게 부정적인 언어, 편견, 고정관념의 예시가 지속적으로 제공될 수 있다.

미디어 워치 캠페인은 언론을 주시하고, 언론인, 편집인, 제작자들에게 시청자의 반응을 때로는 개인적인 편지로 전달하여 적절한 장애 용어를 추천하고, 문제가 발생했을 때 긍정적 · 건설적인 대안을 제시하는 계획적인 방법이다. 또한 특히 뉴스 보도와 사람들이 관심을 갖는 이야기에서 학생들에게 장애에 대한 편향된 보도에 도전하도록 함으로써 편견에 대해 가르칠 수 있다. 협동적 교수법으로서 학생들이 장애인에 대해 읽는 것과 보는 것을 비판적으로 분석하는 방법을 배우도록 도울 수 있다. 또한 협동학습 경험을 구현할 수 있는 훌륭한 기회를 제공한다. 미디어 워치 캠페인에는 각기 다른 신문사, 텔레비전, 라디오 방송국에 다양한 협동학습 집단을 쉽게 배정하여 포함할 수 있으며, 각 집단이 전체 학급을 위한 후속 책임이 지니게 된다.

미디어 워치 캠페인은 학생들이 장애인에 대한 대중의 태도를 개선하고 대중매체에 능력을 노출시키는 데 직접적인 영향을 미칠 수 있도록 한다. 학생들은 개인적 · 직접적으로 지역사회의 사회적 가치를 전달하고, 영향을 주고, 형성할 수 있는 대중매체의 능력에 관여하게 된다. 또한 종종 부정확하거나 선정적인 시각으로 장애인을 표현하여 고정관념을 만드는 것으로 비판을 받아 온 대중매체 전문가들과 직접적인 상호작용에 참여하게 되는 경험을 얻는다. 이러한 상호작용은 자신을 청중에게 책임감이 있고 반응한다고 생각하는 이미지 메이커에게 도전하는 것이다. 미디어 워치 캠페인은 또한 학생들이 그들의 이야기나 기사를 잘 썼을 때 건설적으로 대중매체와 의사소통함으로써 긍정적인 대중매체 묘사를 장려하는 방법을 제공한다.

미디어 워치 캠페인을 수립하는 데는 교사와 학급 모두의 많은 노력과 헌신이 필요하다. 학급은 협동적인 캠페인 과제의 목적과 구조를 이해해야 한다. 첫 번째 단계는 학생들이 정확히 무엇을 하고 싶은지에 초점을 맞출 수 있도록 어떤 목표를 달성하기를 원하는지를 결정하는 것이다. 대중매체에 대한 편지와 전화통화는 달성해야 할 명확한 목표를 반영해야 한다. 이 수업에는 몇 가지 목적이나 목표가 있을 수 있다. 예를 들어, 다음과 같은 여섯 가지 목적에 초점을 맞출 수 있다.

① 장애인의 매체 이미지 다양화
② 장애에 대해 논의하기 위한 대체 용어 및 언어 제공
③ 장애에 관한 특성 혹은 장애인에 관한 문제의 빈도 증가
④ 지역사회에서 장애인의 이익을 위한 기능이나 정보를 제공하는 매체(예: 음식점, 비평가에게 음식점 리뷰에서 접근성 정보를 제공하도록 권장하거나, 상공회의소들이 그들의 홍보 책자에서 접근 가능한 지역사회 활동을 장려함)

⑤ 장애인에게 영향을 미치는 정책 결정의 증진(예: 최근의 대중교통 결정이 장애인에게 미치는 영향에 대한 광범위한 적용 범위).
⑥ 장애인에 대한 반응 또는 공공 논평 부문에 장애인에 대한 포함 증가

다음 단계는 활동의 범위를 정하는 것이다. 일단 활동 목표가 확정되면 활동 범위를 공동으로 결정해야 한다. 가능한 활동으로는 모니터링, 조치 취하기, 작업 평가 등이 있다. 여기에는 많은 질문에 답할 필요가 있다. 예를 들어, 모니터링 절차가 명확하게 수립되어야 한다. 모니터 요원들에게 제공될 수 있는 참고 질문은 다음과 같다.

① 기사의 출처는 어디인가? 지역뉴스인가 아니면 AP통신과 같은 뉴스 수집 서비스에서 온 것인가?
② 기사에서 어떤 유형의 장애를 다루고 있는가? 시간이 지남에 따라, 일부 장애 범주의 중요도에 대한 분석은 흥미로운 발견을 할 수 있다.
③ 장애를 설명하는 데 사용되는 용어의 효과는 무엇인가?
④ 장애/장애의 관점에서 보도 주제의 목적은 무엇인가?
⑤ 이 주제는 얼마나 중요하고 지속적인 것인가? 원칙적인 결정 기준은 장애인의 일상생활에 미치는 영향이다. 또한, 학급은 '상습적 공격자'를 장애 이슈를 공정하게 다룬 사람들과 어떻게 다른 방식으로 처리할 것인지 결정해야 한다.

이 수업은 어떤 언론매체를 감시할 것인지, 몇 개의 신문을 감시할 것인지, 그리고 지역 또는 전국 잡지, 텔레비전과 라디오 방송국을 감시할 것인지를 결정할 필요가 있을 것이다. 목표를 설정할 때는 비교적 정기적으로 적은 수의 대중매체 자료를 감시할 것인지 고려해야 한다. 목표와 관련된 다른 중요한 사안들도 논의할 필요가 있을 것이다. 예를 들어, 학급이 신문을 보기로 결정한다면, 어떤 항목에 초점을 맞출 것인가? 여기에는 지역, 국가 및 국제 뉴스 기사, 지역적 특징, 스포츠와 오락, 사설, 비즈니스 아이템과 광고, 그리고 심지어 만화와 시사만화까지 포함될 가능성이 있다.

이 학급은 또한 캠페인을 얼마나 오래 진행할지를 결정해야 한다. 하루, 일주일 또는 한 달 동안 뉴스를 주시할 수 있을까? 엘킨스Elkins, 존스Jones와 율리크니Ulicny(1987)는 매일의 감시가 가장 좋다는 것을 발견했다. 하지만 일단 수업이 일정을 잡으면, 반드시 따라야 한

다. 정규 모니터링 일정만이 프로젝트의 효과를 정확하게 측정할 수 있다. 성공 여부는 학급의 모니터링과 편지의 지속성에 따라 결정된다. 학급은 캠페인이 얼마나 지속될지, 그리고 몇 시간 간격으로 계속될 것인지(전체 학년, 6개월 또는 그 이하)를 결정해야 한다.

다음 단계는 적절한 조치를 결정하는 것이다. 무엇을 그리고 언제 감시할 것인지를 결정한 후, 학급은 어떤 특정한 행동을 취할 것인지를 결정해야 한다. 만약 학생들이 명백한 장애인 차별주의적 편향을 가진 기사를 발견했다면, 학급은 후속조치를 어떻게 할 것인가? 전체 학급이 기사의 장애인 차별주의적 측면을 논의한 다음 적절한 조치에 동의하는 것이 중요하다. 엘킨스, 존스와 율리크니(1987)는 다음과 같은 네 가지 선택사항을 언급했다.

① **미디어 전문가 교육**: 언론에 소책자를 보내는 것이 포함될 수 있다. 미디어 전문가를 학급으로 초청하거나 그것은 미디어 전문가들과 개인적으로 만날 대표자를 임명할 수 있고, 또는 타겟 신문이나 방송국의 편집 위원회와 만날 수 있다. 학급이 더 많은 개인 접촉을 할수록, 대중매체와의 긍정적인 관계를 구축할 가능성이 더 높아진다. 개인적인 만남은 학급의 신뢰와 변화를 가져올 기회를 증가시킨다.

② **긍정적인 기사에 대한 보상**: 학급은 기자나 편집자에게 기사에 대한 찬사를 담은 개인적인 편지를 보낼 수 있다.

③ **부정적이거나 바람직하지 않은 기사에 대한 시정조치**: 학급은 특정 기사에 대한 문제를 언급하는 편지를 기자나 편집자에게 보낼 수 있으며, 부정적인 측면(받아들일 수 없는 묘사 및 언어)을 식별한 후 적절한 대안을 제시할 수 있다. 또한, 학급은 문제를 정량화하고 편집자나 기자가 과거에 얼마나 자주 그러한 문제를 발생시켰는지 확인할 수 있다.

④ **비협조적 매체 전문가에 대한 시정활동 실시**: 장애 문제에 대해 비협조적이고 무신경한 미디어 전문가를 어떻게 다룰지 결정해야 한다. 예를 들어, 변화를 위한 영향력이나 힘을 가진 기관, 조직 또는 개인에게 연락하는 것을 선택할 수 있다. 예를 들어, 편집자, 출판업자, 후원자, 연방통신위원회Federal Communications Commission가 포함된다.

언론 편견을 가진 다른 단체들을 감시하기 위해 감시망을 확장함으로써 미디어 워치를 확장하거나 다양화할 수 있다. 학생들은 인종, 성별, 성별, 국적, 종교, 경제적 지위 또는 지리적 지역의 표현을 고려하기 위해 소규모 집단으로 학습할 수 있다.

미디어 워치 캠페인을 구축하는 마지막 단계는 평가이다. 캠페인이 목표를 달성했는지 여부를 결정하기 위해, 학급은 결과를 평가하는 방법을 개발할 수 있다. 집단 보고서를 추적하는 플로차트flow chart가 도움이 될 수 있다. 부정적인 묘사, 언어, 용어가 감소, 증가 또는 변하지 않았는지 측정한다. 시간이 지남에 따라 대중매체가 표현과 용어를 바꾸고 있는지 판단할 수 있다. 따라서 교사와 학생 모두 모니터요원의 정확성과 일관성을 주시해야 한다.

장애 인식 프로그램

장애에 대한 학습을 학교교육과정에 포함시키는 것은 과거에 생략되었던 학습의 측면을 포함시키는 것을 목표로 한다. 다양화 교육과정의 초점은 공립학교에서 장애학생을 교육하고 통합적인 환경에서 두려움, 편견, 차별을 줄이도록 하는 장기적인 사회적 혜택과 유사하다. 장애에 대한 학습을 내용 영역 교육에 통합하는 것이 가장 바람직하지만, 학교는 또한 '장애 인식'을 위해 지정된 특정 일, 주 또는 몇 개월 동안 장애를 다루는 것을 선택할 수도 있다. 장애 인식은 3월에 인디애나주와 미주리주를 포함한 주와 미국 전역의 도시에서 관찰된다. 미국 의회는 10월을 국가 장애고용 인식의 달National Disability Employment Awareness Month로 지정하였고, 아이다호, 노스캐롤라이나, 뉴욕 주 역시 장애 역사에 초점을 맞출 수 있는 기간으로 지정하고 있다.

장애 인식 행사에서는 장애와 관련된 경험을 공유하는 치료 연구자와 초청 발표자들에게 혜택을 주기 위해 자선 모금활동을 열기도 한다. 또한 학교는 장애 인식 교육과정을 사용하여 교실이나 워크숍에서 장애에 대한 지식을 보급하거나, 학생들에게 장애 차별에 대한 경고를 제공하고, 장애인과 장애인에 대한 두려움을 줄이거나 장애인에 대한 공감을 개발하도록 한다. 개인이나 청중을 대상으로 충분한 메시지를 전달한 결과 태도의 변화가 종종 나타나기 때문에 장애 인식 행사를 통해 장애인에 대한 긍정적인 태도를 촉진할 수 있다.

장애 인식에 관한 문헌에서 종합적인 장애 인식을 위한 다음의 20가지 목표를 제시하고 있다.

① 인간으로서의 가치는 획득되지 않고, 주어진 것이다.
② 사람은 다르기보다는 비슷하다.
③ 차이는 양성과 음으로 모두 볼 수 있다. 차이가 다른 사람이 다른 사람보다 더 좋거나 나쁘다는 것을 의미하지는 않는다. 차이가 낙인을 찍을 필요는 없다.
④ 모든 개인은 다양한 집단의 혜택을 받는다.
⑤ 비록 사람은 다르지만 인간성을 초월한 전체적인 모습은 우리 모두를 하나로 한다.
⑥ 모든 사람은 배울 수 있다.
⑦ 장애는 정상이다.
⑧ 사람은 명칭이 아니라 독특한 개인이다. 모든 사람은 단체 회원 자격으로 편견을 갖지 않고 개인의 능력으로 평가받을 권리가 있다.
⑨ 남을 판단하는 것은 상처를 주는 일이다.
⑩ 감정은 중요하다. 남을 배려하는 사람은 다른 사람을 해치는 것을 피한다.
⑪ 자긍심은 개인이 성장하도록 돕는다.
⑫ 언어는 우리의 생각과 태도를 구체화하는 데 중요한 요소이다.
⑬ 장애와는 달리 환경을 비활성화하는 것은 그 자체로 상황적이고 환경적이기 때문에 제거할 수 있다.
⑭ 장애인은 모든 사람의 이익을 위해 보호해야 할 기본적인 권리를 갖는다.
⑮ 긍정적인 태도와 이해는 우리 모두가 공감할 수 있도록 도와준다.
⑯ 타인에 대한 공감, 이해, 연민 및 배려를 개발하는 것은 우리 자신의 성장을 강화한다. 타인에 대한 잔인함은 개인의 성장을 방해한다. 장애를 가진 사람은 연민이나 동정보다는 공감을 받을 자격이 있고, 공감은 가치 있고 배려심 있는 기술이다.
⑰ 우리는 능력에 집중하고 할 수 있는 일을 함으로써 인생을 가장 완전하게 경험할 수 있다.
⑱ 각 장애 집단은 해당 집단의 개별 구성원처럼 독특하고 특별하며 중요하다. 우리는 각각의 장애 집단과 각각의 장애인에게서 가치 있는 교훈을 배울 수 있다.
⑲ 장애인에 대한 부정적 태도는 우리의 문화, 언어, 언론, 역사에 깊이 뿌리박고 있다.
⑳ 분리보다 통합이 바람직하다.

종합적인 장애 인식 프로그램은 장애학생이 다양한 다원적 사회에서 살아가는 혜택, 장점 및 기회에 대해 배우면서 수용과 존중을 찾을 수 있는 교실 환경을 구축함으로써 통합을 촉진하는 목표를 강조해야 한다. 통합 및 포함을 지원하고 촉진하기 위해 다음과 같은 원칙을 유용하게 고려할 수 있다.

개인의 차이를 인정하고 동일성을 강조하기

장애 인식에 대해 가르칠 때, 손상의 영향을 지우거나 지나치게 과소평가하지 않도록 주의하면서 동일한 것을 강조하는 것이 유용하다. 예를 들어, 이동성에서의 장애가 있는 사람에 대해 가르칠 때는 공통점을 강조한다. 사람들 사이에 우리는 어떤 일을 다르게 할 수도 있지만, 같은 일을 한다. 어떤 사람은 휠체어를 타고 돌아다니지만, 우리 모두는 교통수단이 필요하다. 어떤 사람은 수화나 보조기술로 의사소통을 하지만, 우리 모두는 의사소통을 한다. 사실, 비록 우리가 모두 다르지만, 우리는 모두 다 똑같고 더 비슷하다. 교육자들은 사람이 개인이라는 생각을 강조할지도 모른다. 자신을 대표하는 집단이 아닌 자신을 대표할 수 있고 각자 다른 권리가 있다. 수업과 활동은 차이와 다양성에 대한 인식을 반영해야 하며, 고정관념과 낙인찍는 것을 피해야 한다. 포함된 정보에는 모든 개인이 문화와 학급에 어떻게 기여하는지, 그리고 모든 학생이 동등하게 가치 있는지를 강조해야 한다. 학생은 다르게 보이는 학생에 대한 호기심, 걱정, 수용을 표현할 수 있는 긍정적인 방법을 갖추어야 한다. 장애가 무엇이든 간에, 학급에서의 논의는 개인의 차이와 독특함의 이해를 포괄하고 강조해야 한다. 마찬가지로, 장애가 있는 방문객이 교실에 왔을 때, 그가 모든 장애인을 위해서가 아니라 자신만을 위해 말하는 것을 학생에게 상기시켜라.

참여하기

학생은 대중의 태도가 지역사회 생활에 장애인을 수용하고 포함시키는 잠재력에 미치는 엄청난 영향과 부정적인 인상이 어떻게 매일 장애를 가진 사람이 마주하는 편견, 차별에 이르게 하는지에 대해 알 수 있다. 학생이 급우와 장애를 가진 다른 사람에게 영향을 미치는 문제들을 이해하기 시작할 때, 통합과 독립을 촉진하는 사회 정책과 프로그램을 지원할 가능성이 더 높아질 것이다. 사람은 일반적으로 태도를 바꾸기 위해 무엇인가를 해야 한다. 강의에 참석하거나 아이디어에 참여하지 않고 읽는 것은 좀처럼 태도를 바꾸지 않는다. 태도 변화를 위한 작업에는 사고, 소통, 긍정적인 행동 등 적극적인 참여가 포함되어야 한다. 이것이 바로 장기적 교육과정이 가장 생산적이고 변화 가능성이 높은 이유이다.

장애에 영향을 미치는 태도

장애 태도에 영향을 미치는 몇 가지 효과적인 방법은 경험적(활성 참여) 기법이다(Schroedel, 1979; Donaldson, 1980; Watts, 1984). 여기에는 사회적 게임(예: 항상 토론이 뒤따르는 역할극, 행동 리허설 및 시뮬레이션 활동), 가치 대립 및 추론에 대한 학습, 장애인과의 상호작용(장애인과의 협력 학습 및 장애인의 발표 관람 포함), 책, 기사, 인터넷 자료를 포함한 다양한 시청각 매체에서의 장애에 대한 기본적인 정보 제공이 포함된다.

기존의 태도들을 평가하기

교사는 장애인에 대한 학급의 전반적인 지식과 태도를 평가할 수 있다. 구체적으로 그들은 경험적 기법을 효과적으로 계획하기 위해 학생의 현재 태도, 일반적인 가정, 오해 등을 평가할 수 있다. 학생을 자기평가에 참여시키는 것은 좋은 출발점이다. 학생은 어떤 신화가 진실이라고 믿는가? 장애와 관련된 패러다임은 어떤 것인가? 예를 들어, 학생이나 교사가 말을 더듬는 것이 재미있다고 생각하는가? 정신지체인[지적장애인]은 위험하거나 장애인은 결코 행복할 수 없다고 생각하는가? 한 사람을 데려가는 것이 어리석다고 생각하는가? 시각장애인을 미술관에 데려가는 것은 어리석은 일인가? 통합과 분리에 관한 믿음은 무엇인가? 예를 들어, 장애 아동이 특수학교에 가야 한다면, 그 이유는 무엇인가? 장애인을 동질적인 집단으로 간주하나? 누가 사회의 다른 곳들과 상당히 다른 삶을 살고 있는가? 신체적인 장애를 악행이나 응징이라고 생각하는가? 이러한 자기평가는 가능한 한 강력하게 이루어져야 하며, 항상 토론을 포함해야 한다. 적극적으로 참여하는 사람들은 태도를 바꾸는 경향이 훨씬 더 높은 반면 소극적인 사람에게는 어떠한 변화도 일어나지 않는 것으로 보인다.

장애에 대한 태도를 평가하기 위해 사용되는 네 가지 효과적인 기본 기법은 직접 관찰,

학생 '설문조사opinionnaire', 문장 완성 기법 및 그림이다. 이 네 가지 모두는 학습자가 장애인에 대한 태도와 생각을 숙고하도록 장려하며, 이 사고방식은 교사가 계획을 알리기 위해 사용할 수 있다. 태도와 신념을 평가하는 데 사용되는 방법은 장애와 관련된 문제에 대한 논의를 촉진할 수도 있다.

직접 관찰 학생들이 상호작용하고, 장애를 표현한 문학, 사진, 대중매체 자료 또는 장애인에게 반응하는 것을 관찰하는 것은 그들의 인식과 수월성을 평가하는 한 방법이다.

학생 설문조사 안토낙Antonak과 리브네Livne(1988)의 장애인에 대한 태도 측정에는 관련 정보를 평가하기 위한 모든 수준의 설문지가 포함된다. 이러한 의견 제출자들의 대부분은 친숙한 답변 범위를 포함하는 리커트 평가 척도를 사용한다(매우 동의한다; 동의한다; 모르겠다; 반대한다; 매우 반대한다). 이것은 '비교하는' 또는 '규범적인' 목적이 아닌 '교육적' 목적으로만 사용해야 한다. 교사는 학생의 수준과 교육과정의 항목들을 포함하는 설문지를 개발할 수도 있다. 게다가, 교사는 언어와 용어에 대한 설명을 요구하는 어린 학생을 위해 기존의 질문을 바꿀 수 있다. 교사는 질문을 다시 쓰거나 설명하거나 단순화하거나 참/거짓 형식으로 바꿀 수 있다(Antonak & Livneh, 1988).

문장 완성 기법 문장 완성은 학생의 감정과 태도를 나타내는 또 다른 방법을 제공한다. 학생은 끝없이 이어지는 일련의 문장을 읽는다. 또한 교사는 수업의 수준이나 특수교육과정에 맞추기 위해 다른 것을 추가하거나 개발할 수 있다.

학생 그림 또 다른 태도 평가 전략은 어린 학생들에게 장애인을 묘사한 장면의 그림을 그려 달라고 요청하는 것이다. 예를 들어, 만약 학생이 맹인 캐릭터의 그림을 그린다면, 그 사람은 검은 안경을 쓰고, 지팡이나 양철 컵을 들고 있나, 아니면 안내견을 사용하고 있는가? 캐릭터의 얼굴에 나타난 표정은 어떠한가? 만약 아동이 장애가 있는 아동의 부모를 그린다면, 부모는 슬픈가? 부모 및 장애 아동 모두 나타나는 경우, 부모 및 장애 아동 사이의 간격은 어떻게 되는가? 가능하다면, 교사는 아동이 그림을 그릴 때 함께 앉고 싶어 할 수 있다. 디레오DiLeo(1983)가 말했듯이, "표현을 잘하는 아동은 그림을 그릴 때 말을 할 가능성이 있다. 이때의 말은 그들이 가시적으로 무엇을 알고 모르는가를 명확히 알 수 있기 때문에 주목해야 한다."(p. 4) 학생을 정확하게 평가하기 위해 교사는 아동에게 그림을 설명하는 이야기를 쓰도록 요청해야 한다.

경험적인 방법들

보조도구, 기기, 보조공학을 쉽게 설명하기

많은 장애학생은 지원 장치, 보조도구, 재료 및 기기들을 사용함으로써 혜택을 받을 수 있다. 이러한 재료들은 오디오북, 보청기, 음성합성기, 휠체어, 점자, 보조 기술 장치들을 포함한다. 장애인에게 거의 또는 전혀 노출되지 않는 아동은 종종 모든 '장비'에 매료된다. 달리 말하자면, 사람은 종종 휠체어 사용자보다 휠체어에 더 집중한다.

장애에 대한 낙인의 한 측면은 장애가 '옮는다catch'고 여겨서 만지기를 두려워할 정도로 휠체어, 목발, 교정기, 보행기와 같은 장비가 확인할 수 없게 한다는 점이다. 불행히도, 자선활동은 이와 같은 태도를 강화시킨다. 대중이 기부를 할 수 있도록 이들의 장애를 가장 약하게 만드는 것을 추구함으로써, 이들은 종종 광고에서 충격적인 방식으로 보조도구와 기기들을 사용한다. 예를 들어, 십대들이 음주 운전을 하지 못하도록 펜실베니아 주의 블루 크로스Blue Cross 및 블루 실드Blue Shield 광고는 빈 휠체어에 "이것이 당신이 아끼던 바퀴 세트인가요?"라는 자막을 달았다. 또 다른 광고는 "수많은 청소년이 매년 그 의자에 대한 선고를 받는다."라는 자막이 달린 휠체어를 보여 준다. 메시지는 간단하다. 즉, 휠체어에서 사는 것은 세상에서 가장 나쁜 것이다. 근육위축협회Muscular Dystrophy Association를 위한 광고는 아동의 다리 보호대가 달린 테라륨 같은 유리 상자를 보여 준다. 꼭대기에는 돈을 모으기 위한 은행 같은 구멍이 있다. 상자 위에 있는 표지판에는 "제리Jerry의 아동들이 교정기를 낄 수 있도록 도와주세요."라고 적혀 있다. 만약 그러한 캠페인이 부정적인 방식으로 그들의 요점을 전달해야 한다면, 그들은 무엇이 장애를 극복하는 데 도움이 되는 것이 아니라 무엇이 장애를 일으키는가에 초점을 맞춰야 한다. 이러한 광고는 신체적인 장애나 감각 장애에 대한 단원을 준비하는 교사가 환경 장벽을 다루는 데에 도움이 되는 긍정적인 물체로서 보철과 휠체어를 필수적으로 보여 주도록 한다.

최근 다양한 유형의 장치를 부착한 아동에 대하여 친숙하게 하는 다양한 청소년 책들이 있다. 또한 장애인을 대상으로 하는 다양한 잡지에는 보조 장비에 대한 광고와 정보가 실려 있다. 교사는 학생이 보조 장비에 대해 배우기 위해 그것들을 읽도록 할 수도 있다. 이러한 장비는 이 장비와 부상, 사망, 질병 및 취약성 사이의 연관성에 대응하기 위해 가벼운 맥락에서 사용할 수 있다(예: 전동 휠체어들은 사람이 걸어 다니는 것보다 훨씬 더 빠르고, 경주나 태그 게임에서도 사진을 찍을 수 있음). 이 장비를 '실습'해 본 아동은 이 장비를 이상하거나 무서워할 가능성이 더 적다. 어떤 것이 압도적일 때, 아동은 더 안전하게 느끼기 위해 종종 두려움이나 공격성을 보인다. 그들의 저항이나 두려움 때문에, 그들은 용품을 당연하게 여기는 법을 배울 수 있고 그것을 사용하는 사람을 인식할 수 있다. 교사는 청소년이 자신의 목적을 성취하기 위해 자신을 자유롭게 하는 데 도움이 되는 이러한 장치들을 흥미로운 방법으로 소개할 수 있다.

발명가, 기술자, 디자이너, 치료사, 상상력이 풍부한 일반인은 삶의 모든 단계에서 장애인을 돕기 위해, 예컨대 집, 여행, 직장, 여가 활동 등 다양한 기발한 도구를 고안해 냈다. 이 장치들은 집에서 떨어뜨린 물건을 회수하는 간단한 기계부터 타자기를 작동하는 정교한 호흡 조절 스위치에 이르기까지 장애인이 보다 독립적으로 생활할 수 있도록 도와준다. 이러한 보조도구는 먹기, 손질하기, 옷 입기 등을 쉽게 해 준다. 사실 일상생활의 거의 모든 기본적인 작업을 단순화한다. 몇몇 전문화된 기기는 청소, 요리, 세탁과 같은 집안일을 더 쉽게 만들 수 있다. 보다 정교한 보조 장치로 전자 체계, 전화, 읽기 및 쓰기 도구, 대체 및 증강 통신 장치가 있다. 자동차 개조, 특수 조정기, 이동 보조 장치 등을 통해 주행이 가능하다. 휠체어, 보행기, 전동기hoist, 승강기 및 램프는 야외 및 실내 이동성을 증가시킨다.

수천 개의 보조 장치는 전문가에게서 얻을 수 있는 비싼 장치부터 지체장애인에게 필요한 간단한 장치에 이르기까지 다양하다. 이러한 제품들은 많이 있으며, 종류도 다양하기 때문에 일일이 언급하는 것이 불가능하다. 예를 들어, 자동차 운송 분야에서 자동적인 제어는 지체장애인이 자신의 차를 운전하는 것을 돕는다. 여기에는 주차 브레이크 연장, 왼발 가속기, 내장형 브레이크 및 가스 페달, 좌측 시프트 레버 및 경량 폴딩 밴 램프가 포함된다.

마찬가지로, 다양한 주방 및 조리 기구에는 오른손이나 왼손을 위해 특별히 설계된 한쪽을 따라 절단 가장자리로 설계된 안전 절단 포크가 포함된다. 제한된 팔의 운동 범위를 가진 사람들의 경우 플라스틱 손잡이가 있는 스테인리스강의 각도 처리 기구를 사용할 수 있다. 소급식 또는 취급식 대형 기구도 구입 가능하다. 내부 테두리나 흡입식 컵 접시는 음식이 미끄러지지 않도록 한다. 전자레인지 오븐에는 촉각 터치패드, 촉각 다이얼 및 점자 키트가 함께 제공된다.

음성을 제공하는 빵과 반죽 제조기는 굽기 과정의 모든 단계를 사용자에게 안내하기 위해 활성화될 수 있는 선택적인 음성 기능을 제공한다. 옷입기와 기타 일상생활에 필요한 다양한 보조 도구로는 신발이 묶이거나 풀리지 않고 미끄러지거나 벗겨질 수 있게 해 주는 탄력적인 신발 끈, 지퍼 당기기 링, 18인치 플라스틱 줄과 금속 고리가 달린 긴 지퍼, 장력을 조절하는 한손잡이 치실이 있다. 수많은 도구와 적응 장비가 있어서 장애를 가진 사람들이 어떻게 일상생활을 하는지 보여 줄 수 있다.

따라서 학생은 보조 기기 및 보조 기술에 도입될 수 있으며, 장애인이 사용할 수 있는 기기를 검사하고 시도할 시간을 제공할 수 있다. 그들의 교실에서 그들은 점자로 쓰는 것과 손가락 맞춤법과 수화를 사용할 수 있다. 그들은 보청기를 작동하고 돌보는 것을 배울 수 있다. 또한 휠체어, 보행기, 목발을 사용할 수 있다. 치열 교정기, 인공 다리, 의족을 검사할 수 있다. 학교는 지역 기관이나 그 지역의 다른 학교들로부터 지원을 받아 이러한 기구들을 빌릴 수 있다. 학생은 과학, 기술 또는 공학 프로젝트를 통해 보조 장비를 설계할 수도 있다.

장애 권리 운동의 지도자들은 공학이 21세기의 좋은 무기가 될 것이라고 믿는다. 기술은 이미 우리가 장애를 가졌든 없든 간에 우리의 독립성과 생산성을 향상시킨다. 장애를 가진 사람이 기술 응용 프로그램을 사용할 때, 그것은 일반적으로 '보조공학'이라고 불린다. 보조공학은 첨단공학 또는 기초공학 기술일 수 있다. 대형 키 전화와 같이 지역 백화점에서 이용 가능한 품목일 수도 있고, 들여 마시고 불기sip-and-puff 조절장치가 장착된 전동 휠체어처럼 특수 설계된 제품일 수도 있다. 다음 10년 동안 이러한 기술의 '자유화'는 점점 더 많은 장애인을 자유롭게 할 것이다. 시민권, 향상된 접근성, 교육과 결합된 보조 기술은 우리가 오랫동안 장애를 가진 사람을 제한하고 그렇게 분류된 사람들을 포함시키는 새로운 시대를 여는 신화와 편견을 극복하도록 도울 수 있다.

가능한 경우, 장애인이 스스로 사용하는 보조 장비를 소개하고 설명하는 것이 이 장비를 사용할 학생에게 가장 좋을 것이다. 그들은 학급 친구들에게 이 장비를 보여 주고 만져 보게 할 수 있다. 예를 들어, 청각장애 학생은 보청기의 부품과 관리 방법을 설명하고 다른 학생들이 보청기를 짧게 사용해 보도록 할 수 있다. 장애학생이 자신이 사용하는 장비에 대해 설명하는 것을 불편하게 느낀다면, 물리치료사, 교사, 지도 상담사, 부모 역시 그럴 수 있다. 보조기기는 다양한 출처에서 얻을 수 있으며, 교실의 중앙 위치에 배치할 수 있다. 학생은 학교에서 각기 다른 시간에 기기를 시험해 볼 수 있다.

점자, 수화, 손가락 맞춤법과 같은 대체의사소통 체계 학업 능력을 동시에 증진시키는 다양한 방법으로 학생들에게 소개될 수 있다. 교사는 학생에게 수화문자를 가르칠 수 있고, 손으로 철자법을 연습하게 할 수 있다. 교사는 수학 과제의 일부로 숫자를 나타내는 수화를 포함할 수 있다. 예를 들어, 교사는 칠판에 분할 연산의 숫자를 쓰는 대신에 그 문제를 숫자적인 손짓으로 나타낼 수 있다. 교사는 기본적인 수화를 소개하고 나서 지시와 과제를 주기 위해 그것들을 사용할 수 있다. 점자를 배운 학생은 점자를 읽고 점자로 된 자신의 이름과 작문을 하는 과제를 받을 수 있다.

시뮬레이션

시뮬레이션을 수행하는 것은 역할극과 매우 유사하다. 두 가지 모두 사회적 게임 형태에 해당된다. 시뮬레이션을 통한 학습은 상황을 만들고 특정 상황에서 발생할 수 있는 문제에 대한 해결책을 마련함으로써 이루어진다. 역할극과 시뮬레이션의 차이는 참가자가 차지하는 역할에 있다. 역할극은 참가자가 스스로 반응하고, 시뮬레이션은 참가자가 다른 참가자의 경험을 '시도'하도록 요청한다. 버그스탈러Burgstahler와 도Doe(2004)는 "시뮬레이션은 참가자들이 기술을 개발하고 지식을 얻거나 현실에 대한 태도를 바꿀 수 있도록 학습 활동을 개발하기 위해 현실 요소를 표현한다."(p. 8)라고 설명하였다. "시뮬레이션은 주제에 대한 관심을 자극하고 더 많은 것을 배우고자 하는 욕구를 자극하는 것으로 밝혀졌다. 그들은 관점을 바꾸고, 공감을 늘리고, 자기인식을 증가시키며, 모호함에 대한 관용을 증가시키는 것으로 알려져 있다."(p. 9) 따라서 시뮬레이션을 통해 학습자는 능동적인 참여하면서 상황의 필수적인 측면을 경험할 수 있으며, 이상적으로는 실제 세계에 대한 통찰력을 얻을 수 있다.

인기 있는 시뮬레이션 활동으로는 학생들이 눈가리개, 귀마개, 휠체어를 타고 등이나 손가락을 묶어 장애물 코스처럼 계획된 과제를 완료하도록 하거나 장애인들의 같이 일상을 따라가는 활동이 포함된다. F.A.T. 시티city(Lavoie, 1989년)로 알려진, 널리 사용되는 좌절 불안과 긴장 워크숍은 참가자들이 무의미한 단어의 의미를 만들고 학생의 경험을 흉내내기 위한 불가능한 활동을 완료하도록 초청하는 비디오이다. 시뮬레이션의 가장 유리한 결과는 장애인이 환경 장벽에 도전하는 것에 대한 공감과 감탄을 받게 할 수 있지만, 동시에 엄청난 대가를 치르게 한다. 시뮬레이션은 또한 장애에 대한 두려움과 부정적인 인식을 고조시킬 수 있다. 버그스탈러와 도(2004)는 다음과 같이 경고하고 있다.

> 실제로 대부분의 장애 관련 시뮬레이션은 부정적인 감정을 갖도록 설계되어 있다. 참가자를 비활성화하고 문제가 있는 경험을 미리 해 봄으로써, 참가자가 휠체어를 조종하는 것이 얼마나 어려운지, 듣거나 읽을 수 없는 것이 얼마나 좌절하게 하는지, 시각 장애 없이 그들의 손을 사용하는 것이 얼마나 무서운지 배우게 된다. 그들은 장애인이 적절한 접근, 공학 또는 기술로 할 수 없는 것에 초점을 맞춘다.
>
> (p. 11)

장애인 운동가인 브루-패리시Brew-Parrish(1997, 2004)는 딸이 경험한 장애 시뮬레이션이 학생들로 하여금 "새로운 장애에 대한 두려움"을 갖게 하였고 "장애인은 끔찍한 삶을 살았다. 몇몇 사람은 죽는 것이 더 낫다고 생각했다."라는 것을 상기시켰다.

라이트Wright(1987)은 장애 시뮬레이션과 관련된 문제로서 지체장애인이자 장애 권리 옹호가인 로라 라우처Laura Raucher의 말을 인용했다.

> 나는 시뮬레이션을 권장하지 않는다. 왜냐하면 15분, 2시간 혹은 2주 동안 휠체어를 타고 다니거나 눈을 가린 채 돌아다니면 장애가 되는 것이 어떤 것인지 알 수 있을 것이라는 잘못된 가정을 하고 있기 때문이다. … 시뮬레이션은 장애인의 현실이 아니라, 아직 숙달하지 않은 도구들을 써야 하면서 준비되지 않은 세상에 맞서야 하는 어색함, 굴욕, 두려움, 얕보이는 것과 같이 장애인이 겪는 정신적 충격을 유사하게 느끼게 해 준다. … 우리가 놓치고 있는 요점은 장애인이 눈가리개 뒤의 소름끼치는 암울함이나 이중문을 처음으로 대면할 때의 땀에 젖어 혼란을 겪는 속에서 장애를 관리하는 법을 배운다는 것이다.
>
> (p. 4)

프렌치French(1996)도 이와 비슷하게 언급하고 있다.

> 시뮬레이션 연습은 비장애인에게 장애인의 상황을 알리는 것을 목적으로 하지만, 확실히 잘못된 정보를 제공한다. 이러한 연습은 기껏해야 장애의 시작을 시뮬레이션할 뿐이고, 참여자가 자신이 선택한 시간의 활동이 끝나면 '장애가 발생하지 않도록' 멈추고 다시 비장애 상

태로 돌아갈 수 있기 때문에 완전히 달성되지는 못한다. 만약 어떤 사람이 갑자기 청각, 시각, 또는 손을 사용할 수 있는 능력을 박탈당한다면 어려움, 두려움과 좌절감을 느낄 수 있지만, 이것은 장애인이 처한 상황이 아니다. 왜냐하면 장애인은 그 이후에 대처 전략이나 특별한 기능 혹은 몸의 다른 영역에서 힘을 발달시켜야만 했기 때문이다. 그러므로 장애인의 삶은 비장애인의 경험하는 것보다 훨씬 더 차분하고 기능적일 가능성이 높으며, 시뮬레이션은 장애인이 경험하는 어려움을 최소화하기 위한 것이 아니다.

(p. 117)

시뮬레이션의 대안

장애 시뮬레이션을 위한 가장 일반적인 목표는 학생에게 환경 장벽에 대한 인식을 발전시키는 경험적 활동을 제공하는 것과 장애인이 기쁨과 투쟁을 포함한 일상생활을 어떻게 경험하는지에 대한 지식을 증가시키는 것을 포함한다. 이 두 가지 목표는 시뮬레이션을 필요로 하지 않는 경험적 활동을 통해 달성할 수 있다. 아트 블레이저Art Blaser는 『래그드 에지 잡지Ragged Edge Magazine』에서 '시뮬레이션 연습을 위한 몇 가지 대안'을 제공하였는데, 그중 일부는 다음과 같다.

① 시뮬레이션을 수행하는 방법에 대해 이야기한다.
② 학교나 이웃을 조사하여 일상적 장벽을 평가한다. 학생들은 계단, 진입로 위에 주차된 자동차, 목줄을 풀어놓은 개, 계단의 보색 대비, 시각장애인을 칠 수 있는 나뭇가지 또는 경적 소리와 같은 청각 신호와 같은 것들 때문에 접근하기 어려운 곳을 확인할 것이다.
③ 접근성 특징을 평가하기 위해 학교나 인근 지역을 조사한다. 학생은 경사로나 엘리베이터를 가지고 있는 기관의 수를 셀 수 있고, 지하철이나 기차역에서 엘리베이터를 이용할 수 있는 방법을 탐구하고, 노면 교차로나 열차 플랫폼을 나타내는 울퉁불퉁한 타일, 점자판 또는 표지판, 청각적 선택사항을 포함하여 환경에서 발견되는 접근성 조치를 모색한다. 테이블 높이와 메뉴의 명확성을 위해 음식점을 평가할 수 있다.
④ 장애가 있는 사람의 말을 들어본다. 이웃, 학급, 학교 주변에서 장애의 의학적 측면

에만 초점을 맞춘 것이 아니라, 그들의 삶에 대해 물어볼 질문 목록을 개발한다.

⑤ 장애가 있는 사람과 친숙한 장소를 둘러보고, 다양한 장소를 어떻게 고치면 좋을지 조언을 구한다.

⑥ 가족 여행, 모텔이나 호텔에 숙박할 때 무엇이 불편한지 찾아본다. 지역 호텔을 방문한다. TDD/TTY 휴대폰의 위치와 청각장애인일 경우 찾는 방법을 알아본다.

⑦ 광고에서 개인 도우미를 검색하고 어떤 일이 필요한지 알아본다.

⑧ 한 가지 또는 여러 가지 종류의 손상에 따라 접근성을 평가한다. 가정에 내게 필요한 옵션 기능을 설치하는 데 드는 비용을 예측해 본다.

⑨ 촉각, 청각, 시각, 심지어 냄새까지도 느낄 수 있는 예술 전시회를 만들거나 방문한다. 예를 들어, 오일 페인트, 조각 및 부조의 질감을 고려하고, 소리 또는 내레이션을 전시물에 포함시키거나, 주변 냄새를 전시회에 제공하기 위해 에센셜 오일을 사용한다.

⑩ 전문적인 장애운동선수가 참가하는 스포츠 이벤트에 참석하거나 관람한다. 예를 들어, 장애인 올림픽에는 농구, 럭비, 테니스와 같은 잘 알려진 스포츠, 골볼과 같이 덜 알려진 팀 스포츠가 있다.

장애를 가진 방문객을 초대하기

장애에 대한 학생의 인식과 이해를 높이는 또 다른 방법은 장애가 있는 방문객을 초대하여 수업에 참여하게 하거나 프레젠테이션을 하게 하는 것이다. 장애인을 일상의 수업에 소개하는 것은 이상적이고 직접적인 학습 기회를 제공한다. 일반적으로, 학생은 일상 활동(예: 친구의 문자 읽기)과 함께 학습하거나 방문객의 전문적인 전문 지식(예: 사업 계획)과 관련된 특별 프로젝트를 도울 수 있는 지역사회 및 가족 자원봉사자와 일하는 것으로부터 혜택을 받을 수 있다. 교사는 자원봉사자, 가족 구성원 또는 장애가 있는 전문가를 초청하여 장애에만 관련된 것이 아닌 직접적인 접촉과 상호작용의 기회를 제공할 수 있다.

발표자는 또한 특정한 장애 인식 행사에 초대될 수 있다. 서로 다른 장애를 가진 학급 방문객은 경험적인 지식을 제공할 수 있고, 학생이 처음에 다르게 보일 수 있는 사람과 접촉하고 상호작용하는 기회를 가지겠지만, 실제로는 그들과 많이 비슷하다. 이러한 경험은 청소년에게 장애를 가진 사람이 어떻게 장애를 수용하는가와 비장애인과 성취하는 방식이 단지 다르다는 것을 배울 수 있는 기회를 준다. 학생들은 장애를 가진 사람들을 각각 그들의 특정한 성격, 생활방식, 관심사, 직업, 문제, 그리고 아이디어를 지닌 하나의 개인으로 인식할 수 있는 기회를 얻는다. 아동과 함께 일하거나 장애와 관련된 프레젠테이션을 제공하는 데 익숙한 방문객을 찾는 것이 가장 좋다. 교실에서 장애인과의 만남은 잘 계획되어야 하므로 준비를 할 때의 고려사항을 다음과 같이 제안한다.

초청 연사 선택하기 의미 있는 만남을 위해 교사는 초청 연사의 식별, 선택, 준비에 신중해야 한다. 교사는 잠재적인 연사를 식별하는 여러 가지 방법에 의존할 수 있다. 특별한 요구를 가진 방문객은 (정신)지체시민협회Association for Retarded Citizens: ARC와 뇌성마비협회United Cerebral Palsy Association: UCP와 같은 국가 기관의 지회를 통해 찾을 수 있다. 또한 모든 주에는 발달장애위원회Developmental Disabilities Council가 있으며, 대부분 해당 주 내에서 기관과 서비스의 안내책자를 게시한다. 지역 기관들은 또한 복지서비스조직Human Service Organizations 또는 사회복지조직Social Service Organizations의 전화번호부Yellow Pages에 기재되어 있다.

방문객의 수 선택하기 교사는 때때로 비슷한 장애를 가진 여러 명의 방문객을 동시에 초대한다면 그 경험이 더 가치 있을 것이라고 결론짓는다. 그들은 한 방문객이 다른 방문객들과 더 편안할 수 있다고 느낀다. 그러나 이 결정은 신중하게 고려되어야 한다. 상충하는 견해나 성격을 가진 방문객은 경고 없이 같은 패널에 있는 것을 좋아하지 않을 수 있으며, 예상치 못한 긴장감은 관련된 모든 사람에게 혼란과 불편함을 초래할 수 있다. 토론이 요구되거나 다른 관점을 제시하려는 경우, 방문객에게 정보를 제공하여 편안함을 주는 동시에 학생들이 발표의 목적을 아는 것이 중요하다.

잠재적 방문객 선별 잠재적인 초청 연사를 식별한 교사는 그들을 비공식적으로 인터뷰해야 한다. 그 사람에게 연락해서 자기소개를 하고, 수업의 홍미를 설명한다. 발표자가 입력하는 맥락을 알 수 있도록 목적 및 관련 활동을 간략하게 설명한다. 방문 전에 학생들이 어떤 준비를 할 것인지를 설명하는 것이 중요하다. 초청 연사가 프로그램에 참여하는 것이 편할 것인지, 프로그램에 대해 말하고 싶은 것의 종류를 결정하는 데 도움을 줄 수 있도록 초청 연사에게 기대하는 것도 설명한다. 이 첫 번째 대화에서 방문객의 관점과 경험이 교육과정이나 학생들의 관심사와 잘 맞지 않는다고 결정할 수도 있다. 만약 방문객이 좋은 후보처럼 여겨진다면, 교육과정에 포함할 몇 가지 원칙을 얻을 수 있을 뿐만 아니라 수업이 방문객과 어떻게 가장 잘 상호작용할 수 있는지를 고려할 수 있다. 첫 대화는 그 사람의 성격과 학생들에게 갖는 편안함을 이해하는 데 도움을 줄 것이고, 이것은 모두를 위한 긍정적인 계획을 지지해 줄 것이다.

발표자로부터 중요한 특성 발견하기 만약 방문객이 단체에서 온다면 발표자가 전에 일했던 연령 집단을 고려하는 것이 유용하겠지만, 그 혹은 그녀는 아마 집단과 일하는 데 익숙할 것이다. 아동과 함께 일하거나 '주목받는 것에' 익숙하지 않은 잠재적 발표자는 학생들이 물어볼 수 있는 질문의 종류를 미리 알 필요가 있다. 발표자와의 처음 대화는 규범적으로 부적절하거나 방해가 될 수 있는 질문에 솔직하되 존중하며 수준에 맞추어 대답해야 할 필요성을 일깨우는 시간이 될 수 있다. 물론 몇몇 질문의 답을 거부하는 것은 허용되지만, 기본 규칙으로 학생들의 질문에 분명히 답해야 하며 이는 잘 설정해야 한다.

약속 잡기 날짜와 시간, 규정과 다른 사항을 설정하는 것 외에도, 교통과 보조 기구들을 논의하는 것이 특히 중요할 수 있다. 교사는 방문객의 필요에 따라 학교까지 오는 대중교통이 접근 가능하고 편리한지 알아야 한다. 입구와 출구, 교실 공간, 화장실 등 접근성을 평가하는 것도 중요하다. 또한 중요한 것은 학생들과의 상호작용을 고려하고 물어보는 것이다. 예를 들어, 학생들은 방문객과 상호작용을 위하여 통역기 또는 다른 보조 기술들이 필요한가? 만약 그렇다면, 그러한 준비는 어떻게 이루어질 것인가? 서비스 동물(예: 안내견)이 수업에 출석할 경우 알레르기 및/또는 학생의 두려움을 고려하는 것이 중요하다.

발표자 준비시키기 교사는 계획과 준비의 중요성을 인식해야 한다. 초대받은 발표자는 학급이 기대하는 바를 미리 알아야 한다. 교사는 초대한 수업의 목적과 학생들이 무엇을 경험하거나 배워야 하는지 설명해야 하며, 방문객은 발표 시간이 얼마나 걸리는지를 알아야 한다. 예를 들어, 학급이 환경 접근성, 일상생활에 적응하는 것, 소명의식, 차별, 개인적 경험, 어린 시절 등을 배웠는지 고려하라. 자원봉사를 하는 방문객을 초대할 때는 시간과 구조에 대한 정보를 제공하는 것도 필요하지만, 초대될 발표의 유형과 종류의 토론에 대한 방문객의 선호도를 묻고 대답하는 것이 필수적이다. 자원봉사자 스스로가 제공해 주지 않는 한, 자신의 편안한 지역 밖에서 무언가를 준비하도록 요청 받아서는 안 된다.

학생들 준비시키기 장애를 가진 방문객을 초대하는 것은 통합적·다차원적인 교실 경험의 일부여야 한다. 따라서 학생들은 이미 방문객을 맞을 준비로 어떤 학습에 참여했어야 했다. 학생들이 방문자의 삶과 특성에 대해 무언가를 알게 되면, 그들의 관심은 높아질 것이고 그들은 더 의미 있는 질문을 하는 경향이 있을 것이다. 학생들에게 방문객의 연령, 거주 지역, 성장 배경, 직업, 관심사, 취미 및 장애 등을 설명하는 것이 유용하다. 그런 다음 학생들은 관심 있는 주제나 질문들을 생성할 수 있다. 질문에 대한 아이디어를 생성하면, 학생들이 방문객에 대한 교사의 지식을 바탕으로 적절하거나 부적절한 종류의 질문을 평가하는 데 도움을 줄 수 있다.

감정 표현하기 방문객과 아동 모두가 서로에 대한 감정을 표현할 수 있는 기회를 갖도록 한다. 이러한 방문은 아마도 아동들이 장애인과 상호작용하는 첫 번째 경험이 될 것이다. 만약 경험이 긍정적 · 개방적이고 자연스럽다면 아동이 장애를 가진 다른 사람에게 접근하는 방식에 영향을 미칠 것이다. 대부분의 방문객들 앞에서 터놓고 이야기하는 것이 그들이 떠난 후에 그들에 대해 이야기하는 것보다 낫다. 장애인은 자신의 감정을 표현할 필요를 가지고 살아가고, 교사는 장애인이 비장애 성인이 인식하는 것보다 질문에 더 편안하다는 것을 이해해야 한다. 사실, 장애인이 자신들의 장애에 대해 말하는 것을 피하거나 부끄러워한다고 생각하는 것은 그 자체로 편견의 한 형태이다. 게다가 자리에 없는 사람에 대해 논하는 것은 아동의 수줍음을 조장한다.

감사 표현하기 방문 후 감사를 표현하는 가장 좋은 아이디어로 학생들이 감사 편지 쓰기, 이메일 보내기, 발표자에게 보내는 메시지 녹음하기가 있다. 이러한 경험은 학생들이 감사를 나타내고, 배운 것에 대한 의견을 제시하고, 더 많은 질문을 하고, 관계를 맺을 수 있는 기회를 제공한다.

학급 토론에 관한 질문들

역할극과 장애를 가진 방문객들을 초청하는 것을 포함하여 모든 수업활동에는 철저한 보고와 논의들이 포함되어야 한다. 다양성 인식으로서 장애에 대한 정보를 제시할 때, 교사는 다음의 질문을 학급 토론을 촉진하는 데 사용할 수 있다. 이러한 질문들은 글쓰기 과제에도 도움이 된다.

① 인간의 차이는 정상이다.

- 왜 모든 아동이 정상이고 모든 아동이 특별한가?
- '사람들은 종류가 다른 것이 아니라 정도의 차이가 있을 뿐이다.'라는 문구는 무엇을

의미하는가?
- 정상의 개념은 무엇인가?
- 모든 사람은 장애인보다 얼마나 더 닮아 있는가?
- 어떻게 차이를 긍정적이고 부정적인 것 둘 다로 볼 수 있는가?
- 사람을 명칭이 아닌 개인으로 보는 것이 왜 중요한가?

② 태도 및 행동
- 우리의 감정이 어떻게 태도와 행동을 자극하는가?
- 우리의 언어는 태도를 어떻게 반박하는가?
- 장애인에 대한 부정적 태도는 우리의 문화, 언어, 역사에 깊이 뿌리박혀 있는가?
- 타인이 자신을 인식하는 방식에 따라 자기 인식이 어떻게 형성되는가?
- 학교에서의 경험이 장애인의 자아상에 어떤 영향을 미칠 수 있는가?
- 바꿀 수 없는 것으로 누군가를 판단하는 것은 왜 잘못된 것인가?
- '사람을 보고 웃는 것'과 '사람과 함께 웃는 것'의 차이점은 무엇인가?
- 장애는 어떻게 사람들의 서로에 대한 관점을 방해할 수 있는가?
- 친구를 비웃는 이유는 무엇인가? 왜 우리는 우리와 다른 어떤 것 또는 다른 사람을 비웃는가?
- 왜 모든 사람을 개인으로 취급하는 것이 중요한가?
- 누군가를 '식물인간'이라고 부르는 것의 의미는 무엇인가?
- '괴물'과 '프릭'은 무엇을 의미하는가?
- '사회적 다윈주의' '우생학' '민족위생학'은 장애인에게 어떤 영향을 미치는가?

③ 고정관념과 자아상
- 많은 장애인이 자신을 '일반적'이라고 묘사하는데, 다른 사람들은 그들을 같은 방식으로 보지 않는 이유는 무엇인가?
- 명칭은 어떻게 고정관념이 되는가? 명칭에는 어떤 부정적인 영향이 있는가?
- 명칭은 자아상에 어떤 영향을 미치는가?
- 선천적인 장애와 후천적인 장애가 미치는 영향은 어떻게 다른가?
- 외모에 근거하여 다른 사람을 판단하는 것은 왜 잘못된 것인가?

- '낙인'은 무엇인가? 우리가 누군가를 어떻게 생각하는지에 어떤 영향을 미치는가?
- '낙인 확산'의 개념을 설명하라. 장애는 어떻게 '모두 밝혀진' 특성이 되는가?

④ 장애인의 권리와 의식

- 왜 장애인의 기본권을 보호해야 하는가?
- 왜 신체적 장애인은 장시간의 텔레비전 모금방송과 유사한 기금 모금 방법을 모욕적이라고 보는가?
- 대부분의 장애인은 왜 우리가 그들을 '동정'하기보다 그들과 함께 '공감'하기를 원하는가?
- '손상은 사람의 특성이고 장애는 환경의 특성이다.'라는 문구가 의미하는 바는 무엇인가?
- '장애는 상황적'이라는 문구는 무엇을 의미하는가?
- 장애인 차별주의, 인종 차별주의, 성차별주의, 이성애주의의 차이점과 유사점은 무엇인가?
- '평등'과 '형평성'의 차이점은 무엇인가?
- 사회적으로 통합된 사회가 어떠할지 설명하라.

결론

장애와 장애 관점을 포함하는 교육과정의 확장은 교육을 통해 통합을 촉진하기 위해 필수적인 것이다. 장애학생과 비장애학생에게 통합교육을 통해 함께 살고 배울 수 있는 기회를 제공하는 것은 모든 존재에 대한 가치를 개발하는 데 있어 중요한 요소이다. 장애에 대한 연구와 장애인의 경험들을 학교교육과정의 일부로 포함될 수 있는 많은 방법 또한 있다. 장애에 대한 지속적인 관심은 교육과정의 다양화에 기여하고 학습자가 장애인 차별주의에 대한 비판적 관점을 탐색하고 구체화할 수 있는 기회를 제공한다. 경험에 근거한 수업 기법들은 장애에 대한 지도에 있어 직접적인 접근이며, 통합학급 내에서 필요한 요구 및 문제들을 다루는 데 유용할 것이다.

이 책을 마치며

이 책은 모든 교사를 위한 책이다. 통합교육의 발전은 모두에게 영향을 미쳤고 모두와 관련되어 있다. 제1장에서 언급했듯이, 학교는 다양성과 포용을 장려하고 차별을 종식시키며 학생들이 타인의 다름에 대한 인식을 제고하고 우리 사회에 존재하는 모든 이의 권리를 존중하고 보호할 의무를 가진다. 모든 학생은 학교의 책임이며 학교에 다닐 뿐 아니라 학교에서 소속감을 가진다고 느낄 권리를 가진다. 인지recognition, 존중respect, 책임responsibility, 즉 3R을 교육적 실제에 대한 원칙으로 삼을 때 생산적인 대화를 유도할 수 있고 학생, 가족, 다른 전문가들과의 협력적 관계를 쌓을 수 있다.

장애학은 의료모델과 이에 따른 일부 학생들의 분리에 문제 제기를 할 뿐 아니라 미디어, 문화, 학교에서 지속되고 있는 이러한 패러다임을 면밀히 살펴본다. 보편적 학습설계와 다문화 및 다양한 능력을 반영하는 교육과정의 개발 · 시행 등 통합교육을 지향하는 방향성은 모든 학생에게 도움이 되는 학습 공동체 형성에 기여한다. 반대로 말하자면, 예상되는 학생들의 다양성을 반영하여 교수적 실제를 개발하는 것은 특정 학생들을 분리하여 가르쳐야만 하는 상황 자체를 줄인다. 장애학 그리고 장애교육학 분야에서의 학자들은 학교와 교사가 학교 및 사회 통합을 위한 모든 책임을 져야한다고 보지 않는다. 우리 사회에는 소외와 배제에 대한 역사적 유물이 여전히 남아있다. 사회 기관, 관료 구조, 정책에 영향을 미친 장애에 대한 패러다임과 학교 개혁 운동을 촉진시키는 상충되는 원동력은 통합교육의 실현을 어렵게 하고 있다. 더욱이, 장애학생의 통합을 위해 노력하는 교사들에 대한 부정적인 태도가 여전히 존재한다. 우리는 이렇게 어려운 상황을 직면하고 있지만, 가능성 역시 존재한다. 지난 몇 세기 동안 있었던 장애 인권 운동과 통합교육을 향한 진보는 학교와 사회가 보다 포용적인 공간이 될 수 있다는 가능성을 보여 준다.

통합교육은 하나의 프로젝트이며 교수 · 학습 및 학교 발전에 대한 하나의 접근 방식이다. 통합교육은 종착점이 아니며 우리의 생각과 행동을 깨우기 위한 지속적인 노력의 과정이다. 장애차별주의적 가정과 실제를 인식할 때, 우리는 장애 권리 및 모든 학생들을 위한 교육을 향해서 자기옹호자self-advocates, 협력자allies, 공조자accomplices로서 행동할 수 있다. 교사, 학생, 가족, 지역공동체는 매 순간 다양성의 가치를 표현하고 공동체를 형성할 수 있는 위한 기회를 가진다. 여러분의 순간은 무엇인가?

참고문헌

ADAPT v. Skinner, 881 F.2d 1184, 3rd Cir. (1989).

Adler, S., Richard, Y., & Horowitz, J. (2008). *Tropic Thunder* director/star Ben Stiller says disability advocates' planned boycott is unwarranted. *MTV*.com. Retrieved August 11, 2008, from http://www.mtv.com/ movies/news/articles/1592544/story.jhtml

Advisory Committee on Human Radiation Experiments [ACHRE]. (1994). *Interim report*. Washington, DC: U.S. Government Printing Office.

Advisory Committee on Human Radiation Experiments [ACHRE]. (1996). *Executive summary and guide to final report*. Washington, DC: U.S. Government Printing Office.

Albrecht, G., Seelman, K., & Bury, M. (2001). *Handbook of disability studies*. Thousand Oaks, CA: Sage Publications.

Althusser, L. (1971). Ideology and the ideological state apparatus. In F. Jameson (ed.), *Lenin and philosophy and other essays* (pp. 1-29). New York, NY: Monthly Review Press.

American Library Association. (2016). Select bibliography of children's books about the disability experience. Retrieved from http://www.ala.org/awardsgrants/schneider-family-book-award

American Psychiatric Association. (1973). *Diagnostic and statistical manual of mental disorders* (6th change; 2nd ed.). Arlington, VA: American Psychiatric Association.

American Psychiatric Association. (2013). *Diagnostic and statistical manual of mental disorders* (5th ed.). Arlington, VA: American Psychiatric Association.

Americans with Disabilities Act Amendments Act of 2008. PL.110-325. Stat.3406. (2008).

Americans with Disabilities Act of 1990. PL.101-336. 104 Stat. 327. (1990).

Anderson, J. D. (1988). *The education of Blacks in the South, 1860-1935*. Chapel Hill, NC: University of North Carolina Press.

Andrews, J. E., Carnine, D. W., Coutinho, M. J., Edgar, E. B., Forness, S. R., Fuchs, L.S., ... Wong, J. (2000). Bridging the special education divide. *Remedial and Special Education*, *21*(5), 258-260, 267.

Annamma, S. A., Connor, D., & Ferri, B. (2013). Dis/ability critical race (DisCrit): Theorizing at the intersections of race and dis/ability. *Journal of Race, Ethnicity, and Education, 16*(1), 1-31.

Antonak, R., & Livneh, H. (1988). *The measurement of attitudes toward people with disabilities: Methods, psychometrics and scales*. Springfield, IL: Charles C. Thomas.

Arad, A., Foster, G., Milchan, A. (Producers), & Johnson, M. S. (Director). (2003). *Daredevil* [motion picture]. United States: 20th Century Fox.

Arieno, M. (1989). *Victorian lunatics: A social epidemiology of mental illness in mid-nineteenth century England*. Cranbury, NJ: Associated University Presses.

Asante, M. K. (1991). Afrocentric curriculum. *Educational Leadership , 49* (4), 28-31.

Asch, A. (2000). Why I haven't changed my mind about prenatal diagnosis: Reflections and refinements. In E. Parens & A. Asch (eds.), *Prenatal testing and disability rights* (pp. 234-258). Washington DC: Georgetown University Press.

Aspies for Freedom [website]. Accessed May 1, 2009, at http://www.aspiesforfreedom.com/

Astor, C. (1985). *Who makes people different: Jewish perspectives on the disabled*. New York, NY: United Synagogue of America, Department of Youth Activities.

Autistic Self Advocacy Network [website]. Accessed May 1, 2009, at http://www.autisticadvocacy.org/

Ayres, A. J., & Tickle, L. S. (1980). Hyper-responsivity to touch and vestibular stimuli as a predictor of positive response to sensory integration procedures by autistic children. *American Journal of Occupational Therapy , 34* , 375-381.

Baglieri, S. (2016). Toward unity in school reform: What DisCrit contributes to multicultural and inclusive education. In D. J. Connor, B. A. Ferri, & S. A. Annamma (eds.), *DisCrit: Disability studies and critical race theory in education* (pp.167-181). New York, NY: Teachers College Press.

Baglieri, S., & Knopf, J. H. (2004). Normalizing difference in inclusive teaching. *Journal of Learning Disabilities , 37*(6), 525-529.

Baglieri, S., & Leber, J. (2008). *Conversations about graduate school and learning disability* [website]. Accessed June 3, 2008, at http://www.graduateschoolandld.com

Ballard, K. (ed.). (1999). *Inclusive education: International voices on disability and justice.*

London: Falmer Press.

Banks, J. A. (1993). The canon debate, knowledge, construction, and multicultural education. *Educational Researcher, 22*(5), 4-14.

Banks, J. A. (2005). Approaches to multicultural curriculum reform. In J. A. Banks & C. A. McGee Banks (eds.), *Multicultural education issues and perspectives* (Vol. 5, pp.242-264). Hoboken, NJ: John Wiley & Sons.

Baranek, G. T. (2002). Efficacy of sensory and motor interventions for children with autism. *Journal of Autism and Developmental Disorders, 32*(5), 397-422.

Barnes, C., Mercer, G., & Shakespeare, T. (1999). *Exploring disability: A sociological introduction.* Malden, MA: Blackwell Publishers.

Barrie, J. M. (1904). *Peter Pan: The boy who wouldn't grow up* [performance]. London: Duke of York's Theatre.

Barrie, J. M. (1911). *Peter and Wendy* (AKA Peter Pan). London: Hodder & Stoughton.

Barton, L. (ed.). (1996). *Disability and society: Emerging issues and insights.* New York, NY: Addison Wesley Longman.

Barton, L., & Armstrong, F. (2001). Disability, education and inclusion: Cross-cultural issues dilemmas. In G. Albrecht, K. Seelman, & M. Bury (eds.), *Handbook of disability studies* (pp.693-710). Thousand Oaks, CA: Sage Publications.

Baskin, B. (1975). The handicapped in children's literature. In *Proceedings of the Special Study Institute: Fostering positive attitudes toward the handicapped in school settings* (pp.132-164). Rensselaerville, NY: New York State Education Department.

Bauman, M. L., & Kemper, T. L. (eds.). (2004). *The neurobiology of autism* (2nd ed.). Baltimore, MD: Johns Hopkins University Press.

Baumeister, A., & Butterfi eld, E. (eds.). (1970). *Residential facilities for the mentally retarded.* Chicago, IL: Aldine Publishing Co.

Baynton, D. (2001). *Disability and the justification of inequality in American history.* In P. Longmore & L. Umansky (eds.), *The new disability history: American perspectives* (pp. 33-57). New York, NY: New York University Press.

Befort, S. F. (2013). Empirical examination of case outcomes under the ADA Amendments Act. *Washington and Lee Law Review, 70* (4), 2027-2071.

Bell, C., & Burgdorf, R. (1983). *Accommodating the spectrum of individual abilities* (Clearinghouse Publication #81). Washington, DC: United States Commission on Civil Rights.

Bell, D. (1980). *Brown v. Board of the Education* and the interest convergence dilemma. *Harvard Law Review, 93,* 518-533.

Benioff, D., & Weiss, D. B. (Producers). (2011). *Game of thrones* [television series]. New York City, NY: Home Box Office.

Berenbaum, M. (1993). *The world must know: The history of the Holocaust as told in the United States Holocaust Memorial Museum*. Boston, MA: Little Brown & Co.

Berman, P. (Producer), & Dieterle, W. (Director). (1939). *The hunchback of Notre Dame* [motion picture]. United States: RKO Radio Pictures.

Biklen, D. (1981). The Supreme Court v. retarded children. *Journal of the Association for Persons with Severe Handicaps, 6*(2), 3-5.

Biklen, D. (1989). Redefi ning schools. In D. Biklen, D. Ferguson, & A. Ford (eds.), *Schooling and disability* (pp.1-24). Chicago, IL: National Society for the Study of Education.

Biklen, D., with Attfi eld, R., Bissonnette, L., Blackman, L., Burke, J., Frugone, A., ... Rubin, S. (ed.). (2005). *Autism and the myth of the person alone*. New York, NY: New York University Press.

Biklen, D., & Bogdan, R. (1977). Media portrayals of disabled people: A study in stereotypes. *Interracial Books of Children Bulletin, 8*(6&7), 4-9.

Biklen, D., & Burke, J. (2006). Presuming competence. *Equity & Excellence in Education, 39*(2), 166-175.

Biklen, D., & Cardinal, D. N. (eds.). (1997). *Contested words, contested science: Unraveling the facilitated communication controversy*. New York, NY: Teachers College Press.

Biklen, D., Ferguson, D., & Ford, A. (eds.). (1989). *Schooling and disability*. Chicago, IL: National Society for the Study of Education, University of Chicago Press.

Binding, K., & Hoche, A. (1975). *The release of the destruction of life devoid of value*. R. Sassone (ed.). Santa Ana, CA: Life Quality Paperbacks (original work published 1920).

Blanchett, W. J. (2006). Disproportionate representation of African-American students in special education: Acknowledging the role of White privilege and racism. *Educational Researcher , 35*(6), 24-28.

Blaser, A. (2003). Awareness days: Some alternatives to simulation exercises. *Ragged Edge Magazine,* September/October. Retrieved from http://www.raggededgemagazine.com/0903/0903ft1.html

Blatt, B. (1970). *Exodus from pandemonium: Human abuse and a reformation of public policy*. Boston, MA: Allyn & Bacon.

Blatt, B. (1981). *In and out of mental retardation: Essays on educability, disability, and human policy*. Baltimore, MD: University Park Press.

Bleul, H. (1973). *Sex and society in Nazi Germany*. Philadelphia, PA: J. B. Lippincott. Board of Education v. Rowley, 458 U.S. 176 (2nd Circuit Court 1982).

Bogdan, R. (1986). Exhibiting mentally retarded people for amusement and profit, 1850-1940. *American Journal of Mental Deficiency, 91*(2), 120-126.

Bogdan, R. (1988). *Freak show: Presenting human oddities for amusement and profit*. Chicago,

IL: University of Chicago Press.

Bogdan, R., & Taylor, S. (1994). *The social meaning of mental retardation: Two life stories*. New York, NY: Teachers College Press, Columbia University.

Booth, A., & Dunn, J. (eds.). (1996). *Family-school links*. Mahwah, NJ: Lawrence Erlbaum.

Bowe, F. (1978). *Handicapping America: Barriers to disabled people*. New York, NY: Harper & Row.

Bowe, F. G. (2000). *Universal design in education*. Westport, CT: Bergin and Garvey.

Brantlinger, E. A. (2003). *Dividing classes: How the middle class negotiates and rationalizes school advantage*. New York, NY: Routledge.

Brashear, R. (Producer/Director). (2013). *FIXED: The science/fiction of human enhancement* [motion picture]. United States: New Day Films.

Braverman, M. (Creator). (1989). *Life goes on* [television series]. Burbank, CA: Toots Company/ Warner Brothers.

Brew-Parrish, V. (1997). The wrong message [electronic version]. *Ragged Edge Online,* March/ April. Retrieved April 10, 2008 from http://www.raggededgemagazine.com /archive/aware.htm

Brew-Parrish, V. (2004). The wrong message—still [electronic version]. *Ragged Edge Online*. Retrieved April 10, 2008 from http://www.raggededgemagazine.com /focus/wrongmessage04.html

Broderick, A. A., & Kasa-Hendrickson, C. (2006). "I am thinking that speech is asinine": Narrating complexities and rethinking the notion of "independence" in communication. *Equity & Excellence in Education, 39* (2), 176-186.

Browder, D. M., Mims, P. J., Spooner, F., Ahlgrim-Delzell, L., & Lee, A. (2008). Teaching elementary students with multiple disabilities to participate in shared stories. *Research and Practice for Persons with Severe Disabilities, 33*(1-2), 3-12.

Brown v. Board of Education of Topeka, 347 U.S. 483 (1954). Buck v. Bell, 143 Va. 313, 130 S.E. 516, 517 (1925).

Buck v. Bell, 143. 313130 S.E. 516, 517 (1925).

Bullock, C., & Mahon, M. (1997). *Introduction to recreation services for people with disabilities: A person-centered approach*. Champaign, IL: Sagamore Publishing.

Burgdorf, R. (1980). *The legal rights of handicapped persons: Cases, materials and text*. Baltimore, MD: Brookes Publishers.

Burgdorf, M., & Burgdorf, R. (1975). A history of unequal treatment: The qualications of handicapped persons as a *Suspect Class* under the Equal Protection Clause. Santa Clara Lawyer, 215(4), 855-910.

Burgdorf, R., & Burgdorf, M. (1977). The wicked witch is almost dead: "Buck v. Bell" and the sterilization of handicapped persons. *Temple Law Quarterly*, *50* (4), 995–1034.

Burgstahler, S. (2009). Universal Design of Instruction (UDI): Defi nition, principles, guidelines, and examples [website]. Seattle: DO-IT, University of Washington. Retrieved from http://www.washington.edu/doit/ Brochures/Academics/instruction.html

Burgstahler, S., & Doe, T. (2004) Disability-related simulations: If, and how to use them in professional development. *Review of Disability Studies: An International Journal, 2*(2), 8–18.

Burleigh, M. (1994). *Death and deliverance: "Euthanasia" in Germany 1900-1945.* New York, NY: Cambridge University Press.

Burns, M. (2005). Looking at how students reason. *Educational Leadership, 53*(3), 26–31.

Burns, R. (1995, August 18). 16,000 used in radiation experiments. *The Times* (Trenton, NJ), p.3B.

Calkins, L. (1986). *The art of teaching writing.* Portsmouth, NH: Heinemann.

Cammarota, J., & Fine, M. (2008). *Revolutionizing education: Youth participatory action research in motion.* New York, NY: Routledge.

Campbell, F. K. (2009). *Contours of ableism.* Basingstoke, UK: Palgrave Macmillan.

Carlisle, J. (1985). *Tangled tongue: Living with a stutter.* Reading, MA: Addison-Wesley.

Carrier, J. G. (1986). *Learning disability: Social class and the construction of inequality in American education*. New York, NY: Greenwood Press.

Centers for Disease Control and Prevention. (2008, June 30). *Autism Spectrum Disorder: Data and statistics, prevalence.* Retrieved from https://www.cdc.gov/ncbddd/autism/data.html

Charkins, H. (1996). *Children with facial difference*. Bethesda, MD: Woodbine House.

Cherry v. Mathews, 419 F.Supp. 922 (United States District Court, District of Columbia. 1976).

Civil Rights Act of 1964. Pub.L. 88–352, 78 Stat. 241 (1964).

Clandinin, D. J., & Raymond, H. (2006). Note on narrating disability. *Equity & Excellence in Education, 39*(2), 101–104.

Clark, C. T. (2003). Examining the role of authoritative discourse in the labeling and unlabeling of a "learning disabled" college learner. *Journal of Adolescent and Adult Literacy, 47*(2), 128–135.

Cohen, S. (1977). *Special people*. Englewood Cliffs, NJ: Prentice-Hall.

Collins, K. M. (2003). *Ability profi ling and school failure: One child's struggle to be seen as competent.* Mahwah, NJ: Lawrence Erlbaum Associates.

Collins, K. M. (2015). A disability studies in education analysis of corporate-based educational reform: Lessons from New Orleans. In D. J. Connor, J. W. Valle, & C. Hale (eds.), *Practicing disability studies in education: Acting toward social change* (pp.217–233). New York, NY: Peter Lang.

Collins, L. (Producer), Stanton, A., & MacLane, A. (Directors). (2016). *Finding dory* [motion picture]. USA: Disney Pixar.

Connell, B. R., Jones, M., Mace, R., Mueller, J., Mullick, A., Ostroff, E., ... & Vanderheiden, G. (1997). *The principles of universal design*. NC State University, The Center for Universal Design. Retrieved from https:// www.ncsu.edu/ncsu/design/cud/about_ud/udprinciplestext.htm

Connor, D. J. (2008). *Urban narratives: Portraits in progress. Life at the intersections of learning disability, race, and social class*. New York, NY: Peter Lang.

Connor, D. J. (2012). Does dis/ability now sit at the table (s) of social justice and multicultural education? A descriptive survey of three recent anthologies. *Disability Studies Quarterly, 32*(3). Retrieved from http://dsq-sds.org/article/view/1770/3095

Connor, D. J., & Baglieri, S. (2009). Tipping the scales: Disability studies asks "How much diversity can you take?". In S. Steinberg (ed.), *Diversity and multiculturalism: A reader* (pp. 341-362). New York, NY: Peter Lang.

Conot, R. (1983). *Justice at Nuremberg*. New York, NY: Carroll & Graf Publishers.

Conrad, B. (1988). Cooperative learning and prejudice reduction. *Social Education,* April/May, 283-286.

Corbett, J. (1996) *Bad-Mouthing: The language of special needs*. Bristol, PA: Falmer Press.

Cornfeld, S., McLeod, E. (Producers), & Stiller, B. (Producer/Director). (2008). *Tropic thunder* [motion picture]. United States: DreamWorks/Paramount Pictures.

Cortiella, C., & Horowitz, S. H. (2014). *The state of learning disabilities: Facts, trends, and emerging issues* (3rd ed.). New York, NY: National Center for Learning Disabilities.

Cosby, B. (Producer). (1984). *The Cosby show* [television series]. New York: Carsey-Werner Company.

Crissey, M., & Rosen, M. (1986). *Institutions for the mentally retarded: A changing role in changing times*. Austin, TX: Pro-Ed.

Crossley, R. (1997). *Speechless: Facilitating communication for people without voices*. New York, NY: Dutton/ Penguin Books USA.

Crutchfield, S., & Epstein, M. (2000). *Points of contact: Disability, art, and culture*. Ann Arbor, MI: University of Michigan Press.

Dalton, B., Proctor, C. P., Uccelli, P., Mo, E., & Snow, C. E. (2011). Designing for diversity: The role of reading strategies and interactive vocabulary in a digital reading environment for fifth-grade monolingual English and bilingual students. *Journal of Literacy Research, 43*(1), 68-100. doi:10.1177/1086296X10397872

Danforth, S., & Rhodes, W. C. (1997). Deconstructing disability: A philosophy for inclusion. *Remedial and Special Education, 18*(6), 357-366.

Danforth, S., & Smith, T. J. (2005). *Engaging troubling students: A constructivist approach*.

Thousand Oaks, CA: Corwin Press.

Daniel R.R. v State Board of Education, 874 F.2d 1036 (5th Circuit Court 1989).

Darder, A., Baltodano, M. P., & Torres, R. D. (2009). *The critical pedagogy reader* (2nd ed.). New York, NY: Routledge.

Darke, P. (1998). Understanding cinematic representations of disability. In T. Shakespeare (ed.), *The disability reader: Social science perspectives* (pp.181-197). London: Cassell.

Davis, L. (1995). *Enforcing normalcy: Disability, deafness and the body*. London: Verso.

Davis, L. (ed.). (1997). *The disability studies reader* . New York, NY: Routledge.

Dawson, M., Soulières, I., Gernsbacher, M. A., & Mottron, L. (2007). The level and nature of autistic intelligence. *Psychological Science, 18,* 657-662.

Dearing, B. (1981). Literary images as stereotypes. In D. Biklen & L. Bailey (eds.), *Rudely stamp'd: Imaginal disability and prejudice* (pp.33-47). Washington, DC: University Press of America.

Dei, G. J. S., James, I. M., Karumanchery, L. L., James-Wilson, S., & Zine, J. (2000). *Removing the margins: The challenges and possibilities of inclusive schooling*. Toronto: Canadian Scholars' Press.

Dewey, J. (1916). *Democracy and education*. New York, NY: MacMillan.

Dewey, J. (1938). *Experience and education*. West Lafayette, IN: Kappa Delta Pi.

Dickens, C. (1843). *A Christmas carol*. London: Chapman & Hall.

DiLeo, J. (1983). *Interpreting children's drawings*. New York, NY: Brunner/Mazel Publishers.

Disabled in Action of Pennsylvania v. Coleman (E.D., Pa. 1976).

Doll, W. (2004). The four R's—An alternative to the Tyler rationale. In D. J. Flinders & S. J. Thornton (eds.), *The curriculum studies reader* (pp.253-260). New York, NY: Routledge.

Dolmage, J., & DeGenaro, W. (eds.). (2005). Responding to *Million Dollar Baby:* A forum. *Disability Studies Quarterly, 25*(3). Retrieved June 21, 2009, from http://www.dsq-sds.org/article/view/590/767

Donaldson, J. (1980). Changing attitudes toward handicapped persons: A review and analysis of research. *Exceptional Children, 46*(7), 504-514.

Du Bois, W. E. B. (1903). *The souls of black folk: Essays and sketches*. Chicago, IL: A.C. McClurg & Co.

Dudley-Marling, C., & Dippo, D. (1995). What learning disability does: Sustaining the ideology of schooling. *Journal of Learning Disabilities, 28*, 406-414.

Durant, W. (1944). *Caesar and Christ*. New York, NY: Simon & Schuster.

Durrell, D. D., Scribner, H. B., McHugh, W. J., Manning, J. C., & Rochfort, G. B. (1959). Adapting instruction to the learning needs of children in the intermediate grades. *The Journal of Education, 142*(2), 1-78.

Dymond, S. K., Renzaglia, A., Rosenstein, A., Eul Jung, C., Banks, R. A., Niswander, V., & Gibson,

C. L. (2006). Using a Participatory Action Research approach to create a universally designed inclusive high school science course: A case study. *Research and Practice for Persons with Severe Disabilities, 31*(4), 293-308.

Edwards, M. (1996). Ability and disability in the Ancient Greek military community. In E. Makas & L. Schlesinger (eds.), *End results and starting points: Expanding the field of disability studies* (pp.29-33). Portland, ME: The Society for Disability Studies and The Muskie Institute.

Edyburn, D. L., & Edyburn, K. D. (2012). Tools for creating accessible, tiered, and multilingual web-based curricula. *Intervention in School & Clinic, 47*(4), 199-205. doi:10.1177/1053451211424603

Eiseland, N. (1994). *The disabled god: Toward a liberatory theology of disability.* Nashville, TN: Abington Press.

Elkins, S., Jones, M., & Ulicny, R. (1987). *The media watch campaign manual.* Lawrence, KA: The Research & Training Center on Independent Living, The University of Kansas.

Epstein, J. L. (2001). *School and family partnerships: Preparing educators and improving schools.* Boulder, CO: Westview Press.

Erevelles, N. (2000). Educating unruly bodies: Critical pedagogy, disability studies, and the politics of schooling. *Educational Theory, 50*(1), 25-47.

Evans, D. (1983). *The lives of mentally retarded persons.* Boulder, CO: Westview Press.

Every Student Succeeds Act (ESSA). (2015). Pub. L. No.114-95. In 114th Congress.

Fan, W., Williams, C. M., & Wolters, C. A. (2012). Parental involvement in predicting school motivation: Similar and differential effects across ethnic groups. *The Journal of Educational Research, 105*(1), 21-35.

Ferguson, A. A. (2001). *Bad boys: Public schools in the making of black masculinity.* Ann Arbor, MI: University of Michigan Press.

Ferguson, P. (1994). *Abandoned to their fate: Social policy and practice toward severely retarded people in America, 1820-1920.* Philadelphia, PA: Temple University Press.

Ferri, B. A., & Connor, D. J. (2005). Tools of exclusion: Race, disability, and (re)segregated education. *Teachers College Record, 107*(3), 453-474.

Ferri, B. A., & Connor, D. J. (2006). *Reading resistance: Discourses of exclusion in desegregation and inclusion debates.* New York, NY: Peter Lang.

Fiedler, L. (1978). *Freaks: Myths and images of the secret self.* New York, NY: Simon & Schuster.

Fiedler, L. (1996). *Tyranny of the normal: Essays on bioethics, theology, and myth.* New Brunswick, NJ: Rutgers University Press.

Fiedorowicz, I. C., Benezra, E., MacDonald, W., McElgunn, B., Wilson, A., & Kaplan, B. (2001). Neurobiological basis of learning disabilities: An update. *Learning Disabilities: A Multidisciplinary Journal, 11*(2), 61-74.

Finerman, W., Starkey, S., Tisch, S. (Producers), & Zemeckis, R. (Director). (1994). *Forrest Gump* [motion picture]. United States: Paramount Pictures.

Finger, A. (1992). The idiot, the cretin and the cripple. *Disability Rag, 13*(6), 23-25.

Fish, W. W. (2008). The IEP meeting. Perceptions of parents of students who receive special education services. *Preventing School Failure, 53*(1), 8-14.

Fleischer, D. Z., & Zames, F. (2001). *The disability rights movement: From charity to confrontation*. Philadelphia, PA: Temple University Press.

Fleming, P.M. (2000). Three decades of educational progress (and continuing barriers) for women and girls. *Equity & Excellence in Education, 33*(1), 74-79.

Flores, M. M. (2008). Universal Design in elementary and middle school: Designing classrooms and instructional practices to ensure access to learning for all students. *Childhood Education, 84*(4), 224-229.

Fosnot, C. T. (ed.). (2005). *Constructivism: Theory, perspectives, and practice* (2nd ed.). New York, NY: Teachers College Press.

Foucault, M. (1965). *Madness and civilization: A history of insanity in the age of reason* (R. Howard, Trans.). New York, NY: Vintage Books.

Francis, K. (2005). Autism interventions: A critical update. *Developmental Medicine & Child Neurology, 47*(7), 493-499.

Franklin, B. M. (1994). *From "backwardness" to "at-risk": Childhood learning diffi culties and the contradictions of school reform*. Albany, NY: State University of New York Press.

Freire, P. (1970). *Pedagogy of the oppressed*. New York, NY: Continuum.

French, R. (1932). *From Homer to Helen Keller: A social and educational study of the blind*. New York, NY: American Foundation of the Blind.

French, S. (1996). Simulation exercises in disability awareness training: A critique. In G. Hales (ed.), *Beyond disability: Towards an enabling society* (pp.114-123). Thousand Oaks, CA: SAGE Publications.

Friedberg, J., Mullins, J., & Sukiennik, A. (1985). *Accept me as I am: Best books of juvenile nonfiction on impairments and disabilities*. New Providence, NJ: R. R. Bowker.

Friedberg, J., Mullins, J., & Sukiennik, A. (1992). *Portraying persons with disabilities (nonfi ction): An annotated bibliography of nonfiction for children and teenagers*. New Providence, NJ: R. R. Bowker.

Friedlander, H. (1995). *The origins of Nazi genocide: From euthanasia to the final solution*. Chapel Hill, NC: The University of North Carolina Press.

Fries, K. (ed.). (1997). *Staring back: The disability experience from the inside out*. New York, NY: Penguin Books.

Fuchs, L. S., Fuchs, D., & Speece, D. L. (2002). Treatment validity as a unifying construct for identifying learning disabilities. *Learning Disability Quarterly, 25*, 33-46.

Funk, R. (1987). Disability rights: From caste to class in the context of civil rights. In A. Gartner & T. Joe (eds.), *Images of the disabled, disabling images* (pp.7-30). New York, NY: Praeger Publishers.

Gabel, S. (2005). *Disability studies in education: Readings in theory and method.* New York, NY: Peter Lang.

Gabel, S. L., & Danforth, S. (2008). *Disability and the politics of education: An international reader.* New York, NY: Peter Lang.

Galinsky, A.D., Hugenberg, K., Groom, C., & Bodenhausen, G. V. (2003). The reappropriation of stigmatizing labels: Implications for social identity. In J. Polzer (ed.), *Research on managing groups and teams* (Vol.5, pp.221-256). Amsterdam, The Netherlands: Elsevier Science.

Gallagher, D. J. (2001). Neutrality as a moral standpoint, conceptual confusion and the full inclusion debate. *Disability and Society, 16*(5), 637-654.

Gallagher, H. (1995). *By trust betrayed: Patients, physicians, and the license to kill in the Third Reich.* Arlington, VA: Vandamere Press.

Gallaudet Research Institute. (2003). Regional and National Summary Report of Data from the 2001-2002 Annual Survey of Deaf and Hard of Hearing Children & Youth [electronic version]. Retrieved August 15, 2006 from http://gri.gallaudet.edu/Demographics/2002_National_Summary.pdf

Garderen, D. van, & Whittaker, C. (2006). Planning differentiated, multicultural instruction for secondary inclusive classrooms. *Teaching Exceptional Children, 38*(3), 12-20.

Gardner, H., & Hatch, T. (1989). Multiple intelligences go to school: Educational implications of the theory of multiple intelligences. *Educational Researcher, 18*(8), 4-9.

Garland, R. (1995). *The eye of the beholder: Deformity and disability in the Greco-Roman world.* Ithaca, NY: Cornell University Press.

Garland Thomson, R. (1997). *Extraordinary bodies: Figuring physical disability in American culture and literature.* New York, NY: Columbia University Press.

Gearheart, B., Mullen, R., & Gearheart, C. (1993). *Exceptional individuals: An introduction.* Belmont, CA: Brooks/Cole Publishing Co.

Gilhool, T. K. (1997). The events, forces and issues that triggered enactment of the Education for All Handicapped Children Act of 1975. In D. K. Lipsky & A. Gartner (eds.), *Inclusion and school reform: Transforming America's classrooms* (pp.263-273). Baltimore, MD: Paul H. Brookes.

Gill, C. J., & Voss, L. A. (2005). Views of disabled people regarding legalized assisted suicide before and after a balanced informational presentation. *Journal of Disability Policy Studies, 16*(1), 6-15.

Gilligan, V. (Producer). (2008). *Breaking bad* [television series]. New York, NY: AMC Networks.

Gindis, B. (1999). Vygotsky's vision: Reshaping the practice of special education for the 21st century. *Remedial and Special Education, 20*(6), 333-340.

Glass, D. O. N., Meyer, A., & Rose, D. H. (2013). Universal Design for learning and the arts. *Harvard Educational Review, 83*(1), 98-119.

Gliedman, J. (1979, August). The wheelchair rebellion. *Psychology Today*, pp.59, 60, 63, 64, 99, 101.

Gliedman, J., & Roth, W. (1980). *The unexpected minority: Handicapped children in America*. New York, NY: Harcourt Brace Jovanovich.

Goddard, H. (1912). *The Kallikak family: A study in the heredity of feeble-mindedness*. New York, NY: Macmillan.

Goffman, E. (1963). *Stigma: Notes on the management of spoiled identities*. Englewood Cliffs, NJ: Prentice-Hall.

González, N., Moll, L. C., & Amanti, C. (eds.). (2006). *Funds of knowledge: Theorizing practices in households, communities, and classrooms*. New York, NY: Routledge.

Goodley, D. (2011). *Disability studies: An interdisciplinary introduction*. London: Sage.

Goodley, D. (2014). *Dis/ability studies: Theorising disablism and ableism*. New York, NY: Routledge.

Gordon, B. O., & Rosenblum, K. E. (2001). Bringing disability into the sociological frame: A comparison of disability with race, sex, and sexual orientation statuses. *Disability & Society, 16*(1), 5-19.

Gould, S. (1981). *The mismeasure of man*. New York, NY: W. W. Norton & Company.

Gould, W. (1933). Euthanasia. *Journal of the Institute of Homeopathy, 27,* 82.

Grandin, T. (1995). *Thinking in pictures: And other reports from my life with autism,* New York, NY: Vintage.

Grandin, T. (ed.). (2007). *Livestock handling and transport* (3rd ed.). Wallingford, UK: CAB International.

Grandin, T., & Johnson, C. (2005). *Animals in translation*. New York, NY: Scribner.

Grandin, T., & Scariano, M. M. (1986). *Emergence: Labeled autistic*. New York, NY: Warner Books.

Greene, M. (1971). Curriculum and consciousness. *Teachers College Record, 73*(2), 253-269.

Greene, M. (1977). Toward wide-awakeness: An argument for the arts and humanities in education. *Teachers College Record, 79*(1), 119-125.

Greenstein, A. (2015). *Radical inclusive education: Disability, teaching and struggles for liberation*. New York, NY: Routledge.

G rindler, M., Stratton, B., & McKenna, M. (1997). *The right book, the right time: Helping children cope*. Boston, MA: Allyn & Bacon.

Grob, G. (1994). *The mad among us: A history of the care of America's mentally ill*. New York, NY: The Free Press.

Grolnick, W. S., & Slowiaczek, M. L. (1994). Parents' involvement in children's schooling: A multidimensional conceptualization and motivational model. *Child Development, 65*, 237-252.

Gross, Z. (2014). *Anti-filicide toolkit*. Washington, DC: Autistic Self Advocacy Network.

Guinagh, B. (1980). The social integration of handicapped children. *Phi Delta Kappan, 62*(1), 27-29.

Gutiérrez, K. D., Baquedano-López, P., Alvarez, H. H., & Chiu, M. M. (1999). Building a culture of collaboration through hybrid language practices. *Theory Into Practice, 38*(2), 87-93.

Haddon, M., & Rogers D. Spotswood Collection. (2003). *The curious incident of the dog in the night-time*. New York, NY: Doubleday.

Haggis, P., Rosenberg, T., Ruddy, A. S. (Producers), & Eastwood, C. (Producer/Director). (2004). *Million dollar baby* [motion picture]. Los Angeles, CA: Warner Brothers Pictures.

Hahn, D. (Producer), Trousdale, G., & Wise, K. (Directors). (1996). *The hunchback of Notre Dame* [motion picture]. United States: Walt Disney Pictures, Buena Vista Distribution.

Hahn, H. (1987). Civil rights for disabled Americans: The foundation of a political agenda. In A. Gartner & T. Joe (eds.), *Images of the disabled, disabling images* (pp. 181-203). New York, NY: Praeger Publishers.

Hahn, H. (1988). The politics of physical differences: Disability and discrimination. *Journal of Social Issues, 44*, 39-47. doi:10.1111/j.1540-4560.1988.tb02047.x

Haj, F. (1970). *Disability in antiquity*. New York, NY: Philosophical Library, cited in D. Moores (1996). Educating the Deaf: Psychology, principles, and practices (4th ed.). Boston, MA: Houghton Mifflin Co.

Hale, C. (2008). *From exclusivity to exclusion: The LD experience of privileged parents* (Doctoral dissertation). Retrieved from ProQuest Dissertations Publishing. (3325396).

Hall, T. E., Cohen, N., Vue, G., & Ganley, P. (2015). Addressing learning disabilities with UDL and technology: Strategic reader. *Learning Disability Quarterly , 38*(2), 72-83. doi:10.1177/0731948714544375

Hall, T. E., Meyer, A., & Rose, D. H. (eds.). (2012). *Universal design for learning in the classroom: Practical applications*. New York, NY: Guilford Press.

Haller, B. (2000). False positive. *Ragged Edge Online,* January/February. Retrieved April 20, 2002, from http:// www.raggededgemagazine.com/0100/c0100media.htm

Haller, B. A. (2010). *Representing disability in an ableist world: Essays on mass media*. Louisville, KY: Advocado Press.

Haller, M. (1963). *Eugenics: Hereditarian attitudes in American thought*. New Brunswick, NJ: Rutgers University Press.

Hardman, M., Drew, C., & Egan, M. (1996). *Human exceptionality: Society, school, and family* (5th ed.). Needham Heights, MA: Allyn & Bacon, Simon & Schuster Company.

Harris, C. (1993). Whiteness as property. *Harvard Law Review, 106*, 1709-1791.

Harry, B. (1994). *The disproportionate representation of minority students in special education: Theories and recommendations*. Alexandria, VA: Project FORUM, National Association of State Directors of Special Education.

Harry, B., & Klingner, J. (2005). *Why are so many minority students in special education? Understanding race and disability in schools*. New York, NY: Teachers College Press.

Harry, B., Klingner, J. K., & Hart, J. (2005). African American families under fire: Ethnographic view of family strengths. *Remedial and Special Education, 26*(2), 101-112.

Hart, S., Dixon, A., Drummond, M. J., & McIntyre, D. (2004). *Learning without limits*. Maidenhead, UK: Open University Press.

Henderson, H., & Bryan, W. (1997). *Psychosocial aspects of disability*. Springfield, IL: Charles C. Thomas.

Herskovitz, M., Solomon, R., Zwick, E. (Producers), & Nelson, J. (Producer/Director). (2001). *I am Sam* [motion picture]. United States: New Line Production.

Heshusius, L. (1989). The Newtonian mechanistic paradigm, special education, and the contours of alternatives: An overview. *Journal of Learning Disabilities, 22*, 402-415.

Hewett, F., & Forness, S. (1977). *Education of exceptional learners* (2nd ed.). Boston, MA: Allyn & Bacon.

Higher Education Opportunity Act of 2008 , 20 U.S.C. § 1001 et seq.

Hitler, A. (1971). *Mein Kampf* (R. Manheim, Trans.). Boston, MA: Houghton Mifflin Co. (Original work published 1925)

Hockenberry, J. (1995). *Moving violations: A memoir of war zones, wheelchairs, and declarations of independence*. New York, NY: Hyperion.

Hollander, R. (1989). Euthanasia and mental retardation: Suggesting the unthinkable. *Mental Retardation, 27*(2), 53-61.

Holt, J. (1964). *How children fail*. New York, NY: Pitman.

Holt, J. (2004). *Instead of education: Ways to help people do things better*. Boulder, CO: Sentient Publications.

Horowitz, S. M., Bility, K. M., Plichta, S. B., Leaf, P. J., & Haynes, N. (1998). Teachers' assessments of behavioral disorders. *American Journal of Orthopsychiatry, 68*(1), 117-125.

Hoversten, P. (August 18, 1995a). Radiation test report: 16,000 were subjects. *USA Today*, p.1A.

Hoversten, P. (August 18, 1995b). Hunting radiation records—and truth. *USA Today*, p.3A.

Hugo, V. (1831). The hunchback of Notre Dame. New York: Bantam Classics (1986 ed.).

Hull, J. (1990). Touching the rock: An experience of blindness. New York, NY: Vintage Press.

Hunt, N., & Marshall, K. (1994). Exceptional children and youth: An introduction to special education. Boston, MA: Houghton Mifflin Co.

Hunter, M. (1982). Mastery teaching . Thousand Oaks, CA: Corwin Press.

Illich, I. (1971). *Deschooling society*. New York, NY: Harper & Row.

Individuals with Disabilities Education Act (IDEA). P.L. 101-47-642, U.S.C. (1990).

Individuals with Disabilities Education Improvement Act of 2004. Pub. L. No.108-446, 118 Stat. 2658 (2004).

Ingstad, B., & Whyte, S. (eds.). (1995). *Disability and culture*. Berkeley, CA: University of California Press.

James, H. (1975). *The little victims: How America treats its children*. New York, NY: David McKay Company, Inc.

Jernigan, K. (1983). Blindness: Disability or nuisance. In R. Jones (ed.), *Reflections on growing up disabled* (pp.58-67). Reston, VA: Council for Exceptional Children.

Jimenez, T. C., Graf, V. L., & Rose, E. (2007). Gaining access to general education: The promise of universal design for learning. *Issues in Teacher Education, 16*(2), 41-54.

J ohnson, D. W., & Johnson, R. T. (1999). Making cooperative learning work. *Theory Into Practice, 38*(2), 67-73.

Johnson, E. (January/February, 1987). Life unworthy of life. *Disability Rag, 8*(1), 24-26.

Johnson, H. M. (2003, February 16). Unspeakable conversations. *The New York Times*.

Johnson, H. M.(2005). *Too late to die young: Nearly true tales from a life*. New York, NY: Picador.

Johnson, M. (1994). Communicative action and its utility in disability research. In E. Makas & L. Schlesinger (eds.), *Insights and outlooks: Current trends in disability studies* (pp.9-16). Portland, ME: The Society for Disability Studies.

Johnson, M. (Producer), & L evinson, B. (Director). (1988). *Rainman* [motion picture]. United States: MGM.

Johnson, R., & Johnson, D. (1980). The social integration of handicapped students into the mainstream. In M. Reynolds (ed.), *Social environment of the schools* (pp. 9-37). Reston, VA: The Council for Exceptional Children.

Johnson, W. (1956). An open letter to the mother of a stuttering child. In W. Johnson, S. Brown, J. Curtis, C. Edney, & S. Keaster (1959 ed.), *Speech handicapped school children* (pp.443-449). New York: Harper & Bros. Reprinted by the National Society for Crippled Children and Adults.

Jorgensen, C. M. (1996). Designing inclusive curricula right from the start: Practical strategies and examples for the high school classroom. In S. Stainback & W. Stainback (eds.), *Inclusion: A guide for educators* (pp.221-236). Baltimore, MD: Paul H. Brookes.

Jorgensen, C. M., McSheehan, M., & Sonnenmeier, R. M. (2007). Presumed competence refl ected in the educational programs of students with IDD before and after the Beyond Access professional development intervention. *Journal of Intellectual & Developmental Disability, 32*(4), 248-262.

J orgensen, C. M., McSheehan, M., & Sonnenmeier, R. M. (2010). *The beyond access model. Promoting membership, participation, and learning for students with disabilities in the general education classroom*. Baltimore, MD: Paul. H. Brookes.

K aestle, C. (1976). Conflict and consensus revisited: Notes toward a reinterpretation of American educational history. *Harvard Educational Review, 46*(3), 390-396.

Kalyanpur, M., & Harry, B. (1999). *Culture in special education: Building reciprocal family-professional relationships*. Baltimore, MD: Paul H. Brookes.

Kane, H., & Tangdhanakanond, K. (2008). A comparison of discrepancy procedures for learning disabilities: Evidence from the United States. *International Journal of Special Education, 23*(2), 70-77.

Kanner, L. (1964). *A history of the care and study of the mentally retarded*. Springfield, IL: Charles C. Thomas.

Kasa-Hendrickson, C. (2005). 'There's no way this kid's retarded': Teachers' optimistic constructions of students' ability. *International Journal of Inclusive Education, 9*(1), 55-69.

Kater, M. (1989). *Doctors under Hitler*. Chapel Hill, NC: The University of North Carolina Press.

Katz, J. (2013). The Three Block Model of Universal Design for Learning (UDL): Engaging students in inclusive education. *Canadian Journal of Education, 36*(1), 153-194.

Katz, J., & Sugden, R. (2013). The three-block model of universal design for learning implementation in a high school. *Canadian Journal of Educational Administration and Policy,* issue 141, 1-28.

Kavale, K. A. (2002). Mainstreaming to full inclusion: From orthogenesis to pathogenesis of an idea. *International Journal of Disability, Development and Education, 49*(2), 201-214.

Kelley, M. J. (2013). Blindness as physical and moral disorder in the works of Gonzalo de Berceo. *Hispanic Review, 73*(2), 131-155.

Kelsay, D. M. R., & Tyler, R. S. (1996). Advantages and disadvantages expected and realized by pediatric cochlear implant recipients as reported by their parents. *American Journal of Otology, 17*(6), 866-873.

Kennedy, K., Marshall, F., Molen, G. R. (Producers), & Spielberg, S. (Director). (1991). *Hook* [motion picture]. United States: TriStar Pictures.

Kennedy, M. J., Thomas, C. N., Meyer, J. P., Alves, K. D., & Lloyd, J. W. (2014). Using evidence-based multimedia to improve vocabulary performance of adolescents with LD: A UDL approach. *Learning Disability Quarterly, 37*(2), 71-86. doi:10.1177/0731948713507262

Kiger, G. (1989). Disability in fi lm and social life: A dramaturgical perspective. In S . Hey, G. Kiger, & D. Evans (eds.), T*he changing world of impaired and disabled people in society* (pp. 149-159). Salem, OR: The Society for Disability Studies and Willamette University.

King-Sears, M. E., Johnson, T. M., Berkeley, S., Weiss, M. P., Peters-Burton, E. E., Evmenova, A. S., ... Hursh, J. C. (2015). An exploratory study of universal design for teaching chemistry to students with and without disabilities. *Learning Disability Quarterly, 38*(2), 84-96. doi:10.1177/0731948714564575

Kirchner, C. (1996). Looking under the street lamp: Inappropriate uses of measures just because they are there. *Journal of Disability Policy Studies, 7*(1), 77-90.

Kirschner, K. L., Brashler, R., & Savage, T. A. (2007). Ashley X. *American Journal of Physical Medicine & Rehabilitation, 86*(12), 1023-1029.

Kisor, H. (1990). *What's that pig outdoors? A memoir of deafness*. New York: Hill & Wang.

Klift, E. V. d., & Kunc, N. (1994). Beyond benevolence: Friendship and the politics of help. In J. S. Thousand, R. A. Villa, & A. I. Nevin (eds.), *Creativity and collaborative learning: A practical guide to empowering students and teachers*. Baltimore, MD: Paul H. Brookes Publishing Co.

Koegel, L. K., Koegel, R. L., Harrower, J. K., & Carter, C. M. (1999). Pivotal Response Intervention I: Overview of approach. *The Journal of the Association for Persons with Severe Handicaps, 24*(3), 174-185.

Koegel, L. K., Koegel, R. L., Shoshan, Y., & McNerney, E. (1999). Pivotal Response Intervention II: Preliminary long-term outcome data. *The Journal of the Association for Persons with Severe Handicaps, 24*(3), 186-198.

Kokaska, C., & Brolin, D. (1985). *Career education for handicapped individuals* (2nd ed.). New York, NY: Merrill, Macmillan Publishing Co.

Kortering, L. J., McClannon, T. W., & Braziel, P.M. (2008). Universal Design for Learning: A look at what algebra and biology students with and without high incidence conditions are saying. *Remedial & Special Education, 29*(6), 352-363.

Korthagen, F. A. J. (1999). Linking reflection and technical competence: The logbook as an instrument in teacher education. *European Journal of Teacher Education, 22*(2/3), 191-207.

K ozleski, E. B., & Thorius, K. K. (eds.). (2014). *Ability, equity, and culture: Sustaining inclusive urban education reform*. New York, NY: Teachers College Press.

Kozol, J. (1991). *Savage inequalities*. New York, NY: Crown.

Kozol, J. (2005). *The shame of the nation: The restoration of apartheid schooling in America*. New York, NY: Crown.

Kriegel, L. (Fall, 1982). The wolf in the pit in the zoo. *Social Policy, 13*, 16-23.

Kriegel, L. (1991). *Falling into life*. San Francisco, CA: North Point Press.

K roeger, S. D., Leibold, C. K., & Ryan, B. (1999). Creating a sense of ownership in the IEP process. *Teaching Exceptional Children, 32*(1), 4-9.

Kudlick, C. J. (2003). Disability history: Why we need another "other". Retrieved August 22, 2003, from http:// www.historycoop.org/journals/ahr/108.3/kudlick.html

Kuhl, S. (1994). *The Nazi connection: Eugenics, American racism, and German national socialism*. New York, NY: Oxford University Press.

Kumashiro, K. K. (2012). *Bad teacher! How blaming teachers distorts the bigger picture*. New York, NY: Teachers College Press.

K urtts, S. A., Matthews, C. E., & Smallwood, T. (2009). (Dis)Solving the differences: A physical science lesson using Universal Design. *Intervention in School & Clinic, 44*(3), 151-159.

L'Abate, L., & Curtis, L. (1975). *Teaching the exceptional child*. Philadelphia, PA: W. B. Saunders Co.

Ladson-Billings, G. (1995). Toward a theory of culturally relevant pedagogy. *American Education Research Journal, 32*(3), 465-491.

Ladson-Billings, G. (2009). Race still matters: Critical race theory in education. In M. W. Apple, W. Au, & L. A. Gandin (eds.), *Routledge international handbook of critical education* (pp. 110-122). New York, NY: Routledge.

Ladson-Billings, G. (2014). Culturally relevant pedagogy 2.0: aka the remix. *Harvard Educational Review, 84*(1), 74-84.

Ladson-Billings, G., & Tate, W. (1995). Toward a Critical Race Theory of education. *Teachers College Record, 97*(1), 47-68.

Lalvani, P. (2012). Parents' participation in special education in the context of implicit educational ideologies and socioeconomic status. *Education and Training in Autism and Developmental Disabilities, 47*(4), 474-486.

Lareau, A. (1996). Assessing parent involvement in schooling: A critical analysis. In A. Booth & J. F. Dunn (eds.), *Family-school links* (pp.57-64). Mahwah, NJ: Lawrence Erlbaum Associates.

Lavoie, R. (Writer). (1989). How diffi cult can this be? The F.A.T. City workshop [DVD]. USA: www.ricklavoie.com.

Lederer, J. M. (2000). Reciprocal teaching of social studies in inclusive elementary classrooms. *Journal of Learning Disabilities, 33*(1), 91-106.

Lee, C. D. (2007). *Culture, literacy, and learning: Taking bloom in the midst of the whirlwind*. New York, NY: Teachers College Press.

Lee, S., Everett, B., & Rosen, S. (1964). "The origin of Daredevil." *Daredevil* #1. New York, NY: Marvel Comics.

Leonardo, Z. (2009). *Race, whiteness, and education*. New York, NY: Routledge.

Leroux, G. (1910). *The phantom of the opera*. Paris: Pierre Lafitte and Cie.

Lessen, E. (1994). *Exceptional persons in society*. Needham Heights, MA: Simon & Schuster.

Lieberman, L. J., Lytle, R. K., & Clarcq, J. A. (2008). Getting it right from the start: Employing the Universal Design for Learning approach to your curriculum. *JOPERD: The Journal of Physical Education, Recreation & Dance, 79*(2), 32-39.

Lifton, R. (1986). *The Nazi doctors: Medical killing and the psychology of genocide*. New York, NY: Basic Books.

Lifton, R. (1990). Sterilization and euthanasia. In M. Berenbaum, (ed.), *A mosaic of victims: Non-Jews persecuted and murdered by the Nazis* (pp.222-228). New York, NY: New York University Press.

Linton, S. (1998). *Claiming disability: Knowledge and identity*. New York, NY: New York University Press.

Linton, S. (2007). *My body politic:* A memoir. Ann Arbor, MI: University of Michigan Press.

Linton, S. (2008). Simi Linton: Disability/Arts [website]. Accessed March 13, 2008, at http://www.similinton. com/dac.htm

Lo, L. (2008). Interactions between Chinese parents and special education professionals in IEP meetings: Implications for the education of Chinese immigrant children with disabilities. In G. Li & L. Wang (eds.), *Model minority myth revisited: An interdisciplinary approach to demystifying Asian American educational experiences* (pp.195-212). Charlotte, NC: Information Age Publishing.

Long, E. (1985/1990). Riding the iron worm. In A. Brightman (ed.), *Ordinary moments: The disabled experience* (pp.79-98). Syracuse, NY: Human Policy Press.

Longmore, P. (1987). Screening stereotypes: Images of disabled people in television and motion pictures. In A. Gartner & T. Joe (eds.), *Images of the disabled, disabling images* (pp. 65-78). New York, NY: Praeger.

Longmore, P. (2005). The cultural framing of disability: Telethons as a case study. *Publications of the Modern Language Association of America, 120*(2), 502-517.

Longmore, P. K., & Umansky, L. (eds.). (2001). *The new disability history: American perspectives*. New York, NY: New York University Press.

Losen, D. J., & Orfield, G. (eds.). (2002). *Racial inequity in special education*. Boston, MA: Harvard Educational Publishing Group.

Luke, C., & Gore, J. (1992). *Feminisms and critical pedagogy*. New York, NY: Routledge.

Lynch, S. A., & Warner, L. (2008). Creating lesson plans for all learners. *Kappa Delta Pi Record, 45*(1), 10-15.

Mace, R. L., Hardie, G. J., & Place, J. P. (1990). *Accessible environments: Toward universal design*. Raleigh, NC: Center for Accessible Housing, North Carolina State University.

MacFarlane, S. (Producer). (1999). *Family guy* [television series]. Los Angeles, CA: Fox Broadcasting Company.

Mackelprang, R., & Salsgiver, O. (Jan.,1996). People with disabilities and social work: Historical and contemporary issues. *Social Work, 41*(1), 7-14.

Maloff, C., & Wood, S. (1988). *Business and social etiquette with disabled people: A guide to getting along with persons who have impairments of mobility, vision, hearing, or speech*. Springfield, IL: Charles C. Thomas.

Margolis, H., & Shapiro, A. (1987). Countering negative images of disability in classical literature. *The English Journal, 76*(3), 18-22.

Mariage, T. V., Paxton-Buursma, D. J., & Bouck, E. C. (2004). Interanimation: Repositioning possibilities in educational contexts. *Journal of Learning Disabilities, 37*(6), 534-549.

Marino, M. T. (2009). Understanding how adolescents with reading difficulties utilize technology-based tools. *Exceptionality, 17*(2), 88-102. doi:10.1080/09362830902805848

Marino, M. T., Black, A. C., Hayes, M. T., & Beecher, C. C. (2010). An analysis of factors that affect struggling readers' achievement during a technology-enhanced STEM astronomy curriculum. *Journal of Special Education Technology, 25*(3), 35-47.

Marino, M. T., Gotch, C. M., Israel, M., Vasquez, E., Basham, J. D., & Becht, K. (2014). UDL in the middle school science classroom: Can video games and alternative text heighten engagement and learning for students with learning disabilities? *Learning Disability Quarterly, 37*(2), 87-99. doi:10.1177/0731948713503963

Martin, G. R. R. (1996). *A game of thrones*. New York, NY: Bantam Spectra.

Martin, J. E., Marshall, L. H., Maxson, L. M., & Jerman, P. (1996). *Self-directed IEP*. Longmont, CO: Sopris West.

Mason, C. Y., McGahee-Kovac, M., & Johnson, L. (2004). How to help students lead their IEP meetings. *Teaching Exceptional Children, 36*(3), 18-25.

McConnell, S. R. (2002). Interventions to facilitate social interaction for young children with autism: Review of available research and recommendations for educational intervention and future research. *Journal of Autism and Developmental Disorders, 32*(5), 351-372.

McCormic, P., Fisher, L., Wick, D. (Producers), & Hogan, P. J., (Director). (2003). *Peter Pan* [motion picture]. United States: Universal Studios, Columbia Pictures.

McDermott, R., & Varenne, H. (1995). Culture "as" disability. *Anthropology and Education Quarterly, 26*(3), 324-348.

McGuire, J. M. (2014). Universally Accessible Instruction: Oxymoron or opportunity? *Journal of Postsecondary Education and Disability, 27*(4), 387-398.

McGuire, J. M., Scott, S. S., & Shaw, S. F. (2006). Universal design and its applications in educational environments. *Remedial and Special Education, 27*(3), 166-175.

McLaren, P. (2003). Critical pedagogy: A look at the major concepts. In A. Darder, M. Baltodano, & R. D. Torres (eds.), *The critical pedagogy reader* (pp. 69-96). New York, NY: RoutledgeFalmer.

McLaughlin, M. W., & Talbert, J. E. (1992). *Social constructions of students: Challenges to policy coherence.* Paper presented at the American Educational Research Association Annual Meeting, Washington, DC.

McNeal Jr, R. B. (2012). Checking in or checking out? Investigating the parent involvement reactive hypothesis. *The Journal of Educational Research, 105*(2), 79-89.

McTighe, J., & Brown, J. L. (2005). Differentiated instruction and educational standards: Is detente possible? *Theory Into Practice, 44*(3), 234-244.

McTighe, J., & Wiggins, G. (2004). *The understanding by design professional development workbook.* Alexandria, VA: ASCD.

Meo, G. (2008). Curriculum planning for all learners: applying Universal Design for Learning (UDL) to a high school reading comprehension program. *Preventing School Failure, 52*(2), 21-30.

M etcalf, U. (1818). The interior of Bethlehem Hospital. In D. Peterson (ed.). (1982), *A mad people's history of madness.* Pittsburgh, PA: University of Pittsburgh Press.

Metz, M. H. (1994). Desegregation as necessity and challenge. *Journal of Negro Education, 63*(1), 64-76.

Meyer, A., Rose, D. H., & Gordon, D. (2014). *Universal design for learning: Theory and practice.* Wakefield, MA: CAST Professional Publishing.

Mezirow, J. (1991). *Transformative dimensions of adult learning.* San Francisco, CA: Jossey-Bass.

Mezirow, J. (1998). On critical reflection. *Adult Education Quarterly, 48*(3), 185-198.

Miller, H. M. (2001). Including "the included". *The Reading Teacher, 54*(8), 820-822.

Mills v. Board of Education of District of Columbia, 348 F. Supp. 866 (D.D.C. 1972).

Miron, G., Urschel, J. L., Mathis, W. J., & Tornquist, E. (2010). Schools without diversity: education management organizations, charter schools, and the demographic stratification of the American school system. Boulder, CO: Education and the Public Interest Center. Retrieved from http://eric.ed.gov/?id=ED509329

Mitchell, D. T., & Snyder, S. L. (Producers/Directors). (1995). *Vital signs: Crip culture talks back* [motion picture]. United States: Fanlight Productions.

Mitchell, D. T., & Snyder, S. L. (2001). *Narrative prosthesis: Disability and the dependencies of discourse.* Ann Arbor, MI: University of Michigan Press.

Mitchell, D. T., Snyder, S. L., & Ware, L. (2014). "[Every] Child Left Behind": Curricular cripistemologies and the crip/queer art of failure. *Journal of Literary & Cultural Disability*

Studies, 8(3), 295-313.

Monestier, M. (1987). *Human oddities: A book of nature's anomalies*. Secaucus, NJ: Citadel Press.

Mooney, J. (2007). *The short bus: A journey beyond normal*. New York, NY: Henry Holt.

Moores, D. (1996). *Educating the Deaf: Psychology, principles, and practices*. Boston, MA: Houghton Mifflin Co.

Morgan, S. (1987). *Abuse and neglect of handicapped children*. Boston, MA: Little, Brown and Company.

Morocco, C. C. (2001). Teaching for understanding with students with disabilities: New directions for research on access to the general education curriculum. *Learning Disability Quarterly, 24*(1), 5-13.

Morocco, C. C., & Hindin, A. (2002). The role of conversation in a thematic understanding of literature. *Learning Disabilities Research and Practice, 17*(3), 144-159.

Mr. Snafoo. (1997, December 21). *The New York Times,* Section 6, p.21.

Mueller, T. G. (2009). IEP facilitation: A promising approach to resolving confl icts between families and schools. *Teaching Exceptional Children, 41*(3), 60-67.

Müller, I. (1991). *Hitler's justice: The courts of the Third Reich*. Cambridge, MA: Harvard University Press.

Murugami, M. W. (2009). Disability and identity. *Disability Studies Quarterly, 29*(4). http://dsq-sds.org/article/ view/979/1173

Nario-Redmond, M. (2008, June). *Consensus for disability stereotypes: Maintaining group boundaries and legitimizing the status quo*. Paper presented at the meeting of the Society for Disability Studies, New York, NY.

Narkon, D. E., & Wells, J. C. (2013). Improving reading comprehension for elementary students with learning disabilities: UDL enhanced story mapping. *Preventing School Failure, 57*(4), 231-239. doi:10.1080/1045 988X.2012.726286

National Association of the Deaf. (2000). *Cochlear implants: NAD position statement*. Retrieved June 5, 2009, from http://www.nad.org/ciposition

National Center for Education Statistics [NCES]. (2015). Table 204.30: Children 3 to 21 years old served under Individuals with Disabilities Education Act (IDEA), Part B, by type of disability: Selected years, 1976-77 through 2013-14. Retrieved from https://nces.ed.gov/programs/digest/d15/tables/dt15_204.30.asp

National Child Traumatic Stress Network. (2004). Facts on trauma and deaf children [electronic version]. Retrieved August 1, 2008, from www.NCTSNet.org

Nielsen, K. E. (2012). *A disability history of the United States* (Vol. 2). Boston, MA: Beacon Press.

Noddings, N. (1994). An ethic of caring and its implications for instructional arrangements. In L.

Stone (ed.), *The education feminism reader* (pp.171–183). New York, NY: Routledge.

Noguera, P. A. (2008). *The trouble with black boys: And other reflections on race, equity and the future of public education.* Hoboken, NJ: John Wiley & Sons.

Nussbaum, S. (2013). *Good kings, bad kings: A novel.* Chapel Hill, NC: Algonquin Books.

Obermann, C. (1965). *A history of vocational rehabilitation in America.* Minneapolis, MN: T. S. Denison.

Oberti vs. Board of Education of the Borough of Clementon School District (3rd Circuit Court, 1993).

O'Brien, J., Forest, M., Snow, J., Pearpoint, J., & Hasbury, D. (1989). *Action for inclusion: How to improve schools by welcoming children with special needs into regular classrooms.* Toronto: Inclusion Press.

O'Brien, R. (ed.). (2004). *Voices from the edge: Narratives about the Americans with Disabilities Act.* Oxford: Oxford University Press.

Ogle, D. (1986). K-W-L: A teaching model that develops active reading of expository text. *The Reading Teacher, 39*, 564–570.

Oliver, M. (1983). *Social work with disabled people.* Basingstoke, UK: Macmillan.

Oliver, M. (1990). *The politics of disablement: A sociological approach.* New York, NY: St. Martin's Press.

Oliver, M. (1996). *Understanding disability. From theory to practice.* Basingstoke, UK: Macmillan.

O liver, M. J. (1999). Capitalism, disability, and ideology: A materialist critique of the normalization principle. In R. J. Flynn & R. A. Lemay (eds.), *A quarter-century of normalization and social role valorization: Evolution and impact* (pp.163–173). Ottawa: University of Ottawa Press.

Onosko, J. J., & Jorgensen, C. M. (1998). Unit and lesson planning in the inclusive classroom: Maximizing learning opportunities for all students. In C. M. Jorgensen (ed.), *Restructuring high schools for all students* (pp.71–105). Baltimore, MD: Brookes.

Opp, G. (1994). Historical roots of the field of learning disabilities: Some nineteenth-century German contributions. *Journal of Learning Disabilities, 27*(January), 10–19.

Orkwis, R. & McLane, K. (1998). A curriculum every student can use: Design principles for student access. Reston, VA: ERIC/OSEP Special Project. Retrieved from http://files.eric.ed.gov/fulltext/ED423654.pdf

Owen, A., Rosenfelt, K. (Producers), & S harrock, T. (Director). (2016). *Me before you* [motion picture]. USA: Metro-Goldwyn-Mayer.

Oyler, C. (2001). Democratic classrooms and accessible instruction. *Democracy & Education, 14*(1), 28–31.

Padden, C., & Humphries, T. (1988). *Deaf in America: Voices from a culture.* Cambridge, MA: Harvard University Press.

Palacio, R. J. (2012). *Wonder.* New York, NY: Random House.

Palincsar, A. S., & Brown, A. L. (1984). Reciprocal teaching of comprehension-fostering and comprehension-monitoring activities. *Cognition and Instruction, 1*(2), 117-175.

Palincsar, A. S. (1998). Social constructivist perspectives on teaching and learning. *Annual Review of Psychology, 49,* 345-375.

Palincsar, A. S., Magnusson, S. J., Collins, K. M., & Cutter, J. (2001). Making science accessible to all: Results of a design experiment in inclusive classrooms. *Learning Disability Quarterly, 24*(1), 15-32.

Paré, A. (1982). *On monsters and marvels* (J. Pallister, Trans.) Chicago, IL: University of Chicago Press. (Original work published 1840).

Parens, E., & Asch, A. (eds.). (2000). *Prenatal testing and disability rights.* Washington, DC: Georgetown University Press.

Paris, D. (2012). Culturally sustaining pedagogy: A needed change in stance, terminology, and practice. *Educational Researcher, 41*(3), 93-97.

Paul, P. V., & Ward, M. E. (1996). Inclusion paradigms in conflict. *Theory Into Practice, 35*(1), 4-11.

Pearson, N. (Producer), & Sheridan, J. (Director). (1989). *My left foot* [motion picture]. Ireland, UK: Granada Films (UK), Miramax Films.

Pedroni, T. C. (2006). Acting neoliberal: Is Black support for vouchers a rejection of progressive educational values? *Educational Studies, 40*(3), 265-278.

Pennsylvania Association for Retarded Children v. Commonwealth of Pennsylvania, 334 F. Supp. 1257 (E.D. Pa. 1971), 343; F. Supp. 279 (E.D. Pa. 1972).

People in motion: Viewers guide. (1995). New York, NY: Thirteen: WNET. Available from: People in Motion, Box 245, Little Falls, NJ 07424-0245.

Pernick, M. (1996). *The black stork: Eugenics and the death of "defective" babies in American medicine and motion pictures since 1915.* New York, NY: Oxford University Press.

Peters, S. (2000). Is there a disability culture? A syncretisation of three possible world views. *Disability & Society, 15*(4), 583-601.

Pisha, B., & Coyne, P. (2001). Smart from the start: The promise of universal design for learning. *Remedial and Special Education, 22*(4), 197-203.

Plessy v. Ferguson, 163 U.S. 537 (1896).

Pope, A., & Tarlov, A. (eds.). (1991). *Disability in America.* Washington, DC: Committee on a National Agenda for the Prevention of Disabilities, Division of Health Promotion and Disease Prevention, Institute of Medicine, National Academy Press.

Preen, B. (1976). *Schooling for the mentally retarded: A historical perspective.* New York, NY: St. Martin's Press.

President's Committee on Employment of the Handicapped. (1977). *Disabled Americans: A history.* Washington, DC: Author.

President's Committee on Mental Retardation. (1975). *Mental retardation: The known and the unknown* (DHEW Publication Nos. [OHD] 76-21008). Washington, DC: U.S. Government Printing Office.

President's Committee on Mental Retardation. (1977). *Mental retardation past and present.* Washington, DC: U.S. Government Printing Office.

Price, C., Goodson, B., & Stewart, G. (2007). *Infant environmental exposure to thimerosal and neuropsychological outcomes at ages 7 to 10 years* (Technical report; Vol. I.). Bethesda, MD: Abt Associates Inc.

Proctor, C. P., Dalton, B., Uccelli, P., Biancarosa, G., Mo, E., Snow, C., & Neugebauer, S. (2011). Improving comprehension online: Effects of deep vocabulary instruction with bilingual and monolingual fifth graders. *Reading and Writing, 24*(5), 517-544. doi: 10.1007/s11145-009-9218-2

Proctor, R. (1988). *Racial hygiene: Medicine under the Nazis.* Cambridge, MA: Harvard University Press.

Proctor, R. (1992). Nazi biomedical policies. In A. Caplan (ed.), *When medicine went mad: Bioethics and the Holocaust* (pp.23-42). Totowa, NJ: Humana Press.

Pross, C. (1992). Nazi doctors, German medicine, and historical truth. In G. Annas & M. Grodin (eds.), *The Nazi doctors and the Nuremberg code: Human rights in human experimentation* (pp.32-59). New York, NY: Oxford University Press.

Pugach, M. C., & Warger, C. L. (eds.). (1996). *Curriculum trends, special education, and reform: Refocusing the conversation.* New York, NY: Teachers College Press.

Rappolt-Schlichtmann, G., Daley, S. G., Seoin, L., Lapinski, S., Robinson, K. H., & Johnson, M. (2013). Universal Design for Learning and elementary school science: Exploring the efficacy, use, and perceptions of a webbased science notebook. *Journal of Educational Psychology, 105*(4), 1210-1225. doi:10.1037/a0033217

Raven, J. C. (1958). *The Standard Progressive Matrices.* London: H. K. Lewis.

Rees, J. (2001). Frederick Taylor in the classroom: Standardized testing and scientifi c management. *Radical Pedagogy, 3*(2), 1-8.

Reid, D. K., & Valle, J. W. (2004). The discursive practice of learning disability: Implications for instruction and parent-school relations. *Journal of Learning Disabilities, special issue, 37*(6), 466-481.

Reiman, J. W., Beck, L., Coppola, T., & Engiles, A. (2010). *Parents' experiences with the*

IEP process: Considerations for improving practice. Report. Eugene, OR: Center for Appropriate Dispute Resolution in Special Education (CADRE). Retrieved from http://eric.ed.gov/?id=ED512611

Reisberg, L. (1998). Facilitating inclusion with integrated curriculum: A multidisciplinary approach. *Intervention and School Clinic, 33*(5), 272-277.

Remak, J. (ed.). (1969). *The Nazi years*. Englewood Cliffs, NJ: Prentice Hall.

Reschly, D. J. (1996). Identification and assessment of children with disabilities. *The Future of Children: Special Education for Children with Disabilities, 6*(1), 40-53.

Retarded school alumni told they consumed radiation with their oatmeal. (1994, January 14). *The Star Ledger*, p.27.

Rice, N. (2006). "Reining in" special education: Constructions of "Special Education" in New York Times editorials, 1975-2004 [electronic version]. *Disability Studies Quarterly, 26*. Retrieved June 30, 2006 from http://www.dsq-sds-archives.org/test4dpubs/2006_spring_toc.html

Rickover, H. G. (1957, November 20, 1956). *The education of our talented children*. Paper presented at the Seventh Institute of The Thomas Alva Edison Foundation, Hotel Suburban, East Orange, NY.

Rioux, M. (1996). Services and supports in a human rights framework. *Disability Studies Quarterly, 16*(1), 4-10.

Rogasky, B. (1988). *Smoke and ashes: The story of the Holocaust*. New York, NY: Holiday House.

Rogers, B. (October, 1978). Richard III: Shakespeare was quite wrong. *In Britain , 33*, 31-35.

Rogers, C. (2011). Mothering and intellectual disability: partnership rhetoric? *British Journal of Sociology of Education, 32*(4), 563-581.

Rogers, R. (2002). Between contexts: A critical discourse analysis of family literacy, discursive practices, and literate subjectivities. *Reading Research Quarterly, 37*(3), 248-277.

Rose, D., & Meyer, A. (2000). Universal Design for Learning. *Journal of Special Education Technology, 15*(1), 67-70.

Rose, D., & Meyer, A. (2002). *Teaching every student in the digital age: Universal Design for Learning*. Alexandria, VA: ASCD.

Rosen, R. S. (2006). An unintended consequence of IDEA: American Sign Language, the Deaf community, and Deaf culture into mainstream education [electronic version]. *Disability Studies Quarterly, 26*. Retrieved June 5, 2009 from http://www.dsq-sds.org/article/view/685/862

Ross, R. (1978). Civilization's treatment of the handicapped. In G. McDevitt & L. McDevitt (eds.), *The handicapped experience: Some human perspectives* (pp.7-13). Baltimore, MD: University of Baltimore.

Ross, R., & Freelander, R. (1977). *Handicapped people in society: A curriculum guide*.

Burlington, VT: University of Vermont.

Rothman, D. (ed.). (1990). *The discovery of the asylum: Social order and disorder in the new republic.* Boston, MA: Little Brown & Company.

Ruch, F. (1967). *Psychology and life* (7th ed.). Glenview, IL: Scott Foresman.

Russell, M. (1998). *Beyond ramps: Disability at the end of the social contract.* Monroe, ME: Common Courage Press.

Salas, L. (2004). Individualized educational plan (IEP) meetings and Mexican American parents: Let's talk about it. *Journal of Latinos and Education, 3*(3), 181-192.

Salend, S. J. (1994). *Effective mainstreaming: Creating inclusive classrooms* (2nd ed.). New York, NY: Macmillan.

Saltman, K. J. (2007). *Capitalizing on disaster: Taking and breaking public schools.* Herndon, VA: Paradigm Publishers.

Sapon-Shevin, M. (2000/2001). Schools fit for all. *Educational Leadership, 58*(4), 34-39.

S arason, S., & Doris, J. (1979). *Educational handicap, public policy, and social history: A broadened perspective on mental retardation.* New York, NY: The Free Press.

Saville, V. (Producer), & Fleming, V. (Director). (1941). *Dr. Jekyll and Mr. Hyde* [motion picture]. United States: Metro-Goldwyn-Mayer.

Scheerenberger, R. (1983). *A history of mental retardation.* Baltimore, MD: Paul H. Brookes.

Scholl, G. (ed.). (1986). *Foundations of education for blind and visually handicapped children and youth: Theory and practice.* New York, NY: American Foundation for the Blind.

Schou, S. J. (2006, February 15). Disabled Los Angeles playwright and activist John Belluso dies. *AP Worldstream.* Retrieved from http://www.highbeam.com/doc/1P1-118511159.html

Schramm, D., Fitzpatrick, E., & Seguin, C. (2002). Cochlear implantation for adolescents and adults with prelinguistic deafness. *Otology & Neurotology, 23*(5), 698-703.

Schroedel, J. (ed.). (1979). *Attitudes toward persons with disabilities: A compendium of related literature.* Albertson, NY: National Center on Employment of the Handicapped at the Human Resource Center.

Schultz, B. D. (2008). *Spectacular things happen along the way: Lessons from an urban classroom.* New York, NY: Teachers College Press.

Schwarz, P. (2006). *From disability to possibility: The power of inclusive classrooms.* Portsmouth, NH: Heinemann.

Shakespeare, T. (1994). Cultural representation of disabled people: Dustbins for disavowal. *Disability & Society, 9*(3), 283-299.

Shapiro, A. (1999). *Everybody belongs: Changing negative attitudes toward classmates with disabilities* (Vol. 14). New York, NY: Routledge.

Shapiro, A., & Barton, E. (1991). Changing lives by eliminating handicapism. *New Jersey Journal of Lifelong Learning, Winter*, 2-4.

Shapiro, A., & Margolis, H. (1988). Changing negative peer attitudes toward students with learning disabilities. *Reading & Writing Quarterly, 4*(2), 133-146.

Shapiro, J. (1993). *No pity: People with disabilities forging a new civil rights movement.* New York, NY: Random House.

Shea, T., & Bauer, A. (1997). *An introduction to special education: A social systems perspective.* Madison, WI: Brown & Benchmark Publishers.

Simon, J. B. (2006). Perceptions of the IEP requirement. *Teacher Education and Special Education, 29*(4), 225-235.

Silver, P., Bourke, A., & Strehorn, K. C. (1998). Universal Instructional Design in higher education: An approach for inclusion. *Equity & Excellence, 31*(2), 47-51.

Silveri, S. (Producer). (2016). *Speechless* [television series]. Hollywood, CA: 20th Century Fox Television/ABC Studios.

Skrtic, T. M. (1991). *Behind special education: A critical analysis of professional culture and school organization.* Denver, CO: Love Publishing Company.

Slater, W. H., & Horstman, F. R. (2002). Teaching reading and writing to struggling middle school and high school students: The case for reciprocal teaching. *Preventing School Failure, 46*(4), 163-166.

Slavin, R. (1990). *Cooperative learning: Theory, research and practice.* Boston, MA: Allyn & Bacon.

Slavin, R. E. (1999). Comprehensive approaches to cooperative learning. *Theory Into Practice, 38*(2), 74-79.

Sleeter, C. E. (1987). Why is there learning disabilities? A critical analysis of the birth of the fi eld in its social context. In T. Popkewitz (ed.), *The formation of school subjects: The struggle for creating an American institution* (pp.210-237). London: Falmer Press.

Sleeter, C. E., & Grant, C. A. (2007). *Making choices for multicultural education: Five approaches to race, class and gender* (6th ed.). Hoboken, NJ: Wiley.

Smart, J. (2001). *Disability, society, and the individual.* Austin, TX: Pro-ed, Inc.

Smith, D., & Luckasson, R. (1995). *Introduction to special education*: Teaching in an age of challenge (2nd ed.). Needham Heights, MA: Allyn & Bacon.

Smith, J. (1985). *Minds made simple: The myth and legacy of the Kallikaks.* Austin, TX: Pro-Ed.

Smith, J. (1994). *Pieces of purgatory: Mental retardation in and out of institutions.* Belmont, CA: Brooks/Cole Publishing, a Division of Wadsworth.

Snow, K. (2001). *Creating new lives for children and their families: Revolutionary common sense for raising successful children with disabilities.* Woodland Park, CO: Brave Heart Press.

Snyder, S. L., & Mitchell, D. T. (Producers/Directors). (2005). *Self preservation: The art of Riva Lehrer* [motion picture]. Chicago, IL: Brace Yourselves Productions.

Snyder, S. L., & Mitchell, D. T. (2006). *Cultural locations of disability*. Chicago, IL: University of Chicago Press.

Spooner, F., Baker, J. N., Harris, A. A., Ahlgrim-Delzell, L., & Browder, D. M. (2007). Effects of training in universal design for learning on lesson plan development. *Remedial and Special Education, 28*(2), 108-116.

Stainback, S., & Stainback, W. (1996). *Inclusion: A guide for educators*. Baltimore, MD: Paul H. Brookes.

Steeves, P. (2006). Sliding doors: Opening our world. *Equity & Excellence in Education, 39*(2), 105-114.

Steinbeck, J. (1937). *Of mice and men*. New York:, NY Triangle Books. Steinberg, S. R. (ed.). (2009). *Diversity and multiculturalism: A reader*. New York, NY: Peter Lang.

Steinberg, S. R., & Kincheloe, J. L. (2009). Smoke and mirrors: More than one way to be diverse and multicultural. In S. R. Steinberg (ed.), *Diversity and multiculturalism: A reader* (pp. 3-22). New York, NY: Peter Lang.

Stevenson, R. L. (1886). *Strange case of Dr. Jekyll and Mr. Hyde*. London: Longmans, Green & Co.

Stiker, H.-J. (1997). *A history of disability*. Ann Arbor, MI: University of Michigan Press.

Stobie, J., & Cole, J. (Producers). (2004). *Freedom machines* [television program]. USA: Richard Cox Productions/New Day Films.

Stubblefi eld, A. (2007). "Beyond the pale": Tainted whiteness, cognitive disability, and eugenic sterilization. *Hypatia, 22*(2), 162-181.

Sumara, D., & Davis, B. (1999). Interrupting heteronormativity: Toward a queer curriculum theory. *Curriculum Inquiry, 29*(2), 191-208.

Sutherland, A. (1984). *Disabled we stand*. Bloomington, IN: Indiana University Press.

Sutton v. United Airlines, 527 U.S. 471 (1999).

Szasz, T. (1970). *The manufacture of madness*. New York, NY: Harper & Row.

Taylor, S. J. (1988/2004). Caught in the continuum: A critical analysis of the principle of the least restrictive environment. *Research and Practice for Persons with Severe Disabilities, 29*(4), 218-230.

Thomas, C., & Corker, M. (2002). A journey around the social model. In M. Corker & T. Shakespeare (eds.), *Disability/Postmodernity: Embodying disability theory* (pp. 18-31). London: Continuum.

Thompson, C. (1968). *Giants, dwarfs and other oddities*. New York, NY: Citadel Press.

Thompson, C. (1994). *The mystery and lore of monsters*. New York, NY: Barnes & Nobel Books.

Thompson, D. (1985). Anger. In S. Browne, D. Connors, & N. Stern (eds.), *With the power of each breath: A disabled women's anthology* (pp.78-85). Pittsburgh, PA: Cleis Press.

Thurer, S. (1980). Disability and monstrosity: A look at literary distortions of handicapping conditions. *Rehabilitation Literature, 41*(1-2), 12-15.

Titchkosky, T. (2001). Disability: A rose by any other name? "People-first" language in Candadian society. *Canadian Review of Sociology and Anthropology, 38*(2), 125-140.

Tomlinson, C. A. (1999). *The differentiated classroom: Responding to the needs of all learners.* Alexandria, WV: ASCD.

Tomlinson, C. A. (2004). The mobius effect: Addressing learner variance in schools. *Journal of Learning Disabilities, 37*(6), 516-524.

Tomlinson, C. A., & Kalbfleisch, M. L. (1998). Teach me, teach my brain. A call for differentiated classrooms. *Educational Leadership, 56*(3), 56-60.

Tomlinson, C. A., & McTighe, J. (2006). *Integrating differentiated instruction and understanding by design.* Alexandria, VA: ASCD.

Toyota Motor Manufacturing v. Williams, 534 U.S. 184 (2002).

Trattner, W. (1994). *From poor laws to welfare state: A history of social welfare in America.* New York, NY: The Free Press, A Division of Simon & Schuster.

Trent, J. (1994). *Inventing the feeble mind: A history of mental retardation in the United States.* Berkeley, CA: University of California Press.

UN Decade of Disabled Persons 1983-1992. (1983). World Programme of Action Concerning ·Disabled Persons. New York: United Nations.

United Nations. (2007). *Convention on the Rights of Persons with Disabilities.* New York, NY: Author.

United Nations General Assembly. (1948). *UN Declaration on Human Rights* .

United Nations Ministry of Educational, Scientific and Education and Science Cultural Organization [UNESCO]. (1994). *The Salamanca statement and framework for action on special needs education.* Salamanca, Spain.

United States Congress. (1973), *Public Law 93-112*, Vocational Rehabilitation Act 1973, Section 504.

United States Congress. (1974), *Public Law 94-142*, The Education for All Handicapped Children Act of 1975.

United States Department of Education. (2001). *To assure the free appropriate public education of all children with disabilities: Individuals with Disabilities Education Act, Section 618.* Twenty-third annual report to congress on the implementation of the Individuals with Disabilities Education Act. Jessup, MD: U.S. Department of Education Publications Center. Retrieved from http://www2.ed.gov/about/reports/ annual/osep/2001/index.html

United States Department of Education (2007, September). 27th annual report to congress on the implementation of the Individuals with Disabilities Education Act, 2005. Retrieved from: https://www2.ed.gov/ about/reports/annual/osep/2005/parts-b-c/27th-vol-1.pdf

Valente, J. M. (2011). *d/Deaf and d/Dumb: A portrait of a deaf kid as a young superhero*. New York, NY: Peter Lang.

Valle, J. W. (2009). *What mothers say about special education: From the 1960s to the present*. New York, NY: Palgrave Macmillan.

Valle, J. W., & Aponte, E. (2002). IDEA and collaboration: A Bakhtinian perspective on parent and professional discourse. *Journal of Learning Disabilities, 35*(5), 471-481.

Van der Klift, E., & Kunc, N. (1994). Beyond benevolence. In J. S. Thousand, R. A. Villa, & A. I. Nevins (eds.), *Creativity and collaborative learning: A practical guide to empowering students and teachers* (pp. 391-401). Baltimore, MD: Brookes.

Van Riper, C., & Emerick, L. (1984). *Speech correction: An introduction to speech pathology and audiology*. Englewood Cliffs, NJ: Prentice-Hall.

Varenne, H., & McDermott, R. (1998). *Successful failure: The school America builds*. Boulder, CO: Westview.

Vash, C. (1981). *The psychology of disability*. New York, NY: Springer Publishing Company.

Vavrus, F., & Cole, K. (2002). "I didn't do nothin'": The discursive construction of school suspension. *The Urban Review, 34*(2), 87-111.

Virginia Sterilization Act, Va. Acts 569-71. (1924, repealed 1968).

Vygotsky, L. S. (1986). *Thought and language*. A. Kozulin (ed.). Cambridge, MA: The Massachusetts Institute of Technology.

Waitoller, F. R., & Artiles, A. J. (2013). A decade of professional development research for inclusive education: A critical review and notes for a research program. *Review of Education Research, 83*(3), 319-356. doi:10.3102/0034654313483905

Waitoller, F. R., & Kozleski, E. B. (2013). Working in boundary practices: Identity development and learning in partnerships for inclusive education. *Teaching and Teacher Education, 31*, 35-45.

Ware, L. (2001). Writing, identity, and the other: Dare we do disability studies? *Journal of Teacher Education, 52*(2), 107-123.

Watts, W. (1984). Attitude change: Theories and methods. In R. Jones (ed.), *Attitudes and attitude change in special education* (pp.41-69). Reston, VA: Council for Exceptional Children.

Webber, A.L. (Producer), & Schumacher, J. (Director). (2004). *The phantom of the opera* [motion picture]. United States, United Kingdom: Warner Bros.

Wechsler, D. Kaplan, E., Fein, D., Kramer, J., Morris, R., Delis, D., & Maerlender, A. (2004). *Wechsler Intelligence Scales for Children-integrated* (4th ed.). San Antonio, TX: Harcourt

Assessment, Inc.

Wehmeyer, M. L. (2006). Beyond access: Ensuring progress in the general education curriculum for students with severe disabilities. *Research and Practice for Persons with Severe Disabilities, 31*(4), 322–326.

Weindling, P. (1989). *Health, race and German politics between national unification and Nazism, 1870-1945*. Cambridge, UK: Cambridge University Press.

Weisberg, R. (Producer), & A ronson, J. (Director). (2000). *Sound and fury* [motion picture]. United States: Aronson Film Associates.

Welch, A. B. (2000). Responding to student concerns about fairness. *Exceptional Children, 33*(2), 36–40.

Welner, K. G. (April 2013). The dirty dozen: How charter schools influence student enrollment. *Teachers College Record* [online], http://www.tcrecord.org ID Number: 17104. Retrieved from http://nepc.colorado.edu/ publication/TCR-Dirty-Dozen

Wendell, S. (1997). Toward a feminist theory of disability. In L. Davis (ed.), *The disability studies reader* (pp.260–292). New York, NY: Routledge.

Wertham, F. (1980). *The German euthanasia program: Excerpts from "A sign from Cain"*. Cincinnati, OH: Hayes Publishing Company, Inc.

Westridge Young Writers Workshop. (1994). *Kids explore the gifts of children with special needs*. Santa Fe, NM: John Muir Publications.

White, G. (1993). *Justice Oliver Wendell Holmes*. New York, NY: Oxford University Press.

Wiggins, G., & McTighe, J. (1998). *Understanding by design*. Alexandria, VA: ASCD.

Wolfensberger, W. (1980). Extermination: Disabled people in Nazi Germany. *Disabled USA, 4*(2), 22–24.

Wolfensberger, W. (1981). The extermination of handicapped people in World War II Germany. *Mental Retardation, 19*(February), 1–7.

Wolfensberger, W., Nirje, B., Olshansky, S., Perske, R., & Roos, P. (1972). *Normalization: The principle of normalization in human services*. Toronto, Canada: National Institute on Mental Retardation.

Wotherspoon, T., & Schissel, B. (2001). The business of placing Canadian children and youth "at-risk". *Canadian Journal of Education, 26*(3), 321–339.

Wright, B. (1983). *Physical disability—A psychosocial approach*. New York, NY: Harper & Row.

Wright, M. H. (1999). *Sounds like home: Growing up Black and Deaf in the south*. Washington, DC: Gallaudet University Press.

Wright, P. (1987). Disabling attitudes. *Contact, XII*(3), 4–9.

Wurzburg, G. (Producer/Director), & Biklen, D. (Co-Producer). (2004). *Autism is a world* [DVD]. United States: State of the Art/CNN Presents.

Yell, M., & Drasgow, E. (1999). A legal analysis of inclusion. *Preventing School Failure, 43*(3), 118-123.

Young, R. (2005). Neurobiology of savant syndrome. In C. Stough (ed.), *Neurobiology of exceptionality* (pp.199-215). New York, NY: Kluwer Academic/Plenum Publishers.

Yuker, H., & Block, J. (1979). *Challenging barriers to change: Attitudes toward the disabled.* Albertson, NY: National Center on the Employment of the Handicapped at Human Resources Center.

Zola, I. (1982). *Missing pieces: A chronicle of living with a disability.* Philadelphia, PA: Temple University Press.

찾아보기

인명

내용

저자 소개

Susan Baglieri

현재 미국 몽클레어 주립대학교 특수교육과에서 부교수로 재직 중이다.

역자 소개

강종구(Kang Jong-Gu)

미국 밴더빌트대학교 대학원 특수교육학과 졸업(교육학 석사)
미국 컬럼비아대학교 대학원 교육과정 및 교수학과 졸업(교육학 박사)
현 대구대학교 초등특수교육과 부교수

〈주요 저 · 역서〉
포커스 그룹 연구 방법론: 이론과 실제(공역, 학지사, 2018)
학습장애 총론: 전문성 구축을 위한 입문서(공저, 학지사, 2014)

엄수정(Um Su-Jung)

미국 스탠포드대학교 대학원 교육과정 및 교사교육학과 졸업(문학 석사)
미국 컬럼비아대학교 대학원 교육과정 및 교수학과 졸업(교육학 박사)
현 이화여자대학교 학교폭력예방연구소 전임연구교수

홍애령(Hong Ae-Ryung)

서울대학교 대학원 체육교육과 졸업(체육학 석사)
서울대학교 대학원 체육교육과 졸업(체육학 박사)
현 상명대학교 글로벌문화예술교육연구소 전임연구교수

〈주요 저 · 역서〉
미드웨이 무용교육론(공역, 레인보우북스, 2017)
발레 페다고지: 가르침의 기술(공역, 성균관대학교출판부, 2017)
무용교육탐구: 무용 가르치기의 목적, 내용, 방법 재검토(공저, 레인보우북스, 2016)
문화예술교육의 이론과 실제(공저, 레인보우북스, 2014)

장애학과 통합교육

통합학급 운영을 위한 비판적 실제

Disability Studies and the Inclusive Classroom (2nd ed.)

2020년 1월 30일 1판 1쇄 발행
2023년 10월 20일 1판 2쇄 발행

지은이 • Susan Baglieri
옮긴이 • 강종구 · 엄수정 · 홍애령
펴낸이 • 김 진 환
펴낸곳 • (주) 학지사
04031 서울특별시 마포구 양화로 15길 20 마인드월드빌딩 5층
대표전화 • 02) 330-5114 팩스 • 02) 324-2345
등록번호 • 제313-2006-000265호
홈페이지 • http://www.hakjisa.co.kr
인스타그램 • https://www.instagram.com/hakjisabook

ISBN 978-89-997-1912-7 93370

정가 **22,000**원